AF603542

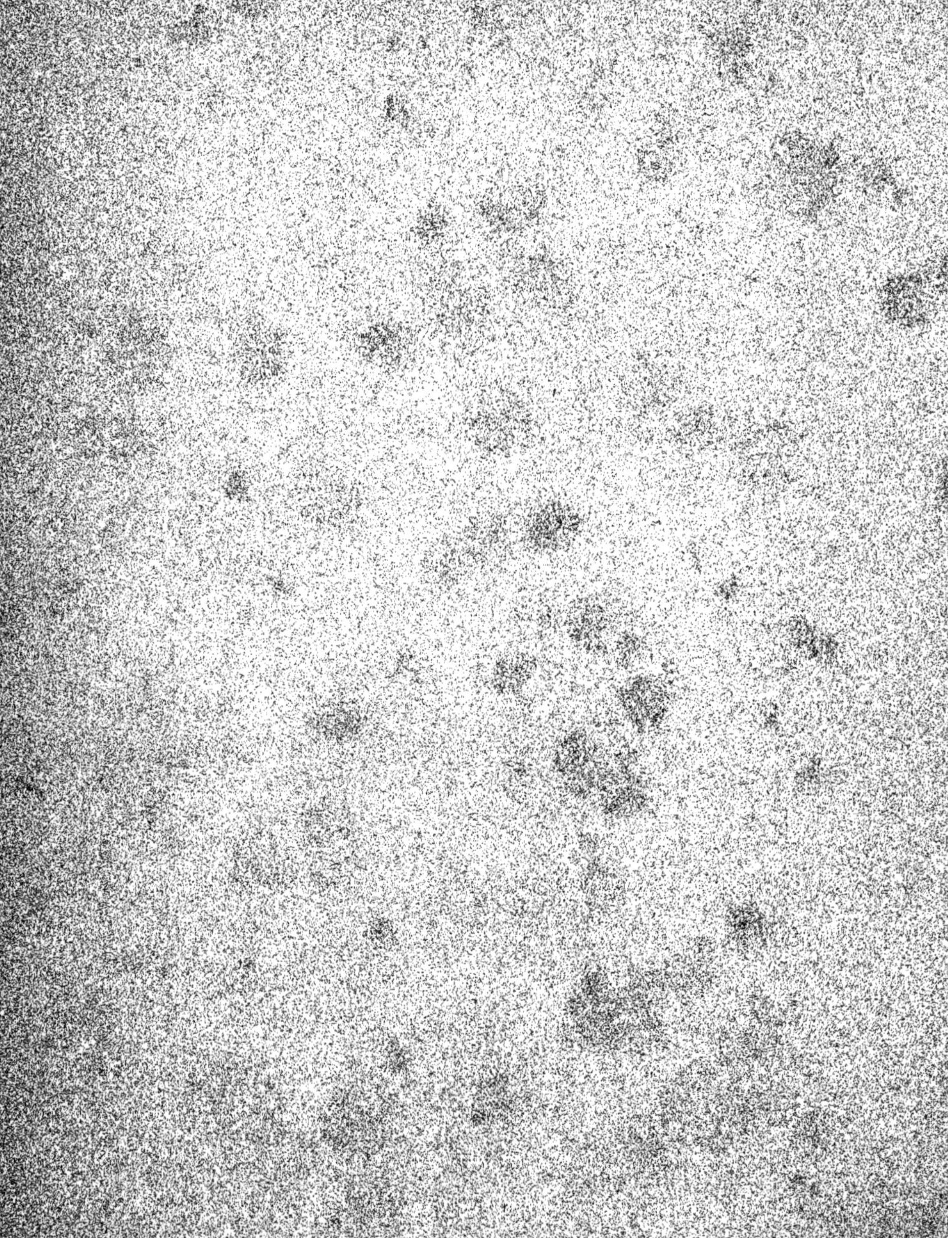

HISTOIRE
DES PEINTRES
DE TOUTES LES ÉCOLES

PARIS. — IMPRIMERIE POITEVIN, RUE DAMIETTE, 2 ET 4

HISTOIRE
DES PEINTRES

DE TOUTES LES ÉCOLES

ÉCOLE ESPAGNOLE

PAR MM.

CHARLES BLANC, W. BÜRGER, PAUL MANTZ,
L. VIARDOT ET PAUL LEFORT

PARIS
Vve JULES RENOUARD, LIBRAIRE-ÉDITEUR
DIRECTEUR-GÉRANT : G. ÉTHIOU-PÉROU
RUE DE TOURNON, N° 6, FAUBOURG SAINT-GERMAIN

M DCCC LXIX

INTRODUCTION

A L'HISTOIRE

DES PEINTRES DE L'ÉCOLE ESPAGNOLE

Pour juger une École étrangère, il faut d'abord se pénétrer de cette idée, qu'il est bien difficile, sinon impossible, de réaliser en peinture la beauté absolue. Sans doute l'art a son essence éternelle, comme la source d'où il émane; il a ses exemplaires primitifs, typiques, impérissables, qu'aucune image ne peut fixer, et dont le génie de l'homme devine la beauté sans l'avoir jamais vue; mais, dans ses rapports avec l'humanité, l'art s'assujettit à toutes les exigences du progrès, à toutes les variétés du temps et de l'espace. Le beau résulte aussi de l'assemblage de certaines conditions qui varient, de l'obéissance à certaines lois qui ne sont pas toujours et partout les mêmes. Or, la critique et l'histoire ne peuvent s'occuper de l'art que dans la diversité de ses expressions imparfaites; ainsi tout ce qui tombe sous leur appréciation tire sa plus grande valeur du respect des convenances locales, de l'observation vraie, spirituelle, profonde, des mœurs d'une époque, et de l'interprétation de la nature que l'artiste a eue devant les yeux.

De là, pour l'histoire comme pour la critique, la nécessité de connaître ces convenances, cette nature, ces mœurs, afin d'y rappeler quiconque s'en écarte. Ainsi, de même qu'on ne peut voir un tableau de trop loin ni de trop près, et qu'il faut se placer au point de vue indiqué par la perspective, de même, pour l'apprécier, il faut choisir un point de vue moral, qui est nécessairement variable. Encore s'il y avait dans l'art une formule hors de laquelle il n'y eût point de salut, s'il existait un principe d'autorité absolument infaillible auquel on pût ramener tous les égarements, la critique deviendrait facile, car elle ne serait plus qu'un tribunal armé d'une loi constante, immuable. Mais comment reconnaître l'unité absolue de la règle, en présence d'un aussi grand nombre de chefs-d'œuvre dissemblables? Qui oserait traiter d'hérésies les doctrines qui se produisent sous l'enveloppe du génie? Vous croyez avoir trouvé une règle sûre dans les modèles de la beauté antique; cette règle même ne convient pas également à tous les temps et à tous les pays. Vous avez réduit en principes sacrés les leçons de quelques grands maîtres, et il peut arriver que vos formules soient moins durables que les merveilles de leur pinceau. Si l'art vous envoie ses productions inattendues d'un autre coin de la terre, vous voilà convaincu de la fragilité ou de l'insuffisance de vos préceptes : trois degrés d'élévation du pôle auront peut-être renversé votre science, et l'on pourra dire, comme Pascal, avec une amère ironie : « Vérité en deçà des Pyrénées, erreur au delà. »

L'École espagnole gagne beaucoup à être jugée en vue de ces idées de tolérance, car son principal mérite est d'avoir, au moins pendant un siècle et demi, une physionomie fortement marquée, un caractère, de conserver constamment la couleur et la vérité locales, d'être, en un mot, avant tout et toujours espagnole. Que si l'on veut connaître l'esthétique de cette peinture, il faut l'étudier en se remémorant un peu l'histoire d'Espagne.

Et d'abord, c'est peut-être une bonne méthode, pour découvrir ce qu'il y a dans l'École espagnole, de voir auparavant ce qui n'y est point. En procédant ainsi par voie d'élimination, nous pourrons conclure de ses défauts à ses qualités, de ce qui lui manque à ce qu'elle doit avoir. Ce qui nous frappe dès le premier coup d'œil dans l'art espagnol, c'est l'absence d'un élément essentiel, l'élément antique, qui a tant servi au développement des Écoles florentine et romaine. L'antique! comment aurait-il étendu son influence en Espagne, et sous quelle forme? Lorsque des Grecs et des Phéniciens, quelque mille ans avant notre ère, vinrent établir des colonies en Ibérie, sur les bords de la mer ou dans le voisinage des côtes, à Cadix, par exemple, à Malaca, à Séville, ils ne jouèrent d'autre rôle que celui de marchands avides de s'enrichir ou de colons actifs et industrieux. Et plus tard, quand l'art grec fut arrivé à sa perfection, aucun marbre ne fut apporté en Espagne, aucune de ces statues divines dont une seule, peut-être, eût suffi pour jeter quelque lumière dans ce pays barbare. La chose est digne de remarque d'autant plus que les colonies grecques fondées en Sicile y implantèrent une architecture imposante et une sculpture du caractère le plus fier, dont la beauté rude correspondait à la dignité de sa sœur, tandis que les colonies helléniques, parties de Rhodes, de Zante, de Marseille, ne procurèrent à l'Espagne aucune notion d'art et se contentèrent de l'exploiter par le commerce. A l'époque de la seconde guerre punique, Annibal trouva les Espagnols encore ignorants et incivilisés. Il leur apprit à construire des murs en terre formés dans un moule, *parietes formaceos*, et cela même témoigne du peu d'avancement de la civilisation dans ces contrées au deuxième siècle avant Jésus-Christ. L'Espagne ne connut donc de l'antiquité que ses marchandises, ses soldats, et à supposer d'ailleurs qu'elle eût été alors en état de recevoir quelques enseignements venus des terres classiques, ce n'étaient pas certainement les phalanges carthaginoises d'Annibal ni les cohortes de Scipion Émilien qui auraient pu importer chez elle, avec le fer et le feu, les germes d'un art quelconque.

Ce fut seulement par les conquérants arabes que fut introduite en Espagne une civilisation artiste, dont les traits dominants ne ressemblaient en rien à ceux de l'art grec ni à ceux de l'art romain. L'architecture et la sculpture des Maures découlent de principes tout différents. L'une substitue l'arc ogive et l'arc en fer à cheval au système de la plate-bande et à l'arc plein cintre; l'autre remplace, par une ornementation où n'apparaît aucun signe de la vie animale, les décorations antiques où règne constamment la figure humaine. Il était donc impossible que l'art espagnol eût une affinité quelconque avec l'idéal païen, puisqu'il n'avait pénétré en Espagne aucune image de la religion païenne, aucun type de beauté, et que la charrue de ses laboureurs, en déchirant la terre, n'en pouvait faire sortir ces statues de dieux ou d'éphèbes, ces formes épurées et parfaites attribuées aux habitants de l'Olympe ou aux lutteurs du Gymnase qui ont servi à repeupler le paradis chrétien de l'Italie.

Les descendants des Ibères et des Celtes étaient donc, par le caractère de leur génie et par la fatalité historique, des peuples essentiellement propres à devenir chrétiens. Ajoutons que le seul fait d'avoir été conquis depuis si longtemps par une race étrangère qu'ils voulaient expulser à tout prix et qui était soumise elle-même au régime de l'esclavage et du despotisme asiatique, avait développé en eux le sentiment de l'égalité républicaine et celui de l'indépendance communale qui sont encore aujourd'hui si profondément enracinés dans le peuple espagnol, bien qu'il soit monarchique en apparence. D'autre part, le long séjour des Maures vainqueurs dut les habituer aux pompes orientales et aux magnificences des colorations en usage dans les contrées où ont été connues de tout temps les lois de la couleur. De sorte qu'il arriva aux Espagnols exactement ce qui était arrivé aux Vénitiens par leur commerce avec l'Orient : ils contractèrent un goût prononcé pour la couleur, et ce goût, transporté dans la peinture, entraîne le goût prédominant de l'exécution, qui est en effet, comme nous le verrons, un des traits caractéristiques de l'art espagnol.

Délivrés à la fin du quinzième siècle, par la prise de Grenade, des restes de la domination étrangère, les habitants des Espagnes purent se livrer aux arts de la paix; mais ils n'avaient pas été capables de les inventer. Ils les reçurent, du dehors et particulièrement des Flandres et de l'Italie, d'où elles furent importées par suite des relations commerciales ou politiques. La plus notable de ces importations et la plus ancienne remonte au commencement du quinzième siècle et Vasari en fait mention. Elle se fit par les voyages successifs de Gherardo Starnina et du peintre et sculpteur florentin Dello, ce dernier appelé en Espagne par Jean II, roi de Castille, qui était jaloux d'attirer à sa cour des lettrés, des poëtes, des musiciens, des artistes. On ne sait au juste si le même prince fit venir auprès de lui celui que l'on nommait le Flamand Rogel, c'est-à-dire, selon toute apparence, Roger Van der Weyden, qui avait fait le voyage d'Italie et qui se trouvait à Rome dans l'année du jubilé 1450; mais il est certain, du moins, que des ouvrages de cet illustre peintre pénétrèrent à la cour de Jean, puisqu'un triptyque peint en 1431 fut donné au roi de Castille par le pape Martin V [1]. C'est ainsi que les premières impulsions vinrent de l'étranger, et il en fut de même tout le long du quinzième siècle, pendant lequel les fondateurs des trois Écoles qui furent les berceaux de la peinture en Espagne étaient des disciples de l'Italie ou des imitateurs du style gothique, originaire de l'Allemagne et des Flandres. Juan Sanchez de Castro, qui fut l'initiateur de l'École andalouse, est un barbare qui semble venu du Nord; les premiers professeurs de l'École de Valence étaient Italiens, Neapoli et Areggio; enfin Antonio del Rincon s'était formé en Italie sous la direction de Ghirlandaio, le maître de Michel-Ange.

Au seizième siècle, ce sont encore des communications continuelles entre les deux péninsules. L'auteur du livre intitulé *les Arts italiens en Espagne*, énumérant les artistes que l'Espagne avait empruntés à l'Italie, en cite environ cinquante jusqu'à la fin du seizième siècle. De leur côté, tandis que les aventuriers contemporains passaient l'Océan pour aller querir au Mexique et au Pérou des richesses d'une nature plus grossière, les artistes espagnols et ceux qui voulaient le devenir traversaient la Méditerranée pour aller puiser en Italie les conseils du génie et les trésors de l'enseignement. Les uns, comme Alonso Berruguette, Gaspar Becerra, Pedro Campana, y prirent pour maîtres les grands Florentins, le premier en copiant le fameux carton de la *Guerre de Pise*, peint par Michel-Ange en rivalité avec Léonard de Vinci; le second et le troisième en prenant des leçons, soit de Michel-Ange lui-même, soit de ses disciples avec lesquels ils s'étaient liés à Rome. Les autres, comme Pablo de Cespedès et Luis de Vargas, se rattachèrent à la tradition

[1] Ce morceau précieux est aujourd'hui au Musée de Berlin sous le n° 534.

de Raphaël par la fréquentation de Perino del Vaga et de Jules Romain, ou bien, comme Navarette le Muet *(el Mudo)*, ils étudièrent de préférence les peintres de Venise, ou bien encore, comme le Greco, ils apportèrent à Tolède et à l'Escorial la grande manière de Titien.

Au surplus, de tous les artistes italiens qui furent attirés en Espagne par Charles-Quint et Philippe II, ou qui, faute de figurer en personne à la cour de ces rois, y furent représentés par des œuvres importantes, ce fut Titien qui exerça le plus d'ascendant, et après lui le Hollandais Antoine More, qui était, comme portraitiste, un second Titien. Aussi ne puis-je souscrire, sur ce point, au jugement de Raphaël Mengs, qui dit en propres termes que « l'esprit de l'École florentine, dans laquelle a toujours prévalu le dessin et une certaine austérité mélancolique de style, s'introduisit dans l'École espagnole et dura jusqu'à l'apparition des ouvrages de Rubens. Il me semble, au contraire, que le génie florentin est précisément l'opposé du génie espagnol, parce qu'il relève en partie du génie grec, et parce qu'il a une tendance très-marquée à préférer le dessin, qui est le vrai langage des écoles où domine l'idéalisme, à la couleur, qui est l'éloquence des écoles où le naturalisme triomphe.

A partir des dernières années du seizième siècle, l'influence vénitienne, combinée avec la toute-puissance du clergé catholique, produit un art national qui commence dès lors à se dégager nettement et à s'affirmer. Aussi le verrons-nous suivre cette double impulsion et se montrer aussi dévot aux idées religieuses que fidèle aux réalités de la nature, c'est-à-dire qu'il dut être noble dans ses intentions et grossier dans ses moyens. Toutes les beautés et tous les travers de la peinture en Espagne, du jour où elle prit une physionomie franchement originale, découlent de ces deux sources : le catholicisme et le *colorisme*, qu'on nous pardonne ce mot barbare qui du moins traduit bien notre pensée. Par le pouvoir absolu qu'ils exerçaient même sur le roi, et par les immenses richesses dont ils disposaient, les prêtres furent les principaux et même on pourrait dire les seuls patrons de l'art. « Il y avait à peine un peintre espagnol, dit M. Stirling, qui n'eût passé une partie de sa vie dans des couvents ou dans des cathédrales, et pour un grand nombre d'entre eux, ce fut ainsi que s'écoula toute leur carrière. De fait, le peintre n'était pas le moins populaire ni le moins important des serviteurs de l'Église. Son but n'était pas seulement de décorer et de plaire, de donner satisfaction au regard ou à l'orgueil ; il devait instruire l'ignorant, corriger le vicieux, guider vers le chemin de la piété et de la vertu. C'est de lui que la jeunesse et que les indigents apprenaient le peu qu'ils savaient de l'histoire évangélique et des légendes touchantes de ces saints que, dès le berceau, il leur était recommandé d'adorer. Peut-être est-il difficile à un protestant de se rendre compte de l'importance des fonctions de l'artiste envisagé à ce point de vue. Le caractère et les anciennes habitudes du peuple anglais ont rendu possible, même aux masses, de se passer de symboles, de s'attacher directement avec chaleur aux dogmes théologiques et de s'enthousiasmer pour des abstractions de doctrine. Mais pour le simple catholique espagnol, ces choses étaient alors, comme elles sont encore aujourd'hui, inintelligibles ; les idées qu'il pouvait comprendre ne lui arrivaient qu'au moyen des tableaux ou des sculptures qui décoraient le sanctuaire où il se prosternait. La grandeur de la mission confiée à l'artiste était ainsi un fait reconnu, proclamé par lui-même aussi bien que par le public...

« Les homélies dont le peintre couvrait les murs de l'église ou du cloître avaient plus d'attrait que les phrases fougueuses d'un dominicain ou les considérations mielleuses d'un jésuite. Il connaissait, il sentait la dignité de sa tâche et il s'y appliquait avec toute la ferveur du moine le plus pieux. Comme Fra Angelico, Joanès avait l'habitude de recourir à la prière, au jeûne et à la communion pour se préparer à entreprendre un nouvel ouvrage. Luis de Vargas y ajoutait l'infliction de la discipline et il avait près de son lit un cercueil dans lequel il s'étendait parfois et méditait sur la mort. Quelquefois un peintre dévot entrait dans les ordres ; quelquefois des prêtres ou des moines, amis de l'art, apprenaient, dans leurs heures de loisir, à manier le pinceau. La plupart des maisons religieuses eurent, à une époque ou à une autre, quelqu'un d'initié aux arts qui exécuta un tableau ou un bas-relief dans la chapelle, qui cisela un calice ou un ciboire pour la sacristie. Le frère Nicolas Borsas remplit l'église et le cloître des Hiéronymites, à Gandia, d'une multitude de compositions dont quelques-unes n'auraient pas nui à la réputation de son maître Joanès. Nicolas Factor, franciscain à Valence, fut aussi connu pour son mérite comme peintre que pour la sainteté de sa vie ; elle fut telle, qu'il obtint la canonisation. Le génie d'el Mudo fut découvert et ensuite dirigé par un moine d'Estrella. Andrès de Leon et Julian Fuente del Saz, religieux de l'Escorial, se distinguèrent par la délicatesse des miniatures dont ils ornèrent le livre de musique du chœur de leur couvent. Les chartreux de Grenade et de Séville, le *Paular* et la *Scala Dei*, s'enorgueillirent de la renommée artistique de Cotan, de Berenguer, de Ferrado. Cespedès, le peintre poëte, était chanoine de Cordoue. Las Roëlas et Cano occupaient des prébendes, l'un à Olivarès, l'autre à Grenade [1]. »

Cette mainmise du clergé catholique sur la peinture fut la cause, avons-nous dit, qui engendra tous les défauts et toutes les vertus de l'École espagnole proprement dite. Quelle différence, en effet, entre les peintres éclos sous l'aile de l'inquisition et ceux des autres pays de

[1] Velazquez et ses œuvres, par William Stirling, traduit de l'anglais, par G. Brunet, avec des notes et un catalogue des œuvres de Velazquez, par M. Bürger.

l'Europe ! Au moment où l'Italie devient païenne, ressuscite les dieux antiques, s'inspire des statues grecques ou romaines retrouvées sous terre et vogue à pleines voiles dans la mythologie, l'Espagne, plus chrétienne que jamais, condamne l'Olympe, abhorre le nu, interdit la chair et renferme violemment l'artiste dans les légendes des saints ou des martyrs, dans la traduction de l'Évangile en images, dans la représentation matérielle des choses invisibles. De là aussi les erreurs qui déparent la peinture espagnole et l'infériorité où elle demeure comparativement à l'Italie. Et d'abord la monotonie des sujets y est fatigante au dernier point, non-seulement pour l'esprit mais pour les yeux, parce qu'elle engendre l'uniformité de l'exécution. Il y a vingt manières de bien peindre dans les autres pays ; en Espagne, il n'y en a guère qu'une seule, qui est forte, mais grossière ; saisissante, mais triviale. De toute la nature, les Espagnols n'ont étudié que l'homme, encore n'en connaissent-ils que deux variétés, le guerrier et le martyr. Les scènes familières et d'intérieur, les différentes expressions de l'homme aux prises avec la vie ordinaire leur sont étrangères ou inconnues, et sous ce rapport ils sont allés plus loin que les Italiens eux-mêmes dans leur dédain pour ce que nous appelons le genre et l'histoire anecdotique.

Et cette uniformité de l'École qui nous occupe est bien surprenante en vérité si l'on réfléchit que l'Espagne, étant une mine sans fin de motifs pittoresques, est pour l'artiste le pays par excellence. Sa poésie, son histoire, ses mœurs, sa vie extérieure, sont autant de sources inépuisables ouvertes à la peinture, n'était ce jaloux accaparement de l'art par le clergé catholique au profit de sa domination exclusive. A l'exception de Velazquez, qui, une fois dans sa vie, s'est permis une excursion, hélas ! bien malencontreuse, dans le domaine mythologique, pas un peintre espagnol n'est sorti de la voie tracée par l'inquisition des gouvernants et la dévotion des gouvernés. Tous, ou presque tous, ont été particulièrement monotones au milieu de la monotonie universelle. Moralès s'en est tenu aux grimaces de la douleur du Christ mourant, ou aux Vierges évanouies ; Las Roëlas s'est borné à peindre des Jésuites, Ribera des Martyrs, Zurbaran des Chartreux, Murillo des Conceptions et des Enfants Jésus, et ainsi des autres.

Croirait-on que durant la période de cent cinquante ans environ, qui est celle où la peinture espagnole a été la plus florissante et la plus nationale, aucun de ces artistes naturellement passionnés n'a eu la pensée, ou n'a donné suite à la pensée de peindre les traits de bravoure et d'héroïsme, les scènes pathétiques et tant d'épisodes émouvants que devait leur fournir l'histoire de la guerre contre les Maures ? Croirait-on que les innombrables tableaux du plus connu de tous les poëmes, *Don Quichotte*, n'ont tenté en Espagne aucun peintre, et qu'il était réservé à la France et à l'Angleterre d'écrire et de fixer sur la toile les types immortels du chevalier de la Manche et de son écuyer? Croirait-on enfin que les romanceros, les ballades et cette littérature picaresque si bien venue en Espagne, et dont les aventures de Gusman d'Alfarache et de Lazarille de Tormes sont des modèles fameux, que tout ce théâtre espagnol si plein, si riche, si divers, ce théâtre dans lequel ont si souvent puisé notre Corneille, notre Molière, croirait-on, dis-je, que toutes ces régions fécondes sont restées closes aux peintres des rois catholiques? Ainsi, par un étrange renversement des choses, la peinture n'a été nulle part plus monotone que dans la contrée de l'Europe où elle pouvait être le plus variée, variée, dis-je, ne fût-ce que par l'étude des mœurs, des usages et des institutions populaires, car la pompe des cérémonies religieuses, l'éclat des fêtes publiques, d'un aspect si coloré, si original, les tragiques spectacles de l'auto-da-fé, les combats de taureaux, les joutes, les tournois, ont été tout aussi peu exploités, dans les beaux temps de l'École, que l'histoire, la poésie et les romans. C'est seulement lorsque l'art était fini au delà des Pyrénées que tout ce côté voyant et mouvementé de la vie espagnole a provoqué le fameux pinceau de Goya et ses amères eaux-fortes.

Enchaînés de la sorte au service de l'Église, les artistes espagnols, en peinture comme en sculpture, marquent toutes les productions à l'empreinte d'un esprit grave et ascétique; elles semblent avoir été méditées dans l'obscurité sévère et silencieuse du cloître. Par réaction contre la renaissance du paganisme, qui glorifiait la beauté du corps, ils prennent plaisir à représenter la laideur, la misère, les macérations, les tortures, les visions effrayantes de l'enfer et du purgatoire, comme s'il n'y avait rien de mieux à faire pour l'ignorant que de lui inspirer la terreur d'une divinité sauvage, et comme si la beauté, l'harmonie, l'exquise convenance des formes créées par Dieu n'était pas aussi un moyen de lui gagner des âmes !

Ce n'est pas tout : la crainte de commettre une irrévérence en exprimant le nu a relégué la peinture espagnole dans l'étude du costume et dans le rendu des accessoires; mais ne connaissant pas les divines draperies de la statuaire grecque et traitant avec une sorte de mépris ce qui n'était pour eux que la défroque du chrétien, ils n'ont représenté que des draperies lourdes et banales, sans choix, sans recherche et sans grâce, des draperies qui n'avaient pas même la dignité des plis raides et tubulaires en usage dans l'École germanique; ou bien ils ont spécifié les costumes en peignant des habits de moines, des robes de bure, des armures de chevaliers, des uniformes de cour. Là est le côté faible de l'art espagnol, car, selon le mot de Michel-Ange, il n'est pas d'un artiste *de préférer le soulier d'un homme à son pied.* Mais cette nécessité de peindre constamment la nature inanimée a contribué certainement à développer chez les peintres de l'Espagne les qualités de l'exécution matérielle, celles du coloris. En effet, à mesure que la peinture s'élève, la couleur lui est moins nécessaire, et quand le corps humain y joue le principal rôle, elle est entraînée à devenir sculpturale, parce que le dessin est le moyen d'expression par excellence. Aussi voyons-nous que l'art dominant chez les Grecs a été la sculpture, précisément par la raison que la religion antique ramenait à l'homme toute la création et représentait par des figures humaines la nature entière, même les fleuves et les montagnes, même les arbres et les fleurs, même le ciel et la mer. Au contraire, à mesure que la peinture descend, lorsqu'elle s'occupe de reproduire des choses inertes, elle a besoin de regarder de plus près aux mérites de l'exécution, aux qualités de la touche, aux variétés et aux vérités du coloris, parce que les objets inanimés n'offriraient aucune saveur s'ils n'étaient pas imités avec soin, avec précision et délicatesse, rendus de façon à intéresser au moins le regard, et reproduits avec l'attribut qui les caractérise le plus et les particularise le mieux : la couleur. Par le seul dessin on peut fort bien exprimer ce qui se passe dans l'âme; mais les corps inertes ne sauraient être bien imités que par la couleur.

Voilà comment s'explique parfaitement la prédominance de la touche et du coloris dans les Écoles qui n'ont pas cultivé l'étude du nu; voilà comment se justifie ce que nous avons dit en commençant, que de toutes les influences étrangères, la plus puissante en Espagne a été celle de l'École vénitienne en général et du Titien en particulier. Cela n'a pas échappé à un écrivain qui ne connaissait guère que le côté philosophique et spéculatif de l'art, mais à qui les inductions de l'esprit ont tenu lieu de connaissances pratiques.

« Le principe de la peinture vénitienne, dit Fortoul, convenait merveilleusement à l'Espagne, par cela seul qu'il pouvait à la rigueur dispenser de l'imitation des marbres antiques; il produisit donc dans ce pays une École parallèle à l'École de Bologne, mais bien différente de celle-ci, dont le dessin savant a pu être longtemps comparé aux chefs-d'œuvre de la première moitié du seizième siècle. Le développement de la nouvelle donnée des Vénitiens sans l'étude de l'antique, la couleur sans le dessin, voilà le point de départ de la seconde période de l'art espagnol. En Italie aussi, il y eut une École qui, en prenant pour base les procédés de Titien et de Tintoret, dédaigna l'antique, dont les Bolonais avaient tiré leur principale force; c'est l'École que fonda le Caravage et qui fut poussée à ses derniers excès par Ribera. Remarquons d'abord que Naples, qui devient bientôt son foyer, n'avait jamais pu, pendant le cours du quinzième ni même du seizième siècle, s'accommoder des perfectionnements que l'art avait reçus dans les autres villes de l'Italie. Comme la Flandre, comme Venise, comme l'Espagne, elle était restée longtemps fidèle aux traditions byzantines. Constatons donc ce fait curieux que les coloristes exclusifs sont sortis des lieux où le byzantinisme n'avait pas été détrôné par le style de Florence.

« En second lieu, il faut observer que la couleur supposant toujours quelque chose qui lui serve de support ou de limite, les élèves des Vénitiens ont dû nécessairement, à défaut de marbre grec ou romain, s'appuyer sur une prétendue imitation de la nature extérieure et proclamer ainsi pour la première fois, dans le monde moderne, le naturalisme, dont on a fait depuis des abus si divers et si absurdes. Du reste, les fondateurs de cette théorie, comme s'ils voulaient eux-mêmes la démentir, ne reproduisaient qu'une nature exagérée dont leur imagination ardente faisait tous les frais. En résumant l'histoire de l'École caravagesque, nous venons de tracer celle de la seconde période de l'art espagnol. A la place du dévergondage et de la bizarrerie où tombaient les Italiens épuisés par la fécondité de leurs devanciers et pervertis par leur propre dégradation, mettez une foi plus réelle, une ambition plus vaste, une grandeur moins usée, comme étaient celles de l'Espagne à la fin du seizième siècle, et vous aurez une idée juste de l'art que Velazquez et Murillo ont illustré [1]. »

Il est permis maintenant de se demander surtout comment des artistes à ce point doués de l'habileté pratique et du goût de la couleur ont été si peu portés à peindre le paysage et la mer, dont les rivages, dans toute la Péninsule, sont si variés d'aspect, si pleins de caractère et si pittoresques. On peut dire, il est vrai, qu'une grande partie de l'Espagne, l'Aragon, la Castille, l'Estramadure, ne présentent au voyageur que de vastes solitudes, des campagnes brûlées par le soleil et dévorées par la poussière, des plaines sans arbres à perte de vue, des montagnes sauvages, d'âpres roches, un ciel dur et monotone de coloration, tous objets qui ont dû être pour quelque chose dans la tristesse inhérente à la physionomie de l'art espagnol, et qui en tous cas n'étaient guère faits pour inspirer des paysagistes.

Velazquez peint quelquefois des bosquets, des lieux de plaisance et particulièrement les jardins d'Aranjuez; mais, comme l'observe un auteur judicieux, ce sont là des *vues* plutôt que des paysages, et des cadres pour y grouper des figures. Celui-là même qui, exceptionnellement, faisait profession de paysagiste, cet Iriarte, duquel Murillo disait qu'il était digne de peindre les contrées du paradis, a représenté le paysage d'une manière vague et générale qui manque de précision et de vérité vraie; il a étudié la nature sans naturel, je veux dire sans naïveté. De nos jours même, Villamil, quoiqu'il eût progressé en prenant pour modèles les ouvrages de l'Anglais Roberts, a été raide, pseudo-classique, apprêté et théâtral [2]. Au surplus, l'Andalousie

[1] Article sur l'art espagnol, dans le *National* du mois de novembre 1839.

[2] Velazquez painted a few (landscapes) but they are merely *views* intented as frames to group... Yriarte (1620) who, Murillo said, was worthy of painting scenery in Paradise, was the only landscape painter, and he painted nature unnaturally, and in modern days, Villamil, though effective and improved by study of Roberts, is stiff, pseudo-classical, and places nature always « en scène. » O'Shea, *Guide to Spain*, London, 1865.

et le royaume de Valence, qui sont les parties les plus fertiles, les mieux cultivées et les plus riantes de l'Espagne, n'ont pas eu, que je sache, un seul paysagiste notable, moins heureux en cela que la Castille, qui peut au moins citer Francisco Collantès.

Oui, l'époque où la renaissance italienne a atteint son apogée est celle où nous voyons l'Espagne suivre une marche tout à fait contraire aux tendances des autres peuples de l'Europe. Tandis que Luther inaugure un principe nouveau, la liberté de conscience, l'Espagne assiste aux tragédies de l'inquisition renouvelée; elle invente la Compagnie de Jésus. Au moment où une partie notable de l'Europe commence à se désintéresser du catholicisme ou à vouloir le rajeunir en le réformant, l'Espagne entre plus que jamais dans le dogme ébranlé, elle s'y soumet, elle s'y dévoue, elle l'embrasse avec fanatisme, et bientôt elle tombe à la fois sous la double discipline du pouvoir absolu et de l'autorité religieuse, de Charles-Quint et de Loyola. Un despotisme compassé, une régularité sinistre prennent la place de tant d'institutions fragmentaires et locales et en suspendent les vieux priviléges. Si l'on voit survivre un arrière-goût de chevalerie errante, ce reste des temps héroïques de la guerre contre les Maures n'attend plus, pour se couvrir d'un ridicule immortel, que le génie de Cervantès.

Et n'est-il pas facile de comprendre qu'il se soit manifesté un immense désir de concentration et d'unité chez un peuple dont le type original s'était, du reste, conservé sans altération, quand on se rappelle la longue lutte de l'Espagne contre ses envahisseurs, et combien la division de ce grand pays avait rendu sa victoire difficile? Aussi la défaite des Maures, la prise de Grenade, portent-elles la même date que l'établissement de la monarchie unitaire en Espagne. C'est Ferdinand le Catholique, époux d'Isabelle, qui purge le royaume de l'invasion africaine, et c'est le même prince qui, réunissant sous sa main, par son mariage, les royaumes de Castille, d'Aragon, de Grenade, de Sicile, et le nouveau monde découvert, prépare les plans de Charles-Quint et ses prétentions à la monarchie universelle. L'unité étant pour l'Espagne une nécessité politique de premier ordre, elle ne pouvait la trouver en ce temps-là que dans ces deux forces : le catholicisme et la monarchie. Voilà pourquoi l'Espagne fut inaccessible aux doctrines du protestantisme. Il y avait dans ces doctrines un principe dissolvant dont elle eut peur à ce point qu'elle devint aussitôt plus catholique que Rome elle-même. Victorieuse de l'islamisme, elle avait assez d'un tel combat : entre Mahomet vaincu et Luther menaçant, l'Espagne se précipita dans les bras du Christ.

L'art espagnol dut porter naturellement l'empreinte de ce mouvement vers l'absolutisme et l'unité. Il fut orthodoxe, c'est-à-dire continuellement inspiré par la croyance au dogme chrétien, et scrupuleux observateur des lois de l'Église. Par opposition à la Rome mondaine des souverains pontifes, qui se réjouissait et s'enorgueillissait de voir renaître du milieu de ses ruines l'élément païen, la beauté antique, l'Espagne se plongeait dans le christianisme pur, imposait à ses artistes la réprobation de la chair, et se servait de la peinture comme d'une prédication silencieuse destinée à épouvanter les fidèles. Le sombre génie du Saint-Office jetait sur les tableaux de tout peintre espagnol un reflet de dévotion terrible; la nudité était réputée indécente, irréligieuse. Les joies augustes du paradis, les tortures de l'enfer, les apparitions de pieux fantômes, les anges, les démons, les bienheureux, les moines en prière, les pénitents en contemplation ou en larmes, tels furent les sujets et les personnages proposés à la peinture espagnole par des prêtres redoutés et tout-puissants. De sorte qu'on peut dire, au sens propre, de cette forte École, ce que Luc Jordan disait par métaphore d'un tableau célèbre de Velazquez : « C'est la théologie de la peinture[1]. »

Comparez un instant l'art italien avec l'art de l'Espagne, Florence avec Séville, Rome avec Tolède. Ce sont là deux pays essentiellement catholiques, et pourtant quelle différence entre eux! Le génie de l'art italien est souple, compréhensif, facile. A peine a-t-elle vu l'antique, à peine a-t-on découvert, en fouillant le vieux sol romain, les glorieux débris de la civilisation grecque, l'Italie se fait païenne, elle admire avec enthousiasme les dieux de l'Olympe, et les trouvant si beaux, elle oublie que ce sont des faux dieux, elle leur ouvre toutes grandes les portes du Vatican, pour les placer à côté des Pères de l'Église, sous les images du Nazaréen crucifié. Quelle bonne foi dans cet entraînement et comme c'est bien là le peuple le plus artiste de l'univers! Plutôt que de condamner Praxitèle et Phidias, il bâtit des églises à l'imitation des temples, et fait adorer le fils du charpentier sous des colonnades corinthiennes.

Voyez, maintenant, combien le génie espagnol est exclusif, étroit, rigide! L'élément chrétien y est sans mélange. Ne reconnaissant d'autre laideur que le péché, qui est la difformité de l'âme, l'art espagnol ignore le beau idéal, c'est-à-dire la vérité typique des formes, ou, s'il ne l'ignore point, il le dédaigne, parce qu'il lui est commandé de respecter, sous les disgrâces du corps, dans les natures les plus déchues, la grande figure de Dieu. Quelle immense erreur ont commise tous ceux qui n'ont vu dans la peinture espagnole qu'un matérialisme puissant mais grossier, un simple talent de plastique et d'exécution! Nulle part, au contraire, il n'existe une plus forte dose de spiritualisme. Les peintres de l'Espagne continuent la métaphysique et les sentiments du moyen âge; loin de se laisser pénétrer par le génie antique sorti des ruines, ils semblent mépriser le choix des formes qu'on nomme l'idéal et qui leur paraît suspect de paganisme, et en vrais enfants de l'Évangile, ils peignent avec complaisance, avec passion même, la misère, la lèpre, les mendiants

[1] Voyez la monographie consacrée à Velazquez dans cet ouvrage.

enguenillés et jusqu'à la vermine! Tout leur paraît également digne des splendeurs de leur chaud coloris, et l'on dirait même qu'ils préfèrent le côté souffrant, triste et misérable de l'humanité, soit qu'ils y trouvent l'occasion d'images et d'expressions plus énergiques, soit que le sentiment chrétien leur inspire cette préférence, qui, du reste, n'est pas sans trahir aussi une pointe d'orgueil, car il y a toujours de l'orgueil dans l'Espagnol. C'est ainsi que le spiritualisme le plus exalté se dégage pour lui des scènes les plus triviales. Les modèles de l'École espagnole semblent dire, comme le sonneur de *Notre-Dame de Paris* :

Noble lame,
Vil fourreau,
Dans mon âme
Je suis beau.

Et quand je voyais au Louvre, dans ce musée qui n'y est plus, cette *Sainte Marie l'Égyptienne* qui monte au ciel couverte encore de ses affreux haillons, je comprenais comment les idées et les croyances de l'Espagne avaient pu seules fournir à Ribera une telle apothéose de la pauvreté. Ainsi, pendant que l'Italie de la Renaissance, oubliant peu à peu le dogme, fait passer l'art en première ligne, et couvre toiles et murailles par amour pour la peinture elle-même, l'Espagne consacre les merveilles de son pinceau à glorifier Dieu, et à donner une forme palpable aux sombres et formidables mystères de la religion catholique.

Que si nous consultons les écrits en langue castillane touchant la peinture, nous y verrons se confirmer d'une manière frappante ce point de vue, qui, du reste, est celui d'un de nos critiques d'art les plus distingués[1]. Au moment où la peinture jetait en Espagne son plus vif éclat, un peintre, un savant, un poëte, Francesco Pacheco, beau-père de Velazquez, écrivit le livre qui a pour titre : *El Arte de la Pintura, su antiguedad y grandezas*. Cet ouvrage, écrit avec une sorte de gravité pieuse, plein de science et d'érudition littéraire, est comme le résumé des opinions de l'Espagne en fait de peinture[2]. Il est du reste accompagné d'approbations en bonne forme, émanées des plus doctes personnages du temps. On peut voir là ce qu'était la peinture aux yeux des Espagnols, et que c'est bien, de tous les peuples, le moins enclin aux théories de l'art pour l'art. Cela est si vrai qu'il a dans sa langue une expression que nous n'avons pas dans la nôtre, le mot *naturalistas*, désignant, par opposition au mot *idealistas*, les peintres dont le talent se borne à une simple imitation de la nature, comme par exemple Velazquez. A part toute

[1] Dans une série d'excellentes *Études sur la Peinture espagnole* et la galerie du maréchal Soult, M. Thoré s'est élevé avec force contre ceux qui ont accusé l'École espagnole de tendances matérialistes. Ces études furent publiées par la *Revue de Paris*, en 1835.

[2] Ce livre, regardé comme le meilleur traité en castillan sur la matière, fut imprimé à Séville en 1649. C'est un petit in-quarto de 644 pages.

rodomontade castillane, Pacheco assigne très-sérieusement à la peinture une origine céleste et un but essentiellement noble. Son origine? il faut la prendre dans le sein de Dieu même, qui, en formant le corps d'Adam, fut le premier des sculpteurs, le premier des peintres[1]. Son but? elle est destinée, par des images sensibles, à nous procurer l'intuition des êtres surnaturels, des divins mystères. C'est une théologie symbolique, ajoute le peintre en s'appuyant sur les Pères de l'Église, notamment sur saint Augustin, qui déclare la peinture un art digne du chrétien, par cela seul qu'elle nous élève aux actions de la vraie sagesse. Il cite également, dans un autre endroit, des stances de son illustre contemporain, Pablo de Cespedès, une des lumières de l'Espagne, homme universel, poëte, antiquaire, linguiste, philosophe, peintre, sculpteur, architecte; et ces stances, tirées du poëme sur la peinture qu'avait laissé ce grand homme, sont empreintes d'un spiritualisme exalté. Au début de son livre, Pacheco donne une définition assez semblable à celle que Nicolas Poussin, presque au même instant, écrivait de sa puissante main : « C'est un art, dit-il, qui, au moyen de lignes et de couleurs, représente à la vue ce qu'elle peut percevoir des corps. » Mais un peu plus bas, il s'explique ainsi [2] : « Les corps dont la peinture reproduit l'image sont de trois espèces : naturels, artificiels, ou formés par la méditation de l'âme. » Je le demande, s'il faut juger l'École espagnole d'après ce grave législateur, est-ce là une école matérialiste?

Sans doute, quelques-uns de ses maîtres, et des meilleurs, se sont voués au seul culte de la nature et ont manqué d'élévation dans la pensée. Il convient de dire aussi que, sous le soleil de l'Espagne, en présence d'un peuple plein d'originalité et d'accent, le vif sentiment de la réalité devait être un des caractères de l'art. D'ailleurs le mépris qu'ils affectaient pour la distinction du modèle devait amener naturellement les peintres de l'Espagne à saisir fortement le côté brutal des choses, parce que les corps paraissent d'autant plus réels qu'ils sont moins nobles.

Mais si la réalité, si le trivial furent essentiellement du domaine de l'art espagnol, cela n'empêche point, comme nous le disions tout à l'heure, qu'on n'y sente le dessein de relever fièrement cette trivialité même, de la faire servir aux intentions de l'esprit. A part Velazquez, qui, s'étant voué aux prodiges de l'imitation, voulait fortement éblouir les yeux, les tromper, entrer pour ainsi dire en lutte avec les phénomènes de la création, la plupart des grands artistes de la Péninsule ont fait de la peinture les uns un acte de foi, les autres une éloquente prédication de terreur, au profit du salut, en vue des destinées d'un autre monde. Et Pacheco dit formellement

[1] Pacheco dit en parlant de la formation d'Adam : .. *Pues si fue aquella la primera escultura, fue tambien pintura.* Libro primero, p. 15.

[2] Voir le chapitre X du troisième livre, p. 466.

que l'art du peintre doit se dévouer au service de l'Église, et que bien souvent ce grand art a produit, pour la conversion des âmes, des effets plus grands que la parole du prêtre[1].

Pour en revenir à Pachéco et sans aller aussi loin que lui lorsqu'il fait remonter jusqu'au ciel les origines surhumaines qu'il assigne à la peinture, il est certain que l'art espagnol peut se vanter jusqu'à un certain point d'une origine historique très-reculée. Déjà, au dixième siècle, l'Espagne possédait quelques peintres sur parchemin qu'on appelait *iluminadores*, parce que leur talent s'appliquait à l'enluminure des manuscrits. Le plus ancien de ces ouvrages d'art, précieusement conservé à la Bibliothèque royale de Madrid, est celui d'un peintre nommé Vigila; il renferme des miniatures encore brillantes de fraîcheur, des portraits de rois et de reines, une profusion d'ornements, et il porte la mention qu'il fut terminé le 25 mai de l'an 976[2]. Mais cette aurore de l'art ne jette qu'une lueur éphémère, elle s'évanouit dans la ténébreuse époque de la grande guerre contre les Maures. Cependant il reparaît quelques vestiges de peinture au treizième siècle : on lit en un manuscrit de ce temps-là, trouvé parmi les comptes du roi Sanche IV « à Rodrigo Esteban, *peintre du roi*, cent maravédis (environ 15 sols). » Il y avait donc des peintres du roi au treizième siècle[2].

Le maître-autel de la cathédrale de Tolède, peint par Juan Alfon, et l'arrivée en Espagne des quelques artistes florentins dont nous avons parlé, Gherardo Starnina et Dello, continuent au quatorzième siècle la tradition de l'art. Juan Sanchez de Castro, fondateur de l'École de Séville, tant illustrée depuis par ses grands maîtres, Pedro Berruguette[3], peintre de Philippe 1er, Antonio del Rincon, élève présumé du Ghirlandaio, Juan de Borgona, bon coloriste, dont on admirait les fresques au cloître et à la Librairie de la cathédrale de Tolède, et qui représenta dans la chapelle arabe, la conquête d'Oran, remplissent comme nous l'avons vu la période du quinzième siècle. Il faut joindre à ces noms, d'une véritable valeur historique, ceux des cinq peintres[4] qui, à la demande du cardinal Cisneros, exécutèrent les travaux du *paranymphe* ou théâtre scolastique de l'Université d'Alcala de Hénarès; ouvrage précieux, d'autant plus important à mentionner ici,

[1] *I tal vez ha hecho i haze mayores efetos, en la conversion de algunas almas, que la misma predicacion. Arte de la Pintura*, libro tercero, p. 466.

La monographie que nous consacrerons à Pacheco dans cet ouvrage contiendra une analyse de son livre, devenu aujourd'hui très-rare, et par suite doublement précieux en ce qui concerne la pratique de la peinture.

[2] La bibliothèque de la cathédrale de Séville, dit M. Thoré dans les *Études* citées plus haut, possède entre autres livres précieux une Bible en deux volumes, écrite et peinte au treizième siècle par Peblo de Pamplona, pour l'usage du roi don Alonzo le Sage. Les têtes de chapitres sont ornées de petites figures faisant allusion aux sujets, et dans la préface des Évangiles, on remarque certaines colonnes arabes avec des chapiteaux qui reproduisent le goût architectural de l'époque.

[3] Voir le *Dictionnaire des Peintres espagnols* de Quilliet. On y prouve, d'après des actes authentiques, l'existence de ce maître dont les œuvres furent commandées et payées par le chapitre de Tolède, et qui fut le père du célèbre Alonso Berruguette, élève de Michel-Ange.

[4] Ces cinq peintres étaient Inigo de Comontes, Diego Lopez, Alvar Perez de Villoldo, Luis de Medina, Alonso Sanchez.

que les cinq artistes, on nous l'apprend à cette occasion, furent chargés de taxer réciproquement le prix de leur travail[1].

L'art de l'Espagne, au quinzième siècle, n'était pas encore sorti de la barbarie. Sanchez de Castro signait en lettres gothiques des tableaux pleins d'anachronismes et d'inconvenances, contre lesquels s'est révoltée la savante orthodoxie de Pacheco, indigné qu'on eût osé représenter la Vierge avec des lunettes et saint Gabriel en chasuble. La perspective, l'arrangement des groupes, n'ont pas été connus des artistes de ce siècle, déjà témoin des splendeurs de la renaissance italienne. Pour suppléer à l'expression absente des figures, les peintres faisaient sortir de la bouche des personnages une légende déroulée où étaient écrites les pensées qu'on n'avait pas su peindre. Il faut dire, pourtant, qu'Antonio del Rincon, né à Guadalaxara en 1446, donna le premier l'exemple d'abandonner la raideur du style gothique pour des formes et des draperies plus souples, des proportions plus belles. Enfin s'ouvrit le seizième siècle, et maintenant nous voici en présence de trois maîtres renommés : Moralès *le divin*, Vicente Joanès et Navarette le Muet (*el Mudo*).

La peinture espagnole, tout en conservant sa physionomie propre, s'enrichit alors de quelques emprunts faits aux peuples vaincus. Triomphante sur les mers, maîtresse en Italie, l'Espagne avait mis le pied sur les Amériques et elle venait d'entrer dans son ère de prospérité et de gloire. Victorieuse en Italie, elle se laissa vaincre ou du moins gagner à son tour par le génie des Italiens. Dans la personne d'Alonso Berruguette, disciple de Michel-Ange, elle s'appropria la hardiesse du grand style, d'un style violent jusqu'au sublime ; elle acheva de détruire chez elle le goût barbare[2]. Par Vicente Joanès, fondateur de l'École de Valence, l'Espagne connut la douceur, l'aisance, la grâce de la manière raphaélesque, et Navarette le Muet, formé à Venise dans l'atelier de Titien, rapporta dans son pays les beaux empâtements de la pratique vénitienne. Mais en dépit de ces éléments nouveaux, la peinture espagnole demeura ce que l'avaient faite le climat, les mœurs, la religion catholique, l'inquisition, la monarchie dure, dévote et triste de Charles-Quint et de Philippe II. Le mysticisme resta le fond dominant. Peindre la douleur déchirante de Marie, les traits livides du Christ expirant ; d'une main patiente, avec un pieux amour, exprimer la présence d'un sang déjà glacé sous une peau transparente, mettre une sorte de sécheresse et d'ascétisme dans la cassure des plis, comme les Van Eyck, finir tous les détails,

[1] Juan de Borgona reçut 165,000 maravédis pour quinze sujets de l'Écriture sainte, terminés dans les salles capitulaires de la saison d'hiver, et 100,000 maravédis pour les fresques de la Librairie. A son tour il taxa les autres peintres, notamment Alonso Sanchez, à 171,750 maravédis.

[2] ... *Que acabò de extinguir en España la manera barbara e inculta...* Palomino Velasco, *Las Vidas de los Pintores*, au tome III du *Museo pictorico y Escala optica*. Madrid, 1724.

les poils de la barbe, la soie des cheveux, les épines de la couronne enfoncée, brisée dans le crâne du Seigneur; imprimer à l'aspect du tableau une solennelle gravité, une tranquillité mélancolique, tel fut le style reconnaissable de Moralès *le divin*. Tel fut aussi le caractère de ce Luis de Vargas, qui poussait l'austérité jusqu'à la macération, la rêverie jusqu'à l'extase. Il était le contemporain de Moralès, de Joanès, de Navarette le Muet, de Gaspard Becerra, élève de Vasari, enfin d'Alonso Berruguette.

Et quelle brillante époque que la transition du seizième siècle au dix-septième! Nous y rencontrons tous les illustres professeurs de l'École de Séville : Herrera le Vieux, Pacheco, les deux Castillo, et le licencié Juan de las Roëlas, maîtres éminents qui furent néanmoins bientôt éclipsés, ou du moins dépassés par les quatre grands élèves qu'ils formèrent et dont le génie remplit de lumière le dix-septième siècle espagnol, Velazquez, Alonzo Cano, Murillo, Zurbaran.

Arrêtons-nous ici, dans la crainte de déflorer l'histoire de ces fameux artistes. Plus connus que leurs devanciers, ils le sont encore trop peu. Qu'il nous suffise de dire que la dévotion ne cessa de les animer, même en ce temps où la décadence du principe religieux était flagrante en Italie. Une seule fois, Velazquez, sortant de la réalité, fit un *Christ*, et cette fois il eut par extraordinaire un élan de poésie. Murillo allait souvent prier devant la *Descente de Croix* de Pedro Campana. Un soir, le sacristain, désirant fermer les portes avant l'heure, demanda à l'artiste extasié pourquoi il demeurait si longtemps dans la chapelle. Murillo répondit : « J'attends que ces saints hommes achèvent de descendre le Seigneur de la croix. » Velazquez, Alonso Cano, Murillo, Zurbaran, furent les derniers grands peintres de leur pays.

Le dix-huitième siècle n'a guère compté qu'un artiste de renom, Raphaël Mengs ; encore est-il Allemand. Après l'ami de Winckelmann, il n'est resté à l'Espagne aucun autre maître que Goya, Goya y Lucientes, si étonnant dans quelques-unes de ses peintures et dans ses eaux-fortes des *Misères de la Guerre* et des *Caprices*. Peintre unique, sans modèle connu, sans imitateur possible. Goya est mort en 1832, à l'âge de quatre-vingts ans, la tête remplie de tous ces fantômes dont il a semé ses incomparables compositions, fantômes étranges, mystérieux, railleurs, sataniques, tantôt spirituels comme une caricature, tantôt affreux comme un cauchemar. En lui s'est terminée la tradition de la vieille École espagnole, destinée sans doute à recommencer une carrière nouvelle, mais au service d'idées et de puissances qui ne soient pas vieillies, dégénérées ou mortes.

« En Espagne, dit M. Viardot, l'histoire des lettres, l'histoire des arts et l'histoire politique suivent une marche commune, uniforme, parallèle ; elles présentent les mêmes vicissitudes d'élévation et de chute. L'Espagne avait eu de grands écrivains en même temps que de grands capitaines, et lorsqu'elle portait dans les deux mondes sa langue avec ses armes, elle avait conquis, on peut le dire, le goût et les leçons de l'art ; elle avait alors produit de grandes œuvres tandis qu'elle faisait de grandes choses. Par une suite de cette commune destinée, la décadence vint à la fois dans les arts et dans l'État. Le goût s'était dépravé tandis que le pouvoir s'énervait. L'Espagne perdit peu à peu la trace de ses modèles comme de ses héros. En laissant chasser sa langue et son drapeau du Portugal, des Flandres, de l'Italie, elle ferma les communications qui avaient allumé et entretenu en elle la noble passion des beaux-arts; elle cessa de régner par l'épée, par la plume, par le pinceau ; et la détresse générale, profonde, où elle fut réduite, finit par laisser sans culture tous ces fruits heureux de l'intelligence qui ne mûrissent qu'au soleil de la prospérité publique. Lorsque après les désastres qui affligèrent le règne de Philippe IV arriva la calamiteuse époque de Charles II, par la guerre de Succession, et avec Philippe V, l'introduction violente de l'influence française, devant laquelle disparut en quelque sorte la nationalité espagnole, ce qui avait été décadence devint abandon, ruine et mort. On avait fait de mauvais ouvrages après des chefs-d'œuvre ; on n'en fit plus d'aucune sorte. Le théâtre se ferma, les livres cessèrent de s'imprimer et de se lire ; les ateliers de peinture furent déserts; tout se tut, tout disparut, tout s'éteignit. Il y eut dans les arts et les lettres, comme un interrègne sans exemple, un siècle vide, une lacune étrange, qui coupe toutes les traditions, un sommeil complet de l'esprit national qui cesse d'agir et de donner signe de vie, enfin une manière d'éclipse intellectuelle dont aucune lueur n'interrompt les longues ténèbres.

« Ce qui semble prouver qu'une sorte de fatalité providentielle préside à ces mouvement divers, à ces secousses et à ces repos des intelligences, c'est que tous les efforts tentés soit pour les retenir, soit pour les exciter, sont également vains et stériles. Peu d'années avant la mort de Murillo, en 1650, tous les professeurs de Séville, tous les survivants de la grande École s'étaient réunis pour former en commun une Académie de dessin et de peinture où devaient être fournies gratuitement, non-seulement les leçons de l'art, mais les objets matériels nécessaires à sa culture. Un siècle plus tôt, cet établissement eût fait merveille, eût doublé le nombre des grands peintres. Il n'en sortit pas même un élève de quelque valeur, pas un imitateur, pas un copiste, et vingt ans après l'Académie n'existait plus, faute de professeurs et de disciples. »

L'art de l'Espagne ressemble à ce monument de l'Escorial duquel on a dit que c'était un palais, un monastère et une prison. La peinture y présente, en effet, trois physionomies correspondantes. On y remarque la foi religieuse qui engendre l'expression, le goût de la terreur d'où naît le côté dramatique, et un sentiment fier de la réalité, d'où procède l'excellence de l'exécution.

En France, avant la formation du musée dont MM. Taylor et Dauzats ont enrichi le Louvre, l'École espagnole était complétement ignorée du public. Quelques rares amateurs, il est vrai, admis à voir l'admirable galerie du maréchal Soult, s'étaient habitués à vanter une École aussi glorieuse. Malheureusement l'Angleterre nous a ravi à prix d'or les plus merveilleuses toiles de cette galerie, et il s'est trouvé, chose bizarre! qu'au moment où le gouvernement français laissait passer la frontière à des chefs-d'œuvre qu'on ne pourra jamais remplacer, MM. Taylor et Dauzats, ses missionnaires, couraient l'Espagne à travers les périls et les aventures, pour y former un musée, bien curieux sans doute et bien riche, mais beaucoup moins riche et moins curieux que la superbe galerie du maréchal Soult. Mais quoi! ce musée même nous a échappé à son tour. A l'heure qu'il est, nous ne pouvons connaître à fond les plus fameux maîtres de Séville et de Madrid qu'en traversant les Pyrénées. Tout récemment, l'Exposition universelle du Champ de Mars est venue nous apprendre qu'une renaissance se préparait en Espagne et que des artistes tels que les deux Madrazo, Palmaroli, Rosalès et Gonsalvo pouvaient former le noyau d'une École future, digne de rappeler à la peinture espagnole ses grands souvenirs.

Celui qui veut jouir d'une belle vue doit monter sur des hauteurs d'où il puisse consulter à la fois tous les points de l'horizon, passer en un clin d'œil de l'orient à l'occident, saisir l'effet des contrastes et juger de l'inépuisable grandeur de la nature en voyant d'une part les rochers les plus âpres, de l'autre les verdures les plus riantes. S'il fût resté dans la vallée, peut-être aurait-il aperçu le paysage par une échappée de vue, mais, au moindre mouvement, le paysage aurait disparu à ses yeux. Il en est de même de l'historien de l'art : il faut qu'il se place aussi haut que possible, de manière à dominer toutes les productions, à embrasser sous des formes si variées ce qu'ont enfanté de prodigieux les Pays-Bas et l'Allemagne, l'École de Venise et celle de Florence, Milan, Rome, Parme, Naples, Séville, Paris, Londres. En voyant par combien de routes différentes on est arrivé à conquérir l'admiration des hommes, il aura moins de confiance dans l'infaillibilité des règles académiques, sinon de quelques grands principes; son ton sera moins dogmatique, ses décisions seront moins tranchantes, et au lieu d'assigner des limites au génie de l'art, il restera ébloui, enchanté, comme dit Montaigne, devant une beauté *illustre par tant de visages*.

CHARLES BLANC.

PARIS. — IMPRIMERIE POITEVIN, RUE DAMIETTE, 2 ET 4

École Espagnole. *Sujets religieux.*

LUIS DE VARGAS

NÉ EN 1502. — MORT EN 1568.

Luis de Vargas a été, en Andalousie, le plus ancien et le plus illustre des sectateurs de l'art italien. C'est encore ce maître qui, le premier, vulgarisa dans sa patrie les meilleurs procédés de peinture à l'huile et à fresque : à Vargas, enfin, revient l'honneur d'avoir créé à Séville des traditions et une École qui mettent fin à la période gothique et dont l'influence se prolonge jusqu'à la fin du seizième siècle.

Luis de Vargas est né à Séville en 1502. Destiné de bonne heure à la peinture, on croit qu'il eut pour maître Diego de la Barrera, et qu'il s'exerça d'abord à peindre à la détrempe sur de grandes toiles écrues appelées *sargas*, alors recherchées dans toute l'Espagne. Ces toiles servaient à voiler les autels pendant la semaine sainte, ou, le plus souvent, on en revêtait, comme de tapisseries, les murailles des palais et des demeures des grands. L'exécution de ce genre de détrempe, mélange de couleurs broyées à l'eau et de colle, exigeait une pratique habile, un dessin rapide et sûr. Aussi les maîtres avaient-ils coutume d'y astreindre longtemps leurs élèves ; ils acquéraient ainsi l'habitude d'indiquer avec hardiesse les contours précis d'une figure et se familiarisaient vite avec l'agencement des plus vastes compositions. La peinture des *sargas* impliquait encore une connaissance profonde de l'anatomie : les nus y abondaient, et l'artiste devait prendre soin d'en accuser le modelé par des touches d'une grande énergie.

Fortifié par ces mâles études, Luis de Vargas résolut d'aller poursuivre son éducation artistique en Italie. Quelques belles œuvres de l'École romaine, apportées à Séville, l'impressionnèrent sans doute et décidèrent de son avenir. Il partit pour Rome. Mais, depuis quelques années déjà, Raphaël était mort, et Vargas ne put que s'attacher à l'un des disciples du divin maître. On pense que ce fut à Perino del Vaga, dont il rappelle, en effet, le style et la manière.

Francisco Pacheco, le plus autorisé des biographes de Vargas, affirme que cet artiste ne séjourna pas moins de vingt-huit années en Italie. Le premier ouvrage de Vargas, après son retour dans sa patrie, ne contredit point cette assertion. C'est une *Nativité*, placée dans la cathédrale de Séville, près de la porte de San Miguel, signée des mots : *Tunc discebam Luisius de Vargas*, et que les archives établissent avoir été peinte en 1555 : Vargas avait donc cinquante-trois ans.

Cette même année, il peignit à fresque, dans l'église de San Pablo, une *Vierge au rosaire*, dont il ne subsiste plus rien aujourd'hui. Une autre fresque, exécutée vers la même époque sur un arc de l'ancien sanctuaire, et que les contemporains de Vargas réputaient une merveille d'habileté et de coloris, est également détruite.

En 1563, le chapitre de la cathédrale lui payait une somme de 136,000 maravédis pour la *Voie de douleurs*, fresque qui fut, trente années plus tard, restaurée par Vasco Pereyra, maître portugais établi à Séville. De cette belle composition devant laquelle les condamnés s'arrêtaient pour prier, et que, pour cette raison, le peuple appelait *el Cristo de los azotados*, le Christ des fouettés, il restait encore, au temps où Cean Bermudez écrivait son dictionnaire, d'importants vestiges malheureusement défigurés par les restaurations inintelligentes qui ont suivi celle de Vasco Pereyra.

Une œuvre magistrale de Vargas, le *Jugement dernier*, qu'il peignit aussi à fresque dans le *patio* de la *Casa de la Misericordia*, n'a pu qu'incomplétement échapper aux injures du temps et à l'incurie. Toute la partie supérieure, représentant le Rédempteur, la Vierge et les Apôtres, est encore assez bien conservée ; mais la partie basse, qu'occupaient les groupes des élus et des damnés, celle où l'artiste avait manifesté son dessin vigoureux et savant, son entente du nu, et donné toute la mesure des vastes connaissances qu'il avait acquises en Italie, est absolument dégradée.

C'est à peine si l'on entrevoit aujourd'hui quelques lignes des nombreuses figures d'apôtres, d'évangélistes, de docteurs et de saints que Vargas avait peintes dans les niches arabes de la Giralda. Commencées en 1563, ces fresques ne furent achevées qu'en 1568. « L'homme intelligent, dit Cean, admirera la noblesse et la « superbe tournure de ces figures, et déplorera amèrement leur ruine ; car, par leur mérite et leur grandiose « aspect, elles étaient à coup sûr l'une des merveilles artistiques de la cité. »

Parmi les peintures à l'huile de Luis de Vargas conservées dans la cathédrale de Séville, son œuvre par excellence est celle qui représente la *Génération temporelle de Jésus-Christ*, et que l'on désigne habituellement sous le nom de *Cuadro de la Gamba*. Sous cette appellation légendaire se propage un anachronisme que se transmettent religieusement les guides et les *cicroni*, et dont la notice que Palomino a consacrée à Vargas pourrait bien être le point de départ. Selon ce biographe, Mateo Perez de Alesio, peintre italien, et auteur du gigantesque *San Cristoforo* qui est à l'entrée de la cathédrale, se serait écrié en voyant Vargas peindre la jambe de l'Adam agenouillé au premier plan du tableau : *Più vale la tua gamba che tutto il mio San Cristoforo*, éloge certainement mérité, mais qui n'a aucune valeur historique, puisque Alesio n'exécuta son *Saint Christophe* qu'en 1584, c'est-à-dire seize années après la mort de Vargas.

Il faut considérer encore comme l'un des meilleurs ouvrages de Vargas le retable placé entre la porte San Miguel et la chapelle de San Laureano ; il renferme, au centre, la *Naissance de Jésus-Christ ;* dans la partie inférieure, l'*Annonciation*, l'*Adoration des Rois* et la *Circoncision*, et sur chaque panneau latéral, deux *Évangélistes*.

L'un des autels de l'église de Santa Maria la Blanca est également une œuvre notable du vieux maître. Pour sujet principal, il y peignit le *Christ mort, soutenu par la Vierge, avec la Madeleine prosternée lui embrassant*

LA NATIVITÉ (Cathédrale de Séville).

les pieds; sur l'un des côtés est représenté *Saint François recevant les stigmates;* sur l'autre se voient les portraits de Francisco Ortiz et de sa femme Melchora de Maldonado, qui firent don de ce retable en 1564; l'artiste l'a signé : *Luisius de Vargas faciebat.*

Comme Juan de Joanès, son contemporain, et comme tant d'autres peintres de l'École espagnole, Luis de Vargas était d'une ardente piété. Sa vie fut celle d'un saint; il partageait son temps entre le travail et les pratiques religieuses les plus austères. A sa mort, on trouva chez lui des instruments de macération et de pénitence, même un cercueil où il se couchait pour méditer sur son heure dernière. Son caractère était doux et affable, son esprit enjoué, avec une légère pointe de malice. Palomino raconte ainsi l'une de ses saillies : Un mauvais peintre lui montrait un Christ expirant sur la croix, et quêtait un éloge : « L'expression en est juste, dit Vargas; on croirait qu'il va s'écrier : « Pardonnez-leur, mon Dieu, car « ils ne savent ce qu'ils font! »

Cean Bermudez a analysé avec beaucoup de justesse le talent de Vargas : « Il n'y a, dit-il, rien de plus « exact que ses contours, de plus grandiose que ses formes, rien de mieux entendu que ses raccourcis, « car, en ceci, il surpassa tout ce que peignirent, même après lui, ses compatriotes les plus réputés. Si les « tableaux de Vargas avaient autant d'air ambiant, autant de dégradation dans les lumières et les teintes « qu'ils ont d'éclat dans le coloris, de distinction dans l'arrangement des étoffes, de douceur expressive « dans le caractère et les attitudes, de grâce et de noblesse dans les têtes et les figures, de parfaite imitation « de la nature dans les accessoires, il aurait été le plus grand peintre de l'Espagne. »

Selon Pacheco et Morgado, Luis de Vargas mourut à Séville en 1568. On cite parmi ses élèves Antonio de Arfian et Luis Fernandez, qui forma Pacheco; Herrera le Vieux, et les deux frères Agustin et Juan del Castillo.

PAUL LEFORT.

RECHERCHES ET INDICATIONS

Aucun des Musées d'Europe, pas même ceux de Madrid, ne possède d'ouvrage de Luis de Vargas.

Le catalogue de l'ancienne galerie espagnole au Musée du Louvre mentionnait un tableau de Vargas : *La Sainte Vierge et l'enfant Jésus, dans une gloire, avec saint Michel terrassant le démon.* Il a été vendu, à Londres, en 1853, pour la somme de 40 £.

Un *Portement de Croix* et un *Calvaire* figuraient dans la galerie Aguado : nous ignorons dans quelles mains sont passées ces deux toiles, vendues, la première 450 fr., la seconde 171 fr.

Deux tableaux représentant *Saint Jean et saint Paul*, *Saint Jacques et saint Barthélemy* (deux pendants), et attribués à Vargas, n'ont atteint, à la vente Soult (1852), que 335 fr.

TVNC
DISCEBĀ
LVISIVS
DE VARGA

PARIS. — IMPRIMERIE POITEVIN, RUE DAMIETTE, 2 ET 4.

École Espagnole. *Sujets religieux.*

LUIS DE MORALÈS, DIT EL DIVINO

NÉ VERS 1509. — MORT EN 1586.

Au siècle de la Renaissance et de la Réforme, alors qu'une partie de l'Europe, en lutte contre Rome, abandonne ses dogmes et déchire ses symboles; quand l'Italie, devenue tout à coup païenne, ne demande plus ses inspirations qu'à l'antiquité classique; quand Rome elle-même introduit au Vatican les dieux de l'Olympe et du Parnasse, l'Espagne, la grande nation catholique, effrayée pour sa foi, se mure dans ses croyances, les opposant, comme une barrière infranchissable, à ces idées réformatrices et à ces nouveautés mythologiques qu'elle répudie, abhorre ou condamne.

Réagissant contre la Renaissance italienne, dont il dédaigne les tendances sensualistes, l'art espagnol, étroitement immobilisé dans la représentation des scènes de l'Évangile, des martyres, des miracles ou des pénitences, s'empreint plus profondément encore de ce mysticisme austère qui, déjà, est le caractère et comme le tempérament de l'École.

Instrument docile de l'Église, qui dirige et censure ses créations, l'artiste semble dès lors ne plus entrevoir et ne poursuivre d'autre but que la glorification du Dieu qu'il sert : sa foi prime son génie. Au seizième siècle, toute la philosophie de l'art espagnol se résume en cette simple formule que Pacheco, le théologien de la peinture, pourra écrire encore au commencement du dix-septième siècle : « La mission de l'art chrétien est de porter les hommes à la piété et de les conduire vers Dieu », et l'auteur de l'*Arte de la Pintura* ajoute : « que bien souvent ce grand art a produit de plus puissants effets pour la conversion des pécheurs que la parole du prêtre[1]. » Ainsi définie, cette mission de l'artiste lui crée charge d'âmes : son rôle, c'est la prédication par l'image, le prosélytisme par la statue, par le tableau : il doit réchauffer les cœurs tièdes, montrer aux fidèles les splendeurs du ciel, émouvoir et frapper de terreur le pécheur endurci.

Profondément convaincus de la grandeur et de la sainteté d'une tâche qui fait de l'artiste l'auxiliaire du sacerdoce, Juan de Joanès à Valence, Luis de Vargas à Séville, se préparent par la prière, le jeûne et les macérations à reproduire les images du Christ, de la Vierge ou des Saints ; ils ont des visions, des révélations d'en haut, et plus d'une fois leurs divins modèles leur apparaissent au milieu de miraculeuses extases.

Tout le seizième siècle fourmille de ces dévots artistes dont l'existence s'écoule, humble et recueillie, à l'ombre des cathédrales et des cloîtres ; ils méditent, pensent au ciel, travaillent et prient. Ce sont des ascètes, des saints, et le récit de leur vie semble moins appartenir à l'histoire de l'art qu'à la Légende dorée.

Aussi, conçues en dehors des préoccupations de système, de manière et d'école, toutes les productions de cette période présentent-elles à un haut degré le caractère de la sincérité la plus naïve alliée à la plus pénétrante expression du sentiment religieux : on sent que ce sont là des œuvres de foi. Si élevé qu'il soit par sa propre nature, l'art s'est élevé encore sous les pinceaux de ces inspirés en se mettant au service d'une idée plus grande que lui.

C'est à ce groupe de pieux peintres qui demandaient à leur génie non de charmer les yeux, mais de traduire les touchantes aspirations de leur cœur, qu'appartient Luis de Moralès, le plus spiritualiste et le plus austère des maîtres de l'École espagnole.

Luis de Moralès, que ses contemporains surnommèrent *El Divino*, non parce qu'il ne peignit que des sujets sacrés, mais plutôt à cause de la perfection de son exécution, qu'ils jugeaient *divine*, naquit à Badajoz, capitale de l'Estramadure. La date de sa naissance reste indécise : on peut, toutefois, la fixer approximativement autour de l'année 1509, en n'acceptant que comme très-douteuse l'assertion de Palomino, qui lui donne soixante-dix-sept ans, lors de sa mort, en 1586.

Tout, du reste, n'est qu'incertitude et obscurité de ce qui touche à la vie de ce grand artiste, et malgré les recherches entreprises à la fin du siècle dernier par l'abbé Ponz et par le consciencieux Cean Bermudez, la critique ne possède encore que de bien vagues données sur les principaux faits de son existence. On ignore quelle fut sa famille, s'il passa sa jeunesse dans sa ville natale, quelles études il fit et de quel maître il reçut ses premières leçons. Cependant il paraît établi qu'il ne quitta jamais l'Espagne.

Ce qui demeure bien constant encore, c'est qu'il ne saurait être, comme le suppose Palomino, élève de Pedro Campaña, puisque ce maître ne vint se fixer à Séville qu'en 1548, et qu'il existe à Badajoz, dans l'église de la Conception, des tableaux de Moralès datés de 1546. Les peintures de Moralès de sa première époque diffèrent, d'ailleurs, de style et d'exécution, avec les ouvrages des artistes nationaux ou étrangers qui travaillaient à Séville, soit à la fin du quinzième siècle, soit au commencement du seizième ; ce serait donc plutôt parmi les peintres de la Castille et de Tolède qu'il faudrait lui chercher des attaches.

Moralès s'est surtout inspiré du style des Écoles allemande et flamande du quinzième siècle : l'expression mélancolique et puissamment ressentie de ses figures, la grave simplicité de ses compositions, les plis rigides et cassés à angles aigus de ses draperies, le fini de ses détails, la minutieuse perfection de son exécution rappellent la manière des Van Eyck, de Hans Holbein, d'Albert Dürer et de Roger van der Weyden. Connus en Espagne par quelques ouvrages très-importants, ces grands artistes comptaient parmi les peintres indigènes de nombreux et habiles sectateurs. Parmi ces disciples directs ou indirects des Écoles du Rhin, Fernando Gallegos, l'un des plus remarquables, né à Salamanque, vers le milieu

[1] Pacheco, *Arte de la Pintura*, libro III°, p. 466.

du quinzième siècle, florissait précisément en Castille à l'époque où Moralès dut étudier son art. Quelques tableaux de Gallegos, élève peut-être de cet énigmatique Juan Flamenco, de ce Hans le Flamand, dont la critique n'est pas encore parvenue à débrouiller l'identité et qui peignait à la fin du quinzième siècle à la Chartreuse de Miraflorès et à Palencia, subsistent encore dans l'une des chapelles de la cathédrale de Salamanque.

Quoiqu'ils aient subi des altérations, ces ouvrages, que Palomino compare, avec trop d'enthousiasme, aux

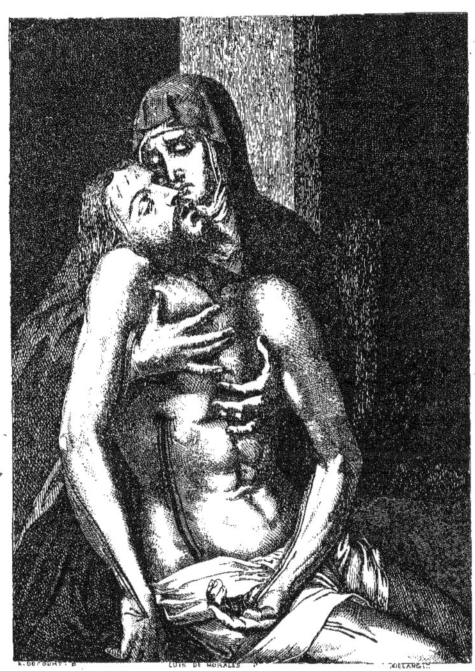

LA VIERGE DE DOULEURS (Musée royal de Madrid).

productions d'Albert Dürer, permettent cependant d'établir avec certitude que Gallegos suivait étroitement la tradition des maîtres du Nord et qu'il la transmit lui-même à tout un groupe d'artistes castillans. Son influence s'étendit-elle à Moralès? C'est là une hypothèse probable sinon certaine. Entre les tableaux de la cathédrale de Salamanque et les premières productions de Moralès, on saisit de telles analogies de procédé et de manière qu'elles ne sauraient être jugées fortuites : même coloris un peu sec, mais également plein d'éclat; même dessin ressenti, même modelé timide, même rendu minutieux des détails et des accessoires. S'ils ne suffisent pas à démontrer que Moralès est très-probablement un disciple du maître de Salamanque, ces analogies, trop frappantes pour qu'on n'en cherche pas les causes ailleurs que dans la communauté de l'origine et de la tradition adoptée, sont du moins intéressantes à constater; il appartient à l'érudition espagnole de diriger de ce côté d'attentives et nouvelles recherches et de nous révéler si des liens d'école rattachent effectivement Moralès à Fernando Gallegos.

L'étude de ceux des ouvrages de Moralès dont l'authenticité ne saurait être mise en doute prouve qu'au cours de sa longue carrière, le génie de l'artiste, si peu varié en général dans ses manifestations, subit pourtant une transformation profonde.

En écartant tout d'abord, comme indignes de son pinceau, les *Ecco homo* décharnés, les *Mater Dolorosa* grimaçantes, et toutes les natures chétives, aux membres mal attachés et aux formes anguleuses, qu'il faut rendre aux tristes imitateurs du maître, on distingue, dans l'ensemble de son œuvre, deux périodes bien distinctes.

Dans la première, Moralès peint volontiers des compositions d'un grand nombre de figures; les personnages y sont parfois traités de grandeur naturelle, et son exécution, presque large et aisée, contraste singulièrement avec ses productions plus tardives. Un *Portement de Croix,* une *Vierge avec l'enfant Jésus tenant un oiseau attaché au bout d'un fil; Saint Joachim embrassant sainte Anne,* de l'église paroissiale de la Conception, à Badajoz; les six sujets de la Passion qui décorent le maître-autel de l'église de Higuera de Fregenal, ainsi que quelques autres ouvrages demeurés en Estramadure, appartiennent incontestablement à cette première et plus libre manière; elle paraît s'étendre jusque vers 1550.

Autour de cette date, Moralès restreint l'importance de ses compositions; il n'aborde plus que des sujets d'une seule figure ou de deux au plus, ne dépassant guère, pour les dimensions, une tête ou un buste à mi-corps, et reproduisant presque constamment l'un ou l'autre de ces trois motifs : l'*Ecce homo,* la *Vierge soutenant le Christ mort,* et le *Christ à la colonne.* En même temps, l'artiste modifie le caractère de son exécution.

Sur des fonds bitumineux, son dessin, plus expressif, cerne d'un trait ferme les contours de ses figures d'une sveltesse peut-être un peu grêle, mais empreinte d'une grâce mélancolique et singulièrement élégante; son coloris un peu sec, presque monochrome, mais ferme et brillant comme l'émail, son modelé délicat, procédant par demi-teintes et accusant finement le relief, rappellent, comme facture, les patients procédés des miniaturistes; la recherche exquise qu'apporte encore Moralès à parfaire ses chevelures, si vraiment soyeuses que, selon l'expression de Palomino, « l'on est tenté de souffler dessus »; le soin un peu puéril qu'il met à bien détacher chaque poil de la barbe, à bien rendre toutes les gouttelettes de sang qui tombent du front de ses Christs couronnés d'épines, ou les larmes de ses Vierges pâmées de douleur; tout cet ensemble, mélange d'archaïsme et d'originalité, donne aux productions de cette seconde manière une physionomie spéciale, très-serrée, très-nerveuse et tout à fait individuelle.

D'après le nombre et l'importance des ouvrages dont il enrichit les églises et les couvents de l'Estramadure, on présume que Moralès dut passer la presque totalité de son existence dans sa ville natale. Son génie y était du reste grandement honoré, et, du vivant même du peintre, ses concitoyens lui décernèrent un éclatant témoignage de leur admiration en donnant son nom à la rue qu'il habitait à Badajoz. Tolède, Burgos, Valladolid, Séville, Grenade, connurent de bonne heure ses ouvrages, et sa renommée se répandit rapidement dans l'Espagne entière. Plus heureux que Joanès, que Vargas et que tant d'autres artistes ses contemporains, dont le talent n'eut pour théâtre que l'étroite enceinte d'un couvent ou d'une seule cité et dont la réputation ne franchit que longtemps après leur mort les limites de leurs provinces, Moralès se vit appeler à la cour. C'était vers 1563, à l'époque où Philippe II venait de jeter les fondements de l'Escorial et préparait d'avance tout ce qui devait concourir à la décoration du royal monastère. Ébloui sans doute d'une telle distinction, Moralès, renonçant à la simplicité de sa vie ordinaire, se présenta devant Philippe avec le faste et l'apparat d'un grand seigneur. Ces dehors magnifiques lui attirèrent les railleries des courtisans et déplurent au roi. Philippe ne lui commanda qu'un seul tableau : un *Christ marchant au Calvaire,* qu'il donna à l'église de San Geronimo de Madrid; il fit ensuite payer à l'artiste ses frais de route et le congédia.

Profondément blessé dans son naïf orgueil, Moralès revint à Badajoz. De cette entrevue, dont il s'était promis la fortune, il ne rapportait que l'humiliation et le découragement. Dès lors sa santé s'altéra, sa vue s'affaiblit, ses mains tremblèrent et le rendirent promptement inhabile à continuer de peindre ses patients chefs-d'œuvre. Délaissé de tous et bientôt accablé par les infirmités de la vieillesse, il tomba, de chute en chute, dans un affreux dénûment.

LA CIRCONCISION (Musée royal de Madrid).

Le seul document relatif à Moralès que Cean Bermudez ait retrouvé dans les archives de la cathédrale de Bajadoz atteste précisément l'état de pauvreté où en était déjà arrivé l'artiste en 1575. Le 11 février de cette année, il vend au licencié Buenavida, pour le prix de cent ducats, une vigne qu'il possédait dans la partie haute de la Vega de Merida.

C'est dans la plus misérable situation que, quelques années après, en 1581, Philippe II revit Moralès. Le roi revenait de Portugal et traversait Badajoz. Le peintre alla se placer sur le passage du monarque, qui s'arrêta, ému de pitié : « Vous êtes bien vieux, Moralès, dit le roi. — Oui, sire, et bien pauvre. » Philippe lui accorda sur-le-champ une pension de 300 ducats; cinq ans après, en 1586, Moralès mourut.

Les grandes cathédrales de l'Espagne et quelques églises de l'Estramadure ont conservé les plus importantes productions de Moralès. A ne prendre que celles dont l'authenticité est incontestable, ces productions ne sont pas nombreuses. Moralès peignait et dessinait lentement, et l'application minutieuse qu'il apportait dans son exécution explique assez la rareté de ses ouvrages Malgré l'invasion française et la suppression des couvents, qui ont fait connaître et permis d'étudier, en dehors de leur patrie, les peintres espagnols, bien peu d'ouvrages du *divino* Moralès ont franchi les Pyrénées. Des trois tableaux, réunis sous son nom, dans l'ancienne Galerie espagnole, au Louvre, deux au moins paraissaient douteux ou apocryphes; actuellement encore, le même Musée relègue dans quelque coin obscur un *Portement de Croix*, inscrit cependant au Catalogue sous le nom de Moralès, et qu'on juge sans doute indigne de nos regards.

Le Musée royal de Madrid n'est pas lui-même très-riche en œuvres choisies : La *Vierge de douleurs*, les deux *Ecce homo*, une *Tête de Christ*, ainsi que *la Vierge et l'enfant Jésus* ne sont que d'estimables peintures. La *Circoncision* est une œuvre plus intéressante : « Ce dernier tableau, dit M. Viardot dans ses « *Musées d'Espagne*, me paraît le plus important et le meilleur; mais, dans tous, Moralès se montre « pleinement. S'il a les défauts habituels de son époque, s'il est minutieux et léché, surtout dans l'exécution « de la barbe et des cheveux; si l'on peut lui reprocher trop de dureté dans les contours et trop peu de « relief dans le modelé, au moins faut-il reconnaître qu'il dessinait avec soin et correction, qu'il entendait « savamment l'anatomie des nus, et rendait admirablement la fine dégradation des demi-teintes; il faut « reconnaître surtout qu'il excellait dans les expressions de douleur religieuse et que nul n'a mieux réussi « à peindre les angoisses poignantes d'un Christ couronné d'épines, ou d'une Vierge percée des sept épées « de douleur[1]. »

Le Musée du Fomento possède un *Christ entre les deux Larrons*, qui rappelle la première facture de Moralès et non la plus parfaite; plus heureux que les grandes collections de la capitale, le Musée provincial de Tolède a recueilli deux précieuses peintures du maître : un *Christ*, d'un travail exquis, et une *Notre-Dame de la Solitude*, d'un fini incomparable.

L'une des plus belles compositions de Moralès se trouve malheureusement enfouie dans la sacristie de l'église de San Isidro el Real, à Madrid : c'est un *Christ à la colonne* qu'on ne peut entrevoir qu'à grand' peine, à la lumière des cierges. La souffrance physique du Christ, sa résignation divine, le pardon miséricordieux que son regard, voilé par de longues paupières, adresse à l'apôtre renégat et la contrition profonde de saint Pierre, sont admirablement exprimés dans ce chef-d'œuvre, de l'exécution la plus nerveuse et de l'effet le plus solennel et le plus saisissant. Comparable pour la naïveté et l'élévation du sentiment religieux aux plus sévères productions des maîtres italiens qui ont précédé la Renaissance, cette page est peut-être sans rivale, même dans l'œuvre de l'artiste, sous le rapport de l'expression ; elle atteint une intensité si aiguë, si poignante, qu'elle semble surhumaine. Mieux que les commentaires de ses biographes, cette peinture explique pourquoi Moralès reçut de ses admirateurs le surnom de *Divino*.

Dans ses remarquables *Études sur la peinture espagnole*, publiées en 1835 par la *Revue de Paris*, M. T. Thoré a décrit un très-beau tableau de Moralès qui faisait alors partie de la galerie Soult. « Le tableau « de M. Soult, — dit M. Thoré, — *la Mère de douleurs*, représente la Vierge à mi-corps, tenant dans ses « bras le Christ mort. J'ai vu à l'ancienne exposition de MM. Hunter, rue de la Chaussée-d'Antin, une « répétition de ce sujet, que Moralès a reproduit plusieurs fois, car il y en avait un dans l'église des « *Carmélites déchaussés* d'Avila, un à *Sainte-Catherine de Zafra*, de Grenade, un dans la cathédrale de « Badajoz, et un autre, que je soupçonne celui de M. Soult, dans l'église *Saint-Augustin* de la même « ville. La mort est merveilleusement rendue sur les traits glacés du Christ, mais la face divine a « conservé un calme inaltérable qui révèle la résurrection; la douleur de la Vierge-mère est si solennelle « et si intime, qu'on s'arrête à rêver devant ce grand drame de souffrance et d'amour. Comme exécution, « cette peinture n'offre pas une analogie bien marquée avec l'*Ecce homo* du Louvre attribué au même

[1] Les *Musées d'Espagne*, par M. Louis Viardot. Paris. 1860.

« artiste; elle est moins moelleuse de couleur, moins savante d'anatomie, moins grandiose de dessin, sans « pourtant qu'il soit possible de préférer l'un à l'autre : c'est un même sentiment, une même simplicité « religieuse, une même délicatesse de touche dans tous ses détails. Cependant, considérant le dessin de « l'*Ecce homo* du Louvre, je le croirais plus volontiers d'un peintre initié à l'École florentine et postérieur « à Moralès, qui n'a jamais quitté l'Espagne. »

Moralès eut un fils, Cristobal Moralès, peintre lui-même, et de nombreux imitateurs qui s'efforcèrent de copier

VIERGE ET JÉSUS (Musée royal de Madrid).

et de reproduire ses propres productions. Comme toujours, ces imitateurs ont exagéré jusqu'au grotesque les défauts du maître, à qui l'on a fait tort trop souvent de leurs mauvaises et caricaturales copies.

Juan Labrador, le seul élève éminent qu'ait formé Moralès, se voua à la peinture des fruits et des fleurs : il apporta dans cette branche de l'art la perfection, l'éclat et la vérité d'exécution qu'il avait acquis à l'école du *Divino*. Labrador mourut à Madrid en l'année 1600.

Juan de Joanès s'est inspiré plus d'une fois des œuvres de Moralès : mais l'artiste valencien est lui-même un maître, et si ses *Ecce homo* ou ses *Christs au roseau* rappellent la manière archaïque et naïve de son contemporain, Joanès ne laisse pas que de leur imprimer le cachet de sa puissante individualité : son dessin est plus grand, ses types sont moins émaciés et son coloris, plus large et plus savant, accuse d'ailleurs, dans ses procédés, un peintre formé en Italie.

PAUL LEFORT.

RECHERCHES ET INDICATIONS

Ceàn Bermudez, dans son *Diccionario de las Bellas Artes*, fournit un catalogue à peu près complet des ouvrages de Moralès qui, de son temps, appartenaient aux églises et aux couvents de l'Espagne. La plupart de ces ouvrages existent encore aujourd'hui dans les mêmes églises, notamment en Estramadure, à Burgos, Valladolid, Tolède, Séville et à Madrid : seul, le *Portement de Croix* commandé par Philippe II n'est plus à San Geronimo, église détruite ; peut-être a-t-il été placé au Palais.

Voici la liste des tableaux de Moralès qui font aujourd'hui partie des Musées de l'Europe et des collections particulières :

Musée du Louvre. — *Jésus portant sa croix*.

Madrid. — Musée royal. — *La Vierge de douleurs*, *Ecce homo*, *la Circoncision*, *Tête de Christ*, *la Vierge et l'Enfant*.

Musée national du Fomento. — *Le Christ entre les deux Larrons* (acquis en 1862 pour la somme de 20,000 réaux).

Académie de San Fernando. — *Le Christ présenté au peuple par Pilate*.

Ancienne collection Madrazo (Palais Salamanca). — *Ecce homo*.

Aix-la-Chapelle. — Collection Suermondt. — *Ecce homo*.

Musée de Dresde. — *Ecce homo*.

Musée de Saint-Pétersbourg. — *Mater dolorosa*, *la Vierge et l'enfant Jésus*.

Angleterre. — Dulwich College. — *Le Christ*.

Collection Stirling. — *La Vierge de douleurs*.

Collection Hoskins. — *Le Christ à la colonne*.

Collection Vivian. — *Tête de Christ*.

Vente Aguado (1843). — *La Vierge soutenant le Christ mort*, 730 fr. ; *Ecce homo*, 460 fr.

Vente Soult (1852). — *La Voie des douleurs*, 24,000 fr.

Vente Louis-Philippe. Londres (1853). — *Portement de Croix*, 120 £ ; *La Vierge soutenant le Christ mort*, 71 £ ; *Même sujet*, 5 £ 10 ; *Ecce homo*, 110 £.

Vente Standish. Londres (1853). — *La Vierge soutenant le Christ mort*, 5 £ 18 ; *Saint tenant une croix*, 22 £.

Paris. — Imprimerie Poitevin, rue Damiette, 2 et 4.

École Espagnole. *Sujets religieux. Portraits.*

ALONZO SANCHEZ COELLO

NÉ VERS 1515. — MORT EN 1590.

« Ce que Velazquez fut pour Philippe IV, Alonzo Sanchez Coello l'avait été pour Philippe II : le peintre chéri, le courtisan familier, le *privado del rey.* » Ainsi commence la biographie de Sanchez Coello dans l'important travail de M. L. Viardot sur l'École espagnole. On pourrait ajouter que Sanchez Coello fut pour Philippe II ce que Titien avait été pour Charles-Quint, Holbein pour Henri VIII, et même Cranach pour Luther; ce que furent plus tard Van Dyck pour Charles Ier et Walker pour Cromwell.

Bien que Vicente Carducho, au chapitre VIII de ses *Dialogues sur la Peinture*, parlant de deux copies d'après le Titien, ait appelé Sanchez—*Lusitano famoso;* bien que Palomino, sur la foi de cette qualification, le dise né en Portugal et qu'on lui ait donné le surnom de *Ticiano portugues*, Alonzo Sanchez Coello était cependant né en Espagne, à Benifayrò, royaume de Valence. A quelle date ? Aucun biographe ne le sait. Pour tout renseignement nous trouvons dans Palomino que Sanchez Coello mourut à l'âge de soixante-quinze ans, en 1590. Cean Bermudez confirme cette même date, sans parler de l'âge. Suivant Palomino, la date de naissance serait donc environ 1515. Comment, après cela, Palomino peut-il en arriver à admettre que « *ce noble artiste apprit l'art de la peinture à l'école de Raphaël*[1] »? Faut-il traduire: *dans l'école*, et entendre par là les continuateurs, sectateurs, anciens élèves de Raphaël, mort en 1520? Palomino est assez coutumier de pareilles erreurs, que plusieurs biographes ont servilement propagées après lui et qu'un simple rapprochement de dates eût fait éviter. Le séjour de Sanchez Coello en Italie, pendant sa première jeunesse, nous paraît d'ailleurs tout à fait hypothétique. On verra plus loin pourquoi. Ce qu'il y a de sûr, c'est qu'en 1541 il demeurait à Madrid, et qu'il y épousa doña Luisa Reynalte, dans la paroisse de Saint-Michel.

Donc, jusqu'à cette date, rien que d'inexact ou d'incertain dans les premiers biographes du peintre. Cean Bermudez, le plus consciencieux et le plus récent des compilateurs espagnols, apporte seul un peu de lumière sur les origines de Sanchez. A force de fouiller patiemment les archives des paroisses et des ordres religieux, de consulter les notes ou les mémoires inédits des rares auteurs espagnols qui se sont occupés des beaux-arts et des artistes, il découvrit que D. Alvarez Baena, en compulsant les preuves de noblesse fournies par un petit-fils de Sanchez Coello, don Antonio Herrera, alors qu'il sollicitait son admission de chevalier dans l'ordre de Saint-Jacques, avait rencontré quelques renseignements, assez peu précis, desquels il ressortait : que Sanchez Coello était bien originaire du royaume de Valence et du village de Benifayrò ; qu'il avait été baptisé à l'Alqueria Blanca, territoire des Valletas de Murviedro, et qu'il s'appelait exactement Alonzo Sanchez Galvan y Coello ; que ce dernier nom était celui de sa mère, et qu'enfin il demeurait impossible de fixer le jour de sa naissance autrement que par cette indication bien vague : au commencement du seizième siècle. Comme Palomino, Cean Bermudez, un peu moins sûr lorsqu'il s'agit des classifications d'école, de style ou de manière, admet que Sanchez avait étudié en Italie, s'appuyant sur cette assertion que le dessin de ce maître est très correct[2]. S'ensuit-il forcément qu'il n'ait pu acquérir cette correction qu'en Italie?

Cette opinion, commune à tous ses biographes, les œuvres de Sanchez Coello, qui sont les meilleurs documents à consulter, la contredisent hautement. De tous les tableaux qui nous restent, à quelque époque de la carrière de l'artiste qu'ils appartiennent, aucun ne porte, ni dans le style, ni dans la composition, ni dans le coloris, l'empreinte d'études franchement italiennes ; ils prouvent au contraire que Sanchez Coello dut être l'élève d'un de ces maîtres de transition, Flamands italianisés qui rêvèrent l'amalgame des écoles de Flandre et d'Italie. Les Bernard Van Orley, les Michel Cocxie, les Heemskerk, les Lambert Lombard, les Frans Floris, les Martin de Vos, sont les personnalités les plus marquantes de cette époque hybride. Eux, leurs élèves ou leurs tableaux, on les rencontre en Espagne au commencement du seizième siècle, et leur influence est facile à constater sur un assez grand nombre d'artistes espagnols, disciples ou seulement contemporains de ces étrangers.

Le tableau des *Fiançailles de sainte Catherine*, provenant de l'Escorial, aujourd'hui au Musée de Madrid, et signé en toutes lettres : *Alonsus Santius F.*, peut très-bien être pris pour type de la manière de Sanchez dans ses compositions religieuses. C'est, à proprement dire, un mélange tempéré de Frans Floris et de Martin de Vos; il dut être exécuté autour de 1542, car, à partir de cette date, une rapide métamorphose s'opère chez Sanchez Coello; désormais il est l'élève subjugué d'Antonio Moro, et dans ses portraits notamment, son style et sa couleur vont se rapprocher de plus en plus des traditions des écoles du Nord.

C'est en effet vers 1542 que Sanchez entra dans l'atelier d'Antonio Moro, qui peignait alors à Madrid le portrait de l'infant, fils de Charles-Quint, depuis Philippe II. L'élève et le maître devaient être à peu près du même âge ; jeunes tous deux, ils se lièrent sans doute d'une étroite et vive amitié ; car, lorsque Mor partit

[1] « *Este noble artifice aprendió el arte de la pintura en Roma, en la escuela de Rafaël de Urbino, y despues en la de Antonio Moro en España.* » Palomino, *Vida de los Pintores eminentes españoles.*

[2] « *Pudo muy bien haber aprendido su profesion en Italia, segun la correccion que tenia en el dibujo.* » Cean Bermudez, *Diccionario historico*, t. IV.

pour la cour de Lisbonne, où, par ordre de l'empereur, il devait peindre la future épouse de Philippe, l'infante doña Maria, Sanchez Coello l'accompagnait.

Le brillant accueil que reçurent nos artistes auprès du roi Jean et de la reine Catherine d'Autriche, sœur cadette de Charles-Quint, déterminèrent Coello à s'attacher au service de don Juan, prince de Portugal et

LE PRINCE CHARLES, FILS DE PHILIPPE II (Musée de Madrid).

époux de doña Juana, fille de l'empereur et sœur de Philippe II. Don Juan mourut. Sanchez, privé de ce protecteur et désirant retourner en Espagne, pria doña Juana de le recommander à Philippe II, qui l'agréa. Séduit tout d'abord par les manières, l'esprit et le talent de l'artiste, le roi reporta sur lui cette même affection, cette bienveillance familière, dont il avait donné tant de preuves à Antonio Moro, parti alors pour les Pays-Bas. Cette faveur de Sanchez auprès du terrible Philippe ne fit du reste que grandir par la suite et devint telle, que, lorsque le roi ne l'emmenait pas avec lui dans ses expéditions, il lui écrivait très-fréquemment et de sa propre main en adressant les lettres à son *très-aimé fils Alonzo Sanchez Coello* : « *Al muy amado hijo Alonzo Sanchez Coello, excelentisimo pintor de la majestad cristiana.* » C'est ce que rapporte Pacheco, au livre Ier de l'*Arte de la Pintura*, où il s'étend longuement et fournit mille détails curieux sur les rapports d'intimité de Philippe II et de son peintre :

« Le roi, dit Pacheco, lui donna pour logement une vaste maison tout proche du palais. Comme il en « gardait seul la clef, — par un passage secret et en toilette du matin, il avait coutume d'entrer à toute heure « chez lui et de le surprendre tandis qu'il était à dîner avec sa famille. Lorsque Sanchez voulait quitter la « table pour le saluer révérencieusement comme son roi, il lui commandait de rester en place et entrait « ensuite, par passe-temps, dans son atelier. D'autres fois, il le trouvait assis et peignant; s'approchant « doucement il lui mettait les mains sur les épaules. Quand Alonzo Sanchez, se voyant si honoré, essayait « par juste respect de se lever, le roi l'obligeait de se rasseoir et de continuer sa peinture. Sanchez peignit « souvent Philippe, armé, à pied ou à cheval, en costume de voyage, ou bien encore portant simplement la « cape et le toquet; il peignit également dix-sept personnes royales, reines, princes et infants, qui « l'honoraient et l'estimaient au point de venir habituellement jouer et se divertir en sa maison avec sa « femme et ses enfants.

« Sa renommée ne lui valut pas moins d'honneurs de la part des plus grands princes du monde, et il put « compter au nombre de ses admirateurs les papes Grégoire XIII et Sixte-Quint, le grand-duc de Florence, « celui de Savoie et le cardinal Alexandre Farnèse, frère du duc de Parme. Il avait toujours à sa table quelque « gentilhomme important, car, le voyant ainsi dans les bonnes grâces d'un grand monarque, beaucoup « s'empressaient à rechercher son amitié. Sa maison était fréquentée par les plus hauts personnages « de l'époque : le cardinal Granvelle; l'archevêque de Tolède, don Gaspar de Quiroga; don Rodrigue de « Castro, archevêque de Séville; et qui plus est encore — le seigneur don Juan d'Autriche, le prince don « Carlos, ainsi qu'un grand nombre de personnes titrées et d'ambassadeurs, à ce point que maintes fois « les chevaux, les litières, les carrosses et les chaises remplirent les deux vastes cours de la maison. « Devenu ainsi le peintre le plus célèbre de son temps, il gagna plus de cinquante-cinq mille ducats.[1] » Après Pacheco, Jusepe Martinez, peintre de Philippe IV et auteur d'un manuscrit qui renferme un traité sur la peinture et des renseignements biographiques très-intéressants sur les artistes espagnols, note, à propos d'Alonzo Sanchez, quelques particularités qui ont échappé à tous les autres biographes :

« Au début du règne de Philippe II, un grand artiste en portraits, nommé Alonzo Sanchez, commença « de se révéler avec tant d'éclat, que Sa Majesté le fit appeler et lui ordonna de lui fournir une preuve « de son talent en faisant son portrait. Ce portrait plut tant à Sa Majesté qu'elle voulut qu'un logement voisin « du palais royal, dans la maison du Trésor, fût donné à l'artiste, et elle eut soin d'y ajouter des gages « et des allocations qui furent toujours très-exactement servis.

« Longtemps Sanchez fut occupé à peindre des portraits du roi, que l'on envoyait aux divers monarques « et aux princes; très-estimés dès lors, ces portraits le sont bien davantage encore à cette heure. Pour « récompenser les services chaque jour plus éclatants de son peintre, Sa Majesté le fit gentilhomme de « la Clef-Noire et son valet de chambre [2]. »

Le même Jusepe Martinez, parlant de l'*Allégorie sur la bataille de Lépante*, tableau célèbre que le Titien peignit à l'âge de quatre-vingt-quatorze ans et qui est au Musée de Madrid, rapporte quelques faits d'un assez grand intérêt pour mériter d'être reproduits.

« Comme Philippe II désirait que le Titien lui peignît un tableau dont il se réservait d'ordonner lui-même « la composition, il manda Alonzo Sanchez, lui communiqua son projet et lui indiqua comment il entendait « que s'exécutât le dessin qui devait être envoyé au Titien. Avec sa modestie accoutumée, Alonzo Sanchez

[1] Pacheco, — *Arte de la Pintura*, livre Ier, chap. VII.

[2] *Jusepe Martinez.* — *Discursos practicables del nobilisimo arte de la Pintura*, t. XVII. Ce manuscrit, récemment publié par les soins de l'Académie de San Fernando, à Madrid, a été enrichi de notes précieuses par don V. Carderera, membre de cette Académie.

« se récusa d'abord ; mais le roi ordonnait et il fallut obéir. Sa Majesté se fit donc peindre en pied, élevant « au ciel dans ses bras le jeune infant don Fernand ; une Renommée, chargée de palmes et de couronnes,

MARIAGE DE SAINTE CATHERINE (Musée de Madrid).

« plane sur ce groupe, et le Turc gît à terre, vaincu et enchaîné. A cette esquisse, le roi fit joindre son « portrait de grandeur naturelle, et le tout fut dirigé sur Venise.

« A la réception du portrait et de l'esquisse, Titien écrivit aussitôt que, puisque Sa Majesté avait auprès « d'elle un maître si habile, il n'était pas besoin qu'elle recourût à des peintres étrangers. Philippe fit

« répondre qu'il partageait l'avis sur le mérite d'Alonzo Sanchez, mais qu'il aurait à satisfaction que le « Titien exécutât le tableau, ce qui eut lieu ainsi. »

En 1570, Sanchez Coello fut chargé, avec Diego de Urbina, de peindre les arcs de triomphe que l'on éleva à Madrid pour l'entrée d'Anne d'Autriche, femme de Philippe II.

De 1573 à 1577, il exécuta pour l'église paroissiale de l'Espinar une suite de tableaux destinés à décorer le maître-autel. On a retrouvé dans les archives de l'Espinar le contrat intervenu entre Alonzo Sanchez et la paroisse, relatant toutes les clauses et conditions auxquelles devait se conformer l'artiste. Selon l'usage, il dut présenter quatre témoins qui le cautionnèrent et signèrent l'acte avec lui. Au nombre de ces témoins figure l'illustre Giacomo Trezzo. Alonzo Sanchez s'acquitta si consciencieusement de cet important travail, qu'il fut terminé au jour dit et que les experts nommés par les parties pour taxer et juger l'œuvre, en outre du prix de 3,350 ducats primitivement stipulé au contrat, jugèrent qu'il y avait lieu d'allouer une majoration de 75,875 maravédis. Vers 1582, Sanchez Coello avait achevé de peindre pour la salle des Portraits du palais du Pardo, tous les personnages suivants : Doña Juana, princesse de Portugal; doña Catalina, femme de Jean III, roi de Portugal; don Luis Mendez de Haro, marquis del Carpio; don Diego de Cordoba, premier écuyer de Sa Majesté; don Juan d'Autriche, frère de Philippe II; don Carlos, son fils; l'empereur Rodolphe; son frère Ernest; Ferdinand, archiduc d'Autriche, frère de l'empereur Maximilien.

Le monastère de l'Escorial, allait être fini. Philippe II voulut que Sanchez Coello, malgré son grand âge, concourût à la décoration de ce vaste monument. L'artiste peignit donc encore. A partir de 1580, il exécuta successivement plusieurs compositions religieuses : *Saint Paul et saint Antoine ermites ; Saint Étienne et saint Laurent ; Saint Vincent et saint George ; Sainte Catherine et sainte Inès*. Son tableau du *Martyre des saints enfants Juste et Pastor*, où il plaça une charmante vue de Alcala de Henarès, date de 1583. A cette même année appartient aussi le portrait du P. Siguenza, qui n'est plus à l'Escorial[1]. Celui du fameux fondateur de l'ordre des Jésuites, qu'il peignit avec l'aide d'un masque de cire moulé sur le visage du saint, et qui, selon Pacheco, est le plus ressemblant des portraits d'Ignace de Loyola, date de 1585. Sanchez Coello avait alors au moins soixante-dix ans. Cinq ans plus tard (1590), il s'éteignit à Madrid.

Sa vie d'artiste avait été laborieusement remplie ; il laissait un œuvre considérable, surtout en portraits, dont la plupart, malheureusement, périrent dans les incendies successifs des palais du Pardo et de l'Alcazar de Madrid. La destruction semble s'être acharnée sur les peintures de ce maître : l'église du couvent de San Geronimo, à Madrid, renfermait encore, en 1782, un important tableau de Sanchez, daté de 1580 et représentant un *Saint Sébastien* : on en a perdu toute trace depuis la ruine de ce couvent.

Ce qui reste aujourd'hui de tant de travaux suffit cependant à la gloire de Coello. Il faut, nous l'avons dit, faire bon marché de ses compositions religieuses, qui appartiennent au faux goût flamand-italien, et dont le moindre défaut est le manque absolu d'originalité. Mais, dans ses portraits, c'est un maître, naïf et vrai, distingué et contenu, un peu froid, mais très-fin.

Voilà bien le talent qui convenait à ce peintre de cour, homme de cour lui-même, de cette cour d'un monarque qui n'a ri qu'une seule fois, le jour où il apprit le massacre de la Saint-Barthélemy. Du fond de ses toiles, on voit se détacher, raides, pâles, la bouche pincée, reines, infants, princesses, gentilshommes, tout emprisonnés dans leurs riches costumes; mais une étincelle avive légèrement leur regard et lui fait dire ce que taisent leurs lèvres serrées. Sont-ce là des ombres ? non, ces personnages vivent, mais d'une vie étrange, mystérieuse. On sent, à les regarder, combien dut peser à ces muets courtisans le froid glacial du cloître, — le morne silence de l'Escorial !

Au Musée de Madrid, deux portraits, surtout donnent bien la note de ce talent sobre et un peu

[1] Ce portrait a été gravé en Espagne par D. F. Selma, à la fin du siècle dernier.

sec. Ils ont de l'analogie avec les Antonio Moro, du même musée. Ces portraits, numérotés 152 et 154 représentent l'un l'infant don Carlos, de tragique mémoire, l'autre doña Isabelle-Claire-Eugénie fille de Philippe II, qui devint la femme de l'archiduc Albert. Ces deux portraits sont délicieux :

ISABELLE, FILLE DE PHILIPPE II (Musée de Madrid).

Holbein, Clouet, Moro, n'ont rien peint de plus exquis, de plus délicat, et ce rapprochement n'a rien d'excessif : comme ces maîtres, Coello sait évoquer tout le caractère de ses modèles, toute leur individualité, sans le moindre effort, sans même que la toile laisse seulement transparaître le procédé d'exécution.

Alonzo Sanchez Coello laissa trois élèves : sa propre fille, doña Isabelle, Philippe de Liaño, connu par ses portraits de petite dimension, et enfin Pantoja de la Cruz, le plus célèbre des trois, qui succéda à son maître dans la charge de peintre et de valet de chambre de Philippe II. Pantoja est l'auteur de nombreux portraits. Sa couleur est chaude et transparente ; il est très-soigneux du détail et il rappelle assez bien son maître par une certaine timidité de pinceau, par la simplicité des poses et l'exactitude du dessin. Il mourut en 1610, à Madrid, à l'âge de 59 ans.

PAUL LEFORT.

RECHERCHES ET INDICATIONS

Les tableaux de Coello sont aujourd'hui fort rares en France et il n'en existe plus un seul au Musée du Louvre. Ceux que le roi Louis-Philippe avait fait acheter et qui firent partie de la Galerie espagnole, ont été, comme l'on sait, rendus à la famille d'Orléans, puis vendus à Londres. Trois de ces tableaux appartiennent aujourd'hui au Musée de Bruxelles. Voici la liste des ouvrages de Coello qu'on peut voir en Espagne et dans quelques musées et galeries de l'Europe.

ALLEMAGNE. MUSÉE DE VIENNE. — Un *portrait* de dame.

COLLECTION SUERMONDT, à Aix-la-Chapelle. — *Portrait* de Philippe II.

ANGLETERRE. COLLECTION BARING — *Portrait* de Philippe III, enfant.

BELGIQUE. MUSÉE DE BRUXELLES. — *Portrait* de Jeanne d'Autriche. — *Portrait* de Marguerite de Parme, fille de Charles-Quint et gouvernante des Pays-Bas. — *Portrait* de Marie d'Autriche, autre fille de Charles-Quint.

Ces trois tableaux proviennent de l'ancienne Galerie espagnole, au Louvre, qui renfermait en tout neuf portraits, dont l'un, catalogué sous le numéro 72 et représentant l'*Infant don Fernand*, fils de Philippe II, portait la signature suivante : *Alfonsius Säntius fecit, 1577.*

ESPAGNE. MUSÉE ROYAL DE MADRID. — *Portrait* de don Carlos, fils de Philippe II. — *Portrait* de l'infante doña Isabelle-Claire-Eugénie, fille de Philippe II. — *Portraits* de deux infantes, filles de Philippe II. — *Portrait* d'un personnage que l'on croit être Antonio Perez. — Deux portraits d'infantes. — *Les Fiançailles de sainte Catherine.* — *Saint Sébastien*, tableau daté de 1582.

MUSÉE NATIONAL DE MADRID. — *Portrait* de l'archiduchesse d'Autriche, Isabelle-Claire-Eugénie, fille de Philippe II.

ESCORIAL. — Un portrait de Philippe II et douze compositions religieuses dont voici la désignation : *Martyre des saints enfants Juste et Pastor.* — *Saint Grégoire et saint Antoine.* — *Saint Bazile le Grand et saint Athanase.* — *Saint Jérôme et saint Augustin* (signé et daté 1580). — *Saint Paul et saint Antoine abbé* (signé et daté 1582). — *Saint Laurent et saint Étienne, martyrs* (signé et daté 1580). — *Saint Vincent et saint Georges.* — *Sainte Claire et sainte Scholastique.* — *Sainte Paule et sainte Monique.* — *Sainte Catherine et sainte Inès* (signé et daté 1581). — *Saint Benoît et saint Bernard.* — *La Vierge de la Antigua* (1564).

COLLECTION MADRAZO, à Madrid. — *Portrait* d'un personnage inconnu. — *Portrait* de Philippe III, enfant. — Ces deux tableaux provenaient de la collection du duc d'Altamira ; ils appartiennent aujourd'hui à M. de Salamanca.

VALENCE. MUSÉE. — *Portrait* d'Alonzo Sanchez Coello point par lui-même.

VENTE LOUIS-PHILIPPE, à Londres. — *Portrait* de Jeanne d'Autriche, 2,773 fr. — *Portrait* de Marguerite de Parme, 2,268 fr. — *Portrait* de Marie d'Autriche, 2,672 fr.

Voici la signature de Sanchez Coello, copiée sur l'un des tableaux de l'Escorial :

ALFONSVS SANCIVS F
1580

PARIS. — IMPRIMERIE POITEVIN, RUE DAMIETTE, 2 ET 4.

École Espagnole. *Sujets religieux.*

JUAN DE JOANÈS

NÉ EN 1523. — MORT EN 1579.

A l'heure où les artistes de France, d'Allemagne et de Flandre se sentaient invinciblement attirés vers l'Italie, l'école espagnole, à peine émancipée, ne pouvait manquer de suivre l'exemple que lui donnaient les nations voisines : séduite à son tour par le génie de la Renaissance elle alla demander conseil à la grande institutrice du monde. Dès les premiers jours du seizième siècle, on voit les artistes espagnols commencer leur pieux pèlerinage au pays des chefs-d'œuvre. En 1503, Berruguete travaille à Florence avec Michel-Ange, et lorsqu'il revient d'Italie en 1520, sa patrie salue en lui un architecte, un sculpteur et un peintre. La route une fois montrée, beaucoup d'autres y coururent, et bientôt la politique victorieuse de Charles-Quint établit entre l'Italie et l'Espagne des relations dont le premier résultat fut de régulariser entre les deux pays l'échange des idées et des méthodes, échange inégal d'ailleurs, car l'Espagne profitait seule du marché.

L'artiste, encore mal connu, qui s'est illustré sous le nom de Juan de Joanès fut l'un des plus brillants soldats de cette nombreuse armée de peintres qui allèrent demander à l'école de Rome le secret de sa force et de sa grâce. L'érudition espagnole a eu quelque peine à établir l'état civil de ce maître, et nous devons avouer que les conjectures tiennent encore un peu de place dans ce qu'il nous sera possible de dire de lui. Ce nom de Joanès n'est évidemment qu'une forme, maladroitement latinisée, de l'un des prénoms du peintre, qui, d'après le texte de son testament, paraît s'être appelé Juan Vicente. Il semble résulter, en outre, des patientes recherches de Céan Bermudez, que le nom patronymique de Joanès était Macip; c'est du moins ainsi que son fils est nommé dans un document contemporain[1]. La date et le lieu de sa naissance n'ont pas moins inquiété les érudits. Toutefois, comme l'acte dressé lors du décès de Joanès en décembre 1579 lui donne cinquante-six ans, on est en droit de conclure qu'il est né vers la fin de 1523. Enfin, on désigne le modeste bourg de Fuente de la Higuera, dans le royaume de Valence, comme le lieu où le naïf artiste a dû voir le jour.

On ignore quel fut le premier maître de Juan Vicente. Sa vie est trop peu connue pour qu'on se permette de rien préciser à cet égard, mais il est tout naturel de supposer que, né sur cette côte espagnole qui fait face à l'Italie, le jeune peintre a dû tout d'abord songer à traverser la mer pour aborder au rivage sacré. Mariette, qui, ici, parle avec peu de prudence, veut qu'il ait étudié sous Pérugin[2]; Palomino, qui ne doute de rien, assure qu'il s'est formé dans l'atelier de Raphaël. Il faut écarter l'une comme l'autre de ces assertions; car lorsque Raphaël est mort, en 1520, Joanès n'était pas né, et il n'avait guère qu'un an quand Pérugin suivit son glorieux élève dans la tombe (1524). Ce qu'il aurait fallu dire, c'est que Juan Macip a travaillé à Rome dans l'école d'un des disciples de Raphaël, et rien n'empêche en effet que, pendant son voyage en Italie, il ait pu connaître Polydore de Caravage, Jules Romain ou Perino del Vaga. Mais, si attentif qu'il se soit montré aux leçons de son maître inconnu, Joanès resta toujours Espagnol et ne parvint jamais à s'assimiler complétement le fier dessin, l'idéale pureté de l'école romaine.

Lorsque, après un séjour en Italie dont la durée ne peut être précisée, Juan de Joanès revint à Valence, il y fut bien accueilli et y jouit tout d'abord de ce prestige qui s'attachait aux artistes qui arrivaient du pays des merveilles. La même circonstance faisait, à la même époque, la fortune de Luis de Vargas et du Flamand Pedro Campana. Toutefois, quel que fût le talent que Joanès eût acquis à Rome, sa réputation, bientôt faite à Valence et dans les environs, eut grand'peine à dépasser les limites du royaume. Sans ambition d'ailleurs et tout entier à son œuvre, l'artiste ne fit rien pour porter hors de son pays la gloire de son nom. Les églises et les couvents suffisaient à occuper son pinceau, et l'on ne voit pas que Charles-Quint, qui encouragea parfois des peintres secondaires, ait jamais songé à utiliser le talent de Joanès.

Il faut dire qu'à cette époque Valence était bien loin de Madrid : d'ailleurs le caractère de Juan Vicente et le genre de vie qu'il avait adopté n'auraient pu sans doute s'accorder avec le luxe et l'étiquette des cours. Juan était le plus austère des hommes; son existence fut presque celle d'un saint, et, religieux dans ses moindres actions, il ne le fut pas moins dans son œuvre. Comme Luis de Moralès, qu'il semble parfois avoir choisi pour modèle, il n'a jamais peint que des sujets de piété; comme Luis de Vargas, il ne prenait guère le pinceau sans se préparer par la prière à l'acte dévot qu'il allait accomplir. L'historien Palomino, à qui nous empruntons ces détails, raconte, à propos de l'ardente piété de Juan de Joanès, une anecdote qui fait connaître le caractère du peintre, mais qui nous apprend bien mieux encore quel était au seizième siècle le mysticisme d'un bon catholique en Espagne. Le confesseur

[1] Voir sur ces détails et sur la plupart des faits consignés dans cette biographie les renseignements donnés par Céan Bermudez dans le texte de la *Coleccion litográfica de cuadros del Rey de España* (1826), et l'article consacré à Joanès par M. L. Viardot, *Notices sur les principaux peintres de l'Espagne*, 1839, p. 83 et suiv.

[2] Voici la note de Mariette, qui, quoique mal informé sur l'homme, donne sur le peintre d'utiles renseignements : « Joan de Valence, en Espagne, a été un excellent peintre; il étoit élève de Pierre Pérugin, et ainsi contemporain de Raphaël, dont il a imité la manière. On l'appelle, en Espagne, Juanes. Il y est dans une haute réputation : ses ouvrages y sont estimés à l'égal de ceux de Raphaël. La correction étoit sa principale partie, et il passoit pour posséder, dans un éminent degré, les règles de son art. On voit plusieurs de ses ouvrages à Valence, sa patrie. » Mariette ajoute qu'il a tiré ces détails de la préface d'un livre de principes de dessin, par don Joseph Garcia, en espagnol. *Abecedario*, III, p. 15.

de l'artiste, le jésuite Martin Alberro, avait eu une vision : la Vierge lui était apparue et elle lui avait commandé de la peindre telle qu'elle se révélait à lui, c'est-à-dire avec son manteau bleu jeté sur sa robe blanche, le croissant de la lune sous ses pieds, et agenouillée devant son Fils pour recevoir de lui, en présence de Dieu et du Saint-Esprit, la couronne glorieuse. Le jésuite, qui ne savait pas peindre, éprouva d'abord quelque embarras; mais il songea heureusement à Joanès et lui demanda de faire, de sa vision, une réalité vivante. L'artiste se mit au travail avec l'énergique conviction d'un homme qui accomplit un ordre d'en-haut. Il se rappela comment les maîtres du siècle précédent, et entre autres Fra

LA CÈNE.

Angelico, avaient traité ce grand sujet. Il leur demanda le secret de leur naïveté touchante; en outre, de longs jeûnes, d'ardentes prières, des actes de contrition à chaque instant répétés soutinrent son courage et lui donnèrent — c'est Palomino qui le raconte — la force de mener à fin cette œuvre extra-mondaine. Le pieux jésuite fut satisfait de son ami et trouva, dit-on, l'image ressemblante. Telle est la légende qui se rattache à l'exécution de l'une des œuvres les plus admirées de Joanès, la *Purisima Concepcion*, tableau précieux entre tous et qui jouissait encore au dix-huitième siècle d'une sorte de vénération. Cette peinture, disait en 1749 le premier traducteur de Palomino, est tous les jours exposée aux respects des fidèles dans la chapelle de la maison professe de la Compagnie de Jésus, à Valence [1].

[1] *Histoire abrégée des plus fameux peintres espagnols.* Paris, 1749, p. 55.

Les révolutions ont-elles enlevé à sa place primitive l'œuvre pieuse de Juan de Joanès? L'artiste a-t-il plusieurs fois reproduit le même sujet? Nous l'ignorons ; mais nous avons vu à l'exposition de Manchester, en 1857, une peinture de Joanès qui, sous le titre de *Couronnement de la Vierge*, semble être l'exacte représentation de la vision du jésuite Martin Alberro. Dans ce tableau, qui appartient à M. Alfred Stowe, la Vierge, vêtue de blanc et de bleu, a aussi sous ses pieds le pâle croissant de la lune, et l'on voit au-dessus d'elle le groupe de la Sainte-Trinité qui la glorifie pendant que le Christ pose sur son front le diadème lumineux. Cette peinture peut être considérée comme l'un des chefs-d'œuvre de Juan de Joanès : le style n'est pas d'une beauté parfaite, le dessin n'est pas d'une pureté absolue, les types ne sont qu'à demi fidèles à l'idéal italien ; mais l'ensemble n'en a pas moins, dans sa candeur même, une valeur incontestable et rare. Le coloris est plein de fraîcheur et de clarté, et les têtes ont une naïveté d'expression, je dirai presque une gaucherie, qui ajoute au caractère mystique de l'œuvre.

A le juger par le *Couronnement de la Vierge* et par quelques autres peintures de ce genre, Juan de Joanès ne paraît pas avoir été si complétement transfiguré par le génie italien que ses biographes veulent bien le dire. L'élégance et la splendeur de la forme n'étaient pour lui que des instruments qu'il mettait au service de son sentiment religieux; et, en ce point, malgré ses longues études en Italie, Juan Vicente est resté Espagnol. S'il était besoin d'en donner une autre preuve, nous rappellerions que ses saintes images du Christ ou de la Vierge rappellent parfois celles de Luis de Moralès. Les deux tableaux qui ont fait partie de la collection du maréchal Soult, l'*Ecce Homo* et le *Christ tenant la croix*, n'étaient-ils pas exécutés dans cette manière, loyale sans doute et vénérable, mais un peu sèche et presque archaïque?

Il n'est pas inutile de rappeler, d'ailleurs, que le caractère exclusivement religieux de la peinture de Juan de Joanès, aussi bien que la piété de sa vie presque monacale, lui avait attiré la protection du clergé et particulièrement celle du bienheureux Garcias, que l'Église a canonisé sous le nom de saint Thomas de Villeneuve. Lorsque l'ancien prédicateur de Charles-Quint devint archevêque de Valence, il connut le pieux artiste, il l'aima et se plut à lui confier l'exécution de travaux importants. Il lui fit faire notamment une série de cartons représentant l'histoire de la Vierge, compositions qui furent envoyées en Flandre pour être reproduites en tapisseries, et dont la cathédrale de Valence a longtemps conservé les originaux. C'est sans doute aussi à la puissante protection de saint Thomas de Villeneuve que Joanès dut d'être chargé de peindre la plupart des tableaux de dévotion qui ornaient autrefois les églises de cette ville et les couvents des environs; mais au moment où ce patronage lui était le plus précieux, l'archevêque de Valence vint à mourir (8 septembre 1555). Juan de Joanès avait alors trente-deux ans.

L'année suivante, Philippe II était reconnu roi d'Espagne; mais le fils de Charles-Quint ne s'occupa guère plus que lui du talent du peintre. Celui-ci reprit sa vie laborieuse, partageant presque exactement son temps entre le travail et la prière. Joanès s'était marié : il avait épousé Geronima Comès qui, selon la conjecture parfaitement vraisemblable de M. Viardot, appartenait sans doute à la famille du maître de chapelle Comès qui dirigea pendant longtemps la musique de la cathédrale de Valence, et dont on exécute encore quelques compositions religieuses. Joanès eut de Geronima plusieurs enfants qui cultivèrent la peinture. Son fils, qui s'appelait, comme lui Juan Vicente, fut l'un de ses meilleurs disciples [1], et l'on assure aussi que ses deux filles, Dorotea et Margarita, surent mettre ses leçons à profit. A ces premiers élèves s'était joint de bonne heure Borras [2], qui se fit moine en 1575 dans le couvent de San Geronimo de Gandia, et d'autres encore dont l'histoire n'a pas conservé les noms. L'atelier du maître devint dès lors un centre actif de travail et de propagande; et Juan de Joanès est considéré par les historiens de l'art en Espagne comme le fondateur de cette glorieuse école de Valence d'où devaient sortir tant de maîtres illustres et forts.

[1] On sait que le fils de Juan de Joanès travaillait encore en 1606, mais on ignore la date de sa mort. Ses ouvrages ne sont pas rares. L'ancienne galerie espagnole, au Louvre, possédait de lui la *Flagellation* et le *Repentir de saint Pierre;* M. Aguado avait de sa main une *Conception;* enfin le cabinet du maréchal Soult contenait un *Christ tenant un globe surmonté d'une croix.*

[2] Le frère Nicolas Borras, né à Cocentayna en 1530, mourut vers 1610.

Les révolutions, qui ont à tant de reprises agité les provinces espagnoles, ont dispersé les tableaux exécutés par Juan Vicente dans le cours d'une vie qui ne connut pas le repos. Sans vouloir dresser

SAINT ÉTIENNE AU MILIEU DES DOCTEURS.

aujourd'hui le catalogue de son œuvre, nous savons qu'il peignit pour le couvent de Saint-Sébastien, situé aux portes de Valence, un *Saint François de Paule*, de grandeur naturelle, et une image du Christ pour la chapelle de Saint-Pierre de la même ville. L'église Sainte-Agnès, l'église des Carmes et le couvent des Augustines de Saint-Julien possédaient aussi de lui plusieurs peintures importantes. Enfin, il fit pour la chapelle de Villanueva une *Nativité* et deux tableaux de forme ronde représentant le *Martyre de sainte Agnès*[1]. Juan de Joanès avait entrepris une œuvre plus considérable encore, la décoration du maître-autel de l'église du bourg de Bocairente, lorsqu'il y tomba malade. La mort, qui le surprit le 21 décembre 1579, ne lui permit pas d'achever ce grand travail, soin pieux dont son fils dut s'acquitter. Joanès avait demandé en mourant que son corps fût transporté à Valence, dans la paroisse de Santa Cruz. Les recherches de Céan Bermudez nous apprennent que cette cérémonie eut lieu en 1581.

L'Espagne perdait en Juan de Joanès l'un des plus fidèles représentants des idées italiennes, un des derniers survivants de cette école sévère qui avait essayé de se former en prenant pour modèles les chefs-d'œuvre de Florence et de Rome. Luis de Vargas s'était éteint dès 1568 ; Pedro Campana était retourné à Bruxelles, et Navarrete lui-même était mort au commencement de l'année qui vit disparaître Joanès. Mais si le goût italien devait s'éteindre avec lui, l'art religieux conservait dans Luis de Moralès l'un de ses plus fervents apôtres.

Les œuvres les plus fameuses de Juan Vicente sont restées en Espagne et le musée de Madrid notamment a hérité de ses meilleurs tableaux. Il faudrait avoir vu ces peintures pour se permettre de juger, en pleine connaissance de cause, la valeur réelle de l'artiste. A en croire les avis des connaisseurs, ces œuvres, bien supérieures à celles qu'on a pu voir en France et en Angleterre, seraient dignes de la plus haute estime. M. Viardot, qui a étudié avec un soin particulier le talent et la vie de Joanès, parle non-seulement avec sympathie, mais même avec enthousiasme, de sa grande composition de la *Cène*, « œuvre capitale, écrit-il, qui peut soutenir le parallèle avec celle de Léonard. » N'est-ce pas trop dire? A juger de ce tableau par la reproduction qui nous en a été donnée par les soins de M. de Madrazo, conservateur du musée de Madrid, l'éloge serait un peu exagéré. Toutefois, la composition est conçue dans un parti pris d'imitation italienne qui semble indiquer que, lorsqu'il acheva cette grande page, Joanès commençait à se défaire des hésitations naïves de sa première manière : la tête du Christ et celles des apôtres qui l'entourent ont un caractère très-individuel et très-écrit ; l'ensemble a de la simplicité et de la grandeur. Une sincérité profonde, une conviction puissante respirent dans cette œuvre virile.

M. Viardot ne parle pas avec moins d'éloge d'une série de six tableaux, qui font également partie du musée de Madrid, et où Juan Vicente a raconté les divers épisodes du *Martyre de saint Étienne*. La meilleure page de ce petit poëme nous paraît être celle où l'artiste a représenté le premier martyr devant les docteurs qui l'accusent de blasphémer, alors que, plongé dans une subite extase, il voit le ciel ouvert et considère la gloire de Dieu. Ici encore, la préoccupation de la Renaissance est évidente : les attitudes, les draperies appartiennent au goût italien le plus pur, et il est curieux de retrouver dans l'architecture du monument que Joanès a donné pour théâtre à sa composition, les ornements élégants, les gracieuses arabesques que Jean d'Udine avait mis à la mode. J'ajouterai que, bien que le vêtement du saint soit surchargé de broderies dont le luxe naïf nuit peut-être à la physionomie du personnage, sa tête est pleine d'expression et paraît toute resplendissante dans son extase mystique.

« De tous les imitateurs de Raphaël, dit enfin M. Viardot, Joanès est celui qui s'est le plus approché du divin modèle. C'est au point qu'en face de ses bons ouvrages, il est permis d'hésiter quelquefois et de ne savoir à qui, du maître ou de l'élève, on doit les attribuer ; c'est au point que, si l'on ignorait que l'un est imité et l'autre imitateur, on pourrait, sans crime, être souvent embarrassé de savoir auquel des deux décerner la palme. Joanès a toute la pureté de dessin, toute la beauté de formes, toute la puissance d'expression qui distinguent l'école romaine personnifiée dans son chef. Sa perspective est exacte et savante quoiqu'un peu courte, et si son coloris n'a pas l'aisance vénitienne ou la fougue espagnole, il est cependant chaud, doré, lumineux, plein de charme et d'une merveilleuse solidité. Ce que l'on remarque particulièrement dans la manière de Joanès, c'est l'élégance qu'il donnait à ses draperies, la délicatesse qu'il mettait à peindre tous les détails, même des cheveux et de la barbe, même des fonds et du sol,

[1] Pilkington cite aussi l'*Ensevelissement du Christ*, placé dans la sacristie de Saint-Pierre, et, dans la cathédrale, le *Baptême du Christ*, qu'il mentionne comme le chef-d'œuvre du maître. (*General dictionary of painters*, 1840, p. 304.)

enfin les expressions de douceur et d'amour qu'il a su donner à ses têtes de Christ et de bienheureux[1] »

On le voit, rien ne manque à l'éloge et il s'en faut de peu que le critique ne nous dise avec Palomino que Joanès a réuni toutes les qualités de Raphaël, « plus la partie du coloris que ce maître n'avait pas[2]. » Céan

SAINT ÉTIENNE AU SÉPULCRE

Bermudez ne parle pas avec moins de chaleur du chef de l'école de Valence. En biographe loyal, nous avons dû citer ces opinions extrêmes, mais, ainsi que nous l'avons dit au début de cette étude, nous devons déclarer qu'elles ne concordent pas tout à fait avec l'idée que nous nous sommes faite de Joanès d'après les tableaux que nous avons vus de sa main. Non, on ne pourra jamais, « sans crime, » confondre un Raphaël

[1] L. Viardot, *Musées d'Espagne*, 1843, p. 112.

[2] C'est à ce propos que Ticozzi remarque, en homme sage, que l'amour de la patrie a seul pu égarer Palomino au point de lui faire articuler ce blasphème : *Dizionario dei pittori*, 1818, p. 280.

avec un Juan Vicente; non, l'imitateur n'est pas l'égal de celui qu'il imite; non, le disciple ne vaut pas le maître. Sans doute Joanès, et c'est là son éternel honneur, a été l'un des premiers à montrer à l'Espagne les chemins de la beauté et de la grâce; sans doute il a essayé de donner à son pinceau un peu d'élégance romaine, mais il est toujours demeuré fidèle au tempérament de son pays, et, alors même qu'il se montre imitateur jusqu'à la servilité, sa nationalité persiste et se dévoile. Ce qu'il faut louer dans Juan de Joanès, c'est son propre sentiment, c'est son instinct natif contre lequel aucune influence n'a pu prévaloir, c'est-à-dire une ferveur religieuse qui va jusqu'à l'ascétisme. Il croit, voilà sa force, et il pousse très-loin l'expression, parce qu'il aime. Ni Raphaël, ni Léonard de Vinci, ni Michel-Ange, ni tous les païens du monde antique ou de la Renaissance n'ont pu changer son austère nature : Juan de Joanès est resté Espagnol, il est resté catholique : c'est un contemporain de sainte Thérèse.

PAUL MANTZ.

RECHERCHES ET INDICATIONS

L'Espagne a conservé les œuvres les plus précieuses de Juan de Joanès. Le musée de Madrid possède, à lui seul, dix-huit tableaux de ce maître sévère, parmi lesquels nous nous contenterons d'indiquer :

Un *Ecce Homo*, *la Visitation de sainte Élizabeth*, le *Portement de croix*, *le Martyre de sainte Agnès, la Cène*, et *la Vie de saint Étienne* en six tableaux.

La Cène et *l'Extase de saint Étienne* ont été lithographiées par Paul Guglielmi dans la *Coleccion litográfica de cuadros del rey de España*, publiée en 1826 sous la direction de José de Madrazo.

La série des tableaux relatifs à la vie de saint Étienne provient de l'église de ce nom, à Valence. Le roi d'Espagne, Charles IV, les fit acheter en 1801.

Nous devons citer, en outre, parmi les œuvres de Juan de Joanès :

MUSÉE DE SAINT-PÉTERSBOURG. *Sainte-Anne*; *Saint-Dominique*.

LONDRES. Collection de M. Hoskins. *Sainte Lucie, Sainte Barbe, Sainte Catherine, Saint Pierre et Saint Paul*. Le dernier de ces tableaux a, de même que les deux suivants, été exposé à Manchester, en 1857.

Cabinet de sir William Eden. *Un sujet légendaire.*

Cabinet de M. Alfred Stowe. *Le Couronnement de la Vierge.*

VENTE DU CHEVALIER ÉRARD (1832). *Jésus-Christ remettant à saint Pierre les clefs du Paradis* : les apôtres les entourent. — Bois; 109 pouces sur 63. 5,400 fr.

VENTE DE M. AGUADO (1841). *Jésus apparaissant à sainte Thérèse; Un ange faisant de la musique; Saint Jean l'Évangéliste; la Cène.*

VENTE DU MARÉCHAL SOULT (1852). *Le Christ tenant la croix; Ecce homo.*

VENTE DE L'ANCIENNE GALERIE ESPAGNOLE; Londres, 1853. — *Dieu le Père et le Christ*; 5 livres 10 schelings; *la Résurrection* (deux anges soutiennent le Christ); *la Madeleine et la Religion, saint Jérôme et saint François*; *le Christ devant les instruments de son supplice*, 3 livres 10 schelings; *une Tête de moine.*

IMP. DÉNAUD ET Cie, 2, RUE DAMIETTE.

École Espagnole. *Sujets religieux, Portraits.*

JUAN FERNANDEZ NAVARRETE, DIT EL MUDO

NÉ VERS 1526; — MORT EN 1579.

L'École espagnole ne s'affranchit que tardivement de l'imitation gothique. Jusque par delà les premières années du seizième siècle, ses peintres, ses sculpteurs, en Andalousie, en Aragon et en Castille, restent encore, pour le plus grand nombre, timidement immobilisés dans les traditions des primitives Écoles italienne ou allemande. C'est seulement à partir du règne de Charles-Quint qu'on voit poindre dans les arts les signes d'une transformation prochaine.

Les relations devenues alors plus fréquentes entre l'Espagne et l'Italie, conséquence des victoires de l'empire; la protection fastueuse dont Charles-Quint entourait les artistes étrangers appelés à sa cour; son goût personnel, vraiment éclairé; l'enthousiaste admiration qu'il témoignait pour le Titien; la grandesse gagnée elle-même aux arts par l'exemple du souverain, et, par-dessus tout, l'étude, encore toute nouvelle, pour la plupart des artistes espagnols, des nombreux et magnifiques ouvrages rapportés d'Italie par les vainqueurs : telles furent, dans leur ensemble, les causes qui, stimulant le génie national, devaient lui imprimer, sous le règne du fils de Charles-Quint, le plus vigoureux élan.

Dès l'avénement de Philippe II, on sent qu'un souffle fécond a passé sur la Péninsule. Dans l'espace d'un demi-siècle, toute une forte génération d'artistes a surgi : brusquement, elle arrache l'art à ses errements gothiques et le transporte d'un seul bond en pleine Renaissance.

A l'aurore du seizième siècle, le grand Alonso Berruguete, disciple de Michel-Ange, peintre, architecte et sculpteur comme son maître, commence le premier à répandre en Espagne un style hardi et élevé; il laisse des œuvres importantes et forme d'habiles élèves dans toutes les principales villes du royaume : à Tolède, à Valladolid, à Madrid. Un peu plus tard, Gaspar Becerra, qu'on croit également avoir étudié sous Michel-Ange, initie à son tour un groupe de sculpteurs et de peintres aux élégances de la renaissance italienne.

Presque simultanément, des Écoles se créent sur différents points du royaume; tandis que le *Divino* Moralès inaugure à Badajoz son style austère, si profondément en harmonie avec le caractère religieux de son époque, Juan de Joanès à Valence, Luis de Vargas à Séville, Correa, Juan de Villoldo en Castille, pour ne citer que les plus remarquables artistes indigènes, propagent et enseignent les grandes traditions des Écoles romaine et florentine. A Madrid, enfin, Sanchez Coello, le peintre chéri de Philippe II, continue dans ses portraits l'exquise sobriété et la finesse d'exécution qu'il doit à Antonis de Mor, son maître.

Au milieu de cette brillante rénovation artistique, véritable mêlée de styles, de manières et d'imitations, d'où se dégagera bientôt l'originalité nationale, apparaît l'influence vénitienne; elle était appelée à prendre sur l'art espagnol un irrésistible ascendant.

Le premier élève direct des Vénitiens est, au seizième siècle, Fernandez Navarrete. Dessinateur hardi, coloriste habile, praticien consommé, il allait puissamment contribuer à donner à l'art de sa patrie de plus libres tendances.

Juan Fernandez Navarrete, que ses biographes nomment plus habituellement *el Mudo* (le Muet), naquit à Logroño vers 1526. A la suite d'une maladie, il était devenu complétement sourd dès l'âge de trois ans, et, comme les sourds-muets de naissance, ne pouvant entendre, il ne sut point parler.

Personne ne prit souci de son éducation; seul, il conçut le goût du dessin, goût véritablement inné en lui, car, dès son enfance, il charbonnait et copiait déjà sur les murs avec une étonnante vérité tous les objets qui frappaient ses regards. Ses dispositions naturelles se montrèrent si clairement dans ces premières ébauches, que son père prit le parti de le conduire au monastère de la Estrella, peu distant de Logroño, où se trouvait un religieux, fray Vicente, qui faisait d'assez bonne peinture. Le moine enseigna au Mudo les premiers éléments de son art, puis, lui voyant faire de rapides progrès, il décida ses parents à l'envoyer en Italie.

Navarrete visita Milan, Florence, Rome, Naples, étudiant les œuvres des maîtres et prenant des leçons des peintres les plus renommés. Après de longues pérégrinations à travers l'Italie, il se rendit à Venise. Là, d'après ses biographes, il serait entré comme élève dans l'atelier du Titien.

On ignore si Navarrete produisit dès cette époque quelque ouvrage remarquable. Pellegrino Tibaldi, qui avait travaillé avec lui en Italie, parut étrangement surpris, lorsque les deux peintres se rencontrèrent de nouveau à l'Escorial, du merveilleux talent qu'avait acquis le Mudo, et il assurait que jusqu'alors il n'avait jamais rien fait de pareil. Il est probable pourtant que Navarrete jouissait déjà de quelque réputation parmi les peintres italiens, car, en même temps que Philippe II faisait commencer les travaux de l'Escorial, l'élève du Titien lui était signalé et le roi l'appelait, un des premiers, à concourir à la décoration du monastère.

Le Mudo revint aussitôt en Espagne, et, le 6 mars 1568, il recevait sa nomination de peintre du roi, dotée d'un salaire annuel de 200 ducats.

Pour preuve de son habileté, l'artiste avait apporté un petit tableau : le *Baptême de Jésus-Christ*, qui plut beaucoup à Philippe. Exécuté dans la plus pure manière florentine, que le Mudo n'a employée que dans ce seul ouvrage, ce tableau, d'une composition naïve jusqu'à l'archaïsme, et d'une gaucherie d'arrangement qui n'est pas dépourvue d'une certaine grâce, figure aujourd'hui, sous le n° 314, au Catalogue du Musée royal de Madrid.

D'après le Père Sigüenza, les premiers ouvrages que Navarrete peignit au monastère auraient été des figures de *Prophètes* exécutées en grisaille, et le *Christ en croix, avec la Vierge et saint Jean.* Ce dernier, copie de quelque ouvrage allemand du quinzième siècle, fut provisoirement placé, par les ordres du roi, dans une chapelle de la forêt de Ségovie. Rapporté à l'Escorial, où il existe encore, il fut retouché par le Mudo, qui peignit sur le fond un dais de velours cramoisi dont l'effet est de faire ressortir puissamment la figure de son Christ.

A peine Navarrete achevait-il ces premiers travaux qu'une maladie assez grave le forçait de demander un congé et de quitter l'Escorial. Il partit pour Logroño, sa ville natale, et il y séjourna près de trois ans. Avant

SAINT PIERRE ET SAINT PAUL (à l'Escorial).

son départ, le Mudo avait été chargé par le roi de l'exécution de quatre grandes compositions : l'*Assomption*, le *Martyre de saint Jacques le Majeur*, *Saint Philippe* et *Saint Jérôme pénitent*, qui furent terminées à Logroño. En 1571, Navarrete présidait lui-même à leur mise en place dans la sacristie du couvent.

L'*Assomption*, où le Mudo avait peint le portrait de sa mère, fort belle, dit-on, sous les traits de la Vierge, et celui de son père sous la figure d'un apôtre, ne satisfaisant pas l'artiste, il voulut détruire ce tableau, dont la composition lui semblait confuse, trouvant entre autres défauts que la Vierge paraissait trop serrée par les groupes d'anges ; mais le roi ne le lui permit pas.

Navarrete reçut, la même année, la commande de quatre nouvelles toiles, égales en dimensions aux précédentes et destinées à la sacristie du collége. Il alla les peindre à Madrid. Le 19 novembre 1575, l'artiste livrait à l'Escorial : la *Nativité*, le *Christ à la colonne*, la *Sainte Famille* et *Saint Jean écrivant l'Apocalypse dans l'île de Pathmos*.

Sur ces huit tableaux, œuvres capitales du peintre, trois ont péri dans un incendie : l'*Assomption*, le *Saint Jean* et le *Martyre de saint Philippe;* les cinq autres furent placés depuis lors dans le grand cloître supérieur.

Indépendamment de leur mérite incontestable, ces tableaux, exécutés de 1569 à 1575, pendant la période où le talent de l'artiste atteint sa virilité, sont du plus grand intérêt pour l'étude des manières successives que pratiqua le Mudo. Ainsi, le *Martyre de saint Jacques* et le *Saint Jérôme pénitent*, peintures remarquables aussi bien sous le rapport de la beauté du dessin que de l'harmonie du coloris, contrastent par leur exécution minutieuse et presque léchée, avec la manière plus libre, plus hardie et toute vénitienne que le Mudo adopta dans ses autres compositions. Le *Saint Jérôme* est daté de 1569 et le *Martyre de saint Jacques* de 1571. « Il semble, remarque le Père Sigüenza, que dans ces deux ouvrages, le Mudo ait plus « particulièrement obéi à son propre génie, qui le portait à peindre bellement, par touches délicates, et à « terminer avec tout le fini possible, ainsi que le font généralement les Espagnols. Mais, se souvenant sans « doute de ce qu'il avait vu en Italie, il aura jugé que cette première manière ne convenait qu'aux timides, « et dès lors il lui préférera ce style puissant où il accentuera énergiquement le relief, imitant dans ses « ombres et ses teintes chaudes le coloris du Titien, et dans ses nuances légères et brillantes les tons du « Corrége. »

Une légende que se transmettent religieusement les *ciceroni* de l'Escorial veut que le Mudo, ayant eu à se plaindre de Santoyo, secrétaire de Philippe II, ait peint le portrait de ce personnage sous le masque féroce du bourreau de saint Jacques; mais le Père Sigüenza affirme précisément, dans son *Historia de la orden de san Geronimo*, que le modèle qui posa pour cette repoussante figure était un jeune ouvrier de Logroño.

Dans la *Nativité*, Navarrete a fait preuve d'une extrême habileté en éclairant son tableau par trois lumières différentes : celle qui descend de la gloire d'anges, celle qui enveloppe l'Enfant divin et celle de la *vela* que tient saint Joseph. Le groupe des bergers est d'un relief étonnant, et s'enlève avec une remarquable vigueur; aussi raconte-t-on que Pellegrin Tibaldi ne pouvait se lasser de l'admirer et s'écriait dans son enthousiasme : *Oh! gli belli pastori!* Malheureusement, cette toile, fréquemment déplacée, a beaucoup souffert et laisse pressentir une destruction prochaine.

La *Sainte Famille* offre des particularités d'un autre ordre : les types choisis par l'artiste y sont très-beaux et d'une grande noblesse d'expression; mais, cédant à ce penchant de réalisme trivial qu'on constate si souvent chez les maîtres espagnols, le Mudo a imaginé de mettre au premier plan de son tableau, d'un côté, une superbe perdrix et de l'autre, un petit chien et un chat se disputant un os, tout cela peint avec tant de verve et de vérité « qu'on ne peut, écrit le grave Cean Bermudez, les regarder sans avoir envie de rire. »

Enfin dans le *Christ à la colonne*, vu de face et présentant par cela même les plus grandes difficultés de dessin et de modelé, Navarrete, opposant à la merveilleuse beauté de son Christ les hideuses physionomies des bourreaux, a tiré de ce contraste le plus saisissant effet. D'une exécution magistrale et d'une rare bravoure de style, ce tableau, qui aurait été admiré même à Venise, suffirait seul à classer l'artiste au rang des plus vaillants maîtres de l'École.

Cean Bermudez, dans sa biographie du Mudo, nous apprend que pendant son séjour à Logroño, Navarrete y peignit encore quatre excellents tableaux : Un *Saint Michel*, « la plus délicieuse figure d'archange qu'on connaisse en Castille; » un *Saint Jérôme*, copie librement traitée du tableau de l'Escorial; *Saint Laurent avec saint Hippolyte* et *Saint Fabien avec saint Sébastien*. En souvenir des leçons de fray Vicente, le Mudo, suivant Cean, aurait fait don de ces toiles au couvent de la Estrella; mais les moines ne se seraient pas montrés très-reconnaissants de ce splendide cadeau, car ils ne manquaient jamais de faire honneur de ces peintures au pinceau de fray Vicente lui-même.

En l'année 1576, le roi fit payer à Navarrete la somme de 500 ducats pour le tableau d'*Abraham recevant les trois anges*, qui fut placé sur l'autel de la *porteria* du monastère. Enlevée de l'Escorial à l'époque de l'invasion française, cette superbe composition, un des chefs-d'œuvre du Mudo, faisait partie de la célèbre collection Soult, en même temps qu'un portrait de l'artiste, peint par lui-même. « Cette figure, dit

BAPTÊME DE JÉSUS-CHRIST (Musée royal de Madrid).

M. Thoré dans ses *Études sur la Peinture espagnole,* a une vie effrayante et comme une puissance magnétique ; il semble que le *Muet* cherche à parler; c'est une nature primitive et rude qu'on ne peut regarder longtemps en face, et qui, sans exagération, vous force à baisser les yeux. »

Au mois d'août de la même année 1576, Navarrete signait avec le prieur de l'Escorial, fray Julian de Tricio, et deux autres dignitaires, un contrat par lequel il s'engageait à peindre trente-deux nouveaux tableaux dans le délai de quatre ans. Une des clauses de ce curieux contrat, conservé aux archives du monastère.

et qui prévoit toutes les conditions et jusqu'aux détails les plus minutieux de la commande, interdit spécialement à l'artiste de faire entrer dans ses compositions « *ni chien, ni chat, ni figure déshonnête.* »

Navarrete se mit tout de suite en devoir d'exécuter ces trente-deux toiles : de 1577 à 1578 il termina les huit premières, qui allèrent prendre place à l'Escorial, où elles existent encore : ce sont de grandes et superbes figures représentant, de deux en deux, des Apôtres et des Évangélistes. Ces huit toiles furent les derniers ouvrages que peignit le Mudo, et le reste de la commande dut être confié à Alonso Sanchez Coëllo, trop âgé alors pour une aussi lourde tâche, et à Luis de Carvajal.

Au commencement de l'année 1579, Navarrete fit de courtes excursions; sa santé était gravement altérée et il espérait trouver dans ces déplacements quelque soulagement à des souffrances qui lui interdisaient tout travail. Il visita successivement Ségovie et d'autres localités voisines de Madrid; enfin, au mois de février, il venait à Tolède demander l'hospitalité à son ami Nicolas Vergara *el Mozo*. C'est dans la maison de cet artiste qu'il mourut, le 28 mars 1579, à peine âgé de cinquante-trois ans.

Son testament, écrit de sa main, donna lieu, par la brièveté de sa rédaction, à une longue et curieuse enquête judiciaire. En voici, dans la forme concise du texte original, la traduction littérale :

« Jésus, Notre-Dame.
« Exécuteur testamentaire, Nicolas de Vergara.
« Ame, pauvres, 200 ducats.
« Frère moine, 200 ducats : pauvres.
« Fille religieuse, 600 ducats.
« Estrella, moines, 500 ducats : messe.
« Maria Fernandez, 100 ducats.
« Père, messe, 200 ducats.
« Valet, 40 ducats.

« JUAN FERNANDEZ. »

A l'aide du témoignage de Nicolas de Vergara et de Sebastian Hernandez, qui avaient assisté aux derniers moments de Navarrete et purent suppléer à ce que ce texte avait d'énigmatique, on arriva à établir l'interprétation suivante :

Après s'être placé sous l'invocation de Jésus et de Marie, Navarrete désignait Vergara pour exécuter ses dernières volontés; il voulait ensuite que, pour les frais de son enterrement, pour les prières de l'église et les dons aux pauvres, on dépensât 200 ducats; que l'on servît à son frère Bautista Fernandez, moine franciscain, la rente viagère d'une somme de 200 ducats, qui devait, après la mort de ce frère, être distribuée aux pauvres; que l'on fît entrer en religion, avec une dot de 600 ducats, une fille naturelle qu'il faisait élever à Ségovie, dans la maison de Herrera le peintre; qu'une somme de 500 ducats fût remise au couvent de la Estrella pour la fondation à perpétuité d'une messe journalière pour son âme; qu'une autre somme de 100 ducats fût donnée à Maria Fernandez, sa parente, mariée à Agustin Perez, de Logroño; qu'on donnât à la paroisse de Notre-Dame de la Redonda, à Logroño, où était enterré son père, 200 ducats pour y fonder une messe commémorative, et, enfin, que l'on fît un cadeau de 40 ducats à son valet Adan Mimoso.

Au testament du Mudo était joint un inventaire des ouvrages achevés, ou simplement ébauchés, qui se trouvaient dans son habitation de l'Escorial. Parmi ces ouvrages figuraient deux compositions très-avancées : *Saint Hippolyte allant enlever, avec ses compagnons, le corps de saint Laurent pour lui donner la sépulture,* et *Jésus apparaissant à sa mère après sa résurrection.* Elles furent terminées par un peintre que Cean Bermudez ne désigne pas. L'inventaire mentionnait encore l'esquisse, à la détrempe, de l'*Assomption de la Vierge,* quelques sujets de sainteté, traités en petite dimension, des études de saints en buste et en pied, des *Ecce homo*, diverses copies d'après le Titien, des esquisses pour un sujet de *la Vierge avec l'enfant Jésus et saint Jean* et pour une *Nativité*, enfin, les portraits de Juan Andrea Doria, du duc de Medina-Celi et de doña Ana Manrique.

Quoique Philippe II montrât pour le talent du Mudo une prédilection marquée et qu'il déférât volontiers à ses avis, le roi et son peintre eurent pourtant quelques démêlés, et les biographes rapportent, entre autres, une discussion violente dont la grande *Cène* du Titien, qui occupe le fond du réfectoire des moines, fut l'origine. Lorsqu'on voulut mettre cette toile en place, elle se trouva un peu trop large ; le roi ordonna qu'on la rognât. Navarrete protesta aussitôt contre cet acte de vandalisme ; il offrit au roi de faire en six mois une copie réduite de la *Cène*, s'engageant à ce qu'on lui coupât la tête s'il n'accomplissait

LE CHRIST DESCENDANT AUX LIMBES (Musée de Madrid).

pas sa promesse, et accompagnant sa proposition de cris, de signes et de gestes extraordinaires. Mais, malgré l'énergie des démonstrations du Mudo, et à sa grande douleur, le roi ne daigna pas revenir sur son ordre, et la toile fut coupée.

Quoiqu'il n'ait pas formé d'élèves directs, Navarrete, que ses contemporains surnommèrent le *Titien espagnol*, n'en exerça pas moins une influence considérable sur l'École madrilène, alors naissante. Il sut, en effet, dans tous ses ouvrages, faire preuve d'une entente profonde du clair-obscur et d'une artificieuse adresse de la lumière, qualités éminentes qu'il avait acquises chez les Vénitiens et qui transformèrent notablement la manière timide et les procédés maigres et minutieux qu'avaient suivis jusqu'alors les peintres espagnols. Quant au caractère de son propre talent, son style viril et grandiose, son dessin hardi, son coloris puissant et tout vénitien, ses fermes empâtements, sa touche grasse, large et vraiment pleine de bravoure, et ses tendances au naturalisme, lui composent une individualité énergique et réellement magistrale.

L'Escorial est encore aujourd'hui en possession de la plus grande partie des peintures de Navarrete : sauf l'*Abraham recevant les trois anges* et quelques autres toiles, disparues ou détruites, comme la *Création du monde, Jésus chassant les Vendeurs du Temple, la Vierge et l'Enfant avec saint Joseph et saint Jean*, copie du Mudo d'après Michel-Ange, qui figurent sur d'anciens inventaires, aucun de ses ouvrages n'en a été distrait, même pour aller marquer la place du maître, soit au Musée royal de Madrid, soit au Musée du Fomento.

Le premier ne possède en effet du Mudo que le petit tableau du *Baptême du Christ,* qui, ayant précédé sa grande manière, n'offre, par cela même, qu'un intérêt secondaire, et deux esquisses de figures de *saints*, insuffisantes à le représenter dignement; quant au second, son Catalogue ne mentionne absolument aucun ouvrage de Navarrete.

A l'occasion d'un classement récemment entrepris au Musée royal, un tableau remarquable, *le Christ descendant aux limbes*, attribué jusqu'alors par le Catalogue à Sébastien del Piombo, a été restitué à Navarrete, dont il porterait le monogramme ou la signature. Cette découverte, non encore passée dans le domaine du Catalogue officiel, a soulevé quelques doutes. On a prétendu que Ribalta pourrait bien être l'auteur de ce *Christ aux limbes*, en raison de l'analogie qu'on relève entre cette peinture et un triptyque, — autrefois dans la chapelle de l'hôpital de Montserrat, à Madrid, et signé : *Fr. Sebastanius del Piombo invenit, Franciscus Ribalta traduxit,* — dont le Musée de Valence possède encore deux fragments. Au demeurant, rien n'empêche que le tableau du Musée de Madrid ne soit réellement une copie de Navarrete d'après Sebastien del Piombo, et, dans ce cas, fondée ou non, la nouvelle attribution ne nous paraît avoir qu'une médiocre importance, puisqu'il semble établi que la découverte ne porte pas sur une œuvre originale.

PAUL LEFORT.

RECHERCHES ET INDICATIONS

Le Catalogue de l'ancienne galerie espagnole, au Musée du Louvre, mentionnait un seul tableau de Navarrete : *la Flagellation*, peinture sans qualités et d'une attribution tout à fait contestable.

Les seuls ouvrages parfaitement authentiques qui aient jusqu'ici traversé les collections parisiennes nous paraissent se réduire à l'*Abraham aux trois anges*, et au *Portrait* de l'artiste, de la galerie du maréchal Soult.

L'Escorial ayant à peu près conservé toutes les productions du Mudo, nous en donnons la nomenclature en y ajoutant celle des œuvres du maître qui figurent au Musée royal, dans les collections espagnoles et dans quelques galeries étrangères.

ESCORIAL. — *Saint Pierre et saint Paul.* — *Saint Jean et saint Mathieu.* — *Saint Luc et saint Marc.* — *Saint Barthélemy et saint Thomas.* — *Saint Barnabé et saint Mathieu.* — *Saint Jacques et saint André.* — *Saint Simon et saint Jude.* — *Saint Hippolyte et ses compagnons allant enlever le corps de saint Laurent pour lui donner la sépulture.* — *Le Christ en croix, la Vierge et saint Jean.* — *Jésus appelant à l'apostolat les apôtres Pierre et André.* — *Jésus apparaissant à sa mère après sa résurrection.* — *Saint Jérôme pénitent* (daté 1569). — *La Nativité.* — *Sainte Famille.* — *Le Christ à la colonne.* — *La Vierge et saint Jean.* — *Martyre de saint Jacques* (daté 1571).

MADRID. — MUSÉE ROYAL. — *Le Baptême du Christ.* — *Saint Pierre.* — *Saint Paul.* — *Le Christ aux limbes.*

COLL. MADRAZO (Palais Salamanca). — *Buste d'apôtre.*

SAINT-PÉTERSBOURG. — MUSÉE DE L'HERMITAGE. — *Saint Jean en prison.*

WEIMAR. — MUSÉE. — *Sainte Famille.*

ANGLETERRE. — COLL. DU MARQUIS DE LANSDOWNE. — *Portrait d'une dame.*

VENTE DU ROI GUILLAUME (1850) *Sainte Famille.* — 410 florins. — VENTE LOUIS-PHILIPPE (Londres, 1853). *La Flagellation*, 17 £. — VENTE POURTALÈS (1865). *La Bénédiction*, 100 fr. — 1re VENTE SOULT (1852). *Abraham recevant les trois anges*, 25,000 fr. — 2e VENTE SOULT (1867). *Même tableau*, 18,100 fr. Ce tableau, racheté par les héritiers Soult, est encore aujourd'hui leur propriété.

PARIS. — IMPRIMERIE POITEVIN, RUE DAMIETTE, 2 ET 4.

École Espagnole. *Sujets religieux.*

PABLO DE CESPEDÈS

NÉ EN 1538. — MORT EN 1608.

Nous avons l'habitude de partager les peintres de l'Espagne en trois Écoles : Séville, Valence et Madrid. Mais les Espagnols, qui ont conservé mieux que nous l'esprit, la vie et les traditions de la province, qui n'ont point absorbé comme nous tout leur pays dans une capitale unique, les Espagnols en comptent plusieurs autres : au midi, Grenade et Cordoue ; au centre, Tolède, Badajoz et Saragosse. Toutefois, comme Grenade et Cordoue n'ont produit chacune qu'un artiste éminent, la première, Alonzo Cano, la seconde, Pablo de Cespedès, il est naturel de les réunir à l'École principale de l'Andalousie, celle de Séville. Et de même, comme Badajoz ne peut se faire honneur que d'un seul peintre célèbre, Luis de Moralès, que Saragosse n'a vu naître que des artistes inférieurs, et que Tolède, la vieille capitale des Goths, a été dépouillée de toutes ses prérogatives par la capitale improvisée de Philippe II, il est naturel également de placer dans l'Estramadure et l'Aragon, aussi bien que dans les Castilles, les origines de l'École de Madrid.

Ce sera donc dans l'École de Séville que nous rangerons Pablo de Cespedès.

Avec lui, il ne s'agit pas seulement d'un peintre. Semblable en ce point aux vastes génies qui se nomment

Léonard ou Michel-Ange, Cespedès fut un de ces esprits faciles, clairvoyants, ouverts à toutes les aptitudes, qui, dans leur immense désir d'apprendre, embrassent les lettres, les sciences et les arts, qui réussissent à tout, et qui pourraient devenir les premiers en tous les genres s'ils ne passaient de l'un à l'autre avant d'avoir acquis dans chacun la dernière perfection, s'ils ne partageaient le travail de leur intelligence entre plusieurs talents d'aussi difficile conquête, au lieu de porter et de concentrer sur un seul tout l'effort d'un goût dominant, d'une étude unique et d'une lutte opiniâtre qui se prolonge aussi longtemps que la vie.

Fils d'Alonzo de Cespedès, originaire d'Ocaña dans la Manche, et d'Olaya Arroyo, native du bourg d'Alcolea de Torote, Pablo de Cespedès naquit à Cordoue, en 1538, dans la maison de son grand-oncle maternel Francisco Lopez Aponte, chanoine de la cathédrale. Il y fut élevé jusqu'à l'âge de dix-huit ans, et, sans quitter sa ville natale, apprit la grammaire et les humanités. En 1556, on l'envoya à l'Université d'Alcala de Henarès, fort célèbre alors, quoique récemment fondée par le cardinal Ximenez, pour y faire de plus hautes études, spécialement dans les langues orientales. Ce ne fut que plusieurs années plus tard qu'il partit pour Rome, où, d'après le témoignage de Pacheco (*Arte de la Pintura*), il aurait fait deux voyages et un assez long séjour. Peut-être emportait-il déjà quelques principes de dessin et de peinture; toutefois ce fut seulement parmi les disciples de Michel-Ange, devant les œuvres de ce grand homme, qui venait de mourir (1564) lorsqu'il vit l'Italie pour la première fois, que Cespedès sentit naître sa vocation nouvelle, et qu'il résolut d'ajouter la culture des arts à celle des lettres. Vers cette époque, il se lia d'amitié avec Federico Zuccheri (qu'on appelle Zuccaro en Espagne), travailla sous sa direction, dans son atelier, et bientôt, par les peintures à fresque dont il orna le tombeau du marquis de Saluces, dans l'église d'*Ara Cœli*, il prouva qu'il méritait d'être compté parmi les artistes. En effet, on le vit aussitôt prendre part aux décorations de l'église de la *Trinita del Monte*, en compagnie de son ami Zuccheri et de quelques disciples encore subsistants des ateliers de Raphaël et de Michel-Ange [1]. L'*Histoire de la Vierge*, dans la chapelle de l'*Annonciata*, et les *Prophètes* des pilastres sont de la main de Cespedès. Il cherchait déjà, il possédait presque la hauteur de style, la majesté de formes propres à la grande École dont il s'était fait le disciple. Dans sa passion d'imiter Michel-Ange et de monter au sommet de l'art à la suite du géant florentin, Cespedès cultivait alors la statuaire en même temps que la peinture. On trouve la preuve de cette double étude dans une anecdote qui se rattache à la même époque de sa vie. Il y avait à Rome une statue antique à laquelle manquait la tête. On la disait un portrait de Sénèque, peut-être sur la foi de quelque inscription. Cespedès résolut de réparer cette mutilation du temps et de compléter l'image de son compatriote, de celui qui, dès le temps de Néron, avait rendu célèbre le nom de Cordoue, alors récente colonie militaire des Romains en Espagne. Un matin, on trouva la statue complète, on admira ce travail heureux, et une main inconnue écrivit sous l'image restaurée du poëte stoïcien : *Victor lo Spagnuolo*.

En 1577, Cespedès était encore à Rome. Ce fut dans cette année et dans cette ville que le neveu du chanoine Lopez Aponte reçut sa propre nomination à un canonicat (*una racion*) dans le chapitre épiscopal de Cordoue. Touchant alors à l'âge de quarante ans, il quitta l'Italie pour n'y plus revenir, et alla prendre possession de cette sinécure ecclésiastique, dont il remplit avec exactitude, jusqu'à la fin de sa vie, les devoirs peu onéreux. Cespedès, toutefois, ne se borna point à la régulière assistance au chœur de la cathédrale; il fut chargé par son chapitre, dont il était le membre le plus éminent, de plusieurs commissions qui exigeaient les connaissances d'un savant et la plume d'un écrivain, par exemple, de dresser avec le docteur Ambrosio de Moralès le martyrologe de Cordoue.

Cespedès ne quitta plus sa ville natale, où il occupait ses studieuses journées, moins en faciles pratiques de dévotion qu'en importants ouvrages d'art, de science et de littérature. Il y passait alternativement de sa

[1] Dans son *Diccionario historico*, Cean-Bermudez cite, parmi ces collègues de Cespedès après 1565, Jules Romain, Perin del Vaga, Daniel de Volterre. Mais Jules Romain était mort en 1546, Perin del Vaga en 1547 et Daniel de Volterre en 1556. Il suffit du contrôle des dates pour surprendre en délit d'erreur les ouvrages les plus accrédités.

bibliothèque dans son atelier, se reposant ainsi, par la variété, de la continuité du travail. Il possédait encore à Séville une maison qu'il allait habiter pendant les mois de vacance que lui accordait aisément le chapitre, et dans laquelle étaient conservés, à ce qu'il semble, une partie des livres et des objets d'antiquité qui formaient ses collections. Du moins, au milieu de sa dissertation sur la peinture ancienne et moderne, adressée sous forme d'épître au docteur Pedro de Valencia, l'on trouve la phrase suivante : « J'ai possédé

UN ÉVÊQUE ARIEN ADJURANT SAINT HERMÉNÉGILDE MARCHANT AU SUPPLICE[1] (Collection P. Lefort)

« une figurine égyptienne, en basalte noir, toute couverte d'hiéroglyphes; mais elle a été perdue dans la « peste de Séville, parce qu'un de mes domestiques, auquel j'en avais confié la garde, ainsi que de plusieurs « autres choses, est mort de cette maladie. » On croit que Cespedès fit son dernier voyage à Séville en 1603, alors que son ami Pacheco peignait à la détrempe (*a tempera*), pour le cabinet du duc d'Alcalá,

[1] Ce dessin, qui a appartenu à Cean-Bermudez, est décrit par cet auteur dans sa biographie de Pablo de Cespedès dont il porte le monogramme.

une série de tableaux représentant la fable de *Dédale et Icare*. Cespedès approuva la composition de cette détrempe, assurant que c'était bien celle dont s'étaient servis les anciens, dont il avait vu des vestiges dans les *Bains de Titus* et le *Sépulcre des Nasons*, et dont il avait lui-même fait usage en Italie. De retour à Cordoue et livré jusqu'à sa dernière heure aux nobles occupations qui avaient rempli et honoré sa vie, Cespedès mourut le 26 juillet 1608, âgé de soixante-dix ans. Les chanoines, ses collègues, le firent enterrer dans la cathédrale, à dix ou douze pas en avant de la chapelle de *San Pablo*. On lit encore sur son marbre tumulaire l'inscription suivante :

PAULUS DE CESPEDES, HUJUS ALMÆ
ECCLESIÆ PORCIONARIUS, PICTURÆ,
SCULPTURÆ, ARCHITECTURÆ, OMNIUMQUE
BONARUM ARTIUM, VARIARUMQUE
LINGUARUM PERITISSIMUS, HIC SITUS EST.
OBIIT ANNO DOMINI M.DC.VIII,
SEPTIMO KALENDAS SEXTILIS.

Il nous reste à envisager Cespedès comme antiquaire, comme poëte et comme peintre.

Absorbé par tant d'occupations, et doué de talents si divers, cet homme éminent possédait à fond l'italien, le latin, le grec, et, suffisamment pour en discourir, l'hébreu et l'arabe. Cette connaissance des langues, fort rare à son époque, lui donnait une merveilleuse facilité pour les travaux d'archéologie. On peut citer, au premier rang de ses ouvrages scientifiques, sa *Dissertation sur la cathédrale de Cordoue*. Il avait en vue de prouver que cette admirable mosquée, — bâtie dans la seconde moitié du huitième siècle par le fondateur de la dynastie Omméyade en Espagne et du kalyfat de Cordoue, pour le grand Abdérame Ier (Abd-al-Rhâman), — cette mosquée, que saint Ferdinand protégea contre la fureur de son armée en la consacrant au culte chrétien, et qui est restée le plus précieux monument des Arabes, le plus magnifique édifice religieux de l'islam, — occupe précisément la place d'un temple à Janus, élevé par les Romains après la conquête et la pacification de l'Ibérie. Cespedès a laissé encore des *Recherches sur le temple de Salomon* et une espèce de *Mémoire sur l'origine de l'ordre corinthien en architecture*.

Mais de ses livres d'érudition, le meilleur est, sans contredit, celui qu'il écrivit en 1604, sur les instances de son ami Pedro de Valencia, et qui porte pour titre : *De la comparacion de la antigua y moderna Pintura y Escultura*, c'est-à-dire : *Parallèle de la Peinture et de la Sculpture anciennes et modernes*. Ce livre peut encore aujourd'hui offrir beaucoup d'intérêt et d'utilité, car, sans avoir rien pris à la grande œuvre de Vasari, qu'il semble n'avoir pas connue, bien qu'elle eût été publiée un demi-siècle plus tôt, Cespedès donne d'intéressants détails sur les peintres florentins, depuis Cimabuë et Giotto jusqu'aux élèves de Michel-Ange ; et, ce qui peut sembler encore plus important, plus précieux, il décrit avec une grande lucidité, en s'appuyant sur les textes de Pausanias, Pline et Lucien, les œuvres des Grecs, puis il les compare, dans un parallèle plein de goût et de finesse, aux œuvres de Raphaël, de Michel-Ange, de Titien, du Corrége et des autres maîtres du siècle d'or. On sait enfin, par sa correspondance, que Cespedès écrivit encore un *Traité de Perspective théorique et pratique*. Mais il ne reste rien de ce livre, que son auteur, probablement, n'a jamais publié.

On voit que c'était d'habitude sur ses occupations d'artiste que Cespedès tournait ses investigations de savant. Mais, s'il était peintre érudit, il se fit encore peintre poëte. Il célébra en beaux vers les merveilles d'un art dont il avait raconté l'histoire et défini la théorie, d'un art qu'il pratiquait avec éclat. Il lui consacra sa plume avec son pinceau ; il le traita sous un triple aspect, et, sans sortir de la peinture, il fut à la fois historien, poëte et artiste. On doit regretter vivement qu'il n'ait pu terminer son poëme de *la Peinture* (*la Pintura*), dont Pacheco nous a conservé quelques précieux fragments. Pour l'Espagne, c'eût été, suivant l'unanime opinion des connaisseurs, le meilleur poëme didactique écrit en sa langue; pour les lettres en général, ce serait bien probablement le meilleur poëme consacré aux beaux-arts; supérieur, par la grandeur du plan, par la noblesse des idées, par la magnificence du langage, au poëme latin de Dufresnoy (*De Arte graphicâ*), au poëme français de Lemierre (*la Peinture*) et à celui de Watelet (*l'Art de peindre*). Cespédès avait véritablement envisagé son sujet d'un haut point de vue, et porté dans tous les détails la

LA CÈNE (Cathédrale de Cordoue.)

même élévation. Ainsi, lorsqu'en parlant des divers instruments de la peinture et du dessin, il vient à nommer l'encre, une transition naturelle et savante le conduit à montrer la pensée humaine survivant, par ce fragile interprète, aux empires, aux cités, aux plus puissants travaux de la main des hommes. Son tableau des grandes ruines dont s'est successivement couverte la face de la terre, Babylone, Memphis, Troie, Athènes, Rome, est d'une majesté digne du sujet. Il est trop long pour qu'on le rapporte ici; mais citons du moins une strophe, une seule, celle où il explique comment c'est Homère, et non l'eau du Styx, qui a fait Achille immortel. Cette strophe en octave est très-belle dans l'original.

« Je ne crois pas que le fleuve sacré qui, baignant d'une rosée fatale le corps du léger et victorieux « Achille, le rendit impénétrable à l'homicide acier, fût autre chose que cette trompette sonore du vers

« éclatant de l'éternel Homère, qui, vivant dans la bouche des races humaines, barre le courant des « siècles[1]. »

Reste à considérer Cespedès comme peintre.

Moins heureux que certains de ses compatriotes dont les œuvres ont répandu le nom dans tout le monde artiste, tels que Ribera et Murillo, Cespedès n'a pu se faire connaître hors de son pays, hors de sa province. A l'exception des fresques exécutées dans quelques églises de Rome pendant ses études en Italie, tous ses ouvrages sont restés dans les deux villes qu'il habitait alternativement, Cordoue et Séville. Aucun d'eux, que je sache, du moins aucun de quelque importance et conservant le nom de son auteur, n'a passé les frontières de l'Espagne. Madrid même n'est pas mieux partagée que les nations étrangères; son *Museo del Rey*, pourtant si riche et si varié, n'a pas un seul tableau de Cespedès, et le *Museo nacional*, formé beaucoup plus récemment avec les dépouilles des couvents supprimés, n'en possède pas davantage. Il n'y a, dans la capitale de l'Espagne, que l'Académie de San Fernando qui ait hérité d'une *Assomption* peinte par ce maître pour le collége des jésuites de Cordoue. Elle est dans la même salle que les chefs-d'œuvre de Murillo, *los Medios Puntos* et la *Sainte Élisabeth de Hongrie*. Il faut donc nous borner à rappeler les jugements qu'ont portés sur les œuvres du peintre de Cordoue les hommes les plus compétents parmi ceux qui en ont fait une étude sur la place même où ils furent composés. « Cespedès, dit Pacheco (*Arte de la « Pintura*), fut grand imitateur de la belle manière du Corrége et l'un des meilleurs coloristes de l'Espagne. « C'est à lui que l'École d'Andalousie doit la bonne lumière dans les tons des chairs, comme il l'a prouvé « à Séville et à Cordoue sa patrie..., entre autres dans le grand tableau de l'*Enterrement de la glorieuse « vierge sainte Catherine martyre*, où l'on voit des anges si beaux qu'ils semblent être descendus du ciel « sur le mont Sinaï pour présider aux obsèques de la vierge sainte. » Don Antonio Ponz (*Viage de España*) ajoute : « Si Cespedès, au lieu d'être lié d'amitié avec Federico Zuccheri, eût pu l'être avec Raphaël, il serait « devenu l'un des plus grands peintres du monde, comme il en fut l'un des plus savants. » Enfin Cean-Bermudez (*Diccionario historico*) résume ainsi son éloge : « On admire l'élégance et la grandeur des « formes du dessin, la vigueur des figures, l'étude et l'intelligence de l'anatomie, l'habileté des raccourcis, « l'effet du clair-obscur, le brillant du coloris, la vérité de l'expression, et surtout son invention, car il n'eut « pas besoin de la mendier à d'autres. » Le riche chapitre de Cordoue ayant commandé à Zuccheri une *Sainte Marguerite* pour un rétable, l'artiste romain répondit : « Dans une ville où demeure Pablo de « Cespedès, comment demande-t-on des peintures à l'Italie ? »

Comme les maîtres italiens de la grande époque, Cespedès avait l'habitude de préparer ses compositions, non par de petites esquisses, mais par des cartons aux crayons mêlés, aussi grands que le devaient être les tableaux. Il a fait aussi plusieurs portraits avec les mêmes préparations. Le plus vaste de ses ouvrages est une *Cène* placée sur l'autel de l'une des chapelles de la cathédrale de Cordoue. Cette chapelle est la plus voisine de la sacristie construite par le cardinal Salazar, l'un des ouvrages modernes dont les chrétiens ont indignement défiguré la mosquée des Arabes, où apparaissait si visiblement, dans son admirable simplicité, le principal dogme de la religion musulmane, celui de l'unité de Dieu, où se montrait si clairement l'horreur de toutes les idolâtries. Cette grande *Cène* est digne de soutenir le parallèle avec celle de Juan de Joanès, qui est au Musée de Madrid, peut-être avec l'immortel *Cenacolo* de Léonard de Vinci, resté au couvent de Santa Maria delle Grazzie, de Milan, et elle vivra plus longtemps que la fresque si dégradée du grand

[1] No creo que otro fuese el sacro río
Que al vencedor Aquiles y ligero
Le hizo el cuerpo con fatal rocío
Impenetrable al homicida acero,
Que aquella trompa y sonoroso brio
Del claro verso del eterno Homero,
Que viviendo en la boca de la gente,
Ataja de los siglos la corriente.

peintre florentin. Je l'ai vue, cette dernière *Cène* de Jésus, dans la mosquée d'Abdérame ; mais j'étais bien jeune, et le goût des arts, ce goût réfléchi, grave et profond, ne s'était pas encore fait jour à travers la légèreté de l'âge. Aussi n'ai-je du chef-d'œuvre de Cespedès qu'un souvenir insuffisant. Je dirai donc

SAMSON ET LE LION (Cathédrale de Cordoue.)

seulement, après Cean-Bermudez, « qu'il est remarquable surtout par la belle ordonnance du sujet, la puissante expression des têtes, la sainte affection des apôtres, la beauté tout angélique du Christ, la sordide perfidie de Judas. » On rapporte que lorsqu'il fut exposé pour la première fois aux regards du public de Cordoue, dans l'atelier du peintre, l'admiration de la foule se porta tout d'abord sur un vase à rafraîchir le vin qui se trouvait, au premier plan, dans un angle du tableau. Piqué d'une remarque si puérile, Cespedès appela son valet : « André, s'écria-t-il, apporte une éponge, efface ce vase, ôte-le vite de là, puisqu'ils ne font nulle attention à tant de personnages, tant de figures, tant d'attitudes, que j'ai faits avec tant d'étude et de soin. » Il fallut tous les efforts de ses amis pour que Cespedès révoquât son ordre. Combien de scènes pareilles se passent tous les jours et dans tous les pays !

Par une fatalité déplorable, un très-grand nombre des peintures de Cespedès, que l'on connaissait par leur titre et par leur renommée, ont disparu sans que l'on sache même où pouvoir les chercher. Tel fut le sort d'un autre vaste tableau, *Sainte Ursule et les onze mille Vierges*, qu'il avait peint pour le monastère de *Santa Clara*, et auquel les religieuses substituèrent un retable de mauvais goût. Tel fut aussi le sort de tous les tableaux qui se trouvaient dans l'église du collége des jésuites, l'*Enterrement de sainte Catherine*, vanté par Pacheco, le *Serpent d'airain*, le *Sacrifice d'Abraham*, la *Décollation de sainte Catherine*, son *Martyre sur la roue*, un *Calvaire*, un *Ecce Homo*, une *Prière au jardin des Oliviers*, etc. Ce fut, selon toute apparence, lorsque, sur les instances unanimes du clergé espagnol, Charles III supprima en Espagne l'ordre des jésuites (1767), un peu avant que Clément XIV le supprimât dans tout l'univers (1773), que ces tableaux furent enlevés pour ne plus reparaître. Sans doute ils ne sont pas détruits; mais, comme Cespedès n'avait pas été connu hors de sa patrie, il est probable que les bons pères, après leur bannissement, auront fait passer sous d'autres noms que le sien les tableaux soustraits. Ils se nomment peut-être aujourd'hui Titien ou Corrége.

Cespedès avait fondé à Cordoue une petite école. On cite, parmi ses élèves, Juan Luis Zambrano, Antonio Mohedano, Juan de Peñalosa, Antonio de Contreras, Cristoval Vela. Mais les meilleurs ne firent qu'approcher du maître, et Séville, après lui, réunit dans son sein toute l'École d'Andalousie, où allaient apparaître Zurbaran, Velazquez, Alonzo Cano, Murillo.

LOUIS VIARDOT.

RECHERCHES ET INDICATIONS.

Par les raisons que nous avons rapportées dans le cours de ce récit, les tableaux de Cespedès, ou du moins ceux qui ont conservé le nom de leur auteur, sont d'une extrême rareté. Aucun musée de Paris ou de la France, aucun musée d'Italie, d'Allemagne, d'Angleterre, de Belgique et de Hollande, ne contient un seul des ouvrages de Cespedès.

ACADÉMIE DE SAN FERNANDO A MADRID. — Dix petits tableaux dont les sujets sont empruntés aux martyres de divers apôtres. — *Assomption de la Vierge.*

CATHÉDRALE DE CORDOUE. — La *Cène*, que nous avons fait graver et qui se trouve à la page 5 de cette notice.

MUSÉE DE SEVILLE. — La *Cène*.

SAINT-PÉTERSBOURG. MUSÉE DE L'ERMITAGE. — Une *Tête de Christ*, qui est probablement une étude pour la *Cène* de Cordoue, et un *Martyre de saint Étienne*, en petites proportions, où l'on retrouve le digne et enthousiaste élève de Michel-Ange.

Un *Portrait de Cespedès* figurait dans l'ancienne Galerie espagnole au Louvre. Ce portrait a été vendu à Londres, en 1853, £ 46.

MONOGRAMME DU MAITRE :

PARIS. — IMPRIMERIE POITEVIN, RUE DAMIETTE, 2 ET 4.

École Espagnole. *Sujets religieux, Portraits.*

DOMINICO THEOTOCOPULI, SURNOMMÉ LE GRECO

NÉ VERS 1548. — MORT EN 1625

En l'année 1577, un peintre, d'origine lointaine, venait habiter Tolède. Il s'appelait Dominico Theotocopuli, mais on ne tarda guère à le désigner plus habituellement par le surnom qu'il rapportait d'Italie : *le Greco*.

Sa naissance, sa famille, sa patrie sont demeurées énigmatiques. Parmi ses biographes, les uns le disent né en Grèce et prétendent que, amené de bonne heure en Italie, sa jeunesse se serait passée tout entière à Venise, où il aurait appris son art dans l'atelier du Titien ; d'autres le font descendre de quelqu'une de ces familles grecques, si nombreuses alors à Venise, qui continuaient sur le sol de la République les traditions du byzantinisme et des arts de l'Orient. Palomino, dans ses *Vies des Éminents Peintres espagnols,* écrit que le Greco avait soixante-dix-sept ans lors de sa mort, ce qui ferait remonter à 1548 environ la date de sa naissance; mais cette date n'est confirmée par aucun autre auteur, et Cean Bermudez, trop consciencieux pour alléguer des faits dont il ne peut établir les preuves, se borne simplement à dire que Dominico Theotocopuli mourut dans un âge très-avancé.

Aucun des historiographes italiens ne faisant figurer le Greco au nombre des disciples du Titien, il faut rejeter nettement l'assertion, trop légèrement acceptée par les biographes espagnols, qui le fait élève du peintre vénitien. D'ailleurs, le Greco exerça à la fois la peinture, la sculpture et l'architecture, et l'on sait que le Titien ne pratiquait et n'enseignait pas ces deux derniers arts. Encore bien moins pouvons-nous admettre, avec quelques écrivains, que Dominico ait été le condisciple du Vecelli, âgé de plus de soixante-dix ans lorsque le Greco vint au monde.

L'obscurité plane donc encore sur les études et sur les premiers essais du peintre grec. Une hypothèse semblerait cependant assez admissible. Pourquoi ne pas voir dans le Greco l'un de ces artistes fortement doués que l'indépendance de leur caractère a portés de bonne heure à se soustraire à l'enseignement de l'atelier? Peu enclin à la règle, avide de liberté, c'est dans les églises, dans les palais, qu'il sera allé demander aux œuvres préférées les secrets de leur beauté, et c'est sans doute à ces études prime-sautières, capricieuses, qu'il aura dû de comprendre et de s'assimiler en partie le caractère et les qualités de l'École vénitienne, tout en évitant de se laisser absorber par la personnalité d'un maître.

Ribera et tant d'autres jeunes peintres que l'on rencontre, vers la fin du seizième siècle, courant l'Italie en véritables bohêmes, n'ont pas eu d'autres guides que leur génie et leur propre volonté; or, d'après ce qu'on sait du Greco, de ses penchants et des habitudes de toute sa vie, l'on serait tenté de croire que telle aussi dut s'écouler sa jeunesse : il n'eut sans doute pas d'autre maître que le mystérieux instinct qui l'a porté de préférence vers la chaude couleur des Vénitiens.

A partir de 1577, nous pouvons du moins suivre jour par jour l'existence du Greco. Sur le bruit des importantes commandes que Philippe II adresse par ses ambassadeurs à tous les grands artistes de l'Italie et plus particulièrement aux maîtres vénitiens, sur la renommée de l'accueil vraiment magnifique que le monarque espagnol fait aux peintres et aux sculpteurs appelés à concourir à la décoration de l'Escorial, Greco, sans appui, sans patronage, quitte l'Italie, passe en Espagne et s'installe à Tolède.

Il était étranger, il venait de loin, il n'en fallut pas davantage pour piquer la curiosité des Tolédans. Dès la première année de son séjour il obtenait un travail considérable : le chapitre de la cathédrale lui donnait à exécuter, pour l'autel de la sacristie, le tableau du *Partage de la Tunique du Christ*, ainsi que les ornements d'architecture et de sculpture de l'ensemble du retable. Deux années après, Philippe II faisait venir le Greco à l'Escorial et lui demandait une grande toile : *le Martyre de saint Maurice et de ses compagnons*.

C'est à cette époque que commence l'étonnante crise qui bouleversa le talent du Greco. Son tableau du *Partage de la Tunique* était dans le beau faire des grands Vénitiens ; on le comparait volontiers, pour l'ordonnance et le coloris, aux plus magnifiques productions du Palma, du Tintoret et du Titien lui-même, et ces rapprochements n'avaient rien d'excessif.

Pour le *Saint Maurice*, changeant brusquement de style, il se jette dans une nouvelle manière que les plus charitables de ses contemporains taxent d'extravagante et qui l'a fait passer, aux yeux des ignorants, pour un véritable fou : son dessin s'allonge, son coloris devient bizarre et violent, les têtes de ses personnages, que, dans le tableau de Tolède « *il avait peintes si belles et si expressives qu'on les aurait crues du Titien lui-même* [1], » prennent désormais quelque chose de tourmenté, de fantastique et de maladif.

Que s'était-il passé dans l'âme de l'artiste qui l'ait pu conduire à cette brusque transformation? Devrons-nous croire, avec la plupart de ses contemporains, que, blessé de s'entendre toujours redire que ses tableaux rappelaient le Titien et d'être ainsi rabaissé au rang d'un imitateur, il se sera mis volontairement à la poursuite d'une originalité à tout prix? Cean Bermudez traite, comme elles le méritent, ces suppositions ridicules, et il a bien raison. Le Greco n'a été ni le fou, ni l'original à outrance qu'on a voulu voir en lui. C'est un coloriste audacieux, enthousiaste, trop épris des oppositions étranges, des teintes singulières, qui, de hardiesse en hardiesse, en arrive à tout subordonner, puis à tout sacrifier à la recherche de l'effet. Malgré ses écarts, le Greco n'en restait pas moins un grand peintre. Tel ne fut point l'avis de Philippe II, lorsque le *Saint Maurice* arriva à l'Escorial. Le P. Siguenza, dans sa description du monastère, raconte que cette peinture déplut fort à Sa Majesté; le même sujet, commandé immédiatement à Romulo

[1] *Lettere de un Vago italiano ad un suo amico*, t. Ier.

Cincinnato, occupe encore, sur l'autel dédié à saint Maurice, la place destinée d'abord au tableau du Greco. Le caractère de sévérité et de mâle énergie dont était plus fortement empreinte sa nouvelle œuvre frappèrent cependant quelques personnages de la cour; grâce à leur appui, le Greco finit par obtenir qu'elle restât à l'Escorial : on l'y retrouve aujourd'hui dans l'église primitive du monastère.

Toutefois, le coup était porté, et, quoique le goût de Philippe II ne fît pas absolument autorité en peinture, les malveillants purent dès lors critiquer à leur aise les hardiesses et les tentatives innovatrices de l'artiste.

LA FILLE DU GRECO (Collection Stirling).

Les peintres ses rivaux n'y faillirent point. Ce fut bientôt comme un concert de sarcasmes. Tous les biographes reproduisent ces attaques, au milieu d'anecdotes railleuses sur les faits, gestes et dires qu'on prêtait alors au Greco. Mais, véridiques ou non, ces anecdotes révèlent des traits de caractère ou des particularités intimes ; elles nous en disent plus sur le tempérament artistique du Greco que de longs et fastidieux commentaires.

Pacheco, dans son *Arte de la Pintura,* traite souvent le Greco avec une hauteur, une dureté d'expression, qui ne lui sont guère habituelles. Sans doute, Theotocopuli heurte trop ses idées théoriques, ses croyances en art. Leur rencontre à Tolède, en 1611, dut être l'occasion de leurs démêlés esthétiques. Pacheco, toujours en quête de discussions sur la peinture, demande au Greco ce qui doit l'emporter du dessin ou de la couleur. Naturellement, Greco tient pour le coloris. Puis, le nom de Michel-Ange se mêlant au débat, il échappe au Greco de formuler sur le grand maître une appréciation qui scandalise affreusement le peintre écrivain : « Certes, — aurait-il dit, — Michel-Ange était un vaillant artiste, mais il ne savait pas peindre. » — « Une opinion aussi monstrueuse, — écrit Pacheco, — ne semblera pourtant point extraordinaire à quiconque connut le Greco. En ceci, comme dans sa peinture, il aura sans doute cherché à ne ressembler à personne. » — Le trait ne laisse pas que d'être piquant. — « Pourra-t-on croire, — dit ailleurs Pacheco, — que Dominico allait lui-même, maintes et maintes fois, reprendre ses peintures pour les retoucher à son aise, et qu'il se complaisait à en séparer et à en désunir les tons, dans le but de leur donner l'aspect d'ébauches affectant la vigueur et la sûreté de main? »

Lors de sa visite au Greco, celui-ci lui montra les maquettes des ouvrages de sculpture et les esquisses de tous les tableaux qu'il avait exécutés jusqu'alors. Cette fois, Pacheco ne peut dissimuler son étonnement. — Eh quoi! le Greco n'improvisait donc point au premier coup ses extravagantes compositions ; il les étudiait, en préparait les cartons, les esquisses! Il y avait là, en effet, de quoi surprendre Pacheco et bouleverser ses théories beaucoup trop systématiques.

Un autre peintre, Jusepe Martinez, dont les *Discours sur l'Art*[1] furent rédigés un peu après la mort du Greco, put recueillir, lors de son voyage à Madrid, en 1634, les renseignements qu'il a transcrits dans ses aperçus biographiques. Lui aussi laisse percer contre Dominico des sentiments d'une choquante partialité. Il lui prête un orgueil poussé jusqu'au ridicule, lui reproche ses perpétuels changements de manière et déclare ses compositions absurdes et insensées.

La vie privée, les habitudes, les goûts du Greco ne trouvent pas même grâce devant les rancunes de ses rivaux : à en croire Jusepe Martinez, qui blâme aigrement cette existence somptueuse, il aurait fait revivre à Tolède le faste et les splendeurs des artistes vénitiens. « Pour avoir, — dit-il, — toutes les jouissances à la fois, il tenait à gage, dans sa maison, des musiciens qui jouaient de leurs instruments tandis qu'il prenait ses repas. S'il gagnait beaucoup d'argent, il le dépensait à mesure ; aussi, à sa mort, ne laissa-t-il pour toute richesse que deux cents tableaux ébauchés. »

A travers leurs critiques, Pacheco, Jusepe Martinez, et après eux Palomino, s'accordent cependant à reconnaître que le Greco sut mériter l'estime des honnêtes gens, parce qu'il avait une haute idée de son art. Le premier, il osa soutenir, en l'année 1600, au sujet de l'impôt que les agents du fisc prétendaient recouvrer sur les ouvrages des artistes, un procès demeuré célèbre. Le collecteur d'Illescas, s'appuyant sur de vieilles coutumes, lui réclamait un droit (*alcabala*) sur les travaux de peinture, de sculpture et d'architecture qu'il venait de terminer. Theotocopuli résista et porta sa cause devant le Conseil royal de *Hacienda*, qui rendit un arrêt favorable. Forts de cet arrêt, les artistes purent dès lors repousser victorieusement les prétentions que le fisc ne manquait point d'élever encore de temps à autre. En 1633, Vicente Carducho dut recommencer à plaider, et le tribunal, lui donnant gain de cause, exempta définitivement de toute gabelle les productions des trois nobles arts.

Comme sa fierté s'accommodait mal d'un débat sur le prix de ses tableaux, le Greco se refusait à les vendre, il les donnait en gage et se réservait, par contrat, de rentrer en leur possession s'il lui convenait de rembourser les avances reçues. Cette forme de marché, dont il se départit rarement, est taxée de bizarrerie par les contemporains ; ils n'y veulent voir, bien entendu, qu'une nouvelle recherche de singularité.

A propos de l'irritation que causait au Greco toute discussion d'argent, Palomino et Cean Bermudez racontent une assez plaisante anecdote[2]. Les moines hiéronymites du couvent de la Sisla, hors des murs de Tolède, lui ayant demandé de leur peindre une Cène, il céda ce travail à Luis Tristan, son élève, qui s'en acquitta à la satisfaction des Pères. Mais, lorsqu'il s'agit de payer les deux cents ducats que réclamait

[1] Jusepe Martinez. *Discursos praticables del nobilisimo arte de la Pintura.* T° *XX.* Manuscrit récemment édité par les soins de l'Académie de San Fernando, et annoté par D. V. Carderera, membre de cette Académie.

[2] Palomino. *Vida de los Pintores españoles*, t. III. — Cean Bermudez : *Diccionario historico*, t. V.

OCOURT. D. LE GRECO. PINX. ÆDELANGLE. SC.

L'ENTERREMENT DU COMTE D'ORGAZ (à Tolède).

Tristan, les moines, se rejetant sur l'extrême jeunesse du peintre, exigèrent l'arbitrage du maître. Le Greco vint. Il n'eut pas plutôt examiné le tableau, que, furieux, le bâton levé, il courut droit à Luis, l'appelant : *Drôle, vaurien, déshonneur de la peinture!* Les Pères s'efforcèrent de contenir le Greco, et, pour le calmer, ils lui représentèrent que Luis était bien jeune, qu'il ne savait pas quelle somme importante il avait demandée. « C'est bien cela que je lui reproche, — s'écria le Greco, — de n'avoir pas su ce qu'il devait demander : son tableau vaut cinq cents ducats, et, si vous ne les lui donnez sur l'heure, qu'il le roule et le remporte chez moi ! » A cette réponse inattendue, les moines demeurèrent confondus et ils durent payer à Tristan, sans marchander davantage, la somme primitivement fixée.

Vers 1584, le Greco peignit pour l'église paroissiale de Saint-Thomas un de ses plus célèbres tableaux : l'*Enterrement de don Gonzalo Ruiz de Toledo, comte d'Orgaz.* Palomino dit que cette peinture pourrait être attribuée au Titien. C'est une erreur : aucune confusion n'est possible. Dans ce nouvel ouvrage, Greco s'est déjà sensiblement écarté des procédés employés dans le tableau du *Partage de la Tunique.* Les airs de tête plus accentués, des formes tant soit peu aiguës, certaine sécheresse de contours, une touche moins large et moins grasse que chez le Titien, distinguent nettement le caractère propre au Greco et constituent les côtés saillants mais défectueux de son originalité.

Cet *Enterrement du comte d'Orgaz* causa une sensation étonnante. « Les étrangers, — dit le docteur Pisa, dans la seconde partie manuscrite de son *Histoire de Tolède*, — accouraient le contempler avec la plus extrême admiration, et les Tolédans eux-mêmes ne se lassaient pas de le revoir, y découvrant toujours quelque beauté nouvelle, ou prenant de plus en plus d'intérêt à étudier les têtes des cavaliers et des personnages du cortége, portraits, pour la plupart, de contemporains illustres. » On a retrouvé, dans un compte de dépenses de l'hôpital de Saint-Jean-Baptiste, hors des murs de Tolède, que le Greco donna quittance, le 19 mai de l'année 1609, d'une somme de 30,000 réaux pour les travaux de peinture et d'ornementation de deux des autels de la chapelle. Ces peintures occupent encore aujourd'hui leurs retables primitifs. Au-dessus de la porte de la sacristie on remarque également un très-bon portrait du fondateur de l'hôpital, le cardinal Tavera.

Quelque discuté qu'ait été d'ailleurs le talent du Greco durant sa vie, les églises et les couvents de Tolède et de Madrid ne s'en disputèrent pas moins l'honneur d'obtenir quelques ouvrages de lui. Des édifices importants s'élevèrent sur ses dessins : la chapelle du collége des Augustins, à Madrid, l'Ayuntamiento de Tolède, les deux églises de la Charité et des Franciscains, à Illescas. Ces deux derniers monuments, œuvres extrêmement remarquables, suivant l'avis de Ponz, sont ornés de peintures, de sculptures et d'ornementations entièrement dues au Greco[1]. Dans l'église des Franciscains, se dressent les tombeaux des fondateurs : Don Gedeon de Hinojosa et doña Catalina Velasco, sa femme; leurs statues de marbre témoignent que le Greco savait allier à un sentiment exquis une rare fermeté d'exécution.

Après une carrière entièrement vouée à l'art, Dominico Theotocopuli s'éteignit à Tolède en 1625. On l'enterra dans l'église de Saint-Barthélemy.

Jamais, — dit Cean Bermudez, — le Greco ne demeura oisif : on le croit sans peine, à en juger par la multitude de tableaux et d'esquisses qu'il a laissés. Mais leur nombre importe médiocrement à la gloire de l'artiste, et ce n'est pas là que réside le principal intérêt de son œuvre. Le Greco, comme on l'a vu, eut deux manières : il les alterne, les amalgame, revient par de brusques retours à ses premières tendances, et, d'autres fois, sans transition et par des écarts qui vous saisissent, il se jette en plein domaine d'une fantaisie bizarre, excessive, mais énergique, puissante et jamais vulgaire. Dans sa première manière, son dessin est correct, savant même; son coloris est transparent et chaud comme chez ses maîtres les Vénitiens, et sa composition, d'une ordonnance grandiose, les rappelle mieux encore dans leur fière tournure : son tableau du *Partage de la Tunique* est le type le plus élevé des ouvrages de cette première époque. Mais bientôt le Greco n'a plus avec le Titien, le Palma et le Tintoret, que des rapports de procédés; il abandonne

[1] Ponz, *Viage de España*, t. Ier, livre Ier.

leur style, et tout d'un coup il se fait l'initiateur d'une nouvelle école, vraiment nationale, vraiment espagnole celle-là, qu'il crée en partie et qu'il inaugure à Tolède : l'école ascétique et réaliste. Elle compte déjà Moralès *le Divin,* elle comptera successivement les Zurbaran, les Ribera et les Valdès

BOCOURT. GRECO.P[t] TREMELAT. SC

LE PARTAGE DE LA TUNIQUE (à Tolède).

Leal parmi ses plus vaillants praticiens. C'est dans ce milieu d'exaltation mystique et de naturalisme religieux, que le Greco se transforme jusqu'à dépouiller toute sa belle harmonie vénitienne. Ses compositions les plus sévères revêtent alors un caractère d'un pathétique outré; son dessin se tord et se tourmente; ses personnages exagèrent le geste, forcent l'expression; son coloris recherche surtout les teintes singulières, les tons heurtés, les oppositions violentes; ses toiles prennent l'apparence d'ébauches fougueuses et désordonnées.

Aucun de ses élèves n'osa se faire le sectateur de sa seconde manière. Il semble que le Greco les ait lui-même détournés de le copier servilement. Le rang qu'occupent ces disciples, devenus des maîtres à leur tour, et l'influence qu'ils exercèrent sur l'École, au dix-septième siècle, disent assez ce que dut être l'enseignement du Greco.

C'est de Luis Tristan que procède Velazquez; c'est un autre élève du Greco, fray Juan Bautista Mayno, qui, chargé d'enseigner la peinture à l'infant, plus tard Philippe IV, conserva, sous le règne de ce monarque, c'est-à-dire pendant la période la plus éclatante de l'École espagnole, la haute direction de tout ce qui concernait les beaux-arts. Un autre encore, Pedro Orrente, alla porter dans le royaume de Valence les traditions de l'École de Tolède.

Il ne paraît pas que Jorge Manuel Theotocopuli, fils du Greco, se soit jamais livré à la peinture. Il fut sculpteur, et principalement architecte.

Moins connu que ses condisciples, Diego de Astor cultiva un art alors bien peu répandu en Espagne, la gravure. Nul doute qu'il ne l'apprit dans l'atelier même du Greco; car, en l'année 1606, il grava, d'après un tableau que venait de terminer le maître, une estampe qui en rend, avec une étonnante vérité, le coloris âpre et fougueux; cette rare et curieuse pièce, à laquelle le Greco a sans doute travaillé, représente saint François, agenouillé, tenant une tête de mort dans ses mains; elle est signée et datée : *D. D. Astor sculp. Toleti.* 1606.

Peintre, sculpteur, architecte, graveur peut-être, créateur d'une école dont l'influence s'est étendue sur l'Espagne entière, le Greco fut encore un écrivain, un érudit. Selon Pacheco, il laissa, à sa mort, des traités manuscrits sur les trois nobles arts, traités qui, malheureusement, ne sont point arrivés jusqu'à nous.

Les poëtes contemporains l'ont, plus d'une fois, célébré dans leurs sonnets. Palavicino, dont il avait peint le portrait, lui a dédié divers morceaux de poésie, et le célèbre Luis de Gongora, dont le portrait nous a été également légué par l'artiste, composa, à la mort du Greco, son ami, un sonnet dans ce style emphatique et précieux qui distingue le fondateur de la secte littéraire des *Cultos*.

PAUL LEFORT.

RECHERCHES ET INDICATIONS

Depuis la dispersion de la galerie du roi Louis-Philippe, le Greco n'est plus représenté au Louvre. Quelques collections particulières, celles de MM. Pereire et Oudry, par exemple, possèdent sans doute de curieux spécimens du maître, mais, pour quiconque voudra sérieusement le connaître, c'est en Espagne et principalement à Tolède qu'il faudra aller chercher ses plus importantes compositions. On trouvera, dans Cean Bermudez, le catalogue des tableaux du Greco conservés dans les églises, chapelles et couvents de l'Espagne. Nous nous bornerons donc à compléter ses indications en donnant la liste des ouvrages qu'on peut voir dans les musées de Madrid et dans quelques galeries particulières.

Musée royal de Madrid. — Dix tableaux; neuf sont des portraits de personnages que le catalogue ne désigne pas; le dixième est un sujet religieux : le *Christ mort*. Il est de la seconde manière du maître.

Musée national, au Fomento. — Dix compositions religieuses, parmi lesquelles le *Saint Basile, évêque;* c'est la plus intéressante. Bien qu'elle appartienne à la première manière, on y note déjà ces tendances à exagérer la longueur des formes et cette recherche des teintes bizarres qui domineront exclusivement dans les productions successives de l'artiste.

Académie de San Fernando. — *L'Enterrement du comte d'Orgaz;* répétition, sans la partie haute, du tableau de l'église Saint-Thomas, à Tolède.

Escorial. — *Le Songe de Philippe II; le Martyre de saint Maurice et de ses Compagnons*, et quatre autres compositions religieuses d'un moindre intérêt.

Séville. — Galerie du duc de Montpensier, au palais de San Telmo. — *Le Portrait du Greco*, provenant du Louvre.

Angleterre. — Collection W. Stirling : Portraits de la *Fille du Greco* et du sculpteur *Pompeyo Leoni*.

Les tableaux du Greco vendus à Londres, en 1853, ont atteint les prix suivants : *Portrait de Pompeyo Leoni*, 20 liv. st. — *Portrait du Greco*, 41 liv. st. — *Portrait de la fille du Greco*, 133 liv. st. — *Le Jugement dernier*, 31 liv. st.

Dominico Theotocopuli signait ses tableaux en caractères grecs.

PARIS. — IMPRIMERIE POITEVIN, RUE DAMIETTE, 2 ET 4.

École Espagnole. *Sujets religieux, Portraits.*

FRANCISCO RIBALTA

NÉ VERS 1551. — MORT EN 1628.

L'École de Valence venait à peine de se constituer sous la rigide discipline de Juan de Joanès, lorsque Francisco Ribalta, entraîné par les grands exemples qu'il avait sous les yeux, s'essaya pour la première fois dans l'art qu'il devait illustrer. Il avait vu le jour à Castellon de la Plana, dans les environs de Valence; mais la date de sa naissance est encore incertaine, et les recherches des érudits espagnols ne sont pas parvenues à l'indiquer avec précision. Palomino avait cru d'abord pouvoir la fixer au 25 mars 1551; toutefois il semble résulter des études de Céan-Bermudez que Palomino se serait trompé — l'honnête historiographe n'est pas infaillible — et que Francisco Ribalta serait né un peu après cette époque. Quoi qu'il en soit, on sait qu'il était encore fort jeune quand il fut conduit à Valence et placé dans l'atelier d'un peintre dont le nom ne nous a pas été conservé.

Ce peintre, on est en droit de le supposer, était sans doute un imitateur de Juan de Joanès, un de ces patients artistes qui essayaient de combiner, dans leur style quelque peu hésitant, le tempérament mystique de l'Espagne avec les formes grandioses de l'École italienne. Ce maître était-il habile? On l'ignore; mais on sait qu'il était difficile à satisfaire et que les dispositions, pourtant bien certaines, de Ribalta ne lui inspiraient qu'une médiocre confiance. Les biographes, qui se sont toujours plu à mêler le roman à l'histoire, rapportent que le digne peintre avait une fille, une enfant charmante et curieuse d'aimer. L'occasion était tentante, et Ribalta ne manqua pas de s'éprendre vivement des grâces de la jeune coquette. Bien sûr de ne pas lui déplaire, il demanda hardiment sa main. Mais le vieux peintre avait d'autres visées. Ribalta ne lui paraissait alors qu'un écolier malhabile, et, soit qu'il ait voulu seulement l'éloigner, soit qu'il se fût jugé incapable de mener à bien son éducation d'artiste, il lui conseilla d'aller travailler en Italie, remettant ainsi aux hasards de l'avenir, au temps, qui fait oublier, le soin d'ajourner, ou d'empêcher peut-être un mariage dont il se souciait peu.

Francisco Ribalta fit d'abord promettre à la jeune fille de l'attendre trois ou quatre ans, et, rassuré par une tendre parole, il eut le courage de se mettre en route. L'événement prouva que les amoureux avaient agi comme des sages. A peine arrivé en Italie, Ribalta se mit à étudier de tout son cœur les maîtres souverains qu'il admirait à Valence sans les connaître. Il passa de longues heures devant les peintures de Raphaël et surtout de Sébastien del Piombo, dont il copia plusieurs fois les ouvrages. Il paraît aussi avoir fréquenté en Italie l'atelier des Carrache, qui, tous, étaient plus jeunes que lui, mais dont le précoce talent faisait déjà quelque bruit dans le monde. En combinant ces influences diverses, Ribalta parvint à se faire une manière italico-espagnole, une méthode serrée, attentive et grave, et, lorsqu'il se crut assez sûr de son pinceau, il se hâta de revenir à Valence.

Son premier soin, on le devine, fut de se rendre chez son ancien maître. Le vieux peintre était absent, mais la porte de l'atelier était ouverte, et Ribalta avisa sur un chevalet un tableau à demi esquissé. Vous imaginez aisément la fin de l'aventure. Ribalta prit une palette et des pinceaux, et, avec une prestesse merveilleuse, il acheva la toile commencée et disparut. Grande fut la surprise du maître lorsqu'en rentrant chez lui il trouva son tableau si heureusement terminé. Le bonhomme appela sa fille, qui avait tout vu ou tout deviné; il loua la dextérité de l'artiste inconnu, du mystérieux ouvrier qui semblait être tombé du ciel pour venir en aide à sa vieillesse. « Voilà, dit-il à l'amoureuse, le peintre que tu dois épouser, et non cet ignorant de Ribalta. » La jeune fille le laissa parler un instant, puis elle expliqua tout, et l'imbroglio se termina comme on devait s'y attendre, puisque, quelque temps après son retour, Ribalta était marié.

Il se peut que cette historiette soit vraie, il se peut aussi que ce ne soit qu'un de ces contes dont les biographes d'autrefois aimaient à orner leurs récits. Pour nous, l'histoire du mariage de Ribalta est imitée des vieilles légendes flamandes; c'est presque celle de Quentin Matsys : les circonstances accessoires varient un peu, le costume est différent, mais le fond de l'aventure est toujours le même. C'est encore l'amour, un maître excellent, il faut le croire, qui met le pinceau à la main des ignorants, les transfigure et les transforme en Apelles. Laissons donc ce conte pour ce qu'il vaut, et croyons tout naïvement qu'amoureux ou non, Ribalta avait acquis en Italie un talent véritable, et qu'alors même que son mariage n'eût pas été conclu dans des conditions romanesques, il aurait su se faire une renommée.

Un point demeure certain, c'est qu'à son retour à Valence, Ribalta marié songea d'abord à éterniser par la peinture le souvenir de sa jeune femme. Il n'était point dans son habitude de faire des portraits; il revenait l'esprit tourmenté d'ambitions plus hautes; mais il voulut s'essayer dans ce genre difficile, et il peignit en un même cadre, avec un talent déjà robuste, l'effigie de sa *querida* (comme dit Céan-Bermudez) — et sa propre ressemblance. Cette œuvre doublement précieuse est aujourd'hui en Angleterre, et sir William Eden, qui la possède, l'a montrée en 1857 aux visiteurs de l'Exposition de Manchester. Ce portrait, qui est, à bien dire, un tableau véritable, représente Ribalta et sa femme placés l'un près de l'autre dans une attitude sérieuse et solennellement familière. Les têtes sont peintes d'un pinceau attentif et savant; le dessin est très-étudié, la physionomie individuelle est rendue avec tout son accent, et, dans l'ensemble, l'exécution accuse une main ferme, patiente et très-fidèle encore au souvenir des études que l'artiste avait faites en Italie. Cette excellente peinture doit, à n'en pas douter, être placée au nombre des chefs-d'œuvre du maître : c'est, en tout cas, l'une de celles qui caractérisent le mieux sa première manière.

Des travaux plus importants attendaient Ribalta. Dès son retour à Valence, l'archevêque Don Juan de Ribera le prit en affection et sut utiliser son zèle : il manquait un tableau au maître-autel de la chapelle du

RIBALTA. P. — H. CABASSON. D. — L. PAGNION. SC.

LE CHRIST MORT SOUTENU PAR DEUX ANGES. (Musée de Madrid.)

Collége de *Corpus Christi*. L'exécution en fut confiée à Ribalta, qui peignit alors, dans d'assez grandes proportions, son fameux tableau de la *Cène*, sujet qu'il a reproduit plusieurs fois avec des variantes, et où il a toujours réussi à exprimer de la manière la plus heureuse les différents caractères des têtes du Christ et des apôtres. On parla de cette peinture non-seulement à Valence, mais dans toute l'Espagne : l'on assure que

Vincenzo Carducci fit tout exprès le voyage pour voir cette composition, et qu'à son retour à Madrid il l'imita comme il l'aurait fait de l'œuvre d'un maître accompli. Parmi les répliques que Ribalta en a lui-même multipliées, il faut mentionner celle qui a fait partie de la collection du maréchal Soult. Cette page, a-t-on dit, est « une charmante composition, pleine de mouvement, d'un coloris plus riche et plus varié que savant, et qui rappelle les meilleures esquisses des grands maîtres italiens. Le désespoir de saint Jean, en apprenant la trahison dont Jésus va être victime, est on ne peut plus heureusement exprimé[1]. »

C'est qu'en effet Ribalta demeura longtemps l'homme de ses études premières; les maîtres glorieux qu'il avait aimés dans sa jeunesse, il les aima pendant toute sa vie. Cette fidélité persistante se manifesta sous toutes les formes. Le *Christ* qu'il peignit pour les religieuses de Jérusalem à Valence et les peintures qu'il exécuta pour la Chartreuse de Porta-Cœli étaient à peu près dans la manière de Juan de Joanès et prolongèrent le succès d'une tradition qui allait bientôt être abandonnée. Sébastien del Piombo, dont les magnifiques créations avaient produit sur l'esprit de Ribalta une impression profonde, fut aussi un guide qu'il s'honora de suivre avec une fidélité presque servile. Il ne se regardait que comme l'humble traducteur des inventions de ce noble artiste. Au temps où Céan-Bermudez a publié son livre, il y avait à Madrid, à l'hôpital d'Aragon, un triptyque qui représentait, dans sa partie centrale, la descente de croix, d'un côté, l'arrestation de Jésus-Christ et, de l'autre, sa visite aux Limbes. Ce tableau portait l'inscription suivante : « *Fr. Sebastianus del Piombo invenit; Franciscus Ribalta Valentiæ traduxit*. Siècle naïf, époque loyale où le disciple respectait à ce point le maître et semblait vouloir se diminuer à plaisir pour le faire paraître encore plus grand!

Presque tous les tableaux qui composent l'œuvre de Francisco Ribalta sont des peintures religieuses, et ce que l'auteur y a recherché davantage, c'est le sentiment. Cette préoccupation est visible dans le tableau du *Christ mort soutenu par deux anges*, que conserve le musée royal de Madrid. Il est impossible d'étudier cette composition, qu'on peut avec raison considérer comme l'une des plus importantes de Ribalta, sans être frappé de l'action que l'École italienne avait exercée sur le talent du peintre espagnol. Ici cette influence se manifeste à la fois dans le goût du dessin et dans le caractère de l'émotion qui anime les têtes. Deux beaux anges soutenant le cadavre du Christ, telle est la donnée de la composition; elle est assurément des plus simples et elle appartient à tout le monde; mais l'idée se relève et s'agrandit par la manière dont Ribalta l'a traitée. Ribalta a, dans la mesure de ses forces, cherché le style; les attitudes sont étudiées avec soin, le détail est amoureusement caressé; les draperies se déroulent dans un sentiment presque italien, et quant aux têtes des deux anges, elles respirent une passion intime et douloureuse. Ce tableau est l'œuvre d'un artiste qui a encore toutes les convictions de l'Espagne catholique et qui a en même temps pour son art le respect le plus absolu et le plus sincère.

Bien que Ribalta fût un peintre attentif à la pensée et très-soigneux de la forme, il n'en fut pas moins assez fécond, et, dans les dernières années du seizième siècle, qui furent la meilleure période de sa vie, il enrichit Valence et les couvents de la province des productions de son savant pinceau. En 1597 il peignit pour l'église d'Andilla divers épisodes de la vie de la Vierge; les religieux de Saint-Martin à Ségorbe eurent de lui la *Descente de Jésus-Christ aux Limbes*, et, sans vouloir dresser ici le catalogue de son œuvre, nous rappellerons qu'il fit pour le couvent de Sainte-Catherine à Saragosse *l'Apparition du Sauveur à saint Ignace de Loyola;* pour les Minimes de Tolède, le *Crucifiement,* et pour Valence, comme pour sa ville natale, un grand nombre de peintures dont Céan-Bermudez a patiemment dressé la liste et dont le dénombrement grossirait inutilement ces pages.

Grâce à ce constant labeur, la renommée de Ribalta se vit bientôt accrue; d'illustres visiteurs se rendirent en pèlerinage à son atelier. Mariette rapporte à ce propos un fait qui a besoin d'être expliqué. « Rubens, écrit-il, dans le peu de séjour qu'il fit à Valence, lorsqu'il vint en Espagne, voulut bien peindre plusieurs choses en présence de Ribalta, et cela pour mieux faire sentir l'estime toute singulière qu'il faisoit de cet habile peintre. » La plume de Mariette aurait pu mieux dire. Rubens, on le sait, est venu

[1] F. de Mercey, *Études sur les Beaux-Arts*. II, page 257.

deux fois en Espagne, mais comme Ribalta était mort quand il y vint pour la seconde fois, la rencontre des deux peintres n'a pu avoir lieu que lors du premier voyage de Rubens dans la Péninsule, c'est-à-dire en 1603 à l'époque où le duc de Mantoue envoya l'artiste flamand vers le roi Philippe III. Rubens avait débarqué à Alicante, et il mit vingt jours pour se rendre à Valladolid, où le roi était alors. C'est sans doute pendant ce trajet que, sans trop se détourner de son chemin, il s'arrêta à Valence. En 1603, Rubens n'était

LA SAINTE VIERGE, JÉSUS ET SAINTE ANNE. (Musée de Saint-Pétersbourg.)

encore qu'un jeune homme de vingt-six ans, déjà fort habile assurément, mais inconnu en Espagne, tandis que la réputation de Ribalta était depuis longtemps consacrée : si donc l'anecdote rapportée par Mariette est exacte, il en faut changer, non la forme, mais l'esprit, et croire que si Rubens peignit, ainsi qu'il l'assure, « plusieurs choses » devant le peintre de Valence, il le fit simplement, modestement, un peu comme un élève qui s'essaye devant un maître. C'est que Ribalta n'était pas seulement un artiste applaudi, c'était aussi un excellent professeur; il avait ouvert une école où il enseignait les doctrines italiennes: beaucoup de talents s'y développèrent, et ce n'est pas pour lui un mince honneur que d'avoir été le premier guide de Ribera, qui, il est vrai, alla plus tard demander à Caravage des leçons qui agirent plus puissamment sur sa violente nature. Ribalta trouva des disciples plus dociles, mais bien moins robustes, dans Castaneda, qui épousa la fille de son maître et mourut en 1629, et dans Grégoire Bausa, né à Majorque en 1590 et mort en 1656.

Enfin Ribalta eut aussi pour élève son propre fils Juan, dont la vie fut à la fois si brillante et si courte. Cet enfant bien-aimé était né en 1597. Grandi dans l'atelier de son père, tendrement initié aux procédés de la peinture, il se montra d'une précocité singulière. Juan Ribalta n'était encore qu'un écolier lorsque, à la grande surprise des connaisseurs charmés, il peignit *Le Crucifiement du Christ* pour l'église du couvent de San Miguel de los Reyes. Cette composition est fièrement datée de 1615, et l'on a peine à croire que ce soit l'œuvre d'un pinceau de dix-huit ans. La correction du dessin, la justesse des raccourcis, l'heureux agencement des groupes, la vivace fraîcheur du coloris, assurèrent, dit-on, le succès de cette vaste peinture. Dès lors, Juan Ribalta aida son père dans l'exécution des importants ouvrages qui lui étaient confiés. Ce travail en commun fut profitable à l'élève comme au maître. Leur manière de peindre se rapprocha et devint tellement pareille qu'on a souvent quelque peine à distinguer l'œuvre du fils de celle du père. Il n'y a pas bien longtemps que, confondant volontairement les noms des deux peintres qui avaient si souvent associé leurs efforts, on disait à Valence de tel ou tel tableau qu'il était des Ribalta : aujourd'hui encore leurs productions sont exposées au musée royal de Madrid sous une même étiquette. Toutefois, lorsqu'on y regarde de plus près, on s'aperçoit qu'il y a entre le faire de Francisco et celui de Juan, la différence qui doit inévitablement exister entre les méthodes d'un artiste qui, né au milieu du seizième siècle, en a d'abord accepté les patientes pratiques, et celles d'un jeune peintre qui s'est développé, au contraire, à l'heure où l'école affranchie commence à manier le pinceau avec plus de laisser aller et d'audace.

Juan Ribalta a peint un assez grand nombre de portraits. Il est curieux d'avoir à rappeler que les *aficionados* de Valence faisaient déjà beaucoup de cas à cette époque des collections d'effigies historiques. L'un de ces amateurs, Don Diego de Vich, chargea le jeune Ribalta de peindre pour lui une série de portraits des hommes célèbres de la province. Juan, habile en tous les genres, fit aussi des scènes familières et des tableaux de nature morte; enfin, lorsqu'il eut publié quelques vers à propos de la béatification de saint Thomas de Villeneuve, en 1620, Valence put croire un instant qu'elle aurait en lui un poëte de plus, et Lope de Vega n'a pas dédaigné d'honorer de ses éloges ce jeune esprit aimé de deux Muses. Ainsi s'écoulèrent pour les deux Ribalta les premières années du dix-septième siècle. Aucun événement grave n'est à noter dans le cours régulier de ces existences heureuses. Il paraît seulement qu'en avançant dans la vie, Francisco Ribalta subit de plus en plus l'influence de son fils, et qu'il mit peu à peu en oubli les sévères souvenirs de son voyage d'Italie. L'esprit du temps le voulait ainsi, et, le goût de l'École se modifiant, le vieux peintre changea insensiblement sa manière. « Dans plusieurs de ses tableaux, a-t-on dit, François Ribalta est assez négligent pour qu'on les croie d'Étienne March ou de quelque autre moderne qui peignirent avec assez de licence et sans étudier assez les contours[1]. » Ces allures plus libres, cet abandon des méthodes jadis tant aimées et surtout un défaut de transparence dans les colorations, marquèrent la fin de la carrière de Francisco Ribalta : il mourut à Valence le 12 janvier 1628, et le 14, il fut enterré à l'église San Juan del Mercado.

Ce dénoûment était prévu, mais le coup n'en fut pas moins rude au cœur du jeune Ribalta, qui perdait ainsi à la fois un père, un collaborateur, un ami. Quelques mois après, il tomba malade, et, trompant l'espérance publique, il s'éteignit à trente et un ans, le 10 octobre de la même année. S'il lui eût été donné de vivre, a dit Ticozzi, il serait devenu pour l'Espagne une sorte de Zuccher. Prononcer ce nom, n'est-ce pas reconnaître que, malgré tous ses mérites, Juan Ribalta touche déjà à la décadence?

Francisco Ribalta a laissé un œuvre considérable. Il avait pour lui la science et la patience; il eut

[1] Quilliet, *Dictionnaire des Peintres espagnols*, page 284. Cette réflexion est empruntée à Céan-Bermudez, qui classe d'ailleurs Francisco Ribalta parmi les premiers praticiens de l'École de Valence. Quant à Mariette, il nous paraît dépasser la mesure des exagérations permises, lorsqu'il assure que ce peintre « est regardé par les Espagnols comme un second Corrége. » On ne voit pas qu'aucun écrivain sérieux ait jamais songé à établir entre les deux maîtres une assimilation aussi chimérique.

aussi une certaine tendresse d'âme, un sentiment doucement religieux, une volonté courageuse et persistante. Dans l'histoire de l'art en Espagne, son nom demeure inscrit à côté de ceux qu'on respecte davantage; il est digne en effet d'une grande estime, et cependant son talent n'a pas, dans l'École, une physionomie bien accentuée; il n'est pas de ceux qui, frappant l'esprit par un caractère particulier, laissent dans le souvenir une éternelle empreinte. L'influence de Francisco Ribalta n'a duré qu'une heure. C'est un peintre

SAINT LUC ET SAINT MARC. (Musée de Madrid.)

assurément, mais ce n'est pas un grand peintre, car au lieu d'exercer sur ses contemporains une autorité réelle, c'est au contraire lui qui l'a subie. Aux premières années de sa vie, il travaille avec les mystiques comme Juan de Joanès; il imite, il copie, il arrange à la mode espagnole les puissantes créations de Sébastien del Piombo; puis il se laisse prendre aux méthodes éclectiques des Carrache, et enfin il arrive aux procédés plus libres des improvisateurs du dix-septième siècle. L'histoire tiendra compte de la sincérité d'un si long effort; elle appréciera cette carrière si bien remplie; mais Ribalta devra se contenter de l'applaudissement de quelques mémoires fidèles : la gloire garde ses couronnes pour ceux-là seuls qui ont montré dans leur œuvre une personnalité avérée et virile.

PAUL MANTZ.

RECHERCHES ET INDICATIONS

Dans son excellent *Dictionnaire historique*, Céan-Bermudez a inséré, à la suite d'une biographie sommaire des Ribalta, le catalogue des tableaux conservés dans les églises et les monuments publics de l'Espagne. Nous nous bornerons à compléter ses indications en donnant la liste des ouvrages de Françisco qu'on peut voir dans les musées de Madrid et dans quelques galeries de l'Europe.

MUSÉE DE MADRID. — *Le Christ mort soutenu par deux anges*. Ce tableau a été lithographié par G. Sensi dans la collection publiée en 1826 par les soins de M. de Madrazo. On en trouvera la gravure à la page 3 de cette biographie.

Saint François d'Assises avec un ange qui joue du luth. Cette peinture est vraisemblablement celle que Ribalta avait exécutée pour les capucins de Valence et qui est décrite par Céan-Bermudez.

Saint Jean et saint Mathieu, — *Saint Marc et saint Luc.* Le premier de ces tableaux a été lithographié par Alessandro Blanco; le second est reproduit à la page 7 de la présente notice.

Une Ame en peine. — *Une Ame bienheureuse.* — *Buste d'un chanteur.*

ACADÉMIE DE SAN FERNANDO. — *Saint Pierre et sainte Agueda.*

Le musée du Fomento ne possède aucune œuvre des Ribalta.

DRESDE. — *Le Pape Grégoire le Grand entouré de cardinaux.* Ce tableau est de Juan Ribalta.

MUSÉE DE SAINT-PÉTERSBOURG.—*La Mise en Croix.*—*La Madeleine conduisant les apôtres au tombeau du Christ.* — *La Rencontre de sainte Anne et de Joachim.* Le même musée possède deux tableaux de Ribalta le fils : *le Martyre de sainte Catherine*, et *Jephté s'apprêtant à sacrifier sa fille.*

LONDRES. COLLECTION DE SIR W. EDEN. — *Portraits de l'artiste et de sa femme ; le Jugement dernier.*

COLLECTION DE M. G. HOSKINS. — *Saint Jean dans le désert.* Ce tableau, de même que les deux précédents, a été exposé à Manchester en 1857.

VENTE DE M. AGUADO (1843). — *La Conception de la Vierge;* même sujet : *la Vierge, en buste et les mains jointes.*

VENTE DU MARÉCHAL SOULT (1852). — *La Cène*, tableau sur bois, 2,200 francs.

VENTE DU ROI LOUIS-PHILIPPE (Londres, 1853). — *La Madeleine.* — *Le Portement de croix.*

VENTE DU COMTE POURTALÈS (1865). — *Le Christ mort, assis sur le bord du tombeau et soutenu par deux anges*, 180 francs.

MUSÉE DE VALENCE. — *Saint François embrassant le crucifix*, —*La conception.* — *Saint Jean-Baptiste.* — *Saint Bruno.* — *L'Assomption de la Vierge.* — *Notre-Dame-de-Porta-Cœli.* — *Le Chrit entre les deux larrons* — *La Résurrection.* — Une copie de la *Transfiguration*, d'après Raphaël. — Une copie de la *Voie des douleurs*, de Sébastien del Piombo.

Le musée de Valence possède aussi, de Juan Ribalta, divers portraits, le *Martyre d'une Sainte* et le grand *Crucifiement*, provenant du couvent de San Miguel de los Reyes. Ce tableau est signé : *Joannes Ribalta pingebat et invenit 18 œtatis suæ anno 1615.*

Au sujet de ces diverses peintures, on peut lire un savant article publié sur le muséum de Valence par M. Aranjo Sanchez (*El Arte en España*, tome IV).

PARIS. — IMPRIMERIE POITEVIN, RUE DAMIETTE, 2 ET 4.

École Espagnole. *Portraits et Sujets religieux.*

JUAN PANTOJA DE LA CRUZ

NÉ EN 1551. — MORT EN 1610.

Sanchez Coello est assurément un grand portraitiste, non-seulement dans son École espagnole, mais en comparaison même avec les plus fameux peintres des autres Écoles. Il égale à peu près son ami et son maître Antonis Mor. Eh bien! son élève Juan Pantoja de la Cruz se rapproche de lui au point qu'on hésite pour l'attribution de certains portraits soit à Pantoja, soit à Sanchez Coello.

Par exemple, dans la galerie Suermondt, à Aix-la-Chapelle, un superbe portrait de Philippe II, âgé de vingt-cinq à trente ans, est catalogué Pantoja par notre savant ami le docteur Waagen, de Berlin. Comme il a été peint d'après nature, sans aucun doute, et vers 1555, puisque Philippe II est né en 1527, il ne peut donc pas être de Pantoja, né en 1551. Il est, en effet, de Sanchez Coello, suivant nous.

Plusieurs des portraits du Musée de Madrid, notamment l'*Infante de Portugal* (n° 152 du Catalogue) et la *Doña Isabel de Valois* (n° 1926), dont nous donnons la gravure, sont aussi beaux que des Sanchez Coello et même que des Antonis Mor.

Voilà, pour commencer, de puissantes recommandations en faveur de notre Pantoja.

Il était né à Madrid en 1551, et, tout jeune, il entra dans l'atelier de l'artiste que le terrible Philippe II appelait « son très-aimé fils, Alonso Sanchez Coello, excellentissime peintre de Sa Majesté Très-Chrétienne. » C'était au plus beau moment de la faveur de Sanchez, logé dans une maison communiquant avec le palais royal et fréquentée par les plus hauts personnages de la cour. Pantoja y fut promptement remarqué, même par le roi Philippe, visiteur assidu de son portraitiste affectionné. Il est probable qu'il aidait son maître dans l'exécution des travaux décoratifs que commandait le roi. Les portraits qu'il n'a pu peindre d'après nature, par exemple ceux de l'empereur Charles-Quint, doivent être des répétitions soit d'après Sanchez, soit d'après Antonis Mor. Sans doute il s'employait également à faire des copies d'après les portraits des membres de la famille royale, quand on voulait multiplier ces images pour en orner les résidences royales ou les monuments publics.

C'est ainsi que Pantoja de la Cruz s'assimila le style et les pratiques de son illustre maître.

Du vivant même de Sanchez, il avait déjà le titre de *Pintor y ayuda de camara*, et lorsque Sanchez mourut, en 1590, il lui succéda tout à fait dans l'estime du roi.

Les biographes de tout temps et de tout pays aiment à inventer des légendes analogues à celle des raisins peints par Zeuxis et que les oiseaux vinrent becqueter. Francisco Velez de Arciniega raconte qu'un aigle échappé s'étant abattu au milieu de la cour, Philippe commanda à Pantoja d'en faire aussitôt « le portrait. » La peinture, vivement enlevée, avec une surprenante justesse de coloris et un fond plein d'air, avec un prestigieux accent de nature, l'aigle « qui avait posé » se précipita tout à coup contre la toile pour attaquer cette apparition fantastique. Le tableau fut mis en pièces et il fallut le recommencer.

Tromper l'aigle, qui passe pour avoir l'œil assez fin, c'est déjà un prodige d'artifice. Mais, peut-être, n'est-ce pas si fort que de tromper l'homme lui-même, ainsi qu'on le raconte du portrait de l'amiral Pulido Pareja, peint par Velazquez, et que le roi Philippe IV apostropha comme une personne naturelle.

Le plus curieux des contes de ce genre est encore celui de la servante de Rembrandt, peinte sur un volet ajusté à une fenêtre extérieure, et à qui les gens du quartier disaient bonjour en passant.

Il ne paraît pas que les peintres actuels prêtent à l'invention de pareilles légendes.

Pantoja n'est pourtant pas un *naturaliste* dans le sens où l'on entendrait ce mot aujourd'hui. Il n'a pas devant la nature la spontanéité de l'impression. Il est plus préoccupé d'une correction minutieuse que de l'effet général. Il travaille avec patience et conscience, et il arrive au caractère par l'effort d'une volonté tenace.

A son époque, on ne songeait point aux hardiesses de la brosse, à la facilité hâtive de l'exécution. Il fallait du temps pour parfaire un portrait comme ceux de Sanchez Coello et de Pantoja, qui sont poussés à une extrême finesse de modelé sans qu'on y sente la touche, qui expriment tous les détails avec leur valeur particulière, et qui cependant accusent la personnalité par la profondeur des physionomies et la décision des tournures. En cela ils ont beaucoup d'analogie avec les portraits de Holbein et des Clouet. Vienne maître Velazquez, et la nature sera saisie et interprétée d'une manière absolument divergente. Velazquez, Rubens, Van Dyck, Frans Hals, Rembrandt, ont su faire, en une seule séance, des portraits d'une réalité frappante et qui entraînent une admiration irrésistible. Tous les moyens sont bons pour produire des chefs-d'œuvre.

C'est au Musée royal de Madrid qu'on peut juger Pantoja de la Cruz; il y compte neuf portraits et deux compositions religieuses : une *Infante de Portugal,* de l'époque de Philippe II, à mi-corps; *Philippe II,* dans un âge avancé; *Doña Isabel de Valois; Marguerite d'Autriche,* femme de Philippe III; *Doña Juana,* princesse de Portugal et infante de Castille, figure entière; une *Señora* inconnue, et un *Cavalier* inconnu, en buste; deux portraits de Charles-Quint, en armure, figure entière, de grandeur naturelle, sans doute d'après un original de Sanchez Coello ou d'Antonis Mor. Les deux tableaux religieux, hauts de plus de trois mètres, représentent la *Naissance de la Vierge* et la *Naissance du Christ*, peints en 1603.

Le *Museo Nacional*, dit *del Fomento*, possède aussi un tableau religieux, signé en toutes lettres et daté de la même année 1603, la *Vierge accueillant deux saints.*

Mais les grandes compositions conviennent moins à Pantoja que le portrait. Dans un sujet compliqué de figures nombreuses, il faut un génie inventif, une certaine liberté pittoresque pour combiner les groupes et varier les attitudes, et aussi la science de la perspective et du clair-obscur pour mettre les figures à leur

E. BOCOURT. D. PANTOGA. PINX. DELANGLE. SC

ISABELLE DE VALOIS (Musée de Madrid).

place et obtenir de beaux effets de lumière. Au seizième siècle, les artistes espagnols étaient encore timides, et les brillantes qualités de leur École nationale ne se développèrent que sous Philippe IV.

Comme portraitiste, Pantoja de la Cruz peut encore être apprécié au Musée de Munich, dans les excellents portraits de l'archiduc Albert d'Autriche et de sa femme l'infante Isabelle, fille de Philippe II, de grandeur naturelle et vus jusqu'aux genoux, tous deux signés : IOANES DE LA + FACIEBAT MADRIDI ; le premier avec la date 1600, le second avec la date 1599.

Après la mort de Philippe II, en 1598, Pantoja avait conservé la même faveur auprès du nouveau roi Philippe III. C'est lui qui fit les dessins pour les tombeaux de Charles-Quint et de Philippe II, dans le presbytère de l'église de l'Escorial. C'est lui qui fit de Philippe III un grand portrait équestre, envoyé à Florence comme modèle pour la statue en bronze du célèbre sculpteur Jean de Bologne, laquelle fut placée dans le jardin de la *Casa del Campo*. On voit par les dates que nous avons citées de ses grands tableaux qu'ils furent peints sous le règne de Philippe III et probablement d'après sa commande.

Des principaux personnages de la nouvelle cour, ainsi que de ceux de la fin du règne de Philippe II, Pantoja avait laissé une quantité de portraits, placés dans les résidences royales, à l'Escorial, à Buen-Retiro, à la Torre de la Parada, au palais del Pardo et au palais de Madrid. Cean Bermudez en cite encore quelques autres, notamment celui d'un conseiller du roi, Ruis Perez de Ribera, signé et daté 1596 ; ceux du Pardo et du palais de Madrid ont péri, avec beaucoup de portraits du Moro et de Sanchez, dans les incendies qui ravagèrent ces deux châteaux. Mais les portraits réunis au Musée de Madrid suffiraient, tout seuls, à garantir la juste réputation de Pantoja dans son École et dans son temps.

Il mourut à Madrid en 1610, onze années avant son second patron Philippe III. Le petit Velazquez, qui devait représenter la phase la plus glorieuse de l'École espagnole, commençait déjà, sans doute, à barbouiller des dessins.

W. BÜRGER.

RECHERCHES ET INDICATIONS

Louis Viardot, dans ses *Musées d'Espagne*, a très-bien apprécié Pantoja :

« Élève de Sanchez Coello, Pantoja de la Cruz a laissé aussi une galerie d'assez curieux portraits, même dans ses tableaux d'histoire. Ainsi, la *Naissance de la Vierge* et la *Naissance du Christ* (Musée de Madrid nos 175 et 181) réunissent Philippe III, sa femme Marguerite d'Autriche, leurs proches parents et divers grands seigneurs de leur cour. Conservant dans sa manière la timidité de pinceau propre aux artistes espagnols de son temps, — encore trop voisins de l'imitation italienne pour avoir conquis toute cette liberté, toute cette fougue indépendante qu'ensuite ils portèrent peut-être trop loin, — Pantoja de la Cruz imita et égala son maître Sanchez Coello pour l'exactitude du dessin, la simplicité des poses, la vérité des expressions. Il dépassa tous ses devanciers dans la délicatesse du fini, terminant avec soin jusqu'aux moindres détails, mais sans lourdeur dans le coloris, et sans nuire, ce qui est rare, au bon effet de l'ensemble. »

Outre les portraits du Musée de Madrid et ceux du Musée de Munich, que nous avons cités dans le texte, il faut citer encore le portrait d'un *Gentilhomme de la cour de Philippe III*, no 201 du Catalogue de l'ancien Musée espagnol au Louvre, (le second portrait qu'on lui attribuait au même Musée, une *Dame de la cour de Philippe IV*, ne pouvait pas être de Pantoja, mort en 1610), et un portrait de Juan Antonio de San Pedro, à l'âge de quatre-vingts ans, peint en 1590, dans la collection du château de Vista Alegre, près Madrid, à M. de Salamanca ; la galerie de Vista Alegre possède aussi une copie du portrait de la reine Isabel de Valois.

On doit encore consulter le catalogue que donne Cean Bermudez à la suite de sa biographie ; plusieurs tableaux qu'il y mentionne ont passé des palais et des couvents dans le Musée royal de Madrid.

Voici le fac-simile de la signature de Pantoja sur son tableau religieux du Musée del Fomento :

Joannes Pantoja
de la + Faciebat
1603

PARIS — IMPRIMERIE POITEVIN, RUE DAMIETTE, 2 ET 4.

École Espagnole. *Sujets religieux.*

JUAN DE LAS ROÉLAS

NÉ VERS 1558. — MORT EN 1625.

Juan de las Roélas, *el Licenciado*, — comme le désignent habituellement les historiographes espagnols, — est l'une des gloires de l'École de Séville.

« Mieux qu'aucun autre des maîtres de l'Andalousie, — « dit Cean Bermudez, — il a connu et pratiqué les règles « de la composition et du dessin ; il a su donner à ses figures « l'expression juste, atteindre l'effet voulu sans jamais « tomber dans l'exagération et en restant, au contraire, « dans une tonalité merveilleusement calme et attendrie ; « il a aimé la nature et l'a fidèlement imitée, mais cette « imitation eut toujours chez lui son point de départ dans « une observation aussi grandiose que pleine de caractère ; « nul peintre, enfin, ne s'est plus heureusement approprié « le coloris de la grande École vénitienne [1]. »

A cet éloge, Cean Bermudez ajoute que pour bien apprécier le talent de Roélas, il est indispensable de voir les grandes œuvres qu'il a laissées aux églises de Séville : elles rivalisent avec les plus belles productions des Tintoret et des Palma.

[1] Cean Bermudez, *Diccionario historico*. T. IV, p. 225 et suivantes.

De son côté, Palomino parlant dans ses *Vies des éminents Peintres espagnols* d'un tableau de Roélas représentant une *Conception* entourée d'une gloire d'anges — dit de cette œuvre : « Que si les figures y sont petites et peu nombreuses, elles sont, en revanche, sans limites en perfection[1]. »

Juan de las Roélas, — à qui Palomino et Ponz donnent à tort le prénom de Pablo, — est né à Séville de 1558 à 1560. On le croit fils de l'amiral Pedro de las Roélas, mort à Séville en 1566. Au sortir de l'Université, et tout de suite après son entrée dans les ordres, Juan alla étudier la peinture en Italie et très-probablement à Venise même. Son style, son coloris, franchement vénitiens, disent assez que s'il ne put être, — comme l'ont cru quelques auteurs, l'élève direct du Titien, — mort bien avant l'arrivée de Roélas à Venise, — il dut certainement étudier son art auprès de quelques disciples du célèbre maître.

Les recherches entreprises par Cean Bermudez dans les archives de la Collégiale d'Olivarès ont établi qu'en 1603 le licencié Juan de las Roélas y était prébendé et que, à cette même date, il exécuta pour Alonso Martin Tentor, trésorier de la Collégiale, quatre compositions empruntées à la *Vie de la Vierge*. On estime que ce durent être ses premiers ouvrages depuis son retour d'Italie.

De 1607 à 1624, Roélas cesse de toucher sa prébende. Il a quitté Olivarès, qu'il ne doit plus revoir qu'en 1624, lors de sa nomination à un canonicat. C'est durant ce laps de dix-sept années que l'artiste a produit ses plus importants travaux.

En 1609, il peignit pour la cathédrale de Séville son tableau de *Saint Jacques secourant les chrétiens à la bataille de Clavijo*, « Magnifique composition, — dit Cean, — pleine de feu, de noblesse et de majesté, où « tout est admirable : l'arrangement et le contraste des groupes, le naturel des attitudes et l'entente « parfaite des raccourcis. »

Son *Martyre de saint André*, qu'on voyait avant la suppression des couvents dans la chapelle du collége de Saint-Thomas et qui fait aujourd'hui partie du Musée de Séville, rappelle, au premier aspect, le Tintoret : c'est son coloris, son agencement des figures, et jusqu'à sa manière toute spéciale de traiter les extrémités.

Une autre de ses œuvres, vénitienne encore par la couleur et par le style, c'est l'*Ange délivrant saint Pierre*, de la paroisse de San Pedro. La simplicité de la composition, la beauté vraiment céleste de l'ange, la magie du clair-obscur, font de cette toile un pur chef-d'œuvre. Rare exception dans l'École espagnole, et qui mérite d'être signalée, cette peinture a été gravée par Juan Palomino au commencement du dix-huitième siècle.

De Roélas, il faudrait tout citer : et son tableau représentant la *Mort de saint Herménégilde*, qui occupe le maître-autel de la chapelle de l'hôpital fondé par le cardinal Cervantès, et le *Martyre de sainte Lucie*, de l'église paroissiale de Santa Lucia, dans lequel l'artiste a su tirer le plus heureux parti du contraste que présentent la douceur et la sérénité de la jeune martyre opposées à la rage de ses bourreaux. Mais nous avons hâte d'arriver à cette *Mort de saint Isidore*, son chef-d'œuvre, tant de fois imité par l'École de Séville. Dans cette vaste machine tout est grand, simple et vrai : les détails comme l'ensemble, l'exécution comme la composition. Deux parties distinctes la divisent : l'une, la partie haute, où Jésus et Marie portant des couronnes apparaissent sur les nuées au milieu d'un cortége d'anges et de chérubins ; l'autre, la partie inférieure, figurant le temple au centre duquel le saint archevêque, les mains jointes, les regards élevés vers les cieux entr'ouverts, s'affaisse dans les bras de ses diacres, au milieu de son clergé, ému d'une religieuse tristesse.

« Ce qu'il faut surtout louer dans cette belle page, — écrit Cean Bermudez, — c'est la noblesse des « poses, le caractère des têtes, leurs expressions puissantes et si variées, et un je ne sais quoi de grandiose « qui rayonne de tout cet ensemble. »

Roélas, dans la plupart de ses ouvrages, incline, comme tant d'autres maîtres espagnols, vers le naturalisme. Il ne dédaigne point de meubler ses compositions d'accessoires empruntés à la vie domestique qu'il sait rendre

[1] Antonio Palomino, *El Museo Pictorico*. T. III, p. 282.

d'ailleurs avec la plus extrême vérité. Ces tendances lui attirèrent de la part de Pacheco, son contemporain

F. BOCOURT. D. LAS ROELAS. P. JOLLANGLE SC.

MORT DE SAINT ISIDORE (Cathédrale de Séville).

et son rival, une assez singulière querelle. Dans un tableau de *Sainte Anne instruisant sa fille*, qu'il avait peint pour l'église de la Merci, Roélas avait figuré des fruits confits, des *dulces* posés sur une table, et dans une *Nativité*, près de l'Enfant-Dieu resté nu, un grand drap de lit. Il faut lire dans *l'Arte de la Pintura* les deux curieux chapitres que le grave familier de l'Inquisition, trop entiché de l'orthodoxie et du style noble dans les peintures religieuses, a employés à discuter ces libertés de Roélas, et de quel ton de naïve pédanterie, citant force textes sacrés, il en déduit, point par point, l'inconvenante inopportunité.

En 1616, Roélas quitta Séville et se rendit à Madrid. L'éclat de son mérite l'avait sans doute fait appeler à la cour. Il semble même que ce soit vers cette époque qu'il dut peindre, pour le palais d'Aranjuez, le tableau de *Moïse frappant le rocher* indiqué par Cean Bermudez, et dont une assez faible répétition, d'une couleur rougeâtre et briquetée a longtemps figuré, sous le nom de l'artiste, dans la galerie de l'École espagnole du Musée de Madrid.

En 1617 — et non une année auparavant — comme Cean Bermudez le suppose à tort, Roélas sollicita la charge de peintre du roi devenue vacante par la mort du titulaire Fabricio Castello. La junte *de obras y bosques* le présenta le premier sur la liste des candidats en appuyant sa proposition au roi Philippe III de la note suivante : « Le licencié Juan Roélas est venu de Séville, il y a un an, avec le désir « d'être attaché à votre maison. Son père a longtemps servi Votre Majesté. Quant à lui, il est homme de « bien et bon peintre. » Ce fut Bartolomé Gonzalez, le second sur la liste, qui obtint la place.

Après cet échec, Roélas séjourna quelque temps encore à Madrid; il exécuta, pour le couvent des Pères de la Merci, les peintures qu'on trouve cataloguées dans Ponz et dans Cean Bermudez, puis il revint à Séville en 1624 et de là à sa collégiale d'Olivarès, pour y prendre possession du canonicat auquel il venait d'être élevé.

Aux nombreux ouvrages dont il avait déjà doté l'église d'Olivarès, il joignit encore deux nouvelles toiles, les dernières qui aient occupé ses pinceaux : l'une primitivement destinée au maître-autel, reproduisait *Un Miracle de Notre-Dame-des-Neiges;* l'autre, *Une Nativité.*

Le 23 avril de l'année 1625, Roélas mourut dans cette même ville d'Olivarès, et non à Séville et en 1620, comme le prétend Palomino.

Roélas a formé peu d'élèves; on cite parmi les plus célèbres : Francisco Varela, assez fidèle continuateur du style et du coloris du maître, et Francisco Zurbaran, qui, impressionné par quelques œuvres du Caravage, abandonna de bonne heure la manière de Roélas, pour se créer une originalité à la fois si vigoureuse et si saisissante.

PAUL LEFORT.

RECHERCHES ET INDICATIONS

L'ancienne galerie espagnole du Louvre possédait quelques spécimens de Roélas, qui ont été dispersés, en 1853, lors de la vente, à Londres, des tableaux du roi Louis-Philippe.

On trouve dans Cean Bermudez, à la suite de la biographie de Roélas, le catalogue des ouvrages de ce maître qui appartiennent aux églises et aux couvents de Séville, d'Olivarès et de Madrid; il ne nous reste donc, pour compléter ces indications, qu'à donner la liste des tableaux entrés dans les Musées ou dans les galeries particulières.

MADRID. MUSÉE ROYAL.—*Moïse frappant le rocher.* (Copie?)

ACADÉMIE DE SAN FERNANDO. — *Conception.*

SÉVILLE. MUSÉE. — *Martyre de saint André.* — *Conception.* — Collection Garcia de Leaniz. — *Assomption.*

DRESDE. MUSÉE. — *Conception* (provenant de l'ancienne galerie espagnole).

ANGLETERRE. COLLECTION W. STIRLING. — *Portrait de Roélas* (provenant du Louvre et exposé à Manchester en 1857).

COLLECTION GEO. A. HOSKINS. — *La Vierge et sainte Élisabeth.*

VENTE AGUADO (1843). — *Éducation de la Vierge;* 615 fr. — *Vierge enfant ;* 950 fr. — *Conception ;* 400 fr.

VENTE SOULT (1852). — *Vierge au Rosaire;* 5,800 fr.

VENTE LOUIS-PHILIPPE (1853). — *L'Enfant Jésus et saint Jean-Baptiste ;* 17 £. — Portrait de Roélas ; 29 £. — *Conception ;* 23 £ 10 sh.

PARIS. — IMPRIMERIE POITEVIN, RUE DAMIETTE, 2 ET 4.

École Espagnole. *Sujets religieux, Histoire, Portraits.*

LES CARDUCCI

BARTOLOMMEO CARDUCCI
NÉ EN 1560. — MORT EN 1608.

VINCENZIO CARDUCCI
NÉ EN 1578. — MORT EN 1638.

« Parmi les artistes appelés d'Italie pour décorer « l'Escorial, il en est peu, écrit Cean Bermudez, qui aient « plus heureusement contribué au progrès des arts que « Bartolommeo Carducci. » En effet, par les théories élevées et les sévères principes qu'il s'efforça de propager et surtout par l'école qu'il forma et dont son frère, Vincenzio Carducci, fut le plus illustre continuateur, on ne peut méconnaître que Bartolommeo ait exercé sur toute cette période de l'École madrilène qui s'étend de la fin du règne de Philippe II jusqu'à l'arrivée de Velazquez, sous Philippe IV, une influence considérable : à ce titre, et quoique étranger, son nom devait trouver place dans ces notices.

L'étude de l'antique, l'exactitude du dessin, la recherche du grandiose dans la composition et de la noblesse dans l'expression, telles sont les maximes que Bartolommeo s'appliquait à faire prévaloir dans ses leçons et qu'il cherchait à traduire dans ses propres ouvrages ; mais le résultat n'atteint pas toujours à la hauteur de l'effort de l'artiste; son exécution manque trop souvent de chaleur et d'éclat : Bartolommeo doit être estimé, surtout, un peintre de doctrine et d'enseignement.

Né à Florence en 1560, Carducci étudia d'abord la sculpture et l'architecture avec l'Ammannato, puis il alla à Rome pour y apprendre la peinture auprès de Federigo Zuccheri, peintre des Papes Grégoire XIII et Sixte-Quint : bientôt Bartolommeo secondait le maître dans ses travaux à Rome et à Florence.

Lorsqu'en 1585, Zuccheri, séduit par les offres brillantes de l'ambassadeur de Philippe II, consentit à passer en Espagne, il emmena avec lui ses deux élèves ou aides : Antonio Ricci et Bartolommeo Carducci.

Après avoir exécuté pour les autels et les cloîtres de l'Escorial d'importantes compositions à l'huile et à fresque, Zuccheri, habitué à ne recevoir que des éloges de la cour romaine, fut étrangement surpris de l'attitude réservée que gardaient les courtisans et les moines lorsqu'il lui arrivait de leur montrer quelque nouvel ouvrage; à l'accueil plus que glacial que Philippe fit à son tour aux productions de l'artiste, Federigo comprit enfin que son talent n'était point sympathique au monarque. Il demanda un congé, et repartit pour l'Italie.

Bartolommeo fut aussitôt sollicité par l'ambassadeur d'Henri IV de passer en France : mais son caractère digne et grave et ses sérieuses qualités d'artiste, lui avaient conquis les bonnes grâces de Philippe, qui résolut de l'attacher à son service. Un salaire annuel de cinquante mille maravédis, assigné par ses ordres à Bartolommeo, le lia par la reconnaissance et le fixa définitivement dans la Péninsule.

Indépendamment de la part que Carducci dut prendre à la préparation des ouvrages de Zuccheri, part qu'il n'est pas possible de déterminer, ses premiers travaux personnels à l'Escorial se bornent à une suite de neuf esquisses, dont les sujets sont empruntés à la vie de saint Laurent, à quelques figures de saints, peintes sur des portes de reliquaires, et à une toile : *la Salutation angélique*, dont le Musée national de Madrid possède une ancienne et bonne copie.

Aussitôt après que Pellegrino Tibaldi, attiré à l'Escorial en 1586, eut terminé les magnifiques décorations à fresque qui couvrent les voûtes de la Bibliothèque, le roi désigna spécialement Carducci pour peindre les frises de cette vaste salle. La tâche était glorieuse, mais elle offrait ses périls : le voisinage des mâles élégances de Pellegrino obligeait Bartolommeo à rivaliser de science et d'habileté avec un redoutable antagoniste. Son succès fut complet.

En regard de chacun des neuf compartiments où Tibaldi avait figuré, en autant d'allégories, les diverses branches du savoir humain, ou plutôt les *Arts libéraux*, pour employer le langage de la scolastique d'alors, et qui comprenaient la Philosophie, la Grammaire, la Rhétorique, la Dialectique, l'Arithmétique, la Musique, la Géométrie, l'Astronomie et la Théologie, Bartolommeo exécuta pareil nombre de compositions, s'inspirant de la figure principale qui orne chaque division de la voûte.

Traitées dans un ton clair et lumineux, savamment conçues, ingénieusement ordonnées, ces fresques, le meilleur et le plus important des ouvrages de Bartolommeo dans ce genre de peinture, forment le plus heureux accompagnement à la décoration de Tibaldi, dont elles sont comme la paraphrase.

Quelque temps avant la mort de Philippe II, Bartolommeo fut chargé de peindre le retable de l'église San Felipe el Real : aidé de son élève Francisco Lopez, il termina, pour cette même église, divers autres ouvrages qui ont péri dans l'incendie de 1718 : un seul tableau, une *Descente de Croix*, catalogué au Musée royal de Madrid sous le n° 638, est tout ce qui nous reste de ses travaux à San Felipe. C'est, comme peinture à l'huile, celle des œuvres de l'artiste qui donne le mieux la note de ce talent appliqué, méditatif, sobre jusqu'à la froideur, mais correct et ne manquant pas d'une certaine grandeur dans son extrême simplicité.

Une *Cène*, provenant du Buen Retiro, et qui se trouve aujourd'hui au Musée royal, offre les mêmes qualités de style : le dessin en est superbe; mais le coloris, plus froid, plus plat encore que dans la *Descente de Croix*, et entrepris dans une tonalité affaiblie qui donne à la toile toutes les apparences d'une peinture à la détrempe, enlève à la composition le relief, la vibration, la vie.

Philippe III témoigna à Bartolommeo la même affection que son père : le peintre suivit constamment le roi dans ses divers déplacements, et, en 1601, il était avec toute la cour à Valladolid. Il y peignit à fresque les voussures de l'une des chapelles de l'église paroissiale de San Andres, et, sur la façade, il fit également à fresque une *Mise au tombeau* et diverses figures de saints. Quelques tableaux à l'huile : une *Annonciation, Saint François recevant les stigmates* et un *Saint Jérôme,* catalogués par Cean Bermudez comme appartenant à l'église des Franciscains, doivent dater de cette même époque.

En 1606, Bartolommeo revint à Madrid pour prendre part aux travaux décoratifs du palais du Pardo : il

BAPTÊME DE JÉSUS-CHRIST (Musée royal de Madrid).

était chargé de peindre la galerie du Midi, attenante aux appartements du roi, et devait y traiter, comme principal sujet de sa décoration, *les Victoires de Charles-Quint.* Ses maquettes étaient terminées et toutes ses dispositions matérielles prises pour commencer les fresques, lorsqu'un mal subit vint terrasser l'artiste. Il mourut au Pardo même, en 1608, et cette mort si prématurée, puisque Bartolommeo n'avait encore que quarante-huit ans, fut un deuil véritable pour ses élèves et ses émules.

Bartolommeo Carducci, disent ses biographes, était un homme de beau caractère, modeste, consciencieux, qui ignorait l'envie et s'appliquait à combattre chez les autres l'esprit de dénigrement et de critique. Un jour qu'il louait hautement le tableau d'un autre peintre : « Ne voyez-vous donc pas, lui dit un de ses élèves, ce pied mal dessiné et mis hors de sa place? — Non, répondit-il; cette poitrine, ces mains d'une exécution si difficile et si parfaite m'empêchaient de le voir. » « Bartolommeo, écrit M. L. Viardot dans ses *Musées d'Espagne*, ne cherchait pas seulement à plaire, dans ses travaux, à ceux qui les lui avaient commandés, il voulait, avant tout, se contenter lui-même, et, pour cela, retouchait fréquemment des tableaux qui semblaient achevés. Vincenzio lui faisant remarquer un jour que ce qu'il avait gagné à ces retouches ne valait pas le temps qu'il y avait employé, Carducci lui répondit avec une justesse parfaite, que le progrès, que la supériorité dans les arts, consistent en des points d'appréciation fort difficiles et qui n'apparaissent qu'aux yeux des connaisseurs, mais que ceux-là forment l'opinion. » Généreux et désintéressé, Bartolommeo mourut pauvre; sa veuve, doña Geronima Capello, et ses quatre filles, durent solliciter des secours du roi; Philippe III leur accorda une pension temporaire de trente mille maravédis.

Bartolommeo avait eu pour disciples : Juan de Soto, auteur de quelques fresques au Pardo, Francisco Lopez, qui devint peintre du roi et grava à l'eau-forte une partie des planches du livre de Vincenzio, et enfin Vincenzio Carducci, auteur des *Dialogos de la Pintura* et un des plus brillants artistes de l'École madrilène.

Né à Florence en 1578, Vincenzio Carducci, que les Espagnols appellent plus habituellement Vicente Carducho, n'avait guère que sept ans lorsque son frère l'amena à l'Escorial : l'Espagne, qu'il ne devait plus quitter, fut donc pour lui sa véritable patrie; il y apprit tout, même à parler, et, dans ses *Dialogues*, il s'est plu à écrire qu'il se considérait « comme enfant de Madrid. »

Les leçons de son frère, l'étude des procédés des maîtres nationaux et étrangers qui se succédèrent à l'Escorial et dont il put suivre pas à pas les travaux, l'enseignement qu'il dut tirer des chefs-d'œuvre réunis par Charles-Quint et par Philippe II dans les demeures royales, formèrent son éducation artistique. Vicente puisa un peu partout à ces sources diverses. Hésitant et timide à ses débuts, son style s'écarte peu, d'abord, des traditions de Bartolommeo; puis, à mesure que se dégagent les impressions personnelles de l'artiste, ce style s'émancipe et bientôt s'inspire des tendances naturalistes de l'Espagne : italien, par l'exécution, le talent de Vicente appartient bien à sa patrie adoptive par le sentiment et le caractère.

C'est à Valladolid, en 1601, que Vicente peignit ses premiers tableaux : des batailles pour l'appartement de la reine, des perspectives pour le salon des comédies et quelques sujets religieux pour les couvents des Franciscains et de San Pablo.

En 1606, lors des grands travaux entrepris au palais du Pardo, Vicente fut choisi pour décorer la coupole de la chapelle. Il traça, dans une vaste fresque, l'histoire allégorique du *Saint Sacrement*, où figuraient les Pères de l'Église, les saints qui ont dans leurs écrits traité de ce mystère et les docteurs grecs et latins. Toute la riche ornementation de la voûte fut également exécutée d'après ses propres dessins.

Aussitôt après la mort de son frère, Vicente, nommé peintre du roi, reprit les travaux laissés inachevés par Bartolommeo dans la galerie du Midi. Abandonnant les projets primitivement arrêtés, il leur substitua, sur l'ordre de Philippe III, divers sujets empruntés à l'histoire d'Achille.

Appelé à Tolède par le chapitre de la cathédrale, Vicente, s'adjoignant un habile fresquiste, Eugenio Caxes, terminait, en 1615, les fresques de la chapelle de Notre-Dame-du-Sanctuaire, pour lesquelles il recevait la somme considérable de 6,500 ducats. Son tableau : *le Martyre de saint André*, qui se trouve encore dans la sacristie de la cathédrale, date de cette même époque.

En 1618, le couvent des Hiéronymites de Guadalupe lui commandait six grandes compositions : l'*Annonciation*, la *Nativité*, l'*Adoration des Rois*, l'*Ascension*, l'*Assomption de la Vierge*, et la *Descente de l'Esprit-Saint sur les Apôtres*. Vicente peignit ces toiles, et quelques autres sujets mentionnés par Cean Bermudez, en collaboration avec Eugenio Caxes. Tous ces ouvrages ont disparu lors de la suppression des communautés religieuses.

De 1620 à 1626, Vicente Carducho produisit un nombre prodigieux de tableaux pour les couvents et les églises de Madrid. Beaucoup ont péri, mais ce qui en subsiste suffit à prouver que Vicente n'a pas de rival, dans l'École, pour la fécondité de l'invention et la largeur délibérée de l'exécution. Tous ceux de ses ouvrages qui datent de cette époque attestent, en effet, une pratique extrêmement habile, en même temps qu'un talent élevé et toujours consciencieux.

DESCENTE DE CROIX (Musée royal de Madrid).

Quelque surprenante que paraisse cette fécondité de l'artiste, elle ne fit cependant que grandir dans la période de sa vie qui suit l'année 1626. C'est à cette date qu'il faut reporter l'origine de la plus considérable et de la meilleure part de son œuvre.

Le 29 août 1626, par acte authentique passé à Madrid devant le notaire Pedro de Aleas Matienzo, entre le prieur de la chartreuse du Paular et Vicente Carducho, la communauté confiait au peintre toute la décoration de son grand cloître. Carducho s'obligeait à livrer, en quatre ans, cinquante-six tableaux, quatorze par année, tous et tout entiers de sa main, et dont le prix, qui ne pouvait en aucun cas excéder 200 ducats par tableau, serait définitivement fixé par deux *maîtres peintres*, l'un choisi par le couvent, l'autre par l'artiste. Après les évaluations des experts, Carducho abandonnerait au couvent, en pur don et à titre d'aumône, le quart des sommes qui lui seraient attribuées. Telles étaient, en substance, les principales clauses de ce curieux contrat.

Les sujets imposés à Carducho se divisaient ainsi : vingt-sept tableaux devaient représenter des épisodes de la *Vie de saint Bruno*, depuis sa conversion jusqu'à sa mort; vingt-sept autres, *les Martyres et les Miracles des Moines appartenant à l'ordre;* enfin, sur les deux derniers devaient être figurées les armes du roi et celles de l'institut des Chartreux. A l'exception de ces deux toiles, qui, selon Cean Bermudez, n'auraient formé qu'un seul et même trophée, le Musée national de Madrid possède aujourd'hui les cinquante-quatre principales. Toutes sont signées de l'artiste, une seule est datée de 1628; quatorze, les dernières sans doute dans l'ordre de l'exécution, portent la date de 1632. Le contrat ne fut donc pas absolument accompli à la lettre puisque, d'après sa date, les tableaux auraient dû être achevés en 1630. Toutefois, il ne paraît pas que ce retard ait amené de désaccord entre les parties.

Dans tous ces tableaux, dont les dimensions atteignent près de trois mètres dans les deux sens, les figures sont de grandeur naturelle; la plupart présentent un second sujet, traité en plus petite proportion, sur les plans éloignés. Quelques-uns ont été exécutés de pratique; mais c'est l'exception : il est, en effet, facile de reconnaître que les personnages, peints d'après nature, sont autant de portraits et que les draperies ont été soigneusement étudiées sur le modèle. « Dans cette longue série de toiles, où la monotonie semblait inévitable, on doit admirer, dit Cean Bermudez, une grande fécondité d'invention, un ingénieux arrangement des actions et des groupes, non moins que la science de l'anatomie et l'harmonie du coloris. » Cet éloge de Cean n'a rien que d'acceptable, et sans prétendre établir une comparaison, qui nécessiterait de trop longs développements, entre l'œuvre de Carducho et celle d'Eustache Lesueur, il nous paraît juste d'admettre que l'artiste espagnol, moins soutenu peut-être dans le vaste ensemble de son travail sous le rapport de la grandeur et de l'élévation du style, dépasse parfois Lesueur comme sentiment et comme finesse d'expression, et l'égale le plus souvent par le charme et la sérénité de l'exécution.

D'après les biographes de Carducho, c'était une tradition constante, au couvent du Paular, que l'artiste avait mis son portrait dans le tableau n° 35 de la série, sous la figure d'un moine qui est au chevet du père Odon de Navarre, étendu sur son lit de mort.

En même temps qu'il terminait les tableaux du Paular, Carducho peignait encore divers ouvrages, soit pour cette même chartreuse, soit pour d'autres communautés. En 1631, notamment, il signait le *Martyre de sainte Barbe*, à présent au Musée national, et qui décorait autrefois le maître-autel du couvent de Santa Barbara à Madrid. Le dernier tableau auquel ait travaillé Vicente se trouve dans l'église magistrale de Alcala de Henares; c'est un *Saint Jérôme*, au bas duquel on lit cette inscription : *Vincencius Carducho hic vitam non opus finit* 1638.

En 1633, Carducho fit imprimer, à Madrid, ses *Dialogos de la Pintura;* c'est, au jugement de Cean Bermudez, le meilleur et le plus savant traité, écrit en espagnol, sur la théorie de la peinture.

Soucieux de sa dignité d'artiste, Carducho défendit, en 1633, avec Angelo Nardi, les immunités de sa corporation : il refusa l'impôt que les agents du fisc prétendaient recouvrer sur ses ouvrages, et plaida contre *la real hacienda.* Philippe IV, dans une cédule datée du 8 septembre 1637, donna gain de cause aux deux peintres et fit exempter leurs travaux de toute gabelle.

Après une carrière entièrement vouée à l'art et noblement remplie, Vincenzio Carducci mourut à Madrid en 1638 : on l'enterra dans la chapelle du tiers-ordre de Saint-François.

Il laissait de nombreux et habiles élèves : Félix Castello, Francisco Fernandez, Pedro de Obregon, Bartolomé Roman, Francisco Rizi, et Francisco Collantes; ces derniers sont demeurés célèbres.

Vicente s'essaya dans la gravure à l'eau-forte : on a de lui deux petites pièces, très-légèrement et très-habilement traitées; l'une représente la *Mort d'Abel*, l'autre, un *Saint pénitent :* toutes deux sont signées de son monogramme. Dans la collection de dessins des maîtres espagnols, qu'avait réunie Cean Bermudez, figuraient de précieuses études de Vicente pour divers tableaux de la *Vie de saint Bruno* et des

LA SOURCE MIRACULEUSE (Tableau n° 8 de la Vie de saint Bruno; Musée national du Fomento).

Martyres des Chartreux. Ces esquisses, lavées au bistre ou encore tracées à la pierre noire sur papier gris ou bleu, prouvent de quelle facilité était doué l'artiste dans l'enfantement de ses premiers projets, et avec quelle science consommée de l'effet il savait préparer l'ensemble de ses compositions. Soigneusement arrêtés et très-terminés, ces dessins de Vicente expliquent et justifient la merveilleuse rapidité de son exécution.

PAUL LEFORT.

RECHERCHES ET INDICATIONS.

C'est principalement dans les Musées d'Espagne, dans les églises de Madrid, et encore à l'Escorial, qu'il est possible d'étudier les productions des Carducci. Bien peu de tableaux de ces artistes ont franchi les Pyrénées. Pour tous ceux des ouvrages des deux maîtres qui, au temps de Cean Bermudez, appartenaient encore aux communautés religieuses et aux églises, on devra consulter son dictionnaire : nous nous bornons à compléter les indications de Cean en donnant la liste des tableaux qui figurent dans les Musées et dans quelques collections particulières.

Musée royal de Madrid. — Par Bartolommeo Carducci : *Descente de Croix*. — *La Cène*. — *Saint Sébastien*.

Par Vincenzio Carducci : *La Place de Constance secourue par le duc de Feria, 1633*. — *La Bataille de Fleurus, 1622*. — *La prise de Rheinfelt, 1633*. — *Le Baptême de Jésus-Christ*. — *La Salutation angélique*. — *La Naissance de la Vierge*. — *La Présentation au Temple*. — *Sainte Anne et la Vierge*. — Une *Tête d'homme* de grandeur colossale.

Musée national du Fomento. — Par Vincenzio Carducci : *La Vie de saint Bruno* (27 tableaux). — *Martyres et Miracles des Chartreux* (27 tableaux). — *Saint Bruno en prière*. — *Décollation de saint Jean-Baptiste*. — *L'Annonciation*. — *Martyre de sainte Barbe*. — *La Bienheureuse Maria Ana de Jésus*. — *Apparition de la Vierge à une dame en prières*. — *Martyre de saint Pierre Nolasque* (2 tableaux). — *Un Saint refusant le chapeau de cardinal*. — *Saint Jean de Mata prenant l'habit*. — *Saint Jean de Mata rachetant les captifs*. — *Saint Jean de Mata guérissant un possédé*. — *Généalogie du Tiers-Ordre*. — *Sainte Inès, martyre*. — *Sainte Catherine*. — *Saint Jacques à la bataille de Clavijo*. — *La Conception*.

Académie de San Fernando. — *Prédication de saint Jean-Baptiste*. — *La Cène*, par Vincenzio Carducci.

Galerie Salamanca (ancienne collection Madrazo). — *La Transfiguration*, par Bartolommeo Carducci. — *Portrait d'un vieillard*, par Vincenzio Carducci.

Musée de Nantes. — *Portrait de Vincenzio Carducci*.

Musée de Dresde. — *L'Enfant Jésus et plusieurs Saints* par Vincenzio Carducci.

Musée de Saint-Pétersbourg. — *L'Extase de saint Antoine de Padoue*, par Vincenzio Carducci.

Le Catalogue de l'ancienne galerie espagnole au Musée du Louvre mentionnait deux tableaux de Bartolommeo : *La sainte Vierge et l'enfant Jésus*; — *Saint François en prière*, et deux de Vincenzio : *Une Sainte Famille*; — *Des moines priant pour la consécration d'un édifice religieux*.

Vente Louis-Philippe (Londres, 1853). — *Saint François en prière*, 7 £. 10. — *Portrait de Vicente Carducho*, 32 £. — *Sainte Famille*, 25 £. — *Moines en prière*, 16 £. — *La sainte Vierge et l'enfant Jésus*, 6 £.

PARIS. — IMPRIMERIE D'ALCAN, RUE DAMIETTE, 2 ET 4.

École Espagnole. *Sujets religieux.*

LES CASTILLO

AGUSTIN DEL CASTILLO. — JUAN DEL CASTILLO. — ANTONIO DEL CASTILLO.

NÉ EN 1565; MORT EN 1626. NÉ EN 1584; MORT EN 1640. NÉ EN 1603; MORT EN 1667.

Après la période gothique dont les historiographes font remonter l'origine à Sanchez de Castro, qui peignait à Séville en 1454, l'influence italienne domine exclusivement dans l'École d'Andalousie jusque vers la fin du XVIe siècle. Luis de Vargas, élève de Perino del Vaga, et les deux Flamands Francisco Frutet et Pedro Campana, sectateurs eux-mêmes de l'École romaine, se continuent dans Pedro de Villegas, Luis Fernandez, Pablo de Cespedès, Antonio de Mohedano, Pacheco et Agustin del Castillo. C'est Roëlas qui, le premier, s'efforce d'échapper à cette influence : on sent nettement poindre en lui des tendances nouvelles : élève des Vénitiens, tempérament réaliste, Roëlas contraste déjà singulièrement dans ses œuvres avec les pâles et froides productions des professeurs restés attachés à la tradition de Vargas. A leur tour, Herrera le Vieux et Juan del Castillo, délaissant les errements de leur maître Luis Fernandez, inclinent au style plus franc et plus libre de Roëlas. L'émancipation s'accentue : c'est le génie national qui se cherche et se dégage; avec Velazquez, Murillo, Zurbaran et Cano, il va s'épanouir enfin dans toute sa rayonnante et vigoureuse originalité. Les deux Castillo appartiennent à cette phase indécise où l'art national tâtonne encore et n'a pas conquis sa complète indépendance. Agustin, l'aîné des deux frères, se montre peu novateur; à part quelques timides écarts, il semble que, comme Pacheco, son condisciple, il ait préféré s'en tenir à l'imitation du style et du coloris des élèves de Raphaël; tandis que Juan, par son enseignement plus encore que par ses œuvres, mérite d'être appelé le précurseur de cette brillante École andalouse qui devait donner à l'Espagne un style national et ses plus grands artistes.

Agustin del Castillo naquit à Séville en 1565. Il est élève de Luis Fernandez, peintre peu connu et dont aucune œuvre certaine n'est parvenue jusqu'à nous. Cette lacune est d'autant plus regrettable pour l'histoire de l'art espagnol, que Fernandez fut en même temps le maître de Herrera, de Pacheco et de Juan del Castillo : n'est-il pas présumable que l'artiste qui forma de tels disciples dut, à un titre quelconque, témoigner de quelque valeur?

Au sortir de l'atelier de Luis Fernandez, Agustin del Castillo s'en vint habiter Cordoue et il s'y maria. Personnalité très-effacée, ses biographes ne nous racontent que fort peu de choses touchant sa vie et son talent. Ils disent qu'Agustin fut surtout un habile *fresquiste* et ils citent avec de grands éloges une *Conception*, un *Père éternel*, et quelques autres peintures monumentales qui décoraient des églises et des couvents de Cordoue.

Malheureusement, tous ces ouvrages, dont Palomino note l'importance, exécutés pour des voûtes, des portiques ou des cloîtres à l'air libre, s'altérèrent rapidement et souffrirent bien davantage, au dire de Cean Bermudez, des affreuses restaurations entreprises par des ignorants. Aussi, chercherait-on vainement aujourd'hui, sous les tristes ruines de ces peintures, à retrouver les traces du dessin ou du coloris de leur primitif auteur.

Palomino et Cean Bermudez affirment qu'Agustin del Castillo était savant dessinateur et que ses compositions se recommandent par la simplicité et la noblesse du style. Telles sont, en effet, les qualités saillantes d'une *Conception de la Vierge*, que possède la cathédrale de Cordoue. Mais, dans cette page, dont il faut louer l'ordonnance, l'attitude naturelle, l'expression élevée et le beau plissé des étoffes, l'éclat du coloris ne rivalise point avec l'exactitude de la forme, et le caractère y fait absolument défaut. En somme, cette composition, conçue et exécutée dans la tradition italienne, n'offre pas, à nos yeux, l'intérêt que présente une *Adoration des Rois* conservée aujourd'hui dans la cathédrale de Cadix. Ponz raconte, dans son *Voyage d'Espagne*, qu'il considéra cette peinture avec beaucoup d'attention, la croyant de la première manière de Velazquez. Mais on lui assura qu'ayant été examinée de près elle portait la signature d'Agustin del Castillo. Comme Cean Bermudez confirme de son côté cette attribution, nul doute que cette toile ne soit un curieux témoignage des efforts que fit l'artiste pour transformer sa manière : il obéit donc, lui aussi, au courant qui emportait l'École; comme Herrera, comme son frère Juan del Castillo, il céda à ce goût de naturalisme qui devait donner aux œuvres des maîtres de l'Andalousie une si haute saveur d'originalité. Agustin del Castillo mourut à Cordoue en 1626. Il laissait un fils, Antonio del Castillo y Saavedra, dont il ne fit guère qu'ébaucher l'éducation artistique.

Juan del Castillo naquit à Séville en 1584, dix-neuf ans après Agustin. Palomino dit qu'il fut élève de Luis de Vargas, mais Cean Bermudez rectifie cette erreur par trop manifeste, puisque Vargas était mort dès 1568, et il établit que Juan reçut, comme son frère, les leçons de Luis Fernandez. Cean a sans doute raison sur ce dernier point, mais nous n'en inclinons pas moins à croire que les ouvrages de Roëlas, établi à Séville dès l'année 1607, alors que Juan del Castillo n'avait encore que vingt-trois ans, exercèrent sur le jeune artiste une influence plus déterminante que l'enseignement de Fernandez. Les pratiques de Roëlas ne tendaient rien moins qu'à bouleverser tout le solennel et systématique appareil de composition des maîtres attachés à la tradition romaine : il ne peignait que d'après le modèle vivant, prenait ses types dans son entourage, parmi ses amis, ses connaissances, et commençait de rechercher le vrai, le réel, en toutes choses; même les accessoires de la vie domestique trouvaient place, au grand scandale de Pacheco, jusque dans ses compositions religieuses. Un autre peintre, Francisco de Herrera, se créait vers le même temps une éclatante originalité. L'énergie de son style, la liberté et la fougue de sa manière, impressionnèrent fortement la jeune École. Comme Roëlas et Herrera, Juan del Castillo rompit avec les conventions scolastiques; il ne demanda ses types qu'à la nature, groupa ses

MARIAGE DE LA VIERGE, par JUAN DEL CASTILLO (Musée de Séville).

figures avec simplicité, ne peignit que ce qu'il voyait, et s'efforça, mais sans y réussir, de donner à son coloris une vigueur jusqu'alors inconnue aux imitateurs de Vargas. Le premier, il fonda enfin un enseignement régulier, dont le naturalisme, c'est-à-dire le goût du vrai, l'amour du réel et la haine du convenu, est la base. Moya, Cano, Zurbaran, Murillo, Velazquez, et toute la jeune génération qui étudiait alors à Séville, allaient successivement s'emparer de ces principes, d'ailleurs en si complète harmonie avec le génie national, et les traduire jusqu'à leur plus haut degré d'expression et de caractère. Si, dans ses œuvres, toujours empreintes des timidités qui avaient marqué ses débuts, Juan del Castillo reste inférieur à la brillante pléiade d'artistes formés à ses leçons, et quoique ces œuvres soient le plus souvent confondues aujourd'hui tantôt parmi les productions des maîtres de la période italienne, tantôt parmi les ouvrages de ses propres élèves en quête d'une manière personnelle, c'est du moins sa gloire, et elle demeure indiscutable, d'avoir pressenti les véritables tendances de l'École et d'être l'inspirateur des plus grands artistes de sa patrie.

Juan del Castillo réunit bientôt autour de lui un groupe important d'élèves : les premiers furent Murillo, à qui, selon quelques auteurs, le rattachait un lien éloigné de parenté, Andrès de Medina, dont on a des gravures à l'eau-forte, et Pedro de Medina Valbuena, peintre estimable, qui concourut plus tard avec Murillo à fonder l'Académie de dessin de Séville. Dans un voyage que Castillo fit à Grenade et où il eut occasion de peindre divers tableaux pour des particuliers, Miguel Cano, père d'Alonso, lui confia son fils. Pedro de Moya, qui était aussi de Grenade, fut présenté en même temps à Castillo, et les deux nouveaux disciples accompagnèrent le maître lors de son retour à Séville.

La maison de Castillo, située, croit-on, derrière l'église paroissiale de San Marcos, sur la *plazuela de las monjas de Santa Isabel*, était, selon Palomino, le rendez-vous de quiconque désirait se perfectionner dans l'art de peindre : « *Su casa era la escuela mas frequentada de cuantos deseaban aprovechar en el arte de la pintura*[1]. » En même temps que Castillo, trois autres maîtres professaient à Séville avec éclat : Roëlas, qui formait Francisco Varela et Zurbaran; Herrera le Vieux, qui avait pour élève son frère Bartolomé, et enfin Francisco Pacheco. C'est avec ce dernier qu'étudiait Diego Velazquez, entré d'abord chez Herrera; le talent de ce maître, bien que profondément sympathique au jeune artiste, n'avait pu toutefois lui faire accepter ses rudesses et ses brutalités, et Velazquez l'avait quitté. Mais l'enseignement du froid Pacheco ne répondait point au tempérament de l'élève dont les premiers essais, manifestement inspirés de la manière de Castillo, attestent qu'il s'inspira plus volontiers des ouvrages du peintre réaliste. Une remarquable émulation s'établit alors entre ces divers ateliers. Séville, la plus florissante cité de l'Espagne, était encore un centre privilégié pour l'art. Les incessantes commandes des communautés religieuses et des personnages d'un rang élevé; les achats que pratiquaient les marchands qui, en retour de riches cargaisons, envoyaient des peintures aux Indes-Occidentales; les expositions publiques, à l'époque de la fête du *Corpus*, sur les degrés de la cathédrale ou sur le passage de la procession; les critiques des littérateurs et les sonnets louangeurs des poëtes concouraient à rendre cette émulation plus féconde et stimulaient puissamment les artistes.

C'est pour les couvents de Séville, et plus particulièrement pour les églises des Pères Dominicains, que Juan del Castillo peignit ses plus importants ouvrages. Ponz signale, dans l'église de *Regina Angelorum*, un tableau de la *Vierge au Rosaire* accompagnée des saints Pierre et Paul et d'un saint Dominique à genoux, qu'il n'hésite point à attribuer à Murillo, dans sa première manière. Or, ce tableau est de Juan del Castillo. Plus circonspect dans l'examen des belles compositions qui ornaient autrefois le maître-autel de l'église de *Monte Sion* et que, sur l'assertion de Palomino, l'on attribuait à Alonso Cano, Ponz en découvrit cette fois le véritable auteur et s'assura même que la plupart de ces toiles portaient la signature de Juan del Castillo. Une grande *Assomption de la Vierge*, surmontée du *Couronnement*, occupait le milieu de ce retable; sur les côtés étaient figurées *l'Annonciation, la Naissance de la Vierge, la Visitation* et *l'Adoration des Rois*, et, à la base, les saints docteurs avec saint Bonaventure et saint Thomas d'Aquin. On voit aujourd'hui, au Musée de Séville, cinq tableaux qui nous paraissent avoir fait partie de cet ensemble, dispersé sans doute lors de la suppression des couvents. Ces peintures appartiennent au meilleur faire de l'artiste, et elles donnent bien la mesure de ce talent de transition qui unit la période d'imitation italienne à l'ère de complet affranchissement de l'École.

Vers la fin de sa vie, Juan del Castillo quitta Séville et alla habiter Cadix. C'est là qu'il mourut en 1640, à l'âge de cinquante-six ans.

[1] Palomino. *Vida de los Pintores eminentes españoles.*

Palomino raconte qu'Alonso Cano, examinant des tableaux d'Antonio del Castillo, ne put s'empêcher de remarquer « que c'était grand dommage, que dessinant si bien, Antonio ne vînt pas à Grenade apprendre un peu à peindre. » — « Mieux vaudrait que Cano lui-même vînt à Cordoue, fit répondre Castillo blessé au vif;

ASSOMPTION DE LA VIERGE, par JUAN DEL CASTILLO (Musée de Séville).

nous le pourrions du moins payer de sa peine en lui enseignant à dessiner. » Cette anecdote résume tout le talent de l'artiste en même temps qu'elle dit le caractère de l'homme.

Vif, spirituel, aimant le plaisir et toujours prêt à accepter avec philosophie les événements fâcheux de l'existence, Antonio del Castillo est un assez curieux personnage. On le voit prendre à l'égard de ses rivaux des allures provoquantes et leur prodiguer volontiers les plus mordantes épigrammes, sans prendre garde que son talent personnel, qu'il a soin d'exalter lui-même avec une vanité risible, est plein de disparates et très-inégal. En effet, s'il dessine avec beaucoup d'esprit et de justesse, il peint durement, et s'il compose avec assez de facilité, il montre en revanche peu de science et de goût dans l'arrangement de ses groupes. Praticien habile, il s'abandonne à son inspiration et s'en fie trop à sa verve : au demeurant, c'est un talent incomplet.

Fils et neveu des deux artistes dont nous venons d'esquisser la biographie, Antonio del Castillo, né à Cordoue en 1603, fut lui-même destiné de bonne heure à la peinture. Après la mort de son père Agustin, son premier maître, Antonio alla rejoindre à Séville son oncle Juan del Castillo, qui le fit entrer dans l'atelier de Zurbaran, bien jeune encore, mais déjà réputé un maître.

Les biographes ne disent pas combien de temps Antonio demeura près de Zurbaran. Il semble toutefois que ses études durent être rapides, et que, ébloui plutôt que pénétré des vigoureuses qualités de son maître, il se crut trop tôt appelé à les imiter. Mais il ne fit que les exagérer et ne les égala point. Ces belles et savantes oppositions de lumière et d'ombre, cette exécution si robuste et si franche, qui caractérisent le talent de Zurbaran, ne sont trop souvent, chez le disciple, que parti pris sans mesure, que violence et que rudesse.

Antonio revint se fixer dans sa ville natale. Palomino nous apprend que, dès son arrivée, il fut admis avec Cristobal Vela, élève de Vicente Carducho, à concourir pour un sujet de Saint Acisclе, martyr et patron de Cordoue, que le chapitre de la cathédrale destinait primitivement à décorer le maître-autel : ce tableau existe encore. Successivement Castillo est appelé à peindre, pour la chapelle du côté de la cour des Orangers, une *Vierge au Rosaire*, *Saint Roch* et *Saint Sébastien*, et, pour une autre chapelle voisine du chœur, une grande composition, *Saint Pélage entendant prononcer sa sentence de mort*, tableau que Palomino décrit avec les plus grands éloges.

Sous la partie extérieure de la porte du Pardon, il peignit à fresque une *Assomption de la Vierge, Saint Michel* et *Saint Raphaël, Saint Pierre* et *Saint Paul, Saint Acisclе* et *Sainte Victoire*.

Chargé de la décoration de l'escalier monumental du couvent de Saint-Paul, Castillo s'en acquitta avec honneur. Ces peintures, encore en place aujourd'hui, représentent *Saint Ferdinand consacrant à saint Paul le couvent qu'il fait élever :* de nombreuses figures de saints, en buste, de grandeur naturelle ou plus grandes que nature, concourent à l'ornementation.

A l'hôpital de Jésus-Nazaréen, il exécuta à l'huile, sur enduit, une *Invention de la Croix* et *le Bon Larron*. Palomino, qui vante beaucoup ces deux ouvrages, se montre plus sévère pour un *Couronnement* et une *Assomption de la Vierge*, peints pour ce même hôpital, et qui pèchent notablement sous le rapport de la justesse des plans et de la distribution des masses, défauts trop fréquents chez l'artiste.

Les Franciscains commandèrent à Antonio des ouvrages importants. Il fit pour leur église deux *Saint Jean*, l'*Esprit saint au milieu d'une gloire de séraphins*, la *Sainte Vierge apparaissant à saint Ildefonse*, et, pour le cloître, le *Baptême de saint François*. Il signa cette dernière toile d'une épigrammatique légende qui prêta beaucoup à rire : c'est un trait curieux de sa vie.

Il avait eu pour élève Juan de Alfaro, qui le quitta pour aller à Madrid se perfectionner à l'école de Velazquez. De retour à Cordoue, Alfaro, paraît-il, se plut à oublier qu'avant d'avoir reçu des leçons de Velazquez, dont il se proclamait bien haut l'élève, il avait eu pour premier maître Castillo.

Blessé de l'ingratitude et des procédés d'Alfaro, Castillo résolut de l'en punir. Observant que le jeune homme signait amoureusement d'un superbe *Alfarus pinxit* une suite de tableaux qui lui avaient été demandés pour le cloître des Franciscains, il imagina alors de signer son *Baptême de saint François*, placé dans le voisinage même des productions de son élève : *non fecit Alfarus*. L'épigramme eut tant de succès, qu'au dire de Cean Bermudez elle demeura proverbiale dans les ateliers des peintres.

Antonio acquit une réputation méritée comme portraitiste, mais son habileté dans les tableaux de chevalet est plus spécialement notée par ses biographes. Palomino relate un assez grand nombre de ces tableaux, qui, de son temps, appartenaient à des collections d'amateurs, et dont il loue l'exécution pleine de fraîcheur et de grâce.

Castillo aimait à donner à ses compositions des fonds de paysage, qu'il peignait avec beaucoup de naïveté

ADORATION DES BERGERS, par ANTONIO DEL CASTILLO (Musée de Madrid).

et de naturel. Souvent, dit Palomino, il allait passer quelques jours à la campagne et il dessinait soit un beau site, soit un curieux accident de terrain, ou bien des troupeaux, des chars, des instruments de labour, qu'il transportait ensuite dans ses tableaux avec verve et vérité.

Très-enorgueilli des succès dont il jouissait dans sa ville natale, Antonio en arriva à se croire le meilleur peintre de l'Andalousie. Il se mit en tête d'aller à Séville faire montre de son habileté et porter aux artistes en renom une sorte de défi public. Il commença par visiter cérémonieusement les maîtres qu'il avait connus dans sa jeunesse, et en reçut, à son tour, force courtoisies. Dans cette première tournée, il ne vit que des ouvrages qui lui parurent inférieurs aux siens. Tout allait au mieux pour son amour-propre, lorsqu'on le conduisit au couvent des Franciscains. Des tableaux de Murillo venaient d'y être récemment placés. Devant ces toiles, dont il ne pouvait détacher ses regards, Castillo demeura stupéfait. Il ne voulait pas croire qu'elles fussent de Murillo, et, comme il s'obstinait dans son incrédulité, il fallut le mener à la cathédrale et le mettre en face des chefs-d'œuvre de celui qui avait été un moment son condisciple. — « *Ya murio Castillo !* » — « Castillo est mort ! » s'écria l'orgueilleux artiste : « Est-il possible que Murillo, cet élève servile de mon oncle, ait trouvé cette beauté, cette splendeur de coloris ! »

De ce moment, la tristesse et l'envie ne laissèrent plus de repos à Castillo, et, tout plein encore du souvenir des chefs-d'œuvre de Murillo, il peignit un *Saint François*. Ce fut incontestablement sa meilleure production, mais elle ne rivalisait qu'imparfaitement avec son modèle. Castillo se rendit-il cette justice ? Il est permis de le penser, car, selon ses biographes, sa mélancolie ne fit plus que s'accroître, et il mourut en 1667, moins d'une année après son malencontreux voyage à Séville.

Antonio del Castillo laissa, à sa mort, de nombreux dessins que se transmirent curieusement les maîtres espagnols et qui ont plus fait pour sa renommée que ses peintures mêmes. Exécutés, pour la plupart, à la plume ou bien avec des roseaux qu'il taillait grossièrement, ces dessins sont d'une franchise et d'une fermeté magistrales, et l'on ne saurait les comparer qu'aux vigoureux et hardis croquis de Herrera le Vieux. Alonso Cano avait bien raison de regretter qu'un dessinateur aussi habile ne fût pas meilleur coloriste.

Les principaux élèves de Castillo avaient été Valdès Léal, Alfaro et Pedro Antonio.

PAUL LEFORT.

RECHERCHES ET INDICATIONS

Palomino et Cean Bermudez ont décrit, à la suite des notices consacrées aux Castillo, les ouvrages qu'ils exécutèrent pour les couvents et pour les églises.

Nous nous bornerons donc à compléter leurs indications en donnant la liste des tableaux de ces maîtres qu'on peut voir dans les musées d'Espagne ou dans quelques galeries particulières.

L'ancienne galerie espagnole du Musée du Louvre, dispersée à Londres, en 1853, ne renfermait pas moins de quatorze productions des Castillo ; aucune, que nous sachions du moins, n'est revenue en France.

MADRID. — MUSÉE ROYAL. — *L'Adoration des Bergers*, par Antonio del Castillo (gravée dans cette notice).

ACADÉMIE DE SAN FERNANDO. — *Saint Jérôme pénitent*, esquisse par Antonio del Castillo.

SÉVILLE. — MUSÉE. — *L'Assomption.* — *L'Annonciation.* — *La Naissance.* — *La Visitation.* — *L'Adoration des Rois.* — *Saint-Joseph et l'enfant Jésus travaillant.* — *La Mort de saint Joseph.* Ces tableaux sont de Juan del Castillo, et le Catalogue du Musée de Séville les signale comme étant les meilleurs ouvrages de ce maître.

COLLECTION ARASABLA. — *Le Petit saint Jean nourri par deux anges.* — Attribué à Juan del Castillo.

COLLECTION GARCIA DE LEANIZ. — *Le Mariage de la Vierge*, — *Saint Michel.* — *Un Ange gardien.* — *Saint Joseph*, de Juan del Castillo.

COLLECTION LOPEZ CEPERO — *L'Annonciation*, — *Sainte Famille*, de Juan del Castillo.

CORDOUE. — CATHÉDRALE. — *Une Conception* (gravée dans cette notice), de Agustin del Castillo.

CADIX. — CATHÉDRALE. — *L'Adoration des Rois*, d'Agustin del Castillo.

Voici les prix atteints par quelques ouvrages des Castillo qui ont paru dans les ventes :

VENTE STANDISH. — Ancienne galerie espagnole du Louvre. — Londres 1853 : Agustin del Castillo : *Saint-François en extase* : 5 £ 10 ; — Juan del Castillo : *Saint Augustin, saint Dominique et un Pape* : 12 £ ; — *Saint Jérôme, saint François et un Évêque* : 23 £ ; — *Saint François avec le chapeau de cardinal* : 7 £ ; — *Saint François* (buste) : 3 £ 5 ; — *Les deux saints Jean* : 12 £ ; — *L'Assomption de la Vierge* : 24 £ ; — *Saint Paul terrassé sur la route de Damas* : 6 £ 10 ; — *Saint Jérôme au désert de Colchide* : 8 £ 10 ; — *Saint Dominique et saint François aux pieds de la Vierge* : 16 £ 10 ; — *David portant la tête de Goliath*. 8 £ 15 ; — *Saint Jean dans le désert* : 4 £ ; — *Assomption de la Vierge* : 35 £ 14. — Antonio del Castillo : *Un Franciscain* : 3 £ ; — *Un Dominicain martyr* : 4 £ ; — *Saint Pierre après sa faute* : 7 £ 5 ; — *Sainte Lucie* : 17 £ 10.

VENTE AGUADO — *Le Festin de Baltazar*, par Antonio del Castillo, 210 fr. : — *La Vierge présentant à saint Dominique de Guzman le portrait de saint Dominique de Silos*, même maître, 150 fr.

VENTE SALAMANCA. — *L'Enfant Jésus endormi*, attribué d'abord dans le Catalogue à Murillo et ensuite à Juan del Castillo ; 2,300 fr.

Voici la signature et le monogramme d'Antonio del Castillo :

Castillo.

PARIS. — IMPRIMERIE POITEVIN, RUE DAMIETTE, 2 ET 4.

École Espagnole. Sujets religieux, Portraits, Nature morte.

LES HERRERA

FRANCISCO DE HERRERA EL VIEJO, NÉ VERS 1576, MORT EN 1656. FRANCISCO DE HERRERA EL MOZO, NÉ EN 1622, MORT EN 1685.

L'ère de splendeur pour l'art espagnol, c'est le dix-septième siècle : c'est l'époque où le génie national, s'affranchissant de toute imitation étrangère, obéit franchement à ses mâles tendances et se manifeste dans tout l'éclat de sa robuste originalité.

L'École de Séville fut l'ardent foyer de ce grand mouvement artistique : de l'idéalisme de l'École romaine, introduit par Luis de Vargas, altéré et affadi jusqu'à l'insignifiance par ses continuateurs, spontanément et presque sans transition appréciable, on la vit passer au plus vigoureux naturalisme et enfanter toute une phalange de maîtres, véritable couvée d'aigles qui, d'un seul bond, allait porter l'art national à son apogée. A côté de Roëlas, de Juan de Castillo, de Herrera le Vieux et de Pedro de Moya, initiateurs à des titres divers de cette glorieuse transformation, surgissent aussitôt Alonso Cano, Zurbaran, puis Velazquez et Murillo, qui en sont l'expression suprême et en résument le merveilleux caractère.

Du milieu de cette vaillante pléiade, une figure, celle de Herrera le Vieux, semble se détacher sombre, passionnée, tragique et presque terrible dans sa grandiose rudesse.

Nature ardente et farouche, l'homme, dans Herrera, révèle l'œuvre : son tempérament, c'est son génie même, et l'âpreté de son humeur se reflète et passe tout entière dans sa bouillante et nerveuse exécution. Herrera n'eut pas de jeunesse, ou plutôt elle fut étrange et singulière : triste, replié sur lui-même, insociable jusqu'à la sauvagerie, on le voit fuir la société de ses condisciples et se créer dans la solitude ce style et ce coloris dont les fougueuses hardiesses n'ont d'égales que les audaces de son imagination. Plein de mépris pour les théories étroites et les mesquines pratiques qui formaient alors le principal bagage des sectateurs de Vargas, de bonne heure sa forte volonté cherche, invente et trouve, en dehors de toute convention, des procédés à sa taille, et sa main apprend vite à traduire d'un jet original ses plus impétueuses pensées. Intelligence élevée, Herrera a la passion du grand ; les vastes sujets le séduisent et l'attirent ; on sent dans tout ce qu'exprime cette puissante individualité comme une surabondance de chaleur et de vie ; s'enivrant de sa force, il dédaigne absolument de plaire ; tout autre est son but : il veut frapper, frapper fort.

Francisco de Herrera naquit à Séville, vers 1576. Avec Pacheco et les deux frères Castillo, Juan et Agustin, il partagea quelque temps les leçons de Luis Fernandez, sans doute professeur estimable, puisqu'il sut former de bons disciples, mais esclave des traditions d'école, dessinateur minutieux et timide, surtout coloriste froid. Tel il nous apparaît, non dans ses œuvres, qui ne nous ont pas été conservées ou sont incertaines, mais à travers les productions de Francisco Pacheco, son élève préféré. Dans cet atelier, Herrera, déjà impatient de toute règle et en lutte ouverte avec ce que Fernandez admirait, devait être délaissé comme un paria ou traité en rebelle. Ses biographes disent qu'il en arriva à refuser toute obéissance aux conseils du maître et que Fernandez le congédia.

Juan de las Roëlas, *el licenciado*, récemment revenu d'Italie, peignait alors à Séville ses premiers ouvrages. Son style franc et aisé, son coloris chaud et brillant, l'un et l'autre imprégnés de l'accent des Vénitiens, et surtout certaines tendances bien accusées vers le naturalisme, trouvèrent dans Herrera un admirateur tout préparé. Il suivit, avec une attention marquée, les travaux de Roëlas, scrutant l'ampleur et la liberté de sa touche et se pénétrant de sa manière. Roëlas est le seul peintre que Francisco de Herrera ait étudié avec autant d'enthousiasme, et s'il pouvait être exact de dire qu'il procède d'un autre maître que de lui-même, c'est à Roëlas, plus justement qu'à Fernandez, qu'il conviendrait de le rattacher.

Quelle que soit d'ailleurs l'influence que Roëlas ait exercée sur le talent naissant de son compatriote, l'originalité de Herrera n'en éclate pas moins nettement dès ses débuts. Le *Jugement dernier*, qu'il peignit pour l'église de San Bernardo et qui est l'un des plus importants ouvrages de sa première époque, « atteste chez Herrera, dit M. Viardot, la réunion de toutes les qualités du grand artiste : « connaissance de l'anatomie et des proportions du corps humain, vigueur du coloris, science de « l'arrangement, symétrie des groupes, contraste des figures, accord des tons, harmonie des demi-teintes, « et jusqu'à la profondeur de l'expression, rien ne manque à cette composition magnifique, où l'on admire la « *gloire* que forme le souverain Juge entouré de ses Apôtres, la beauté mâle de l'archange saint Michel, « enfin l'heureuse opposition entre les réprouvés, qui, vus par derrière, cachent leur tourment et leur « confusion, et les élus, dont les visages radieux expriment la reconnaissance, l'amour et le bonheur [1]. »

La peinture à fresque convenait merveilleusement à la grande manière de Herrera. Chargé de décorer la coupole de l'église de San Buenaventura, il sut, dans ce vaste travail, laisser libre carrière à son imagination, et donner en même temps toute la mesure de la franchise et de la grandeur de son exécution. Une autre belle fresque, dont les écrivains du temps s'accordent à vanter le mérite, subsista longtemps sur la façade de la *porteria* du couvent de la Merced. Mais cette façade s'étant subitement affaissée, il fallut la démolir. Herrera nous a transmis un précieux souvenir de cet ouvrage dans une pittoresque eau-forte qu'il a gravée lui-même à Séville. Cette curieuse pièce, que Palomino désigne par erreur comme gravée sur bois, est, avec une figure de saint Paul, également à l'eau-forte, l'une des raretés de son œuvre.

[1] M. Louis Viardot : *Les Musées d'Espagne.*

Les créations de Herrera produisirent en Andalousie une sensation profonde. Heurtée de front dans ses timides pratiques par les hardiesses de style et les vaillances d'exécution de ce génie prime-sautier, l'École se partagea en deux camps : Herrera eut ses détracteurs et ses enthousiastes. Bientôt son enseignement fut le plus recherché des jeunes artistes. Un moment, le nouveau chef d'école vit autour de lui, indépendamment de ses deux fils, Herrera *el Rubio* et Herrera *el Mozo* : Diego Velazquez, Francisco de

SAINT BASILE DICTANT SA DOCTRINE (Musée du Louvre).

Reina, Sebastian de Llanos, Iriarte et quelques autres disciples moins marquants. Mais la dureté de ses traitements, ses colères, ses brutalités les rebutèrent vite : l'un après l'autre ils disparurent de l'atelier, et Velazquez lui-même se vit contraint d'abandonner un maître dont le talent l'avait assez vigoureusement impressionné pour que son propre génie dût en garder l'ineffaçable empreinte.

Surchargé de commandes auxquelles sa prodigieuse activité suffisait à peine à satisfaire et privé d'élèves qui l'aidassent dans ses préparations, Herrera, disent ses biographes, en était réduit à faire barbouiller ses toiles par une vieille servante. Elle jetait les couleurs au hasard, les étendait à l'aide de torchons ou de balais, et, de ce chaos, le maître faisait rapidement sortir ses figures et ses draperies. Mais c'est certainement là de la légende : tous les ouvrages de l'artiste attestent au contraire que son exécution, parfois emportée et fiévreuse, n'est du moins jamais lâchée ; la liberté de sa brosse n'est pas de l'abandon, et jusque dans ses plus fougueuses ébauches, sa pâte, toujours solide et savante, ne permet point de supposer qu'il ait jamais eu recours à des procédés aussi abrupts et à de tels hasards de préparation.

Pour reconnaître dans Herrera le coloriste de grande race, serré, magistral et absolument complet, il n'est que d'étudier son *Saint Basile dictant sa doctrine*, à présent au Musée du Louvre et qui a fait partie de la galerie du maréchal Soult. « Jamais, dit T. Thoré, jamais le Caravage ni Ribera, ces deux grands « praticiens, n'ont eu une exécution plus ferme, un dessin plus arrêté, une couleur plus puissante [1]. »

Excellent graveur à l'eau-forte, Herrera voulut s'essayer dans la gravure des médailles. Ces travaux, qu'il enveloppait d'un certain mystère, faillirent lui devenir fatals. Dénoncé comme faux monnayeur, menacé des galères, Herrera, invoquant le droit d'asile, s'enfuit au couvent de San Hermenegildo, chez les Jésuites. Pour payer l'hospitalité des pères, l'artiste entreprit de décorer leur chapelle et peignit pour le maître-autel : *le Triomphe de San Hermenegildo*, l'une de ses plus majestueuses compositions. C'est à cet ouvrage qu'il dut de recouvrer sa liberté. Lorsque Philippe IV vint à Séville, en 1624, il visita le collége des Jésuites, admira ce tableau et demanda qui en était l'auteur. Herrera, amené devant le roi, se jeta à ses pieds implorant son pardon : « Qu'a-t-il besoin d'autres richesses, celui qui possède un tel talent, dit Philippe ; allez, vous êtes libre. »

Rendu à ses chères occupations, Herrera, dont le caractère s'était encore aigri pendant cette longue et pénible réclusion, devint chaque jour plus fantasque et plus farouche. Sa femme, à bout de patience, se sépara de lui ; sa fille prit aussitôt le voile, et enfin son plus jeune fils, le seul qui partageât encore ses travaux, s'enfuit en Italie en lui volant son argent. Quelques années plus tôt, Herrera *el Rubio*, l'aîné de ses enfants, déjà réputé pour son habileté à reproduire la nature morte et les petits sujets de genre, lui avait été enlevé, bien jeune encore, par une consomption. Vieilli dans les luttes, brisé par les chagrins domestiques, l'énergique artiste chercha l'oubli de ses maux dans un labeur incessant. Il peint dès lors avec une véritable fureur, sa main infatigable entasse œuvre sur œuvre : peintures monumentales, toiles de chevalet, portraits, nature morte, il traite indifféremment tous les genres et toujours avec une égale liberté et un égal succès.

En 1650, après avoir terminé divers tableaux pour des églises et des couvents, ainsi que quatre compositions considérables, commencées dès 1647 : *la Manne*, *le Frappement du Rocher*, *les Noces de Cana*, et *le Miracle des pains*, qui se trouvent au palais archiépiscopal de Séville, il partit pour Madrid. Malgré son grand âge, Herrera entreprit encore quelques travaux : deux tableaux pour la chartreuse du Paular, et un épisode de la vie de saint Raymond, pour le cloître des Mercenarios calzados, datent de son séjour à Madrid. Il y mourut en l'année 1656, âgé de près de quatre-vingts ans. On l'enterra dans l'église paroissiale de San Ginès. Dans son *Laurel de Apolo*, Lope de Vega a consacré, par un sonnet resté célèbre, la gloire de Herrera.

Les dessins de ce maître ont été, de tout temps, très-estimés dans l'École espagnole. Il les exécutait comme il peignait, avec une hardiesse et une *furia* incomparables : des roseaux grossièrement taillés, la plume, le bistre, le crayon, il maniait tout en maître, et chacun de ses croquis, marqué à l'égal de ses plus importants ouvrages au coin de sa forte originalité, témoigne de sa science et de la virilité de son imagination.

Héritier du caractère irascible et violent de son père, Herrera el Mozo n'en est plus, comme artiste, que l'imitateur impuissant. Il a pourtant ses qualités propres à côté de défauts insupportables ; coloriste habile, il manie savamment l'effet, et possède à un degré étonnant l'entente du clair-obscur.

Ses compositions présentent de la grâce, de la vivacité, mais elles manquent de sérénité et de grandeur. Cherche-t-il la force, l'audace ? on sent l'effort ; finalement il avorte et son style ne rencontre plus que le fracas et l'affectation. Ce qui chez Herrera le Vieux était exubérance et passion, n'est plus chez le fils qu'afféterie et maniérisme.

[1] T. Thoré : *Études sur la Peinture espagnole* : galerie du maréchal Soult. — *(Revue de Paris, 1835.)*

Herrera el Mozo commence dans les Écoles de Séville et de Madrid la série des décadents, successeurs trop immédiats des grands artistes qui avaient été la gloire de ces Écoles. Héritière des dehors mais non des inspirations de son aînée, cette génération, tristement habile, va chercher à élever à la hauteur du génie

TRIOMPHE DE SAINT HERMENEGILDE (Musée royal de Madrid).

absent ses dangereuses facilités de pratique et sa déplorable fécondité. Herrera le Vieux inspirait Velazquez; Herrera el Mozo devait aboutir à Luca *Fa presto*.

Herrera el Mozo était né à Séville en 1622. Ses premières études faisaient pressentir un vrai maître : c'est qu'aussi les rudes enseignements paternels ne lui permettaient guère de s'écarter des grands et austères modèles. Mais son séjour en Italie lui fit perdre ses précieuses qualités natives. A Rome, Herrera el Mozo étudia l'architecture, la perspective et la peinture à fresque. Malheureusement, le style tourmenté et les compositions théâtrales des Italiens dégénérés eurent plus de prise sur lui que les chefs-d'œuvre des vieux maîtres; Herrera s'engoua du maniérisme.

Dès qu'il apprit la mort de son père, il revint à Séville. Son premier ouvrage fut destiné à la chapelle du Saint-Sacrement, dans le *sagrario* de la cathédrale : c'est une de ses meilleures compositions ; elle a été gravée par Matias Arteaga et représente les *Docteurs de l'Église adorant le saint Sacrement et la Vierge*. Presque en même temps il entreprit pour la chapelle de Saint-François une autre grande toile : *Saint François s'élevant dans les cieux soutenu par des anges;* elle a été également gravée à l'eau-forte par Arteaga.

Lorsque, grâce à l'initiative et aux persévérants efforts de Murillo, les artistes de Séville établirent, en 1660, l'Académie publique de dessin, création que Valdès Leal et Herrera el Mozo tentèrent vainement de faire échouer, Murillo fut élu président et Herrera vice-président. Mais l'orgueilleux artiste ne pouvait s'accommoder de ne venir qu'au second rang, alors même que Murillo occupait le premier : il donna sa démission et quitta immédiatement Séville pour venir résider à Madrid. Peu de temps après son arrivée, il fut chargé d'exécuter, pour le maître-autel du couvent des Carmes-Déchaussés, un tableau, aujourd'hui catalogué sous le n° 531, au Musée royal de Madrid, et représentant *Saint Hermenegilde s'élevant aux cieux après son martyre,* le même qui est gravé dans cette notice.

Herrera déploya dans cet ouvrage toute sa science de coloriste et il obtint un immense succès. Sa vanité en fut très-exaltée et il lui échappa de dire publiquement « que son tableau eût mérité d'être mis en place au son des timbales et des clairons. » Telle était d'ailleurs sa modestie ordinaire lorsqu'il parlait de ses propres productions.

Aussitôt après le *Saint Hermenegilde*, Herrera peignit à fresque les voussures du chœur de San Felipe el Real, ouvrage qui grandit encore sa réputation et lui valut que Philippe IV lui fît confier la décoration de la coupole de Notre-Dame d'Atocha. L'artiste choisit pour sujet l'*Assomption de la Vierge*. Vers la partie la plus élevée de la coupole, il figura Marie portée par une gloire d'anges, et, en bas, dans l'anneau de la voûte, les apôtres appuyés à une balustrade peinte en trompe-l'œil. Cette fresque se détériora rapidement. Dès l'année 1690, Sebastian Muñoz et Isidoro Arredondo durent la restaurer ; ils s'aidèrent pour ce travail des esquisses mêmes de Herrera el Mozo. Quelques années après cette première restauration, Luca Giordano reçut de Charles II l'ordre de la reprendre à nouveau : il ajouta autour de la Vierge des groupes d'anges et de chérubins, et modifia quelques autres parties. Finalement, cette malheureuse fresque, tant de fois restaurée et qui avait coûté la vie à Sebastian Muñoz, tombé d'un échafaudage, a péri au commencement du dix-neuvième siècle.

Après avoir peint la coupole d'Atocha, Herrera reçut le titre de peintre du roi. La vogue dont il jouissait s'en accrut d'autant; les commandes lui arrivèrent de toute part, et le grand amiral de Castille mit le comble à cet engouement en lui demandant un tableau destiné à prendre place dans sa magnifique collection des meilleures œuvres de l'école.

Nommé fourrier du palais, Herrera fut encore appelé, après la mort de Gaspar de Peña, à lui succéder dans sa charge de grand maître des *obras reales*. Dès lors il délaissa la peinture pour ne plus s'occuper que du service de ses emplois et se consacrer à la surveillance des grandes constructions dont sa charge lui donnait la direction. En 1686, il allait à Saragosse dresser les plans du sanctuaire de Notre-Dame del Pilar, qui fut commencé sous ses yeux. Herrera, qui, durant son séjour à Rome, n'avait fait comme architecte que des études très-superficielles, donna, dans ces travaux, libre carrière à son extravagante fantaisie; aussi l'architecture, tombée dans une complète décadence depuis le règne de Philippe IV, atteignit-elle le comble du mauvais goût sous le nouveau grand maître.

Dans sa biographie de Herrera el Mozo, Cean Bermudez raconte quelques traits qui mettent en relief son caractère jaloux et son intraitable amour-propre. Envieux à l'excès, il se regardait lui-même comme une victime de l'envie. Tantôt, comme au bas de la coupole d'Atocha, il peignait un lézard rampant sur sa signature; tantôt, comme dans son tableau de *Saint Vincent Ferrer*, pour l'hôpital des Aragonais, il figurait un chien tenant dans sa gueule une machoire d'âne, ou bien encore c'étaient des rats rongeant le papier où se trouvait son nom : autant d'épigrammatiques allusions à l'adresse de ses émules, qui ne songeaient pas à nier son mérite, et que, cependant, il attaquait et critiquait lui-même sans pudeur ni convenance.

SAINT FRANÇOIS S'ELEVANT AUX CIEUX (Cathédrale de Séville).

Cette rageuse tournure d'esprit, Herrera l'avait en toute occasion. Chargé par un grand personnage, que Palomino dit être le comte-duc d'Olivarès, de lui choisir dans une vente les tableaux qui lui paraîtraient les meilleurs, Herrera fit ce qu'on désirait de lui. Mais il arriva justement que le personnage, ne tenant aucun compte du choix de l'artiste, acheta d'autres tableaux fort inférieurs. Herrera, au lieu d'en rire, prit tout de suite de l'humeur. Il saisit une toile, y figura un jardin rempli de fleurs et de fruits, et au milieu, un superbe singe cueillant un chardon, pour lui la fleur préférable. Herrera s'en allait fièrement présenter cette boutade emblématique à l'ignorant acheteur, lorsqu'un ami, le rencontrant, lui enleva le tableau et coupa court à l'aventure.

Francisco de Herrera el Mozo mourut à Madrid en 1685 ; il fut enterré dans l'église de San Pedro. Comme son père, il a gravé à l'eau-forte, et il y a de lui une pièce datée de 1671, très-spirituellement traitée, dans le livre où la Torre Farfan décrit les fêtes célébrées à Séville lors de la canonisation de saint Ferdinand.

Herrera n'a pas formé d'élève qui ait marqué dans l'histoire de l'art.

PAUL LEFORT.

RECHERCHES ET INDICATIONS

Palomino et Cean Bermudez ont décrit, à la suite des notices consacrées aux deux Herrera, les ouvrages qu'ils peignirent pour les couvents et les églises. Il ne nous reste donc pour compléter leurs indications qu'à donner la liste des tableaux de ces maîtres faisant partie aujourd'hui des musées d'Europe ou des galeries particulières :

MUSÉE ROYAL DE MADRID. — *Triomphe de saint Hermenegilde*, de Herrera el Mozo.

MUSÉE NATIONAL DU FOMENTO. — *Sainte Thérèse de Jésus; Sainte Anne et la Vierge; Sainte Juste, le cœur percé d'une flèche; Sainte Juste couronnée d'épines; Saint Nicolas de Tolentino; Saint Antoine de Padoue:* ces six toiles sont de Herrera el Mozo.

ACADÉMIE DE SAN FERNANDO. — *Le Miracle des pains et des poissons; Saint Pierre pleurant;* de Herrera le Vieux.

MUSÉE PROVINCIAL DE SÉVILLE. — Douze tableaux de Herrera le Vieux, pour la plupart figures de saints, grandeur nature et en buste. Les plus remarquables sont un *Saint Antoine*, un *Saint Grégoire* (cintré du haut), *Saint Diégo*, et deux compositions : *Saint Hermenegilde, saint Isidore et saint Léandre avec des anges*, et *le Sauveur avec saint Basile et les apôtres*.

Dans ce même musée, deux tableaux de Herrera el Mozo : *Sainte Anne et la Vierge*, et *Saint Ferdinand*.

MUSÉE DU LOUVRE. — *Saint Basile dictant sa doctrine*, de Herrera le Vieux. — Ce tableau a été acheté 12,000 francs, à la vente Soult.

MUSÉE DE ROUEN. — *Vision de saint Jérôme*. — Herrera le Vieux.

MUSÉE D'AVIGNON. — *Un Mendiant; la Pénitence de saint Pierre*. — Herrera le Vieux.

MUSÉE DE MUNICH. — *Mercure apparaissant à deux vieillards*. — Herrera el Mozo.

SAINT-PÉTERSBOURG. ERMITAGE. — *La sainte Vierge, sainte Catherine et sainte Marie-Madeleine avec un Dominicain*. — Herrera el Mozo.

AIX-LA-CHAPELLE. GALERIE SUERMONDT. — *Tête de vieillard*. — Herrera le Vieux.

L'ancienne galerie espagnole du Musée du Louvre renfermait treize tableaux de Herrera le Vieux et deux de Herrera el Mozo. De tous ces tableaux, vendus à Londres en 1853, aucun, que nous sachions du moins, n'est rentré en France. Quelques-uns cependant étaient d'excellents spécimens de la manière de ces deux maîtres. Voici quelles étaient les principales compositions qui ont fait partie de cette regrettable galerie espagnole, et les prix qu'elles ont atteints lors de la vente à Londres :

Par Herrera le Vieux. — *Le Miracle des cailles au désert*, 20 £. — *Job sur le fumier*, 6 £ 10. — *La Nativité*, 6 £ 10. — *Jésus portant sa croix*, 10 10. — *Apparition de sainte Catherine à une famille en prison*, 11 £. — *Saint Pierre en costume pontifical*, 11 £. — *Un Moine augustin, martyr*, 10 £ 10. — *Deux Mendiants*, 14 £. — *Deux Paysages*, 6 £ 20. — Musée Standish, *Incrédulité de saint Thomas*, 22 £.

Par Herrera el Mozo. — *L'Archange Raphaël*, 3 £ 15. — *L'Ange gardien*, 4 £ 10.

Musée Standish, *Apparition de la Vierge à des saints*, 4 £ 15.

Vente Soult (1852). Herrera le Vieux, *Saint Basile*, 12,000 fr. — Herrera el Mozo, *Miracle des pains*, 1,000 fr. — *Noces de Cana*, 2,450 fr.

PARIS. — IMPRIMERIE POITEVIN, RUE DAMIETTE, 2 ET 4.

École Espagnole *Sujets religieux, Portraits*

FRANCISCO PACHECO

NÉ VERS 1571. — MORT EN 1654.

Peintre, poëte, littérateur érudit, mais plus professeur que peintre et plus érudit qu'artiste, Francisco Pacheco doit sa célébrité moins à ses peintures qu'à ses écrits. Son livre de l'*Arte de la Pintura* est le monument de sa vie.

Homme de traditions, esprit froid et méthodique, Pacheco, dans ce traité, le meilleur qui ait été publié en Espagne, s'est montré écrivain didactique excellent, et c'est par là que l'*Arte de la Pintura* mérita de rester longtemps classique parmi les artistes. Mais tout autre est la partie philosophique de son livre : empreinte du mysticisme le plus étroit, elle n'est guère qu'aride et rebutante. Enragé d'orthodoxie, Pacheco ne veut rien laisser à l'inspiration du peintre. Il a des formules pour toutes les compositions sacrées, pour tous les sujets religieux, formules invariables, presque inquisitoriales, exclusives de toute liberté, de toute spontanéité. Chez Pacheco, le texte est tout, l'esprit n'est rien. L'attitude, l'expression, l'âge apparent, le costume qui conviennent aux personnages sacrés, il prétend les prescrire comme des questions de dogme, et, avec le sérieux d'un docteur scrutant des cas de conscience, il disserte jusque sur la couleur des vêtements des habitants du ciel. Pacheco est le théologien, le casuiste de la peinture.

Ses biographes ne sont d'accord ni sur la date, ni sur le lieu de sa naissance. Les uns, s'appuyant sur un passage de l'*Arte de la Pintura* où l'auteur dit qu'il avait soixante-dix ans lorsqu'il écrivait son livre, en déduisent, puisque le privilége d'impression est daté de 1641, qu'il dut naître autour de l'année 1571. D'autres supposent que cette date doit être fixée deux ou trois ans plus tard, dans l'hypothèse que pendant les huit années qui s'écoulèrent entre la permission d'imprimer et la publication du livre, Pacheco dut revoir et rectifier le passage relatif à son âge.

On le croit né à Séville, mais la preuve authentique, l'acte de baptême, n'a pu jusqu'ici être retrouvée. Comme sa famille était originaire de Jerez de la Frontera, on pourrait très-bien admettre que Pacheco aura été amené, dans sa très-grande jeunesse, de Jerez à Séville, où son oncle, le savant chanoine Francisco, demeurait déjà depuis de nombreuses années.

Le maître de Pacheco fut Luis Fernandez, ce peintre de *sargas* qui forma Herrera le Vieux et les deux frères Castillo. Un tableau représentant le *Christ portant sa croix*, daté de 1589, et qui naguère figurait encore dans la collection du chanoine Cepero, à Séville, paraît être le plus ancien ouvrage de Francisco. C'est évidemment un début et qui déjà contient en germe tous les défauts et toutes les qualités de l'artiste. Faiblement dessinée, sagement mais timidement peinte, cette composition, d'un coloris un peu sec, est tout à fait conçue dans les traditions de l'École romaine, que suivait et enseignait Luis Fernandez. Plus tard, Pacheco dessinera plus savamment, mais il se montrera toujours coloriste aussi pâle; et quant à ses compositions, où la recherche de la pondération est souvent poussée jusqu'à la puérilité, elles ne brilleront en aucun temps ni par la richesse, ni par l'originalité. Du reste, et de son vivant même, l'indigence de son coloris et la tournure tristement émaciée de ses figures lui valurent d'assez vives critiques. Témoin cette spirituelle épigramme rapportée par ses biographes et qu'on trouva écrite au bas d'un Christ nu qu'il avait exposé :

Quien os pusó asi Señor,
Tan desabrido y tan seco?
Vos me direis que el amor,
Mas yo digo que Pacheco.

« Qui vous a rendu, Seigneur, si blême et si sec? Vous me direz que c'est l'amour, moi je dis que c'est « Pacheco. »

L'*Arte de la Pintura* permet de suivre chronologiquement l'exécution des principaux ouvrages de Pacheco. Vers 1594, on le chargea de peindre cinq étendards royaux pour la flotte de la Nouvelle-Espagne. L'artiste nous décrit minutieusement dans son livre le procédé employé pour ce genre de peinture, les sujets exécutés et jusqu'à l'agencement de ces riches pavillons où se mêlaient le damas, la soie et l'or.

En 1598, Pacheco peignit à fresque une partie du catafalque élevé, dans la cathédrale de Séville, en l'honneur de Philippe II. L'année d'après, il signait et datait deux tableaux représentant *Saint Antoine* et *Saint François* qui allaient prendre place dans un couvent de Lora del Rio.

En 1603, il peignit, à la détrempe et sur toile, diverses compositions empruntées à l'histoire de Dédale et d'Icare qui formèrent la décoration du cabinet de son protecteur et ami D. Fernand Henriquez de Ribera, duc d'Alcala. Ce travail fit beaucoup d'honneur à Pacheco, qui sut faire preuve d'habileté dans le dessin de ses figures, présentant presque toutes des raccourcis pleins de hardiesse. Cespedès, qui se trouvait alors à Séville, vit ces peintures et loua chaudement l'artiste.

Désireux d'étudier les œuvres des grands maîtres, que Charles-Quint et Philippe II avaient réunies à l'envi dans leurs royales demeures, Pacheco quitta Séville en l'année 1611, et visita successivement Madrid, l'Escorial et Tolède. C'est dans ce voyage qu'il connut le Greco, dont la fougueuse et bizarre manière, si éloignée de ses propres errements, motiva entre les deux peintres les curieuses discussions esthétiques que Pacheco a soigneusement rapportées dans son *Art de la Peinture*.

Ce voyage exerça sur le talent de Pacheco une influence considérable. De retour dans sa patrie, et préoccupé des qualités de style et de coloris qui l'avaient le plus frappé, il s'appliqua avec une louable énergie à donner quelque ampleur à sa propre manière. Mais si ses efforts n'aboutirent pas à un succès complet, il y eut progrès : le froid et sévère Pacheco donna dès lors plus de vivacité à ses personnages ; il anima davantage ses compositions, en disposa les masses avec plus de liberté, et sa touche, sans atteindre à la puissance de Herrera et de Roëlas, sut communiquer à ses figures plus de relief et de vie.

C'est dans ces conditions nouvelles qu'il termina, en 1614, pour le couvent de Santa Isabel, le grand tableau du *Jugement dernier*, son œuvre principale, gravée dans cette notice.

Ce fut également après son retour de Madrid que Pacheco ouvrit un enseignement régulier bientôt suivi par un groupe nombreux d'élèves et d'amateurs. Alonso Cano, d'abord élève de Juan del Castillo, et

E. BOCOURT, D. F. PACHECO, PINX. DELANGLE, SC.

LE JUGEMENT DERNIER.

Velazquez, qui n'avait pu supporter les rudesses et les emportements de Herrera le Vieux, vinrent continuer leur éducation artistique auprès de Pacheco. Mais, ses timides pratiques ne devaient pas satisfaire longtemps les aspirations des deux brillants disciples. Aussi, Alonso Cano ne fit-il que traverser l'atelier, et

Velazquez abandonna vite le bagage scolastique et les creuses théories du maître, pour demander à la nature, à la vie elle-même des inspirations qui répondissent mieux à ses merveilleux instincts.

L'atelier de Pacheco, fréquenté par tous les beaux esprits de Séville, devint alors une sorte d'académie. Artistes, poëtes, littérateurs, savants, orateurs sacrés tinrent à honneur d'y être reçus. Cette maison, selon l'expression de Palomino, était « la prison dorée de l'art. » C'est à ces circonstances que Pacheco dut de pouvoir entreprendre une collection de portraits d'un intérêt immense. Tous les hommes de mérite qui le visitèrent posèrent tour à tour devant l'artiste, qui put bientôt réunir plus de trois cents de ces précieux portraits, exécutés tantôt à l'huile, tantôt à la miniature, ou bien encore aux crayons rouge et noir, comme on les rencontre dans le manuscrit resté inédit qu'il a intitulé : *Libro de verdaderos Retratos de illustres y memorables varones.*

En 1618, Pacheco fut commissionné par l'Inquisition pour veiller au maintien de l'orthodoxie et de la décence dans les peintures sacrées. Cette même année, il mariait sa fille, doña Juana, à Diego Velazquez, dont la haute et rapide fortune allait faire rejaillir jusque sur le nom de Pacheco une nouvelle illustration.

A la suite d'une première excursion à Madrid, Velazquez, rappelé en 1623 à la cour, par le tout-puissant premier ministre, le comte-duc d'Olivarès, y arriva accompagné de Pacheco, qui fut ainsi témoin des débuts de son gendre et des brillants honneurs, dont le combla Philippe IV. Durant ce second séjour à Madrid, qui dura deux années, Pacheco ne peignit que quelques tableaux de fruits et de fleurs pour son ami Francisco de Rioja; il coloria aussi, pour la comtesse d'Olivarès, les chairs et les étoffes d'une statue de la Vierge, spécialité dans laquelle l'artiste s'était depuis longtemps acquis une grande réputation d'habileté en peignant les sculptures du célèbre Juan Martinez Montañes, son compatriote.

Les goûts modestes de Pacheco, le désir de reprendre sa vie paisible, le ramenèrent à Séville où il s'occupa de publier divers écrits, les uns relatifs à l'art, d'autres à des questions théologiques ; enfin, en 1649, il fit paraître son *Arte de la Pintura*, dont le manuscrit, au dire de Cean Bermudez, était terminé depuis l'année 1638. Cinq ans après l'apparition de son livre, Pacheco mourut à Séville laissant le renom d'un homme de bien et très-regretté des artistes, dont il avait toujours défendu avec zèle les prérogatives.

PAUL LEFORT.

RECHERCHES ET INDICATIONS

On trouvera dans Cean Bermudez le catalogue à peu près complet des peintures que Pacheco exécuta pour les couvents et les églises d'Andalousie. Voici la liste de ceux de ces ouvrages qui appartiennent à des musées ou à des collections particulières :

SÉVILLE. — Musée provincial : *Saint-Pierre Nolasco.* — *La Vierge apparaissant à saint Raymond.* — *Saint Pierre Nolasco au milieu des captifs.*— Une *Conception*.— *Portraits de personnages inconnus.* — Collection du chanoine Cepero: *Le Christ portant sa croix.*

MADRID. — Musée royal : *Saint Jean l'Evangéliste.* — *Saint Jean-Baptiste.* — *Sainte Catherine.* — *Sainte Inès.* — Académie de San Fernando : *Le Songe de saint Joseph.* — Collection Madrazo : *Saint François, la Vierge et deux donataires.*

L'ancienne galerie espagnole du Musée du Louvre possédait trois tableaux de Pacheco, vendus à Londres, en 1853 : *Une Sainte Famille*, 26 £. — *La Vierge et l'Enfant*, 21 £. — Le *Portrait de Pacheco*, mentionné au livret du Louvre, ne figure pas dans la vente.

FRANCISCVS PACHECVS

PARIS. — IMPRIMERIE POITEVIN, RUE DAMIETTE, 2 ET 4.

École Espagnole. *Sujets religieux, Portraits.*

LUIS TRISTAN

NÉ VERS 1586. — MORT EN 1640

Tous les amateurs de peinture qui ont visité le Musée de Madrid ont été émerveillés d'un grand *Christ en croix*, peint par Velazquez (nº 51 du Catalogue), dans un style sévère et terrible. Le crucifié se modèle énergiquement, comme un marbre pâle, sur les ténèbres du fond. La tête est douloureusement infléchie sur la poitrine, et du front tombe une longue mèche de cheveux noirs qui raye le visage. C'est superbe! Quelque chose de shakespearien.

Pour reconnaître Velazquez dans cette œuvre étrange et sublime, il faut être très-initié à la *chronologie* de son talent. Car il a eu, comme la plupart des maîtres, diverses manières successives. Eh bien! son *Christ* de Madrid procède de Luis Tristan.

Au château du marquis de Salamanca, Vista Alegre, près Madrid, on admire aussi un petit *Crucifix* qu'on prendrait pour la première pensée du grand *Christ* de Velazquez. Un chef-d'œuvre également, et qui est de Tristan.

Après Pacheco et Herrera, Luis Tristan peut donc compter comme un des maîtres de Velazquez. Cette influence de l'artiste tolédain sur le grand peintre de Philippe IV est signalée par tous les biographes et critiques : « Pour la correction du dessin, dit Cean Bermudez, pour le charme du coloris, pour la vérité et la clarté de ses compositions, et pour bien d'autres qualités de son style, Luis Tristan mérita que Velazquez le choisît pour modèle, de préférence à tant d'autres peintres espagnols ou italiens, et cela seul est le plus grand éloge qu'on puisse faire de Tristan. » — « De tous les peintres dont les œuvres passèrent alors sous les yeux de Velazquez (pendant qu'il étudiait encore à Séville), dit M. William Stirling, ce fut Luis Tristan de Tolède qui produisit sur lui l'impression la plus vive. Disciple favori du Greco, Tristan s'était formé pour lui-même un style où les tons sobres des artistes castillans se mêlaient avec le coloris plus éclatant des Vénitiens... Ses œuvres ont pu apprendre à Velazquez à ajouter à sa palette quelques teintes brillantes qu'il appliquait sur sa toile, avec une touche encore plus magique et plus habile... Velazquez reconnut constamment les obligations qu'il avait à Tristan, et il n'en parla jamais qu'avec un enthousiasme chaleureux... » — « Tristan, dit M. Richard Cumberland, eut l'honneur d'être imité par le célèbre Velazquez, qui se déclara son admirateur, et, abandonnant les préceptes de Pacheco, se réforma d'après le style et la manière de Luis Tristan. » — « S'il fallait choisir parmi les différents peintres sortis de l'École de Tolède, dit M. Louis Viardot, c'est à Luis Tristan que nous donnerions, sans hésiter, la préférence, et nous n'aurions, pour la justifier, qu'à citer l'exemple de Velazquez, qui changea sa première manière, dure et sèche, pour adopter ce large et grand style qu'il ne quitta plus, dès qu'il eut vu les œuvres du maître tolédain... » — « Si les œuvres de Tristan ne suffisaient pas à sa célébrité, dit M. Adolphe Siret, le titre de maître de Velazquez rendrait sa gloire assez belle. »

Heureusement, les œuvres de Tristan, bien que très-rares, lui assureraient un rang distingué à son époque et dans son École, quand même son nom ne serait pas indissolublement annexé à l'histoire de Velazquez.

J'avouerai encore ici que je ne sais parler d'un peintre qu'après avoir vu et étudié sa peinture dans des exemplaires significatifs. De Tristan, j'ai vu, entre autres, trois tableaux qui marqueraient dans des collections bien choisies : le *Saint Jérôme*, de l'Académie de Madrid; le *Crucifix*, de Vista Alegre, et un *Moine* dans sa grotte, qui faisait partie de la galerie Urzaiz, à Madrid; figure entière, de grandeur naturelle, avec une belle signature, en toutes lettres. Le *Saint Jérôme* de l'Académie de Madrid, dont nous donnons la gravure, rappelle aussi, on le voit, les compositions analogues du Titien, mais avec plus d'emportement. On sent que Velazquez a pris de cette peinture la touche libre et la gamme lumineuse du coloris. Car, par Tristan, c'est le génie vénitien qui passa en Velazquez : tons d'argent et franchise d'exécution.

Greco avait été l'importateur en Espagne des procédés de l'École vénitienne. Tristan fut en quelque sorte le *medium* entre Greco et Velazquez. Son portrait de *Vieillard tenant dans la main droite un bâton* (Musée de Madrid, n° 1865), continue le Greco et fait pressentir Velazquez. C'est le seul tableau de Tristan qu'il y ait au Musée de Madrid. Mais on admire encore plusieurs de ses peintures à Tolède, et peut-être aussi dans quelques autres villes de la Castille.

Luis Tristan naquit dans un village voisin de Tolède, vers 1586. Le Greco, qui était venu habiter Tolède dès 1577, y faisait beaucoup de bruit, par son talent et aussi par son caractère. C'est chez lui qu'entra le jeune Tristan pour apprendre le métier de peintre, et tout de suite il devint l'élève affectionné du vaillant maître. On peut lire, dans la biographie du Greco[1], par M. Lefort, l'anecdote déjà racontée par Palomino, Cean Bermudez, Cumberland, Louis Viardot : Le Greco avait cédé à son condisciple la commande d'une *Cène* pour le couvent de la Sisla, hors les murs de Tolède, et ce *muchacho* de Tristan fit une merveille, dont les moines lui contestaient le prix, sous prétexte de son extrême jeunesse. Le Greco intervint, et finalement les moines, pour garder le tableau, durent payer 500 ducats, au lieu de 200.

A l'âge de trente ans, vers 1616, Tristan exécutait les peintures de Yepes, ses chefs-d'œuvre, suivant Cean Bermudez : la *Naissance*, l'*Adoration des Mages*, le *Christ à la colonne*, la *Mise en croix*, la

[1] *Histoire des Peintres*, etc., n° 490 de la publication, n° 12 de l'École espagnole.

Résurrection, l'*Ascension* et diverses figures de saints. En 1619, il faisait le portrait de l'archevêque de Tolède, cardinal don Bernardo de Sandoval, pour la salle capitulaire de la cathédrale. Vers le même temps, il peignait aussi le grand poëte Lope de Vega, portrait conservé au Musée de l'Ermitage, à Saint-Pétersbourg (nº 413 du Catalogue), et provenant de la collection Coesveldt. Certains portraits attribués au Greco et disséminés dans des collections particulières pourraient bien être de Tristan, à l'époque où il collaborait, pour ainsi dire, avec son maître.

SAINT JÉROME (Académie de Madrid).

Cean Bermudez signale encore, comme des œuvres excellentes de Tristan, deux grandes compositions : un *Miracle de Moïse* et une *Dispute du petit Jésus avec les Docteurs,* appartenant, vers la fin du dix-huitième siècle, à deux amateurs de Madrid; lui-même, Bermudez, possédait aussi un tableau de Tristan, daté 1626, la *Trinité,* avec figures de grandeur naturelle.

Tristan doit avoir beaucoup travaillé, à en juger par le catalogue de ses œuvres ornant les églises et les couvents de Tolède, de Madrid et d'autres villes, à l'époque où Bermudez publia son *Dictionnaire biographique.* Et cependant, il n'a pas vécu très-vieux : suivant son ami don Lazaro Diaz del Valle, la date de sa mort est 1640, et non 1649, date hasardée par Palomino.

En 1640, il y avait déjà quinze ans que le Greco était mort. Velazquez était alors dans toute sa puissance. Le jeune Murillo n'avait pas encore fait son voyage à Madrid.

Tristan est donc une sorte de précurseur dans la brillante École espagnole du dix-septième siècle. Il n'avait pas été, comme tant d'autres à la fin du dix-septième siècle, dénaturer en Italie son caractère national. Mais, par chance, grâce au Greco, il avait pu s'assimiler les pratiques habiles des Vénitiens, sans subir les dangereuses théories des Écoles romaine et bolonaise. Ses aînés, les peintres espagnols du seizième siècle, n'avaient été, en général, que des pseudo-italiens : — par exemple l'illustre Juan de Joanès, un sectateur de Raphaël; par exemple Francisco Ribalta, un imitateur des Carrache. Luis Tristan conserve pur le tempérament de son pays. S'il ne compte pas en première ligne dans l'histoire de son École, du moins il est national, même avec ses accents de couleur vénitienne, et surtout, il faut le répéter, son nom est ineffaçable de la tradition espagnole, dans le cercle où rayonne le grand Velazquez.

W. BÜRGER.

RECHERCHES ET INDICATIONS.

Il peut toujours être utile de reproduire la liste des œuvres que Cean Bermudez donne à la fin de ses biographies. Depuis le commencement de notre siècle, presque tous ces tableaux ont été dispersés, par suite des guerres, de la fermeture des couvents, et d'autres aventures; mais il en reste dans les églises encore consacrées au culte, et l'indication de ceux qui ont disparu peut aider à les retrouver. Je crois même qu'on en retrouve une partie dans les célèbres galeries de Soult et d'Aguado, et dans l'ancien Musée espagnol de Louis-Philippe. A la vérité, ces trois collections ont aussi été dispersées, mais on peut savoir à peu près où les tableaux ont passé après la vente publique.

Voici le Catalogue de Bermudez :

A Tolède. — *Cathédrale :* Un *Saint Antoine*, abbé; un excellent *Crucifix*, dans la sacristie, et le Portrait de l'archevêque de Sandoval, dans la salle Capitulaire. — *Santa Clara :* Quelques tableaux du grand-autel, parmi ceux du Greco. — *S. Roman :* Un tableau dans le portique de l'église. — *Hospital del Refugio,* joint à *S. Nicolas :* Un tableau sur la porte de l'établissement. — *S. Pedro martir :* Le célèbre tableau représentant *Saint Louis,* roi de France, donnant l'aumône aux pauvres, placé dans un des angles du cloître. — Aux *Capucins :* On lui attribue le tableau des *Douze Apôtres*, figures de grandeur naturelle, dans la sacristie. — *S. Bartolome de Sonsoles :* La *Décollation de saint Jean-Baptiste,* peinte avec une grande force de clair-obscur. — *Couvent des Nonnes de la Reine :* Les quatre toiles du grand-autel, représentant la *Naissance*, l'*Épiphanie*, la *Résurrection* et la *Descente de l'Esprit-Saint.* — La *Trinité :* Un *Christ à la colonne*, près de la porte de l'église. — *Couvent de la Sisla :* La *Cène* (à laquelle se rapporte l'anecdote où figure le Greco), placée dans le réfectoire, et un tableau dans la cellule du prieur.

A Uclès. — *Couvent de Santiago :* Quelques grands tableaux dans l'intérieur de l'église.

A Cuerva. — *Église paroissiale :* Des tableaux dans une chapelle.

A Yepes. — *Église paroissiale :* Au grand-autel, le *Christ à la colonne*, la *Mise en croix*, la *Résurrection* et l'*Ascension*, et autres tableaux avec figures de saints, à mi-corps.

A Madrid. — Aux *Carmes-Chaussés :* Dans la chapelle attenant à celle de la Conception, un *Saint Damas* et un *Saint Jérôme*. — Aux *Carmes-Déchaussés :* Deux *Apôtres* et un *Saint Jérôme*.

Nous avons dit que le Musée de Madrid n'avait qu'un tableau de Tristan : le *Portrait de Vieillard*, en buste, n° 1865.

A l'Académie royale de Madrid. — Le beau *Saint Jérôme* gravé ci-contre.

A Vista Alegre, château de M. Salamanca : Le *Crucifix* qui ressemble à celui de Velazquez; il provient de la collection Altamira. M. Lefort en possède un dessin par Tristan.

Au Musée de l'Ermitage, à Saint-Pétersbourg. — Le portrait de Lope de Vega, provenant de la collection Coesveldt. M. Waagen, dans son livre sur le Musée de l'Ermitage, en critique le dessin et il doute que ce portrait soit de Tristan, « d'un maître si renommé. »

Ancienne galerie Urzaiz, à Madrid : Le *Moine* dans sa grotte.

Ancienne collection Aguado, vente à Paris, 1843 : Le *Christ à la colonne*, cinq figures (serait-ce le tableau de la *Trinité* de Tolède ou celui de la Paroisse de Yepes?); *la Vierge et l'enfant Jésus*, sur des nuages.

Ancien Musée espagnol de Louis-Philippe : *Adoration des Bergers* et *Adoration des Mages*, pendants, de même dimension, 2,27 sur 1,10; et quatre pendants, de 1,66 sur 10,02 : l'*Adoration des Mages*, la *Descente du Saint-Esprit*, le *Christ en croix* et la *Résurrection*. Seraient-ce les tableaux du couvent des Nonnes de la Reine? Ces six tableaux ont été achetés par des Anglais, à la vente publique à Londres.

PARIS. — IMPRIMERIE POITEVIN, RUE DAMIETTE, 2 ET 4.

École Italienne — *Histoire Sainte*

Espagnole

JOSEPH RIBERA (DIT L'ESPAGNOLET)

NÉ EN 1588. — MORT EN 1656.

ÉCOLE Napolitaine.

Il est remarquable que tous les peintres de la *manière forte* eurent une vie tourmentée, romanesque, remplie d'orages, de drames et de malheurs. Le Caravage, Salvator Rosa, Correnzio, Fracanzani furent tour à tour artistes, conspirateurs, brigands; ils vécurent entre la gloire et le gibet. L'existence de Ribera, surtout, fut un long contraste de splendeur et de misère, d'ombre noire et de lumière éclatante, comme sa peinture. Ce magnifique personnage qui ne se montrait dans Naples qu'en carrosse, et dont le palais servait de rendez-vous à la plus haute noblesse castillane, on l'avait vu jadis arriver d'Espagne pauvre et nu, dit Bermudez, *pobre y desnudo*[1]. Lui, l'opulent seigneur dont la femme était toujours suivie d'un écuyer qui l'aidait à monter en chaise ou portait la queue de sa longue robe, il avait eu longtemps pour toute nourriture les restes de pain que ses condisciples lui abandonnaient, et c'était au sein même de ce profond dénûment qu'il avait étudié la peinture et dessiné les statues antiques.

[1] Cean Bermudez, *Diccionario de los mas ilustres profesores*... Madrid, 1800.

Il était alors si chétif et si peu de chose qu'on lui donna le surnom de *l'Espagnolet*. Comme les Romains, les Espagnols sont petits de taille; du temps de Ribera, ils étaient, comme les Romains, les maîtres du monde : aussi accusait-on le peintre d'avoir usurpé le titre d'Espagnol, si glorieux à cette époque où les derniers jours du *siècle d'or* luisaient encore sur le royaume de Charles-Quint. Il faut que Ribera ait été un homme bien fier, bien superbe, pour qu'on l'ait jugé capable de s'attribuer une origine d'apparat, et il n'y avait guère qu'un véritable Espagnol qui pût être soupçonné de cette hautaine revendication d'une fausse patrie. Du reste, ce sont deux biographes napolitains, Bernardo de Dominici et Paolo de Matteis, qui font naître Ribera à Gallipoli, dans le royaume de Naples, en 1593; mais en cela ils ont commis une double erreur, comme le prouve un extrait de baptême relevé par Bermudez, constatant que Ribera est né le 12 janvier 1580, à Xativa, dans le royaume de Valence, de Luis Ribera et de Margarita Gil.

Ce fut à Valence, dans l'école illustrée par les deux Juan de Joanès, que Ribera reçut les premières leçons de peinture de Francisco Ribalta, un des maîtres de cette école, la plus renommée alors de l'Espagne. Mais la manière finie du Ribalta, qui s'était formé à Rome et joignait aux enseignements des Carrache une trop soigneuse imitation de Raphaël, ne retint pas longtemps Ribera. Rien de ce qui était froid ou sage ne pouvait captiver un enfant déjà travaillé par le secret pressentiment d'une peinture plus virile et qui dans son art croyait deviner toute une source d'émotions inattendues et fortes.

Donner du relief aux figures au moyen des noirs les plus épais, étonner les yeux par l'étalage de chairs palpitantes et déchirées, offrir à la multitude le simulacre des exécutions les plus horribles, mettre en scène des bourreaux à l'œuvre et des victimes hurlantes, ne choisir enfin, dans la Mythologie, que des Ixion, des Prométhée, des Tantale; dans l'Histoire Sacrée, que des saint Barthélemy et des saint Laurent, c'est-à-dire des êtres humains torturés, écorchés, dépecés, roués, brûlés vifs, voilà ce qui convenait à un artiste qui semblait né pour être le peintre par excellence des hautes œuvres de la sainte Inquisition.

Ribera était fort pauvre et tout à fait enfant (*todavia muchacho*) lorsqu'il partit de Valence pour aller en Italie. Toutefois ni la mobilité de la jeunesse ni les conseils de la pauvreté ne changèrent son humeur; il conserva sa fierté naturelle en dépit de la misère et son goût pour les sujets horribles en présence des sereines compositions de Raphaël. S'il faut en croire l'historien Dominici, qui écrivait en 1742, soixante ans environ avant Bermudez, c'est à Naples, et non à Rome, que Ribera fut présenté par son père à Michel-Ange de Caravage, dont les leçons étaient si conformes au tempérament de l'Espagnolet. Il débuta dans l'atelier de ce terrible maître par étudier des têtes d'apôtres, des demi-figures de vieillards, et déjà il se plaisait à les peindre marquées de tous les signes de la caducité; il écrivait chaque muscle avec une précision affectée, mais étonnante; il accusait à plaisir la dureté et le poli des os, la présence des tendons, la moindre cicatrice de quelque ancienne blessure et les phalanges des doigts de la main avec leurs rides les plus profondes, rides de marbre — comme les appelait un jour notre sculpteur David — telles que les creuse la vie, non pas dans les carnations molles et tombantes, mais dans ces peaux fermes, épaisses et basanées dont se recouvre un corps robuste qui lutte encore contre la dernière décrépitude.

L'artiste qui poursuivait avec tant de passion le rendu de la nature avait à peine dix-sept ans; néanmoins les prédilections de l'Espagnolet étaient alors tellement décidées, qu'étant à Rome il y étudia sans se modifier et sans profit[1] les œuvres de Raphaël. Le profond dénuement où il vivait à Rome n'ôtait rien à son ardeur pour le travail, et souvent on le rencontrait dessinant dans les rues, au soleil. Un jour qu'il était occupé à dessiner ainsi, un cardinal venant à passer remarqua l'extrême application du peintre adolescent, sa pauvreté, sa petite taille, et à travers ses guenilles il crut voir percer non-seulement l'orgueil, mais le génie. Il s'approcha et offrit à Ribera un asile dans son palais. Cependant l'Espagnolet n'eut pas plutôt accepté qu'il commença de s'en repentir. Le séjour d'une antichambre l'humiliait et l'attrista, car il aimait la servitude pour l'imposer, non pour la subir. Il s'enfuit donc secrètement du palais, sans même remercier la charitable Éminence, et il retourna gaîment à la misère, à la peinture et à la liberté.

[1] *Con poco profitto*, dit Paolo de Matteis, *Notizie di alcuni pitt. napolit.* — Dominici en a fait des citations fréquentes.

Qui le croirait? Le seul maître qui, après le Caravage, ait exercé une passagère influence sur Ribera, ce fut le Corrége! Lors d'un voyage qu'il fit à Parme, l'Espagnolet se laissa gagner un instant par le peintre de la grâce. Sa nature sauvage ne put se défendre de l'émotion qu'éveillent doucement dans l'âme les compositions de cet heureux génie. Mais n'est-ce pas un étrange rapprochement que le Corrége admiré par Ribera! Celui-ci, voyant la création tout en noir, assombrira la virginité, vieillira la nature, attristera jusqu'à la jeunesse et ne

SAINT JÉRÔME

saura peindre la joie qu'en lui donnant une expression féroce sur le visage épanoui du bourreau. L'autre, au contraire, fait aimer le soleil, l'amour et la vie; il empâte grassement les chairs, il donne aux corps de la rondeur au moyen d'ombres transparentes, et nous les montre endormis sous une lumière tempérée, ou se jouant dans la coupole de Parme, au sein de l'atmosphère lumineuse qui a remplacé les pierres de l'édifice.

Ribera fut séduit, il fit plusieurs copies du Corrége, et de retour à Naples, il étonna tous les professeurs en exécutant dans cette manière claire le tableau de *Sainte Marie la Blanche* destiné à l'église des Incurables; mais les circonstances, la gêne, et par-dessus tout l'inclination naturelle ramenèrent bientôt l'Espagnolet dans la voie du Caravage. Le père de Ribera, qui était officier en garnison à Naples, venait de mourir, ne laissant à sa famille d'autre ressource qu'une pension trop modique et le talent de Joseph. Naples regorgeait alors de peintres accrédités : Santafede, Girolamo Imparato, Battistelo Carracciuolo, renommé pour les fresques, et le cavalier Massimo Stanzioni qui brillait dans un style emprunté au Guide et aux Carrache. Ils avaient deviné dans Ribera un rival redoutable : ils lui firent donner le conseil de retourner à la simple imitation de la nature, de prendre son rang dans la bruyante manière caravagesque, *strepitosa maniera*. C'était lui conseiller ses triomphes.

Déjà, du reste, le fier Espagnol était passé de l'obscurité à la lumière, de la détresse à l'opulence, par son mariage avec la fille d'un riche marchand de tableaux établi à Naples, proche le palais du vice-roi. Un certain jour, comme il avait mis à sécher en dehors de son atelier une toile représentant le *Martyre de saint Barthélemy* [1] — celui-là même qu'il a gravé depuis à l'eau forte, et dont une savante reproduction accompagne ce texte — il arriva que les passants, saisis par l'imprévu de ce spectacle, s'attroupèrent, et, après quelques moments de stupeur, poussèrent des cris d'admiration et d'épouvante. Ils se montraient l'un à l'autre le couteau que serre entre ses dents l'un des exécuteurs et le derme sanglant du supplicié; ils étaient touchés de la sérénité du saint et regardaient cette couronne qu'une main divine tient suspendue dans les airs. Quant aux connaisseurs, ils pouvaient déjà remarquer la plénitude d'un talent qui mêlait maintenant à la fierté caravagesque la belle pâte, la *pastosità* du Corrége; ils s'émerveillaient tout haut de ce que le peintre, apportant dans son exécution une sorte d'exactitude chirurgicale, fouillant les chairs avec son pinceau comme avec un scalpel, fût parvenu à un tel degré d'effrayante imitation que sa peinture le disputait à la réalité même. Les clameurs de la foule arrivèrent jusqu'au vice-roi de Naples, don Pedro Giron, duc d'Ossuna, qui voyant l'émeute du balcon de son palais et apprenant la cause de ce tumulte, envoya des sbires avec ordre de lui amener le peintre. Ribera triomphait. Le peuple, seul prince devant lequel il s'inclinât, lui avait décerné ses titres par acclamations. En présence du vice-roi, il fit valoir avec un habile orgueil sa qualité d'Espagnol, et fut si bien accueilli que le duc d'Ossuna voulut acheter le tableau et nomma son compatriote peintre de la cour, avec une pension de soixante doublons par mois [2].

Il n'en fallait pas tant pour exalter l'intraitable orgueil de l'Espagnolet. Créé par le pape chevalier du Christ, Don Jose de Ribera se voyait dans Naples à la première place, et il entendait s'y maintenir, fût-ce par la violence. Autour de lui se rangèrent nombre de disciples. Deux peintres médiocres, Bélisaire Carracciuolo et Correnzio, organisèrent, pour servir les prétentions de Ribera à un odieux monopole, une conjuration d'artiste, une de ces *fazzione* que nous retrouverons plus tard au service de l'héroïque révolte de Masaniello, mais qui alors n'avait d'autre but que d'expulser de Naples tout peintre non enrôlé dans la cabale armée de l'Espagnolet. L'appui tacite du vice-roi encourageant l'insolence des conjurés, les deux chefs, Correnzio et Carracciuolo, étaient résolus à soutenir cette dictature d'un nouveau genre en coupe-jarrets effrontés et redoutables. L'occasion se présenta.

Dans la cathédrale de Naples, dédiée à saint Janvier, se trouvait la magnifique chapelle vulgairement appelée le *Trésor*. Les plus fameux peintres de l'Italie aspiraient à l'honneur de décorer cette chapelle, et le choix des délégués du vice-roi était tombé sur le Guide; mais déjà les partisans de l'Espagnolet avaient juré qu'un si beau travail n'appartiendrait pas à d'autres qu'à eux-mêmes. Ribera, qui ne sut jamais peindre ni à fresque ni en détrempe [3], voulut bien abandonner la coupole à Bélisaire Carracciuolo, en se réservant les grands panneaux qui devaient se peindre dans les chapelles et les petits autels adossés aux piliers de la coupole; à peine le Guide est-il arrivé à Naples, accompagné de son élève, Francesco Gessi, qu'ils se voient l'un et l'autre entourés de visages sinistres. Un soir, Le Guide apprend que son domestique, assailli à sa porte par un inconnu, vient d'être laissé pour mort sur la place; depuis ce moment, il croit entrevoir dans une ombre menaçante toute une ligue d'ennemis conjurés à sa perte : il s'enfuit épouvanté.

La jalousie, mais une jalousie noire, mauresque, possédait l'âme de Ribera, et suffirait certainement à expliquer les amers dégoûts, les déplaisirs mortels dont il abreuva le Dominiquin, quand il le vit venir à Naples

[1] *Para que la riesen*, ajoute malignement l'auteur espagnol, *pour qu'on la vît*.

[2] Bernardo de Dominici, *Vitta di Giuseppe de Ribera*, tome II, p. 3. Cean Bermudez, *ubi suprà*, tome IV, p. 187.

[3] *Non dipense giammai a fresco ne a colla*. Dominici, tome II, p. 7.

pour reprendre la tâche abandonnée par le Guide. Et pourtant, si l'on veut être juste, on conçoit aisément qu'un peintre qui aimait à exciter l'étonnement et la terreur, ait éprouvé peu de sympathie pour la manière du Dominiquin. Autant Zampieri paraissait dédaigner l'excellence du procédé, les violents effets du clair-obscur, et, puisqu'il faut le dire, toutes les parties de l'art qui lui manquaient, autant Ribera devait professer de

MARTYRE DE SAINT BARTHÉLEMY.

mépris pour quiconque n'était pas initié à la magie des illusions, ne savait pas manier le pinceau, empâter sa toile, faire avancer les objets, rehausser adroitement les clairs.

Étrange peintre que ce Ribera! Si l'on aperçoit à distance un de ses tableaux, quoique les formes y soient très-accusées, très-saillantes, quoique les contours y soient le plus souvent arrêtés avec sécheresse, on ne distingue pas facilement les objets qui le composent. A voir de loin ces grands partis d'ombre forte et de clairs brillants, on s'attendrait plutôt à la représentation d'un songe qu'à la peinture d'une action réelle. Çà et là, une lumière isolée, perçant la profonde obscurité du fond, prête à la composition une apparence fantastique, et l'on a d'autant plus de peine à reconnaître dans ce tableau éloigné la présence du corps humain, que les postures y sont extraordinaires, sinon forcées, les lignes anguleuses et bizarres, les contorsions violentes. Mais si le spectateur s'approche de la toile de Ribera, il a tout à coup devant les yeux des figures pleines de vie, quelque scène empruntée aux tragédies de la place publique, des masques vulgaires, des carnations palpables à force de vérité, tous les accidents d'une peau ridée où serpentent des veines sensibles, où sont rendus les moindres plis, les moindres poils, de sorte qu'il est saisi d'un mouvement involontaire en rencontrant la réalité même au milieu de ces ténèbres qu'il croyait habitées par des fantômes.

Depuis que la peur et la mort l'avaient délivré de ses rivaux, Ribera jouissait en paix de sa renommée, de son opulence, de la faveur des vice-rois de Naples, successeurs du duc d'Ossuna. Palais, couvents, églises, tout se remplissait de ses dramatiques peintures. Les seigneurs napolitains, la grandesse espagnole, Philippe IV lui-même, se disputaient les œuvres d'un peintre dont l'Espagne commençait à s'honorer. Les Jésuites qui le protégeaient montraient avec orgueil dans l'église du *Gesu-Nuovo* les tableaux où il avait représenté Ignace de Loyola écrivant ses fameux statuts, à l'apparition et comme sous la dictée de la Vierge; tableaux exécutés, cette fois, en un style moins fier que de coutume, avec beaucoup de morbidesse, et non sans quelque ressouvenir de la manière lombarde. Partout recherché, Ribera pouvait à peine suffire aux travaux qu'on lui commandait. C'étaient les moines de San Martino qui lui demandaient une *Communion des apôtres* et douze *Prophètes* pour la décoration du beau couvent bâti par eux au pied du fort Saint-Elme; c'était la fabrique de la cathédrale qui voulait un *Saint Janvier sortant de la fournaise*, magnifique sujet où il déploya dans toute leur force et toute leur brutalité les étonnants effets de son clair-obscur.

Il est rare que les plus fières natures ne soient pas adoucies, humanisées par la bonne fortune. Le sombre peintre des tortures humaines souriait maintenant à ses triomphes. Les angoisses de la jalousie avaient fait place au calme sentiment de la force, et son orgueil, autrefois si féroce, ne se traduisait plus que par l'ostentation de ses richesses, par le faste de ses manières. Installé à Naples dans la maison ou pour mieux dire dans le palais qui faisait face à l'église Saint-François-Xavier, il y vivait comme un grand seigneur, *alla grande*, en des appartements somptueux, noblement vêtu et soigneux d'écarter de sa présence jusqu'au souvenir de son ancienne pauvreté. Il avait carrosses et livrées; parmi son nombreux domestique, on distinguait un porte-enseigne réformé dont l'unique charge était de lui faire tenir ses pinceaux, de l'accompagner en voiture et de l'avertir des heures écoulées. Quand l'Espagnolet, attentif, passionné, absorbé comme il l'était devant sa toile, avait travaillé trois heures le matin et deux heures après dîner, cet officier entrait pour lui dire : « *Signor cavaliere Ribera*, c'est assez travailler; votre carrosse est prêt. » A la voix de l'officier, Ribera quittait ses pinceaux, et souvent il trouvait rangés autour de son chevalet de nobles visiteurs qui, silencieux et inaperçus, avaient attendu son repos en l'admirant. Lui, quoique petit et de formes grêles, il avait de la dignité dans le maintien, et tandis que par un raffinement d'orgueil il affectait des allures familières avec les vice-rois de Naples, il traitait ses inférieurs avec gravité.

Marié à Léonora Cortese, femme d'esprit, d'une beauté singulière et dont il eut plusieurs enfants, Ribera avait trouvé en elle des goûts semblables aux siens, surtout l'amour des plaisirs et des longues veilles. Cependant il employait ordinairement le soir à dessiner ce qu'il devait peindre le jour, et lorsqu'il avait arrêté le mouvement de ses figures, il finissait son esquisse, soit à la plume, soit à la sanguine ou au crayon noir, avec des couches de lavis. Il peignait les vieillards d'après nature, s'étant procuré des modèles secs, décrépits, tels qu'on les voit dans ses œuvres, et il s'en servait particulièrement pour le *Saint Jérôme*, qu'il a répété tant de fois avec toutes les variétés de la vieillesse, mais toujours amaigri par les années, exténué par le jeûne, macéré par les pénitences, la peau collée sur les os et complètement ridée, surtout le long des flancs, pour plus de laideur. Tantôt le vieux solitaire, à demi-vêtu d'osier, médite sur la Bible, n'ayant d'autre couche qu'un rocher, d'autre compagnie qu'un lion, d'autre horizon que le désert; tantôt on le voit entouré de livres dans sa grotte, mais interrompu tout à coup par le son de la trompette qu'un ange aux ailes déployées fait retentir à son oreille : trompette sinistre, roulée sur elle-même et souple comme un serpent.

Quelquefois il se frappe la poitrine avec une pierre, ou bien une tête de mort sert de pupitre à la Bible ouverte, tandis qu'au milieu d'une solitude boisée, un rayon de la lune, passant entre deux arbres, vient éclairer la poitrine osseuse du pénitent et ses mains décharnées.

Rien n'est plus précieux, plus puissant et plus ferme que les eaux-fortes de Ribera. Elles portent la trace de sa manière savante, attentive aux détails. On s'aperçoit que la pointe n'a pas couru librement et comme au hasard sur le vernis; au contraire, elle a tourné chaque muscle, attaqué dans les pieds et les mains les plis de

MARTYRE DE SAINT LAURENT.

la peau et les moindres ourlets de chair autour des ongles. Cette vive accentuation du détail est remarquable dans la belle gravure du *Christ mort*, où, sans rien ôter à la grandeur de la figure, le peintre a marqué du bout de sa pointe jusqu'aux lèvres de la plaie que les clous ont laissée sur les pieds du Christ. Ribera excelle et se plaît à graver comme à peindre les têtes de mort. Quelques tailles carrées, brutales, légèrement assouplies toutefois à la forme des os du crâne, lui suffisent pour en exprimer la dureté, le vide, la sonorité mélancolique.

En parcourant au Cabinet des Estampes de la Bibliothèque royale l'œuvre de Ribera, je me suis longtemps arrêté à considérer plusieurs eaux-fortes, notamment un portrait équestre de don Juan d'Autriche, portant la date de 1648. Ce portrait m'a saisi d'autant plus fortement, que le héros représenté fut la cause des derniers malheurs et de la mort de Ribera. En peignant son modèle à cheval, gracieux et fier, avec son chapeau à plumes et ses grands cheveux tombant sur les dentelles de sa collerette, l'Espagnolet ne soupçonnait pas que sa vie serait empoisonnée par ce même don Juan. On sait qu'en 1647 éclata la révolution de Naples. A la voix de Masaniello, le peuple insurgé assiégea dans son palais le duc d'Arcos et le força de reconnaître pour gouverneur l'héroïque lazzarone. Don Juan d'Autriche, fils naturel de Philippe IV, envoyé par son père avec mission d'apaiser les troubles et de ramener les esprits, fit son entrée dans Naples en triomphateur, gagna tous les cœurs par sa bonne grâce, et voulut bientôt connaître tous les hauts personnages de la ville. Ribera, plus orgueilleux que jamais de son origine, invita chez lui don Juan d'Autriche à une fête splendide. Le prince fut reçu avec magnificence par la femme et les filles de Ribera, auxquelles il donna sa main à baiser. Une de ses filles, Maria-Rosa, était d'une beauté rare, elle plut à don Juan, qui lui fit l'honneur de danser avec elle, lui parla d'amour et la séduisit aisément par l'élégance de sa personne autant que par le prestige de son rang. Sous prétexte de venir poser dans l'atelier de Ribera, don Juan d'Autriche fit des visites fréquentes à Maria-Rosa, et il parvint un soir à l'enlever.

Depuis ce moment funeste, l'Espagnolet fut pris de la plus amère tristesse. N'osant plus se montrer dans les rues de Naples, il acheta une maison de campagne sur le rivage du Pausilippe et s'y abandonna aux sombres pensées qui l'agitaient. On raconte qu'ennuyé de vivre, il feignit un jour d'être appelé à Naples par une affaire importante, sortit avec un seul domestique, qu'il renvoya en chemin, et disparut sans qu'on ait jamais su ce qu'il devint. C'est du moins la version du Napolitain Dominici, qui, dans sa jeunesse, avait entendu souvent parler de Ribera chez son père. Cean Bermudez le fait mourir à Naples en 1656.

Quoi qu'il en soit, la terrible manière de l'Espagnolet ne mourut pas entièrement avec lui; elle lui survécut dans ses élèves. Giovanni Do, qui sut imiter son maître de façon à tromper l'œil le plus exercé, Errico Fiamingo, Bartolomeo Passante, Aniello Falcone, excellent peintre de batailles, André Vaccaro, César, François et Michel-Ange Fracanzani, et enfin le célèbre Luca Giordano, tels furent les continuateurs de cette peinture exagérée, mais énergique et forte, de cette peinture à outrance.

CHARLES BLANC.

RECHERCHES ET INDICATIONS.

Toutes les galeries de l'Europe ont des tableaux de Ribera. Le musée royal de Madrid en compte jusqu'à trente-cinq. On y remarque surtout une *Échelle de Jacob*, qui est de l'époque où Ribera se convertit au Corrége, — un *Saint Jacques* et un *Saint Roch* en pied, magnifiques pendants venus de l'Escurial. (Voyez les *Musées* de M. Viardot.)

Les chefs-d'œuvre de Ribera sont à Naples. Le *Silène* (si bien gravé) se voit au musée *Degli Studi*, ainsi qu'un *Saint Bruno* agenouillé, un *Saint Sébastien* attaché et le *Saint Jérôme* qui entend la trompette de l'ange. La fameuse *Descente de croix* est dans la sacristie des Chartreux de San Martino, gravée sur un dessin de Fragonard.

Au palais Pitti, à Florence, un *Martyre de saint Barthélemy;* à Dresde, entre autres ouvrages, une belle *Sainte Marie Égyptienne;* à Berlin, un seul tableau, encore un *Martyre de saint Barthélemy;* à la Pinacothèque de Munich, onze tableaux, dont une admirable *Descente de croix de saint André;* à la galerie de Hamptoncourt, un *Saint Jean.*

La France compte au Louvre vingt-cinq tableaux de ce maître, la plupart importants. On y remarque surtout une *Adoration des bergers, — Saint Jérôme, — le Martyre de saint Barthélemy, — Combat d'Hercule et d'un Centaure, — Caton se déchirant les entrailles.*

La collection léguée au roi Louis-Philippe par M. Franck Hall Standish renfermait cent quarante-cinq tableaux de l'école espagnole, parmi lesquels un *Saint Jérôme* de Ribera.

Malgré leur mérite, les ouvrages de Ribera ne se sont pas maintenus à des prix fort élevés.

VENTE AGUADO, 1843. — Une *Sainte famille au repos,* manière claire, 4,000 fr. Une *Descente de croix,* poussée à 3,050 francs, fut retirée. *La Vierge et l'enfant Jésus* atteignirent le prix de 3,000 francs. Onze autres toiles furent adjugées au prix moyen de 400 francs environ.

VENTE CARDINAL FESCH, 1847 (à Rome). — *Un Lévite,* 37 scudi (199 francs 80 c.); deux *Portraits,* 150 scudi; *un Géomètre,* 40 scudi. — Les catalogues antérieurs ne signalent pas de prix plus élevés.

VENTE MARÉCHAL SOULT, 1852. — La Vierge montre l'Enfant Jésus endormi à saint Joseph et à saint Jean; toile, 9,100 francs; *Saint Sébastien secouru par sainte Irène,* 3,100 francs; *Jésus portant sa Croix,* 2,050 francs; *Délivrance de saint Pierre,* 1,500 francs.

VENTE LOUIS-PHILIPPE (Londres), 1853. — L'*Assomption de la Madeleine,* 200 liv. sterl. (5,000 fr.); l'*Adoration des bergers,* signé et daté de 1628, 1,400 francs; un *Philosophe,* 3,000 fr.; *Hercule combattant le Centaure,* 1,950 fr.

On sait que les eaux-fortes de Ribera sont des modèles dans ce genre de gravures. Barsch n'a connu que dix-huit pièces de ce maître, et il en donne la nomenclature et la description dans le 20e volume de son *Peintre-Graveur.*

Ribera a signé ses eaux-fortes en rappelant le plus souvent son origine espagnole. Rarement il a signé ses tableaux; cependant la grande *Adoration des bergers* (du Louvre) porte l'inscription suivante : *Josépha Ribera hispanus e academicus romanus faciebat Parthenope,* 1628.

Voici ses monogrammes, chiffres, marques et signatures, décalqués avec la plus parfaite exactitude sur les pièces originales.

Jusepe de Ribera f, 1648,

Impr. Renard et Cie, rue Damiette, 2.

École Espagnole. *Sujets religieux, Portraits, Sujets de genre.*

LES RIZI

ANTONIO RIZI
NÉ EN . . . ; — MORT VERS 1610.

FRAY JUAN RIZI
NÉ EN 1595; — MORT EN 1675

FRANCISCO RIZI
NÉ EN 1608; — MORT EN 1685.

Lorsqu'en 1585, Federigo Zuccheri vint en Espagne, appelé de Rome par le roi Philippe II, deux artistes, Bartolomeo Carducci et Antonio Ricci ou Rizi, celui-ci Bolonais, l'autre Florentin, l'accompagnaient; sous la direction de Zuccheri, ils devaient concourir aux travaux de décoration de l'Escorial.

Soit que Rizi fût trop jeune, au temps de son séjour à l'Escorial, pour que son talent attirât l'attention; soit encore, car l'une et l'autre suppositions sont également vraisemblables, que Zuccheri ne l'employât qu'à titre d'élève ou d'*official*, préparant les toiles et broyant les couleurs, il n'entra point, après que Federigo eut quitté l'Espagne, au service du roi.

En 1588, Rizi venait se fixer à Madrid et il s'y mariait avec doña Gabriela de Chiaves, dont il eut deux fils : Juan et Francisco. Tous deux ont marqué dans l'École madrilène. Antonio Rizi mourut très-probablement autour de l'année 1610, ne laissant aucune œuvre importante. Cean Bermudez ne cite de lui qu'un seul tableau ; un *Saint Augustin* qui se voyait dans la chapelle des religieuses de Santo Domingo le Real.

Juan, l'aîné des fils de Rizi, apprit la peinture à l'école de fray Juan Bautista Mayno, chargé sous le règne de Philippe IV de tout ce qui concernait les beaux-arts. Au sortir de l'atelier de Mayno, Juan Rizi peignit pour le couvent des pères de la Merci quelques scènes de martyres et des sujets de la Passion ; ces premières productions ne se retrouvent plus à Madrid.

En l'année 1626, Juan se fit religieux ; il prit le froc au couvent des bénédictins de Montserrate en Catalogne. Après son noviciat, il alla étudier la philosophie et la théologie à l'université de Salamanque. Ses études terminées, Rizi retourna au couvent de Montserrate, où le soin de diverses charges monastiques l'éloigna momentanément de l'exercice de son art. Nommé enfin abbé du monastère de Medina del Campo, il commençait, en 1653, au couvent de San Millan de Cogolla de Yuso, une suite importante de compositions religieuses. Pour le maître-autel il fit un *Saint Millan, à cheval, secourant les Navarrais*, et pour le cloître divers sujets empruntés à la vie du même saint. Mais son plus remarquable ouvrage était une grande composition, placée dans l'escalier principal, et représentant les *Enfants de l'ordre de saint Benoît*. Cean Bermudez vante beaucoup cette peinture, d'une exécution aussi brillante qu'expressive, et où l'artiste avait su varier, avec une étonnante habileté, les physionomies des nombreux personnages rassemblés sur sa toile.

Rizi séjourna aussi quelque temps au couvent de San Juan Bautista, à Burgos. Il y laissa plusieurs bons ouvrages : une *Sainte Famille*, des épisodes de la *Vie de la Vierge*, le *Baptême du Christ*, la *Décollation de saint Jean-Baptiste* et diverses figures de saints.

Fray Juan Rizi vint ensuite habiter le couvent de San Martin à Madrid. Son grand tableau des *Pèlerins d'Emmaüs*, une suite de sujets tirés de la *Vie de saint Benoît* et de nombreux portraits de religieux bénédictins datent de cette époque. Ces derniers ouvrages, qui correspondent à la période la plus éclatante du talent de l'artiste, le placèrent haut dans l'opinion des connaisseurs : une des plus grandes dames de la cour, la duchesse de Bejar, qui peignait elle-même avec quelque succès, le voulut avoir pour maître. Rizi écrivit alors et dédia à la duchesse un traité sur la peinture qui est demeuré inédit.

Le désir d'étudier l'antiquité et les chefs-d'œuvre des grands maîtres fit entreprendre à Rizi le voyage d'Italie. Il visita Rome et bientôt après il entrait dans la congrégation des pères du mont Cassin. Dans cette retraite, Rizi reprit ses travaux et produisit quelques compositions qui lui valurent les suffrages des artistes et du pape lui-même; le Saint-Père se fit présenter le moine, et, touché de ses vertus et de son mérite, il lui conféra un évêché en Italie. Mais Rizi ne put en prendre possession ; il mourut en 1675, au monastère du mont Cassin, à l'âge de quatre-vingts ans.

Cean Bermudez définit avec justesse le talent de fray Juan Rizi : « Ses ouvrages, écrit-il, paraissent plutôt ébauchés que terminés; en général, on les dirait peints au premier coup. Mais la liberté de leur exécution n'en exclut pas la correction : le dessin est ferme, la composition simple, l'arrangement naturel et l'effet presque toujours profond. »

L'un des meilleurs tableaux de Rizi, son chef-d'œuvre peut-être, fait aujourd'hui partie de la collection de l'Académie de San Fernando. Il représente *Saint Benoît célébrant la messe;* c'est une peinture sobre et puissante et qui unit au caractère des plus vaillants artistes de l'École madrilène le coloris énergique de Zurbaran et de Ribera.

Le *Saint François recevant les stigmates*, qui est au Musée royal, peut encore être regardé comme une des bonnes productions du peintre. Deux autres tableaux, d'un moindre intérêt, et qui proviennent du couvent de San Millan de la Cogolla, figurent au Musée national : l'un est un *Saint Benoît bénissant un pain que lui présente un frère lai;* l'autre, *Saint Benoît tenant la crosse abbatiale, avec un ange portant la mitre.*

Francisco Rizi, le plus jeune et le plus célèbre des fils d'Antonio, était né à Madrid en 1608. Élève de Vicente Carducci, son éducation d'artiste fut rapide et brillante. Ses prodigieuses dispositions faisaient augurer un maître : à une singulière fécondité d'invention Rizi joignait une pratique délibérée, un coloris agréable, une touche hardie, le mouvement, la verve et une élégance de facture qui devait, de bonne heure, lui assurer le succès. Pourtant, toutes ces qualités ne produisirent qu'un précurseur de Luca Giordano, un peintre sans caractère, sans profondeur, dont les exemples et les doctrines allaient malheureusement exercer la plus fâcheuse influence sur l'École madrilène. Comme l'observe judicieusement Cean Bermudez, cette dangereuse facilité dont Rizi était doué et qui lui faisait aborder et résoudre, comme en se jouant, toutes les difficultés, produit dans les arts les mêmes effets que la trop grande mémoire

SAINT BENOIT CÉLÉBRANT LA MESSE.

dans l'étude des sciences et des lettres : elle est un obstacle à la réflexion, à la formation du jugement ; ceux qui s'y confient n'apprennent ni à penser ni à créer ; jeunes, on les vante comme des prodiges ; plus âgés, ce ne sont le plus souvent que des médiocrités. C'est ce qui arriva de Rizi.

Francisco Rizi s'est exercé dans tous les genres : grandes compositions religieuses, fresques, décorations scéniques, tableaux historiques, portraits, et le nombre de ses productions est immense. Dans cette multitude d'œuvres, rien n'est mauvais, mais rien n'est absolument bon. Son talent a plus d'une analogie avec celui de Lope de Vega, qui faisait une comédie par jour, comme Rizi un tableau : tous deux ont eu la même fortune, ils ont été loués et admirés jusqu'à l'enthousiasme par leurs contemporains, mais la postérité s'est montrée pour tous deux justement sévère; elle n'a point admis que la fécondité tînt lieu du génie consciencieux et mûri, sans lequel il n'y a pas de grand artiste.

Nommé, en 1653, peintre du chapitre de Tolède, après avoir achevé pour la sacristie son tableau de la *Fondation de la Cathédrale*, Rizi entreprit avec Carreño les fresques de la chapelle *del Ochavo* et du sanctuaire de Notre-Dame, terminées vers 1670. Dans le même temps, Rizi fit pour la salle capitulaire le portrait du cardinal Moscoso, et en 1671, une composition qui représente l'archevêque D. Rodrigue montrant au saint roi Ferdinand les plans de son église. Enfin, aidé de Carreño, du Mantuano et d'Escalante, il exécuta toutes les décorations du colossal monument qu'on dresse dans la cathédrale de Tolède pendant la semaine sainte.

En 1656, Philippe IV nomma Rizi *pintor de camara;* Charles II y ajouta la charge de fourrier du palais après que l'artiste eut peint pour le salon des Glaces, au Palais vieux, divers passages de l'histoire de Pandore. A la même époque nous retrouvons encore Carreño et Rizi travaillant en commun aux fresques de l'église San Antonio de los Portugueses.

C'est principalement dans ses décorations pour le théâtre de Buen Retiro que Rizi fit preuve de son incroyable fécondité : il y prodiguait, dit Cean, les édifices les plus capricieux, les ornements les plus fantasques, introduisant, dans ses extravagances architectoniques, comme une mode de corruption et de mauvais goût qui, du théâtre de la cour, se répandit rapidement dans le pays entier. Par ses hauts emplois, par son enseignement, Rizi se trouvait en effet à la tête de l'École madrilène, et ses exemples ne pouvaient manquer d'exercer une influence d'autant plus nuisible que l'artiste, au dire de ses biographes, préférait hautement la facilité à la correction, et ne voyait dans l'art qu'un moyen pour vivre et pour s'enrichir.

Francisco Rizi mourut en 1685. Il était alors à l'Escorial, où il se préparait à peindre le tableau de *la Forma*, repris et terminé par son plus illustre élève, Claudio Coëllo.

Rizi laissa de nombreux disciples. Indépendamment de Coëllo, il a formé Isidoro Arredondo, Gonzalez de la Vega, Escalante et Josef Antolinez.

Le catalogue du Musée royal de Madrid attribue à Francisco Rizi deux toiles : l'une, très-curieuse sous le rapport historique, provient du Buen Retiro et représente un *Auto-da-fé sur la plaza Mayor, au temps de Charles II;* l'autre est le portrait d'un général inconnu, portrait superbe, d'un coloris profond, harmonieux, d'une touche large et moelleuse et d'une tournure tout à fait distinguée.

PAUL LEFORT.

RECHERCHES ET INDICATIONS.

Musée royal de Madrid. — *Saint François recevant les stigmates*, de fray Juan Rizi. — *Un Auto-da-fé sur la plaza Mayor, au temps de Charles II*, et un *Portrait*, par Francisco Rizi.

Musée national. — Par Francisco Rizi : diverses *Conceptions; Jésus au Calvaire; l'Annonciation; la Présentation au Temple; l'Adoration des Rois; Naissance de Jésus-Christ; Prédication de saint Jean-Baptiste.*

Par fray Juan Rizi : *Saint Benoît bénissant le pain; Saint Benoît abbé.*

Académie de San Fernando. — *Saint Benoît célébrant la messe*, par fray Juan Rizi. On pourra consulter, pour ceux des ouvrages des Rizi qui ont appartenu ou appartiennent encore aux églises, chapelles et couvents de Madrid, de Tolède et de diverses autres localités d'Espagne, les catalogues de Palomino, de Ponz et de Cean Bermudez.

Deux tableaux de Francisco Rizi ayant fait partie de l'ancien Musée espagnol et vendus à Londres en 1853, ont atteint les prix suivants : *Tête de saint Pierre*, 17 £; *l'Enfant prodigue*, 15 £ 10.

Vente Aguado (1845). *Saint François d'Assise*, 255 fr. — *L'Adoration des Bergers*, 999 fr. — Vente L. . . de Madrid : *Vierge de la Purification*, 2,000 fr. Ces trois tableaux étaient attribués, par les catalogues de vente, à Francisco Rizi.

PARIS. — IMPRIMERIE POITEVIN, RUE DAMIETTE, 2 ET 4.

École Espagnole. *Tableaux Religieux.*

FRANÇOIS ZURBARAN

NÉ EN 1598. — MORT EN 1662.

Fuente de Cantos (en Estramadure) vit naître en l'année 1598, de parents laboureurs, un des grands peintres de l'école espagnole, François Zurbaran. Il fut présenté à l'église le 7 de novembre, ainsi que le constate son acte de baptême relevé par Cean Bermudez. Les premiers principes lui furent enseignés par un disciple du divin Morales. Il passa ensuite dans l'atelier du licencié Juan de las Roëlas, qui était en réputation à Séville et y professait en concurrence avec les Herrera et les Pacheco. Ce licencié Juan de las Roëlas avait travaillé en Italie sous un élève du Titien et en avait rapporté les traditions de l'école vénitienne, si amoureuse des belles étoffes. Zurbaran eut bien vite appris ce que le docteur enseignait; mais par un instinct singulier où semblait déjà se révéler sa vocation personnelle de peintre, il montra tout enfant un talent particulier pour les draperies et spécialement pour les draperies blanches : « *con especialidad en los blancos,* » dit Bermudez [1].

Il paraît qu'il y avait alors à Séville quelques toiles du Caravage. Zurbaran les vit et fut entraîné aussitôt par ce nouveau maître qui ne manque jamais de séduire les natures robustes par ses oppositions tranchées de lumière et d'ombre, et par le relief d'une exécution vigoureuse et franche jusqu'à la rudesse. Cette fierté de pinceau, Zurbaran l'admira jusqu'à l'imitation et sut bientôt l'appliquer à l'objet favori de ses premières études, je veux dire à ces grosses

[1] Cean Bermudez, *Diccionario de los mas ilustres professores.*

ceintures de corde, à ces capuchons de bure, à tous ces grossiers tissus des robes de moines qu'il avait sans cesse devant les yeux et qu'il rendit mieux que personne, avec leurs aspérités, leurs déchirures et les inégalités de la trame dans les parties où la laine est encore emmêlée et mal peignée pour la plus grande mortification de la chair. Il s'était du reste imposé la loi de ne jamais copier les draperies que d'après le mannequin et les chairs que d'après le naturel[1]. Zurbaran commençait ainsi à s'attacher aux apparences des choses avant d'en pénétrer l'intérieur; il peignait les vêtements en attendant de peindre sous les vêtements les formes du corps, et sous les formes du corps les tourments les plus secrets de l'esprit, les plus intimes émotions de l'âme : « Sous ce linceul blanc, délice de ses études, dit M. Léon Gozlan, se cachait cette population hâve, triste, macérée, souffrante, décharnée de moines, de capucins, de carmes, de *mercenaires* chaussés et déchaussés. Le jour qu'il le souleva, il découvrit au monde — mieux que si les murs de tous les couvents d'Espagne fussent tombés — les noires passions, la brutale piété, la stupidité innocente de tant de créatures étouffées par le cilice et les vœux exagérés. Zurbaran poétisa la douleur et la résignation. Il est le Job de la peinture. Aucun de ses compatriotes n'a réduit son génie à une plus dure unité, et il est douteux qu'il n'y eût pas le parti pris de la pénitence dans l'immobilité lugubre donnée à ses conceptions. »

Séville était alors la cité par excellence pour un peintre qui avait de telles prédilections et de semblables aptitudes. Nulle part on n'eût trouvé plus de dévotion, ni un plus grand nombre de communautés religieuses, ni une plus grande variété de moines. On n'y comptait pas moins de soixante couvents d'hommes ou de filles. C'étaient les Trinitaires de la rédemption des captifs qui s'en allaient la tête rasée, sauf une corolle de cheveux hémisphérique, portant une robe de laine blanche fixée par une ceinture noire, relevée sur les bords du scapulaire; c'étaient les Carmélites réformées par la sainte de Séville, sainte Thérèse, que l'on voyait vêtues d'une robe de drap brun, retenue sur le corps par une ceinture large, le capuchon lâche, sinué, joint au froc pectoral arrondi par devant, pointu sur le dos. Ici passaient les Capucins, tête rase, la couronne velue interrompue au-dessus du front, les pieds à demi-chaussés et le col nu; ils étaient ceints d'une corde rude à trois nœuds; ils portaient une robe de drap brun, composée de lambeaux à demi-usés et grossièrement recousus, et un capuchon mobile allongé et pyramidal. Là se montraient les Franciscains, qui offraient aux passants du tabac, des amulettes, des *Agnus* et des chapelets en échange de comestibles ou de la charité qu'on leur faisait, et qui toujours étaient munis d'oraisons contre la pluie, le chaud, le froid, le tonnerre et le mal de dents. Plus loin apparaissaient les terribles frères Dominicains, voués à l'office d'inquisiteurs et reconnaissables à leur mine farouche au moins autant qu'à leur costume. Ces moines portaient des mutandes sous une robe de laine blanche, couverte elle-même d'un long manteau noir, augmenté d'un capuchon et de deux frocs, l'un pectoral et l'autre dorsal et doublés de blanc. A Séville enfin, théâtre privilégié de toutes les pratiques imaginables de la dévotion, se rencontraient à chaque pas les éléments futurs des tableaux que préméditait Zurbaran : je parle des instruments de la pénitence, disciplines en cuir, en parchemin tortillé, en plomb, avec ou sans nœuds, cilices, haires, têtes de mort, sacs en crin, bâillons, cadenas, ceintures de cuivre, peaux de chèvres retournées, cendres, haillons..... Il n'y manquait rien. Armé d'un pinceau mâle et vaillant, qui attaquait les détails dans leur réalité la plus saisissante, l'imitateur du Caravage se trouvait ainsi tout préparé à remplir le rôle que lui destinaient en peinture son tempérament et ses inclinations naturelles. Mais, encore une fois, il ne s'arrêta pas à la tunique, aux ceintures de corde et au scapulaire. Il vit s'agiter au-dessous les passions mal contenues, les passions du cloître; il entendit les sourds gémissements qui s'échappaient de tant d'âmes troublées, comme saint Jérôme, par les apparitions mondaines ou effrayées par les visions d'en haut. Il essaya de représenter par des signes sensibles les tortures intérieures du cénobite, les âmes visitées par les fantômes de la superstition et du remords et quelquefois les ravissements de l'extase. En véritable Espagnol, il voulut peindre l'invisible par le visible.

Le jour où fut inauguré au Louvre ce musée espagnol que nous avons vu disparaître au détriment de l'art,

[1] ... Porque fue este artifice tan estudioso que todos los paños los hacia por maniquí y las carnes por el natural. Palomino, *El museo pictorico y escala optica*...

cela fit dans Paris un grand émoi. Et ce qui remua le plus fortement le public parisien, si impressionnable et pourtant si blasé, ce ne fut pas la suavité de Murillo ni l'expression séraphique de ses bienheureux et de ses anges; ce ne fut pas non plus cet étonnant pinceau de Velasquez faisant parler la nature et palpiter la vie,

SAINT-PIERRE D'ALCANTARA

recommençant pour ainsi dire la création...... Ce fut un certain *Moine en prières* de Zurbaran, une de ces peintures qu'il n'est pas possible d'oublier, ne les eût-on vues qu'une fois. A genoux, sous sa robe de laine grise déchirée çà et là et rapiécée, le visage perdu dans l'ombre de son capuchon, un moine implore la miséricorde du Dieu des chrétiens, du Dieu doux et terrible. De ses mains pâlies et décharnées il tient une tête de mort, et les yeux levés au ciel, il semble dire : « *De profundis clamavi ad te Domine, Domine.....* » Quand le monde frivole des visiteurs, après avoir traversé la salle de Henri II, entrait tout à coup dans la grande pièce consacrée aux Espagnols et venait se heurter contre cette formidable peinture, placée comme tout exprès au grand jour d'une croisée, il y avait parmi la foule un mouvement de stupeur et presque d'effroi. On eût dit qu'au milieu d'une musique mondaine, on entendait subitement retentir les sons lugubres du *Dies iræ*. Non-seulement l'école espagnole, mais, on peut le dire, l'Espagne tout entière étaient résumées dans cette peinture passionnée, dévote et sombre, mystique et brutale tout ensemble. Le nom de Zurbaran, jusqu'alors inconnu en France, se répandit et devint bientôt populaire grâce aux nombreuses reproductions de ce *Moine* par la lithographie et par la gravure. Depuis lors le nom de Zurbaran n'est plus séparable, dans l'esprit des amateurs et du public, de l'idée qu'éveille en nous la représentation de cet être mystérieux et grossier qu'on appelle le moine espagnol.

Les impressions fortes que produit toujours la peinture de Zurbaran, ont leur source dans l'émotion du peintre au moins autant que dans la bravoure incomparable de son pinceau, pour me servir de l'expression du biographe castillan *la valentia de su pincel*. Le sentiment est aussi profond chez lui que l'exécution est vaillante, de sorte que le peintre nous saisissant à la fois par les yeux et par le cœur, nous éblouit et nous touche avec une égale puissance. Aussi ne faut-il pas s'étonner du relief que Zurbaran acquit en peu d'années dans Séville. Aucun peintre en effet, je n'en excepte pas Murillo lui-même, ne répondait mieux à ces deux aspects du caractère espagnol : la passion de la réalité et l'aspiration vers l'idéal; caractère étrange d'un peuple que séduisent les couleurs voyantes de la matière, et qui pourtant se laisse entraîner si aisément au spiritualisme le plus subtil et le plus exalté.

A peine âgé de vingt-cinq ans, l'élève de las Roëlas était devenu un maître. De toutes parts on venait lui demander des tableaux, mais toujours des tableaux de dévotion, car il n'en faisait point d'autres, et jamais on ne le vit employer ses couleurs à des sujets familiers, mondains ou grotesques. Les premières peintures de quelque importance qu'il exécuta furent celles qui décorent le grand rétable de Saint-Pierre dans la cathédrale de Séville. On en peut voir la notice dans la *descripcion artistica* de Cean Bermudez, où sont énumérées curieusement toutes les richesses de cette cathédrale, merveille de la cité des merveilles. Zurbaran termina ces peintures en 1625 pour le compte du marquis de Malagon. Il peignit ensuite à Séville, au collége de Saint-Thomas d'Aquin, le tableau qui passe pour son chef-d'œuvre. Le saint y est représenté en pied et debout. Autour de lui, les quatre docteurs de l'église latine sont assis sur des nuages ; plus haut, le Christ et la Vierge lui apparaissent au sein d'une gloire avec saint Paul et saint Dominique. Au premier plan, se voient d'un côté, à genoux et en adoration, l'empereur Charles-Quint couvert de son armure et du manteau impérial, accompagné de chevaliers et de religieux de l'ordre des prêcheurs, de l'autre l'archevêque Deza, fondateur du collége, suivi de sa famille. Toutes ces figures, dit M. Quilliet, dans son *Dictionnaire des peintres espagnols*, sont plus grandes que le naturel et cependant tout y est traité, jusqu'au plus petit détail, de la plus grande manière.

Bien que serrée et profonde, la manière de Zurbaran était simple, large et preste ; elle ne s'arrêtait qu'à l'accentuation des choses essentielles, aux grands plis indicateurs des mouvements du corps, aux articulations des pieds et des mains, aux plans les plus expressifs du visage. Une telle manière se prêtait à merveille à l'expédition des nombreuses peintures qui étaient commandées à Zurbaran par les monastères de Séville. Chaque communauté voulait avoir l'histoire peinte de son fondateur, la glorification du saint qui l'avait édifiée par ses austérités ou illustrée par son martyre. Chaque église désirait voir briller à son maître-autel les hauts faits de son bienheureux patron. Les carmélites de San Roman, les trinitaires déchaussés et la *merced calzada*, la paroisse de Saint-Esteban, l'église de Saint-Bonaventure, les Chartreux de Sainte-Marie de las Cuevas, se disputaient les ouvrages de Zurbaran.

Malgré ses tendances, Zurbaran n'eut pas un goût exclusif pour les spectacles atroces. Toujours grave, il sut néanmoins se plier et se complaire à des sujets moins sombres que les *martyrs* menacés de l'huile bouillante et les *pénitents* entourés de leurs instruments de torture; il sut peindre quelquefois les joies ineffables de l'extase et les rayonnements de l'âme éclairée par les célestes fantômes. Lorsque, par exemple, il représenta les saintes innombrables de la légende, il leur prêta une douceur inattendue mêlée néanmoins de cette indomptable fierté espagnole qui fait ressembler les vierges délicates du martyrologe aux archiduchesses de la cour de Tolède ou à madame la princesse des Asturies. Il m'en souvient, c'était comme une étrange et imposante procession dans l'ancien musée espagnol du Louvre, que cette longue suite de figures en pied qui, sous les noms de sainte Cécile, sainte Catherine, sainte Inès, sainte Lucie, sainte Ursule, faisaient revivre avec leurs plus

ZURBARAN. P. H. CABASSON. D. CARBONNEAU. SC.

ADORATION DES MAGES.

éclatantes couleurs tous les types de l'ancienne Espagne. C'était plaisir de les voir défiler au fond de leur cadre, minces, souples et brunies, passionnées et dédaigneuses tout ensemble; hautaines comme des Castillanes, mignonnes comme des Andalouses. Le profane s'y confondait tellement avec le sacré, et les costumes du temps de Philippe III s'adaptaient si singulièrement à ces images de jeunes filles canonisées, qu'on ne savait si c'étaient là des séraphins descendus du ciel dans l'attitude et sous les vêtements des infantes. On eût dit voir passer toute la grandesse du Paradis. Mais quelle fierté d'allure dans ces doux anges au teint mauresque et au charmant petit pied! Quel luxe d'ajustement surtout! Celle-ci, sur sa robe chamarrée, porte un surtout vert brodé en or. A son glaive, on la reconnaît pour sainte Catherine qui, ne pouvant être rouée vive, fut décapitée. Celle-là, jeune et belle, se nomme sainte Lucie; elle est habillée d'une magnifique robe rouge à brocards d'or et à grands plis très-accusés : elle tient un plat d'argent contenant les deux yeux, symbole de son martyre. Une autre joue de l'orgue sous les traits de sainte Cécile, et tandis que ses fines mains effleurent le clavier sacré, elle lève les yeux avec un indicible sentiment d'amour et semble prêter l'oreille à quelque lointaine harmonie qui du haut des régions divines répond à ses chants. De ce côté, sont les patronnes de Séville, sainte Justine et sainte Ruffine. On les reconnaît aux petits vases qui indiquent la profession de leur père, potier de terre à Séville; elles sont vêtues de ces brillantes étoffes à raies noires et jaunes qu'on affectionne dans les pays du soleil, étoffes épaisses et pesantes comme du cuir de Hongrie, sur lesquelles tranchent des écharpes vertes, légèrement glacées de tons chauds et mordorés.

Zurbaran trouvait ainsi à satisfaire son merveilleux talent pour les draperies, talent dans lequel les plus illustres Vénitiens et Paul Véronèse lui-même ne l'ont point surpassé. Mais nulle part il n'usa de ce talent, on peut même dire il n'en abusa, autant que dans les portraits de deux saintes fort renommées et en grande vénération parmi le peuple de Madrid, sainte Marine et sainte Barbara. Cette dernière est la protectrice des nobles dames, la gardienne des âmes d'élite, la confidente des péchés délicats et mignons. Elle est parée comme une châsse, et l'on devine sa suprématie rien qu'à sa robe lamée d'or et à ses bijoux; elle a de grands airs, la poitrine en avant, le regard dédaigneux, et elle ne sauve pas tout le monde. Sainte Marine, au contraire, est la patronne des pauvres; vêtue en bergère, *pastorcita*, elle est coiffée d'un modeste chapeau de paille et jouit du privilége de conduire les plus humbles dans le royaume des cieux.

De telles peintures, inspirées par le goût du temps et aussi par les idées particulières à la nation espagnole, n'étaient pas au fond ce qui convenait le mieux au génie de Zurbaran, et volontiers il revenait à sa vraie nature, quand il peignait l'ascétisme du cloître et ses victimes. Ses plus beaux tableaux dans ce genre furent ceux qu'il exécuta pour la chartreuse de Xérès. Il en puisa les sujets dans l'histoire de cet ordre des chartreux qu'avait illustré l'héroïque saint Bruno. *La Réception de saint Bruno par le pape* fut le thême d'une de ses compositions les mieux traitées. Il peignit également le fameux *Miracle de saint Hugues*, dont la tradition s'était si pieusement conservée parmi les chartreux : saint Hugues, évêque de Grenoble, étant arrivé dans leur monastère au moment où les religieux se mettaient à table, changea subitement en tortues le gibier qui leur était servi. Ce tableau se compose de neuf figures, sept moines assis autour de la table du réfectoire et le saint évêque assisté d'un jeune acolyte qui paraît fort surpris du prodige qui vient de s'opérer sous ses yeux. Ces graves peintures, d'une tristesse solennelle, toutes remplies du sentiment monastique et de l'esprit de Dieu, ne sont plus aujourd'hui dans la chartreuse de Xérès; elles furent transportées à Madrid il y a environ quarante ans. L'auteur du *Dictionnaire des peintres espagnols* raconte qu'étant allé visiter cette chartreuse avec le célèbre amateur Lebrun, celui-ci crut voir dans neuf chartreux qui étaient peints au pourtour de l'autel autant de figures de Lesueur : « Il fut bien étonné, dit-il, quand j'écrivis sur ses tablettes le nom de Zurbaran. »

La signature du peintre apposée au bas du grand rétable de la chartreuse de Xérès atteste que Zurbaran y termina ses travaux en 1633, et qu'à cette époque il était déjà peintre du roi. Rien n'indique cependant qu'il eût fait dès lors un voyage à Madrid, car, au dire de Palomino, ce fut en l'année 1650 seulement que Zurbaran fut appelé dans cette capitale par Velasquez, ami *privé* de Philippe IV, et qu'il fut chargé par ce monarque de peindre au palais du *Buen Retiro* les travaux d'Hercule. Philippe IV avait pour la peinture un goût particulier qu'il avait contracté sans doute dans la fréquentation de Velasquez. Un jour qu'il visitait les salles dont il avait confié la décoration à Zurbaran, il s'arrêta, dit Palomino Velasco, pour voir de près l'ouvrage de l'artiste, qui venait justement d'y mettre la dernière main et de le signer *Zurbaran, peintre du roi*. Philippe IV lui frappa familièrement sur l'épaule en disant : « *Peintre du roi et roi des peintres.* »

Zurbaran s'était marié à Séville avec dona Leonora Jordera, de laquelle il eut plusieurs enfants. Un acte daté du 14 décembre 1657, et retrouvé par Cean Bermudez dans les archives du chapitre de la cathédrale de Séville, porte concession viagère par Zurbaran à l'une de ses filles d'une maison située rue *de los Abades*. On a raconté qu'une aventure sanglante avait troublé l'existence de Zurbaran; qu'un duel dont il avait été le héros et dont

LE MOINE EN PRIÈRE.

les causes sont ignorées, l'avait fait condamner par le roi à se retirer dans un cloître; que la vie monastique avait développé en lui le goût de l'austérité et le talent d'en représenter les images; qu'il portait enfin lui-même le froc et le capuce, quand il peignit les visions de *saint Pierre de Nolasco* et cette admirable suite de *Missionnaires martyrs* où il mit en lumière tous les genres de tortures que ces missionnaires avaient subis dans les Indes Occidentales. La même chose a été racontée de notre Lesueur, qui se serait fait chartreux à la suite d'un duel. Mais de tels faits, que rien n'appuie et dont on ne trouve aucune trace dans les historiens espagnols, doivent être considérés comme des embellissements du genre de ceux qu'imaginent quelquefois les biographes pour colorer la prose de leur récit. Ce qui paraît certain, c'est que Zurbaran sur la fin de sa vie fut employé à la décoration des diverses résidences royales de Madrid et des environs. Don Lazare Diaz del Valle nous apprend qu'en l'année 1662 il reçut dans sa maison à Madrid le peintre Zurbaran, qui, suivant Palomino, mourut en cette même année 1662, âgé de soixante-quatre ans.

En l'appelant le Caravage espagnol, l'histoire n'a rendu qu'une incomplète justice à Zurbaran. C'est seulement par l'énergie de l'exécution, que ce fier et puissant maître ressemble au Caravage, car il lui est supérieur par l'élévation, par la dignité du sentiment. A ses figures, qui souvent sont communes à force d'être vraies, il a su imprimer un caractère d'ardente foi, une expression de beauté morale et d'amour qui les rehausse jusqu'aux régions de la poésie. Par un de ces contrastes violents, particuliers à l'art de l'Espagne, il a été aussi mystique dans la pensée que brutal dans le maniement du pinceau, et l'on peut dire qu'il a exprimé comme Caravage et senti comme Lesueur. Entre ces deux peintres de la vie monastique, il y a pourtant une différence qui tient surtout au tempérament des deux nations espagnole et française. Sous la pâleur de ses teintes, Lesueur nous montre l'austérité tendre du croyant qu'anime l'espérance d'une vie meilleure; Zurbaran, de son rude et mâle pinceau, représente les rigueurs de l'ascétisme et les tourments du chrétien qu'épouvantent jusqu'au fond du cœur les images de l'enfer.

CHARLES BLANC.

RECHERCHES ET INDICATIONS.

Les tableaux de Zurbaran sont aujourd'hui fort rares en France, et il n'en existe plus un seul au musée du Louvre. C'est à Séville, à Xérès, à Madrid qu'il faudrait aller pour voir les plus beaux ouvrages de ce maître. Ceux que le roi Louis-Philippe y avait fait acheter par MM. Taylor et Dauzats, et que nous avons vus pendant quelques années au musée espagnol du Louvre, ont été, comme l'on sait, rendus à la famille d'Orléans, qui les a mis en vente à Londres. Il n'en est rentré en France qu'un très-petit nombre.

Trois ventes célèbres ont établi la valeur commerciale des tableaux de Zurbaran; ce sont celles de M. Aguado, du maréchal Soult et du roi Louis-Philippe.

VENTE AGUADO. — *Prise d'habit de sainte Claire.* — (9 figures, toile en hauteur). 600 francs.

Sainte Ruffine, patrone de Séville. Elle est vêtue d'une robe grise, d'une étoffe à raies noires et jaunes, et d'une écharpe verte, et tient à la main deux petits vases. — Toile en hauteur. 700 francs. — *Sainte Marine, id.*, 1,100 francs.

Saint Hugues changeant le repas des chartreux. Sept moines dans un réfectoire. Ils sont visités par saint Hugues, suivi d'un acolyte. — (9 figures, toile en largeur). 4,725 francs.

VENTE MARÉCHAL SOULT. — *Saint Pierre Nolasque et saint Raymond de Peñaford.* Ce tableau est un de ceux que Zurbaran peignit pour le couvent des Pères de la Merci chaussés. Saint Pierre Nolasque y est représenté siégeant au milieu du chapitre de Barcelone, que préside saint Raymond. (2 mètres 42 sur 2 mètres 21). — 19,500 francs.

Le miracle du crucifix (même provenance). Un Franciscain montre à saint Pierre Nolasque et à quatre moines de son ordre un crucifix miraculeux. Signé *F. D. Zurbaran,* 1629. (2 mètres 41 sur 2 mètres 61). — 19,500 francs.

Les Funérailles d'un évêque. Il est étendu sur un lit de parade. Un religieux lui place un crucifix dans les mains. Un pape, un évêque, un roi viennent rendre hommage à sa dépouille. Deux moines sont agenouillés au pied du lit. — (2 mètres 45 sur 2 mètres 21). 5,000 francs.

Saint Romain et saint Barulas (figures en pied). Le premier montre à l'autre sa langue arrachée. Il porte une chappe brodée d'or. — (2 mètres 50 sur 87). 5,700 francs.

Saint Laurent (figure en pied). Il est en habits sacerdotaux et tient à la main le gril de son martyre. — 3,000 francs.

Une sainte (figure en pied). Elle est en robe de soie verte, brochée d'or et en manteau rose. 3,300 francs. — *Autre sainte* (figure en pied). Vêtue d'une robe de brocart tissu d'or et d'un manteau violet; elle a un diadème. — 2,200 francs.

Communion d'un saint. Il est couché dans un lit à baldaquin et reçoit le viatique. Deux Franciscains sont à genoux, et derrière eux, deux acolytes; un personnage à mi-corps porte une aiguière. — (3 mètres sur 3 mètres 17). 2,100 fr.

L'Ange Gabriel (figure en pied). Il est en surplis blanc, tient une baguette sur l'épaule et marche dans un paysage solitaire. — Toile en hauteur. 2,555 francs.

VENTE LOUIS-PHILIPPE. — *Saint François avec les stigmates.* Ce tableau provenait d'un couvent de Franciscains à Séville. 16 livres sterling. — *Même sujet,* 265 liv. st. — *Notre-Dame de pitié* ayant à ses pieds un cardinal et un chartreux. Ce tableau vient d'un couvent de Séville. 63 livres sterling. — *Le Martyre de saint Julien.* Ce tableau provient d'un couvent de l'Estramadure ; il était fort estimé en Espagne. 70 liv. st. — *La Vierge dans une gloire.* 70 livres st. — *La Vierge et l'Enfant.* 94 livres st. — *La Vierge et l'Enfant,* environnés d'anges, avec des moines en prière à leurs pieds. Superbe peinture d'autel. 165 livres sterling.

F. D ZVRBARAN
FA. 1629.

Impr. Bénard et Comp., rue Damiette, 2

École Espagnole. *Sujets religieux, Paysages*

FRANCISCO COLLANTÈS

NÉ EN 1599. — MORT EN 1656.

L'art espagnol, par un phénomène inexplicable chez un peuple où le sentiment et la recherche du vrai constituent le caractère et la note dominante de son École, n'a produit, à travers ses diverses transformations, qu'un très-petit nombre de peintres paysagistes.

Durant tout le seizième siècle, le paysage, traité seulement comme accessoire, ne reflète guère que la tradition, la manière adoptées par l'artiste, sans empreinte personnelle, sans vérité locale : Berruguete s'y montre un florentin, Navarrete un vénitien, et quant à Vargas, à Cespedès et à Juan de Juanès, ils empruntent à l'École romaine ses fabriques et ses horizons.

Ce n'est qu'à la fin de cette période et alors que le génie national s'efforce de se dégager, que la représentation de la nature agreste acquiert quelque expression. Dans l'École de Tolède, Pedro Orrente, élève du Greco, exécute de nombreux tableaux de chevalet, genre, animaux et paysage, évidemment inspirés de la manière des Bassan, mais où se révèle pourtant une certaine saveur espagnole. A Valence, les Ribalta peignent leurs sujets religieux au milieu de sites accidentés, d'une exécution puissante et vraie et qui s'harmonise bien avec la sévérité de leur style. En

Andalousie, où les tendances réalistes étaient le plus marquées, l'opulente Séville, par un privilége de ses relations commerciales, mettait sous les yeux de ses artistes les productions, encore peu répandues dans le reste de l'Espagne, des peintres des Pays-Bas. L'étude de ces naturalistes à la touche fraîche et moelleuse, au coloris vivifiant et sain, exerça sur l'École une influence immédiate : elle fut tout à fait décisive après que Pedro de Moya, de retour des Flandres, eut initié ses compatriotes aux procédés de Van Dyck, dont il avait été un moment élève. Alonso Cano, Antonio del Castillo, Iriarte, Murillo et Velazquez donnent aussitôt à leurs études une direction nouvelle. Les traditions de l'atelier ne les satisfont plus; ils rompent avec les théories et les conventions et ne peignent désormais que le vrai, le réel, la nature elle-même. Dans toutes les branches, dans toutes les variétés de l'art, le naturalisme s'affirme et triomphe : le paysage a conquis enfin un caractère. Murillo, de la même brosse qui crée ses éblouissantes *Conceptions*, improvise des sites charmants, aux lointains vaporeux, aux lignes caressantes et assouplies. Iriarte, dont Murillo étoffe souvent les toiles, signe des vues champêtres que ne désavouerait aucun maître. Velazquez, de ses natures mortes et de ses paysages fait simplement des chefs-d'œuvre.

La naissante École de Madrid n'était alors représentée que par de jeunes peintres, héritiers ou disciples immédiats des artistes appelés d'Italie pour concourir à la décoration de l'Escorial. Élevée en Espagne, au milieu d'une nature nouvelle et de modèles différents, cette génération, dont les impressions intimes n'étaient plus en complète harmonie avec les traditions apprises, tendait visiblement à s'écarter de l'idéalisme de ses maîtres pour traduire les aspirations de la patrie adoptive.

Si donc l'exécution était encore italienne, l'invention, l'esprit, le goût étaient plutôt espagnols.

Le talent de Vicente Carducho domine et résume bien cette phase de transition. Quoiqu'il n'ait peint que des sujets religieux ou historiques dans lesquels le paysage se trouve subordonné à l'effet général de la composition, et traité dans le parti pris de coloration habituelle à l'artiste, sa manière à la fois simple et sobre d'en distribuer les masses, d'en éclairer les lignes et surtout d'en accuser, par un dessin déjà empreint de réalisme, certains détails des premiers plans, marque un progrès dans le sens d'un retour aux études de la nature. C'est de Carducho que procède Collantès, l'un des plus remarquables peintres de l'École madrilène.

Francisco Collantès naquit à Madrid en 1599. Il entra, très-jeune encore, dans l'atelier de Vicente Carducho. Ses premiers ouvrages furent des compositions religieuses. Collantès s'écarta peu d'abord du style et du coloris de son maître. Mais, lorsqu'il commença de peindre spécialement le paysage, il dut certainement s'inspirer à une autre École, car *le Buisson ardent*, du Musée du Louvre, de même que quelques autres toiles du Musée de Madrid et de l'Académie de San Fernando, accusent une énergie d'expression et des qualités de fermeté et de rendu qu'on ne rencontre pas dans les peintures de Carducho. C'est toute une manière nouvelle, toute une transformation, et, par la vigueur des effets, par la disposition plus ressentie des lignes comme par l'intensité du coloris, les paysages de Collantès seraient plutôt comparables aux meilleures productions des Vénitiens et des Bolonais.

A une entente toujours parfaite, et quelquefois grandiose, de la composition, Collantès mêle des détails naïvement réalistes et qui donnent à ses tableaux un caractère de piquante originalité. Son Moïse, dans *le Buisson ardent*, n'est qu'un simple *pastor* espagnol, et l'anachronisme du costume et des accessoires, fort bien peints du reste, ne paraît pas un moment avoir préoccupé l'artiste. Collantès affectionne les sites âpres, montueux, tourmentés, et les roches pittoresques que recouvrent de sombres végétations. Il y place volontiers des tours en ruine ou quelques débris d'aqueduc. Il aime encore les clairs ruisseaux s'échappant en cascatelles de quelque anfractuosité et s'épendant à travers la campagne.

L'œuvre de Collantès n'est pas considérable, et malheureusement quelques-unes de ses compositions religieuses, parmi les plus importantes, ne se retrouvent plus aujourd'hui. Mais son chef-d'œuvre existe au Musée de Madrid, et il suffit à sa gloire : c'est la *Vision d'Ézéchiel sur la résurrection de la chair*. M. L. Viardot, dans ses *Musées d'Espagne*, en donne une description magistrale et que nous ne pouvons mieux faire que de reproduire : « Le prophète, seul être vivant, appuyé sur le tronçon d'une colonne brisée, « au milieu des ruines de Ninive, évoque la race humaine, tout entière ensevelie dans la tombe, à la fin

« des temps. Les pierres se soulèvent, la terre s'entr'ouvre, et des masses d'hommes, jetant leurs linceuls, « accourent à son appel, effrayés du jour qu'ils revoient et du compte qu'ils ont à rendre. Il y a dans « l'ordonnance de cette scène, très-vaste quoique réduite aux proportions d'un cadre de chevalet, dans les « mille détails de cette foule pâle et décharnée, où se trouvent toutes les nuances, toutes les dégradations « possibles entre l'état de pur squelette et celui d'homme ayant chair et vie ; il y a, dis-je, une grande « science du dessin anatomique, une heureuse variété de poses et d'actions, une singulière énergie de « caractères. Pour sa manière simple, grave, expressive, on ne peut mieux comparer Collantès qu'à notre

LE BUISSON ARDENT (Musée du Louvre)

« Lesueur. Mais, dans ce tableau, du moins, l'Espagnol lui est peut-être supérieur par l'éclat de la lumière « et la vigueur du coloris ».

Collantès peignit aussi des *bodegones*, tableaux de fruits et de fleurs, très-recherchés par les amateurs espagnols. Cean Bermudez vante ces dessins, à la plume et teintés de rouge, pour la justesse de la pose et la brillante facilité de l'exécution. Un dessin de Collantès représentant une chasse au sanglier a été gravé par Pedro Perret pour le livre de Juan Mateos, arbalétrier de Philippe IV : *Origen y dignidad de la Caza*, imprimé à Madrid en 1634.

Collantès est mort à Madrid en l'année 1656. On ne lui connaît pas d'élèves, mais sa manière, dans le paysage principalement, a inspiré quelques imitateurs.

PAUL LEFORT.

RECHERCHES ET INDICATIONS.

Les tableaux de Collantès sont d'une certaine rareté et Cean Bermudez ne cite lui-même, en dehors des ouvrages qui sont indiqués dans cette Notice, qu'un *Apostolat*, existant autrefois dans la salle capitulaire de San Cayetano, à Madrid, et la *Vue d'une Ville*, jadis au palais du Retiro. Voici la liste des quelques ouvrages de Collantès que possèdent les Musées d'Europe :

PARIS. — MUSÉE DU LOUVRE. — *Le Buisson ardent.*

MADRID. — MUSÉE ROYAL. — *La Vision d'Ézéchiel.* — *Saint Guillaume d'Aquitaine nourri par un corbeau.* — Un *Paysage avec cascade.* — Un *Paysage avec ruines.*

ACADÉMIE DE SAN FERNANDO. — Un *Paysage*, daté 1634.

SAINT-PÉTERSBOURG. — MUSÉE DE L'ERMITAGE. — *Saint Jean-Baptiste* dans un paysage.

MUNICH. — MUSÉE ROYAL. — Un *Paysage*.

Le catalogue de l'ancienne galerie espagnole du Louvre mentionne une *Pénitence de saint Jérôme*, tableau qui a été vendu à Londres en 1853, pour la somme de 6 £. 15.

Fran^cc^ Collantes f 1630

PARIS. — IMPRIMERIE POITEVIN, RUE DAMIETTE, 2 ET 4

École Espagnole. *Histoire, Portraits.*

DON DIÉGO VÉLASQUEZ

NÉ EN 1599. — MORT EN 1660

Un jour que Vélasquez venait d'achever le portrait du grand-amiral de Castille, don Adrian Pulido Pareja, Philippe IV entra dans l'atelier de son premier peintre, et apercevant le portrait de l'amiral : « Que faites-vous là, dit-il, en s'adressant au tableau, est-ce ainsi que vous exécutez mes ordres ? N'est-ce pas à vous que j'ai confié l'honneur de mon pavillon ? » Puis, se tournant du côté de Vélasquez, « Mon fils, dit le roi, vous m'avez trompé [1]. » Cette parole était sans contredit l'hommage le plus flatteur qu'on pût rendre au génie de Vélasquez, génie altier qui ne voyait dans la peinture qu'un moyen de recommencer la création.

Don Diego Rodriguez de Silva y Vélasquez naquit à Séville en 1599, suivant le témoignage des auteurs espagnols, et non pas en 1594, comme l'ont répété tant de biographes. Son premier maître fut Herréra le Vieux, homme terrible, d'une indomptable rudesse, qui s'était fait une manière de peindre en harmonie avec son caractère. Contemporain du Caravage, il en

[1] *Os asseguro, que me engañe.* Palomino Velasco, *Las vidas de los pintores españoles*, au tome III du *Museo pictorico y escala optica.* Madrid, 1724.

avait la sombre humeur, la hardiesse brutale et le fier pinceau. Mais traitant ses élèves et sa famille comme il peignait ses tableaux, c'est-à-dire avec une sorte de sauvagerie et de fureur, il éloignait de lui tout le monde, et Vélasquez dut bientôt fuir l'école d'un maître que ses propres enfants abandonnaient. Cependant son séjour chez Herréra le Vieux, lui fut profitable; il y contracta le goût d'une exécution libre, énergique et fière, qui tranchait avec le faire timide des peintres antérieurs de l'Andalousie, et à force de voir son maître réussir par l'audace, il s'accoutuma lui-même à une manière pleine de franchise et de vigueur.

Il y avait alors à Séville un condisciple de Herréra le Vieux: c'était François Pachéco, aussi sage, aussi contenu que l'autre était emporté. Vélasquez, en quittant l'atelier de Herréra pour celui de Pachéco, trouva dans ce second maître, non-seulement un bon peintre, surtout à fresque, mais un écrivain savant, un poëte. Sa maison, dit Palomino, était la prison dorée de la peinture, *carcel dorado del arte.* Chez lui se réunissaient les beaux esprits qui habitaient Séville ou le traversaient : Herrera *le divin*, auteur d'un Traité sur la peinture, François Quévédo de Villégas, poëte ingénieux, et l'immortel auteur de *Don Quichotte de la Manche*, Miguel de Cervantès Saavédra. Voyez combien est charmante l'histoire de l'art! C'est elle qui soulève certaines tapisseries auxquelles la grande histoire n'a jamais touché; c'est elle qui, nous introduisant par une porte imprévue, nous fait rencontrer chez les peintres des personnages qu'on n'y soupçonnait point, et qui sont venus là dépenser les bonnes heures de la vie, celles que passent entre eux les philosophes, les artistes et les rêveurs. Et quelle heureuse fortune pour un jeune peintre que de grandir en compagnie de tels hommes, de s'enrichir du bénéfice de leurs conversations! Car je me figure que dans cet atelier où l'on pouvait apercevoir deux écoliers ardents à l'étude, Alonzo Cano et Vélasquez, les journées devaient être bien courtes et bien remplies, soit que Pachéco dessinât le portrait de Cervantès aux crayons rouge et noir [1], soit que le portrait inspirât de jolis vers à Quévédo, soit enfin que l'illustre romancier racontât les prouesses du dernier des chevaliers errants, ou bien qu'il ouvrît une fenêtre à l'imagination des auditeurs sur ce rugueux paysage de la Sierra-Morena, qui ne ressemble à aucun autre.

Vélasquez, bien qu'on pût lui croire un caractère violent d'après son portrait peint par lui-même, était, au contraire, un homme sociable et doux. Pachéco le voyant déjà si habile et si attentif aux nobles entretiens de ses visiteurs, s'attacha particulièrement à lui. Tous les tableaux que dans ce temps-là l'on faisait venir à Séville, de Rome, de Naples, de Venise et même des Pays-Bas, Pachéco les montrait à son élève; il lui procurait la facilité de les étudier, de les copier; mais de tant d'ouvrages aucun ne séduisit aussi fortement Vélasquez que les tableaux de son compatriote Luis Tristan de Tolède, dont il admirait la belle couleur et les vives conceptions, sans doute comme se rapportant le mieux à son propre tempérament, car, en général, ce que les artistes admirent dans les autres, c'est une portion d'eux-mêmes. Du reste, chose remarquable, Vélasquez, en homme vraiment né pour la peinture, avait su parfaitement apprécier ses deux maîtres et s'approprier ce qu'il trouvait en chacun d'eux de meilleur. Il détesta le naturel farouche de Herréra le Vieux, mais il lui emprunta sa puissante et hardie manière; il aima l'intelligence cultivée de Pachéco, mais il ne put adopter le style châtié et sage, la peinture timide de ce docte professeur : de sorte que chez l'un il forma sa palette et chez l'autre son esprit. Ce fut au sortir de cette double éducation vers l'âge de vingt ans, que Vélasquez épousa la fille de son maître, dona Juana, ainsi que l'a raconté Pachéco dans son *Traité de la Peinture* [3].

On le sait, l'*idéal* ne fut jamais le domaine des peintres espagnols, et par idéal, j'entends ici le haut style. Exprimer la passion, surprendre la réalité, faire palpiter la vie, ce fut le lot de cette forte école. En ce sens, Don Diégo Vélasquez était le plus Espagnol de tous les peintres. Il faut le suivre pas à pas dans sa marche vers le genre de perfection qu'il devait atteindre. Son maître favori, celui qu'il plaçait au-dessus de Pachéco et de Herréra le Vieux : c'était la nature. Il la consultait à chaque instant du jour. Il avait pris

[1] Quilliet, *Dictionnaire des peintres espagnols*, Paris, 1816.

[2] Voyez la vie de François Pachéco, dans le *Dictionnaire* de Quilliet. Cet ouvrage est une utile compilation de Palomino, de Céan Bermudez et des meilleurs livres espagnols touchant la peinture.

[3] *El Arte de la pintura, su antiguedad y grandesas.* En Sevilla, 1649.

à son service un jeune paysan qui ne le quittait point[1], et il l'étudiait en ses moindres gestes, faisant prendre à son corps mille postures différentes, épiant sur sa physionomie les expressions de gaieté ou de tristesse, d'attention ou d'indifférence, de plaisir ou de crainte, que provoquent les accidents de la vie

VELAZQUEZ E. BOCOURT MOUARD

LE MARCHAND D'EAU DE SÉVILLE.

commune, ne s'épargnant enfin aucune nuance, aucune difficulté de dessin, aucun raccourci. De la sorte il étudiait l'humanité dans un homme, et cherchait à surprendre sur ce modèle, toujours le même et toujours mobile, non-seulement la trace des mouvements ordinaires de l'âme, mais le parti que peuvent offrir à la

[1] ... Le servia de modelo en diversas aciones y posturas, ya llorando, ya riendo... etc... Pacheco, *El Arte de la Pintura*. En Sevilla, 1649.

peinture les diverses attitudes du corps humain. Il observait sur ce visage les rides creusées par le rire ou les larmes, ces rides qui, suivant la remarque d'un philosophe, servent à exprimer la joie aussi bien que la douleur.

Telle était la confiance de Vélasquez en la riche variété de la nature, que lorsqu'il puisait dans cet inépuisable trésor, c'était presque toujours sans préférence, bien sûr qu'il y rencontrerait partout la beauté et qu'il saurait la traduire. Partant de ce principe, il n'eut d'abord d'autre but qu'une imitation scrupuleuse de la forme et du ton de tous les objets, finissant avec le même soin chaque partie et lui donnant toute la vigueur qu'il croyait y voir. N'est-ce pas là que doit conduire en effet le naturalisme, du moins au début? Si vous considérez l'art comme une simple contr'épreuve de la nature, aussitôt tout en elle vous enchante; occupé de la seule fidélité du rendu, vous attachez aux parties principales ou accessoires une égale importance; prenant un à un les détails, vous les attaquez d'abord avec amour, avec force, sans vouloir en sacrifier aucun. Alors les plans qu'il aurait fallu distinguer se confondent, la valeur relative des tons vous échappe et, pour avoir mis partout de l'accent, du relief, vous tombez dans une dureté inévitable. C'est ce qui arriva précisément à Velasquez dans sa première lutte contre la nature. A cette manière appartient le tableau si fameux du *Marchand d'eau de Séville*, dont la vérité, du reste, est si frappante, qu'elle éveille dans le spectateur jusqu'aux sensations du gosier, car on y voit un homme du peuple se désaltérer si avidement et si complaisamment à la cruche du marchand d'eau, qu'on voudrait souffrir longtemps de la soif pour avoir la jouissance de l'étancher ainsi. Une *Adoration des Bergers*, que possédait M. le comte de l'Aguila — celle-là même qui brillait naguère d'un si vif éclat au musée espagnol du Louvre — doit remonter à la même époque de rigoureuse imitation, ainsi que les scènes familières et d'intérieur que Vélasquez peignit dans le goût de David Téniers, par exemple cette bouffonnerie bachique connue sous le nom de *los Bebedores*, tableau des *Buveurs*. C'est l'entrée d'un récipiendaire dans une sorte de loge maçonnique de bas étage, où un président aviné, charnu, reluisant, couronné de pampres et presque entièrement nu, initie le novice aux mystères de la gourmandise et du vin généreux, tandis que, rangés autour du tonneau sur lequel trône le monarque enluminé, cinq ou six bandits en guenilles emplissent et vident leurs coupes, ou rient aux éclats d'un gros rire bien trivial, mais si ouvert, si franc, si contagieux, qu'il donne envie de rire au spectateur, comme le *Marchand d'eau* lui donne envie de boire.

Au printemps de l'année 1622, le gendre de Pachéco partit de Séville pour Madrid, où le chanoine Fonséca, son compatriote, de service au palais, lui procura les moyens de visiter les galeries du Pardo et de l'Escurial, d'y voir, d'y copier tout ce qu'il voulut. Jaloux de protéger un jeune homme dont il devinait les destinées, Jean de Fonséca s'occupa de ménager à Vélasquez des protecteurs plus puissants que lui-même, si bien que le peintre ayant été rappelé à Séville, y reçut, avec cinquante ducats d'or, une lettre du comte-duc d'Olivarès, ministre d'État et favori de Philippe IV, qui l'invitait à se remettre en route pour Madrid. Cette fois Pachéco accompagna Vélasquez, afin, disait-il, d'être témoin de la gloire de son gendre. Pour prendre son rang, Vélasquez n'avait besoin que de peindre et de montrer ses œuvres. Le chanoine Fonséca, qui avait reçu l'artiste dans sa maison, lui demanda son portrait, et à peine la toile fut-elle achevée, qu'il courut au palais exposer aux yeux du roi et des courtisans l'œuvre de son protégé, peinture solide, colorée et vivante, où la tête du chanoine semblait se répéter comme en un miroir. Le jour même, Vélasquez fut admis à la cour, et Philippe IV voulut avoir son portrait de la main d'un tel artiste. Pour obtenir les faveurs de la fortune, le peintre espagnol lui avait fait violence.

Vélasquez abordant de front une des plus sérieuses difficultés de la peinture, représenta le roi d'Espagne couvert de son armure et monté sur un beau cheval qu'il s'agissait d'enlever en plein air, au milieu d'une campagne qui devait fuir à perte de vue. Le succès fut merveilleux. « Malgré cette négligence hardie de tous les secours artificiels de l'art, dit M. Louis Viardot [1], Vélasquez n'a-t-il pas atteint les limites possibles de l'illusion? N'a-t-il pas porté sur sa toile tous les caractères de la vie? Quel parfait naturel dans la pose et l'accord des membres, dans l'habitude générale du corps! Ces cheveux ne sont-il pas

[1] *Les Musées d'Espagne, d'Angleterre et de Belgique*. Paris, chez Paulin, 1843.

agités par le vent? Le sang ne circule-t-il pas sous cette peau blanche et fraîche? Ces yeux n'ont-ils pas le don du regard? Cette bouche ne va-t-elle pas s'ouvrir et parler? »

L'INFANT DON CARLOS BALTAZAR.

Le rare talent de Vélasquez avait encore grandi. La sévère exactitude qu'il avait mise d'abord dans son imitation, l'ayant conduit à un style qui n'était pas, nous l'avons dit, exempt de sécheresse, il s'en était corrigé en remarquant que l'éloignement des objets donne de l'indécision à leurs formes et altère leur apparence. Sa touche était maintenant plus facile, plus spirituelle; il imitait la nature, non telle qu'elle est, mais telle qu'elle paraît être.

Devenu peintre particulier du roi, *pintor de camara,* Vélasquez se vit comblé de présents et de ducats d'or. Philippe IV n'était pas un grand roi, bien qu'il s'entendît chaque jour comparer au soleil; mais il aima les lettres et la peinture, et il les aima dans la personne d'un illustre poëte, Calderon, d'un excellent peintre, Vélasquez. Admis l'un et l'autre dans l'intimité royale, ils furent en quelque sorte les familiers du palais; ils firent partie de la maison du roi, ils l'honorèrent de leur amitié; avec eux il oubliait les démembrements successifs de la monarchie de Charles-Quint, et quand on venait apprendre à ce monarque nonchalant qu'il avait perdu le Portugal, perdu le Roussillon, perdu les Flandres, on le trouvait écoutant quelque charmante comédie *de cape et d'épée*, ou contemplant, appuyé sur l'épaule de Vélasquez, un *paysage* qui lui montrait les horizons et la verdure de son royaume.

Paysagiste, Vélasquez ne dut pas l'être à la façon des Hollandais, c'est-à-dire qu'il ne fut point précieux comme Karel Dujardin, curieux par les détails du terrain, comme Wynants, fini comme Van de Velde, suave comme Poëlembourg; il apporta dans le paysage une rude franchise de pinceau, il le traita dans une manière large, sommaire, qui semble naturelle aux peintres d'histoire et qui était celle de Rubens. Chez le peintre espagnol, la campagne ne joue pas précisément le premier rôle; elle sert de fond aux épisodes animés que l'artiste imagine avec l'intention de les mettre en relief. La *Vue du Pardo* se complique d'une chasse au sanglier, où le mouvement des chiens, des chevaux, des chasseurs, intéresse autant que la sauvagerie du site et l'aspect du bois. La *Vue d'Aranjuez* représente une avenue sablée, célèbre en Espagne sous le nom d'*allée de la Reine*, et semble n'être qu'un prétexte pour nous faire assister à la promenade des dames de la cour avec les gentilshommes à la mode, sous les ombrages d'une contrée de délices. Quant à l'exécution de ces *paysages* qui appartiennent au *Museo del Re*, comme la plupart des œuvres capitales de Vélasquez; ils sont brossés hardiment, brutalement, pour être vus de loin. De près, on serait choqué d'une touche aussi heurtée, de la crudité de certains rapprochements, du vague dans lequel sont massés, et en apparence confondus, terrains, arbres et ciel; mais si on les considère à distance, tous ces objets se débrouillent aussitôt, tout s'harmonise, chaque élément du tableau reprend sa place, chaque ton sa valeur, la lumière brille, la nature et la vie sont présentes, l'illusion augmente à ce point qu'on est tenté de se rapprocher encore, pour s'expliquer un effet si artistement combiné, si sûrement obtenu.

Je crois savoir le secret de cette façon cavalière de traiter la peinture, et pourquoi elle a si merveilleusement réussi à Vélasquez. Il avait commencé par peindre les objets au fur et à mesure qu'ils venaient s'offrir à ses yeux : oiseaux, poissons, fruits et fleurs, *frutas, aves, peces, y cosas inanimadas por el natural*, dit Céan Bermudez[1], et rien ne saurait mieux former ou perfectionner un coloriste qu'une sévère étude de ce qu'on appelle la nature morte. Là se peuvent découvrir quelques-uns des mystères de la création et de ses convenances harmonieuses. Les premieres choses venues, la pierre du chemin ou la fleur des champs, portent en elles-mêmes le principe de l'alliance et de l'opposition des tons. Le contraste y sert à piquer notre attention et l'harmonie à la charmer. L'œil d'un peintre, en faisant le tour d'une pomme de Calville, par exemple, aurait du plaisir à y démêler les fines nuances qui, du jaune pâle, le conduiraient à l'incarnat. Le chardonneret à tête rouge et aux ailes bordées d'or, présenterait à lui seul toute une théorie à l'usage des coloristes. Vélasquez, en ne rapprochant, comme la nature, que des couleurs dont il sentait la parenté, s'épargnait la nécessité de les fondre; il put ainsi conserver la solidité de la pâte et sa fraîcheur, parce que ne craignant pas de blesser la vue par le voisinage de tons qui se mariaient d'eux-mêmes, il les appliquait juste, hardiment, avec sûreté, et ne les tourmentait plus.

Cependant la nouvelle se répandit à la cour d'Espagne, qu'il venait d'arriver à Madrid un peintre célèbre, Pierre-Paul Rubens. Porteur de présents diplomatiques envoyés par le duc de Mantoue, Rubens se fait présenter

[1] *Diccionario de los mas illustres professores....* etc... tome VI. Madrid, 1800.

à Philippe IV... Mais quoi! l'officier qu'il rencontre à la porte de l'appartement du roi, l'hôte familier qui va l'introduire, c'est Vélasquez [1]! Oh! ce dut être un heureux jour pour ces deux grands peintres, que celui où ils se virent pour la première fois! Et pourquoi donc les historiens n'ont-ils connu aucun détail de cette entrevue? Serait-elle moins intéressante que celle de Philippe IV et de Louis XIV dans l'île de la Conférence! Ces deux illustres princes, je parle de Vélasquez et de Rubens, ne furent-ils pas les personnifications les plus brillantes de l'art espagnol et de l'art flamand? Qui le croirait? Ce fut Rubens qui inspira au peintre du roi le désir de voir l'Italie; lui, Rubens, que n'avaient pu changer ni l'idéal de Florence ni la chapelle Sixtine, qui avait vu et

LES BUVEURS (LOS BEBEDORES).

copié la *Cène* de Léonard de Vinci avec les yeux, avec le crayon d'un chef d'école flamand! Jamais peut-être la nature ne fit deux hommes d'une originalité plus native, d'une nationalité plus reconnaissable, que Vélasquez et Rubens.

Quoi qu'il en soit, Vélasquez, avec la permission du roi qui eut de la peine à se séparer de lui, s'embarque à Barcelone le 10 août 1629, sur le vaisseau du marquis de Spinola [2], aborde à Venise et court sur le champ aux tableaux. Titien lui apparaît aussi grand que l'avait dit Rubens; Véronèse l'enchante, le Tintoret l'entraîne, et il copie d'après ce fougueux maître le *Calvaire* et la *Communion des apôtres*, se proposant d'offrir ces deux toiles à son ami Philippe IV. A Ferrare, à Bologne, à Rome, Vélasquez est partout accueilli avec honneur,

[1] Vélasquez avait alors la charge d'introducteur de la chambre, *ugier de càmara*. Il fut plus tard maréchal des log s, *aposentador*.

[2] Pacheco, *Arte de la Pintura, su antiguedad y grandesas*, libro primero, p. 103.

grâce aux ordres envoyés par le duc d'Olivarès à tous les représentants de l'Espagne en Italie. Le pape Urbain VIII loge l'artiste au Vatican, et lui fait remettre les clefs des appartements ornés de peintures [1]. Vélasquez dessine au crayon le *Jugement dernier*, les Prophètes et les Sibylles de la Chapelle Sixtine, l'*École d'Athènes*, le *Parnasse*, l'*Incendie del Borgo*, et il emploie si bien son temps, qu'il lui reste à peine le loisir d'exécuter deux tableaux de sa composition, la *Tunique de Joseph*, un de ses plus fameux, et les *Forges de Vulcain*. Ce sont des chefs-d'œuvre à leur manière.

Je dis à leur manière, car il est des choses qu'il ne faut point demander à Vélasquez : l'élévation du style, les conventions traditionnelles comme les comprit Nicolas Poussin, et cette noblesse dans le choix du contour qui, dépassant la correction, va jusqu'à substituer aux formes que présente la nature, les raffinements inventés par le génie ou par le goût. Vélasquez ne paye jamais qu'en monnaie d'Espagne, c'est-à-dire qu'il fait rentrer dans les types d'une trivialité fière les héros et les scènes de l'ordre le plus auguste. Pour lui, les dieux de l'Olympe ne sont que des hommes, et l'homme, à ses yeux, c'est le premier venu, c'est le muletier qui passe en sifflant, c'est le mendiant qui, là-bas, se drape majestueusement dans son manteau troué. Aussi ne vous attendez pas à rencontrer dans la *Forge de Vulcain*, ce svelte Apollon que la statuaire antique fit sortir du marbre, rayonnant de grâce, de beauté et de jeunesse, effleurant le sol d'une démarche divine. Non, sur la toile de Vélasquez, le fils de Latone venant dénoncer à Vulcain l'adultère de Vénus, n'est qu'un apprenti forgeron qui serait fort surpris s'il voyait l'auréole lumineuse dont sa tête est environnée. En dépit de la branche de laurier qui couronne cet apprenti déguisé en dieu des arts, la scène est des plus communes et se passe en quelque auberge de village, ou, si l'on veut, dans l'atelier du maréchal chez qui Velasquez aura vu ferrer les mules du roi d'Espagne, car assurément on n'a jamais forgé là ni le bouclier d'Achille ni l'armure d'Énée. Mais, en revanche, si l'on accepte le tableau par son côté vulgaire, quelle réunion de qualités éclatantes! Comme l'expression est simple, comme elle est forte, et dans la pantomime de Vulcain, plus étonné qu'il ne devrait l'être des infidélités de Vénus, et dans la naïve contenance des trois forgerons qui, laissant reposer l'enclume muette, interrompent la cadence de leurs marteaux! Tout ce qu'un peintre français aurait demandé à une imagination poétique, Vélasquez le demande à la réalité pure. Au lieu du contraste des deux natures, divine et humaine, c'est le contraste des deux lumières, le feu du brasier et la clarté du jour. Et quelle savante anatomie dans ces beaux corps qui se modèlent sous un rayon de soleil, dans ces bras si souples, si nerveux, si justes d'emmanchement et de raccourci! Pourquoi ferait-on divorce avec la nature, quand on l'épouse avec tant d'amour, quand elle est si féconde!

Vélasquez revint d'Italie aussi Espagnol, aussi Vélasquez qu'auparavant. L'étude de l'antique n'avait pas élevé son style jusqu'à l'idéal. Sa destinée était de régner exclusivement dans le domaine de la réalité. S'il n'eut pas des ailes pour monter dans les nuages et y saisir les expressions surhumaines, il fut peut-être le plus grand de tous ceux dont les pieds touchent la terre. Sa peinture à force de caractère devint sublime et souvent, quand il ne cherchait que la vérité, il rencontra la poésie. Il en mit plus dans un simple portrait que d'autres n'en mettent dans des compositions sacrées ou historiques. Mais aussi quel peintre eut jamais de plus beaux modèles pour inspirer son génie? Velasquez avait devant les yeux, non plus cette nature lourde, épaisse et charnue, qui posait dans les ateliers flamands et hollandais; mais ces organisations espagnoles, exubérantes de vie et de passion, remplies de courage, de dévotion et d'orgueil. Quand il se trouvait en présence d'un de ces chevaleresques personnages dont la contenance était aussi superbe que la sienne, le modèle grandissait encore à ses yeux, et il arrivait un moment où le portrait se trouvait transformé en un magnifique tableau d'histoire!

Celui du comte-duc d'Olivarès, son protecteur, en est un exemple. Il le représenta couvert d'une armure damasquinée en or, avec un chapeau orné de panaches et tenant en main le bâton de commandement. Monté sur un cheval andaloux de la plus belle race, il se précipite au combat, son visage paraît baigné de sueur, sous le poids de la fatigue et des armes. Dans le fond, on aperçoit un choc de cavalerie. Jamais on ne

[1] Pacheco, *Arte de la Pintura, su antiguedad y grandesas*, libro primero, p. 104.

sut mieux rendre le mouvement et la beauté des chevaux, l'ardeur et la vérité de l'action. Palomino Velasco[1], qui a raconté avec tant de soin la vie des peintres espagnols, ne peut s'empêcher de s'émouvoir en parlant de ce tableau : « On voit, dit-il, s'épaissir la poussière et la fumée; on entend le bruit des armes, on assiste au carnage[2]. »

Ici Vélasquez devient l'égal du Titien et de Van Dyck. Personne ne connaît mieux que lui la construction du cheval et ses mouvements, son squelette et son allure. Van Dyck a peut-être donné à ses chevaux plus d'élégance; Velasquez en a très-bien fait sentir les attaches, et leur a donné plus de feu, surtout dans les têtes, qui sont d'une noblesse et d'une beauté rares. Non, rien n'est plus fier, plus mâle que ce cavalier aux moustaches

UNE RÉUNION D'ARTISTES.

retroussées, qui, tourné vers le spectateur, pendant que son cheval l'emporte au combat, ordonne la charge et semble commander, non seulement en vertu de son pouvoir, mais en vertu de son courage. N'est-ce pas là ce qui a inspiré à notre peintre français son *Capitaine des guides?* N'est-ce pas le ressouvenir de l'héroïque portrait de Velasquez qui a fait trouver à Géricault une autre manière d'être sublime?

Je me souviens d'avoir visité, en 1836, la galerie du prince d'Orange, depuis roi de Hollande, à Bruxelles. Après avoir admiré bien des chefs-d'œuvre, entre autres un étonnant *paysage* de Rubens, où hurlait une chasse au sanglier, des figures du Pérugin et d'admirables têtes de François Penni, surnommé le *Fattore*, je fus introduit

[1] *Museo pictorico y escala optica.* En Madrid, 1724.

[2] Parece que se vé el polvo, se mira el humo, se oye el estruendo, y se teme el estrago. *Las vidas de los pintores españoles*, au tom. III, p. 333, du *Museo pictorico.*

dans une salle nue, où étaient appendus, d'un côté : la *Belle Anversoise* de Van Dyck et le portrait d'un bourgmestre vêtu de noir, avec sa collerette fine à petits plis ; de l'autre, les portraits du comte-duc d'Olivarès et de Philippe IV, par Velasquez. Jamais tableaux ne produisirent une sensation plus profonde sur un jeune homme amoureux de l'art. Ceux qui visitaient avec moi la galerie, ayant passé outre, je demeurai seul quelques instants en présence de ces quatre figures en pied qui me regardaient de toute leur hauteur. La gravité de leur contenance immobile m'imposait du respect et je prenais involontairement leur digne attitude. Incertain, du reste, entre ces deux grands peintres, deux fois ébloui, je sentais mon enthousiasme aller de Van Dyck à Velasquez, de Velasquez à Van Dyck, et chacun d'eux avait à son tour mes préférences. Le savant et riche pinceau de l'élève de Rubens ne me séduisait pas plus que la manière franche, vigoureuse et sobre du peintre espagnol. L'un me faisait admirer l'art, et l'autre l'avait caché pour ne montrer que la nature.

Philippe IV avait attendu avec impatience le retour de Velasquez : l'intimité du peintre lui était nécessaire, car c'était un de ces amis familiers qu'en langage de cour on appelait *privados del Rey*. Durant l'absence de Velasquez, le roi n'avait voulu poser pour aucun peintre, et cependant il avait à son service les Caxes, les Carducho, les Nardi. Ami passionné de l'art, et charmé d'en pouvoir découvrir à toute heure les manifestations naïves, les procédés et les secrets, il fit dresser à son peintre favori un atelier dans la galerie du Cierzo, et garda pour lui-même une seconde clef, se réservant d'entrer quand il lui plairait, d'aller surprendre les fantaisies à l'état d'ébauche et s'amuser à suivre pas à pas le développement de chaque pensée, les progrès de chaque toile, depuis l'informe et confuse apparence du croquis jusqu'au dernier terme de l'exécution. Ce fut à la famille de Philippe IV que Velasquez consacra les premiers instants de son retour. Il peignit l'un après l'autre infants et infantes. On pouvait voir au Musée du Louvre avant que les héritiers de l'ex-roi Louis-Philippe ne les fissent enlever, quelques échantillons de cette peinture, trop sincère, trop libre pour être courtisanesque. Exhaussés sur de hauts talons ou attachés à de longues rapières, ces principicules de la hauteur de leur épagneul, se présentaient à nos regards avec une solennité quasi-royale qui avait bien son côté charmant, le côté historique et vrai.

Au Musée de Madrid, on conserve les grands portraits équestres ou en pied de l'infant don Balthazar Carlos. Velasquez l'a représenté : ici, tenant d'un air mutin sa carabine, entouré de ses chiens, et son petit chapeau crânement posé sur l'oreille, au milieu d'un de ces paysages accidentés comme on n'en verrait, je crois, que chez Collantès; là, monté sur un cheval andaloux qui va sortir de la toile au grand galop. Rien n'est plus intéressant que cet embryon de cavalier, aux grands yeux noirs, si tranquille, si naïf, si bien d'aplomb sur sa fougueuse monture, et les jambes perdues en des bottes molles, ainsi qu'il convient à un chasseur déjà rompu aux habitudes de l'équitation[1].

Tous les effets d'une nature observée au hasard, tous les phénomènes de la lumière, depuis l'intensité du grand soleil jusqu'aux nuances les plus fugitives d'une clarté douteuse, Velasquez les aborde sans hésitation, les reproduit sans peine. Rien n'embarrasse un tel maître, rien ne l'étonne, tant qu'il ne s'agit pas d'idéaliser son modèle. Grouper des personnages dans la pénombre lui est aussi facile que d'en enlever un seul en pleine campagne. S'il lui arrive de visiter une fabrique de tapis, et d'y voir des femmes qui, à raison de l'extrême chaleur de l'été, travaillent à moitié nues, sous un rayon amorti par les tentures extérieures, il sera frappé des effets charmants de ce clair-obscur, et il représentera les Fileuses, *las Hilanderas*, livrant au demi-jour leur nudité insouciante, tandis que des dames plus vêtues marchandent des tapisseries terminées, et sont là pourtant comme de simples objets dont le peintre s'est servi pour montrer les miracles de son incomparable pinceau, pour augmenter l'illusion de la perspective et donner prise aux accidents d'une lumière adoucie et ménagée. On irait, je suppose, regarder par une secrète ouverture cet intérieur de fabrique; on viendrait surprendre au milieu de leurs travaux et en deshabillé ces ouvrières paresseusement occupées, dont un jour attiédi caresse les épaules et qui sont comme baignées dans l'air chaud du Midi..... on ne verrait autre chose

[1] On peut se faire une idée de ces portraits en consultant la *Colleccion litografica de cuadros del Rey de España*. Madrid, 1826, t. I. Cet ouvrage est incomplet au cabinet des estampes de la Bibliothèque nationale.

que le tableau même du peintre espagnol. Aussi Raphaël Mengs s'est-il écrié, en parlant de ce tableau et des portraits de Velasquez : « Il semble que sa main n'a pris aucune part à l'exécution de ses ouvrages, et que tout y a été créé par un pur acte de sa volition[1]. »

L'INFANT.

Depuis longtemps, Philippe IV songeait à établir dans Madrid une académie publique des beaux-arts; mais il fallait des modèles : le roi chargea Velasquez de parcourir l'Italie et d'y choisir, pour le compte du gouvernement espagnol, tout ce qu'il croirait digne d'être rapporté[2]. Le peintre partit donc de Madrid au mois de novembre 1648, et dut s'embarquer à Malaga avec le duc de Naxera, qui avait ordre d'aller recevoir à Trente la reine

[1] Raphaël Mengs, *Description des principaux tableaux qui sont dans le palais du Roi, à Madrid*, t. II des Œuvres.
[2] Quilliet, *Dictionnaire des peintres espagnols*, p. 375.

Marie-Anne d'Autriche. Ils débarquèrent à Gênes et se rendirent à Milan; mais Velasquez ne voulut pas y attendre l'arrivée de la reine, impatient qu'il était de revoir Venise, où l'appelaient ses souvenirs et tant de merveilleux coloristes. Ce fut un voyage bien utile à son pays que cette seconde excursion de Velasquez en Italie. S'il connaît d'excellents tableaux à vendre, il les achète pour le roi; s'il rencontre de célèbres fresquistes, tels que les Colonna et les Metelli, de Bologne, il leur parle de l'Espagne comme d'un pays où leurs talents trouveront à s'exercer avec gloire, avec profit. A Florence, Velasquez se repaît des chefs-d'œuvre d'André del Sarte, et, à Parme de ceux du Corrège. A Modène, il fut reçu avec beaucoup de distinction par le duc, qui se souvenait d'avoir posé à Madrid dans l'atelier du peintre. Cependant, fatigué des honneurs qu'on décernait partout à l'envoyé de Philippe IV, Velasquez se rendit incognito à Rome d'abord, puis à Naples, où il devait se concerter avec le vice-roi, lequel avait ordre de fournir au *peintre de la chambre* tout ce qu'il demanderait. Nous avons dit qu'à cette époque, Ribera était un des grands personnages de Naples [1] : Velasquez eut naturellement le désir de voir son illustre compatriote, et il put admirer de bonne grâce les œuvres d'un tel maître, car lui, Velasquez, il était fait pour inspirer la jalousie, non pour la concevoir.

Il fallut pourtant retourner à Rome, où le pape Innocent X fit à Velasquez un accueil magnifique, aussitôt imité par le Cardinal-neveu et les autres Éminences. Le cavalier Bernin, l'Algarde, Pietre de Cortone entouraient de prévenances le peintre espagnol; mais quand il eut peint le portrait d'Innocent X, ce fut de l'enthousiasme. Le tableau était un des prodiges de l'art; son succès fut un triomphe. La toile, portée en grande pompe à la procession eut les honneurs du couronnement; elle renouvelait l'illusion que jadis avaient produite les fameux portraits de Léon X par Raphaël, de Paul III par le Titien. C'était le souverain pontife en personne que ce prêtre au visage rouge, revêtu d'un camail rouge, assis dans un fauteuil rouge et se détachant sur des tentures rouges. Il avait suffi d'un ourlet d'hermine au bord de la calotte de pourpre, et de quelques touches vivement posées sur les points lumineux du nez, de la pommette et des frontaux, pour exécuter ce tour de force, pour donner à cette peinture le relief, la rondeur, l'accent, la vie.

Pendant ce temps, Philippe IV souffrait impatiemment de ne plus avoir auprès de lui Velasquez. L'intimité journalière de l'artiste lui faisait défaut, car il aimait, nous l'avons dit, à le voir peindre dans le silence de l'atelier du Cierzo, où lui seul, Philippe IV, pouvait pénétrer à toute heure. L'ennui du monarque fut remarqué par un courtisan, don Fernand Ruiz de Contreras, qui en écrivit à Velasquez; mais avant de repartir pour Madrid, l'intelligent missionnaire de l'art se souvint qu'à son premier voyage il avait commandé un tableau à chacun des douze meilleurs peintres de l'Italie, et qu'il devait porter à Madrid ces douze productions rivales. Le Guide, le Dominiquin, Lanfranc, Joseph d'Arpinas, dit le Josépin, Pietre de Cortone, le Guerchin, Valentin Colombo [2], André Sacchi, le Poussin, le cavalier Massimo (Stanzioni), Horace Gentileschi, Joachim Sandrart : tels étaient les douze peintres à qui la renommée assignait alors le premier rang. N'est-il pas bien curieux, aujourd'hui, de vérifier la justesse du jugement porté sur ces maîtres par l'Italie contemporaine, et de les retrouver à peu près à la même place qu'ils occupaient, il y a deux cents ans, dans l'estime publique?

La guerre que Mazarin soutenait contre l'Espagne empêcha Velasquez de traverser la France, de voir Paris. Il repassa la mer avec son riche butin de statues, de bustes, de tableaux, suivi de Jérôme Ferrer, jeteur en bronze, et du sculpteur Dominique de Rioja. Philippe IV récompensa Velasquez en lui conférant le titre de grand-maréchal-des-logis du palais (*aposentador mayor*) ; ses appointements furent portés à mille ducats par an, et il rentra dans cet atelier où il avait vu s'écouler si rapidement dix-sept ans de sa vie, en compagnie de la nature et de l'art, à côté du roi d'Espagne. Esprit droit, cœur honnête et franc, le peintre andaloux n'était pas un de ces courtisans qui attendent, pour avoir une pensée, le signal du maître : le duc d'Olivarès étant

[1] Voyez dans cet ouvrage notre étude sur Ribera.

[2] Cet artiste, dont il est fait mention dans les livres de Bermudez et de Palomino, n'est autre sans doute que notre Valentin (de Coulommiers), qui, en effet, vivait encore en 1630, lors du premier voyage de Velasquez en Italie. Il jouissait à Rome d'une grande réputation; et du reste on trouve au musée de Madrid une œuvre capitale de ce maître : le *Martyre de saint Laurent*, qui dut faire partie des douze toiles rapportées.

ombé en disgrâce, il affecta de renouveler à son ancien protecteur les marques d'une reconnaissance que l'autres eussent trouvée dangereuse à témoigner. Velasquez avait connu le marquis de Spinola, qui l'avait pris

L'INFANT DON CARLOS.

à son bord, lorsqu'il s'était embarqué à Barcelone; il consacra un de ses plus grands tableaux, un chef-d'œuvre, à la gloire de cet illustre capitaine. La *Reddition de Bréda*, qu'on appelle en Espagne le *Tableau des lances*, représente le marquis de Spinola mettant pied à terre devant le front de ses troupes, pour recevoir, avec la grâce et la dignité d'un vainqueur généreux, les clefs de la forteresse des mains du général vaincu. D'un côté sont rangés les Flamands, bien nourris et blonds, aux figures épanouies et colorées, aux carnations abondantes; de l'autre se tiennent gravement les pâles Espagnols, au teint bilieux; Ils sont grêles de formes; mais leur attitude trahit une hauteur naturelle. Parmi eux, sous un large feutre, on distingue au coin du tableau, un fier et mâle visage : c'est celui de Velasquez lui-même. Entre les deux armées, s'échappe un paysage à perte de vue, campagne remplie d'air, car on y entre, on s'y promène, on y respire.

La vérité! voilà la seule poésie de Velasquez, voilà sa muse. Il laisse à la nature le soin d'être belle. Même ce qui traverse son imagination fait partie de ses souvenirs; il n'invente que ce qu'il a vu; mais aussi quel regard! comme il embrasse tout, ensemble et détails! comme il pénètre au fond des choses; comme il touche à la forme des objets; comme il en saisit le ton positif, le ton juste, ou plutôt le ton apparent, qui est le seul juste! Rien n'échappe à sa raison perçante et d'une immanquable sûreté; il mesure jusqu'à la distance des corps, par le seul degré d'intensité que donne aux couleurs l'interposition de l'air ambiant. Rien ne trompe les yeux de Velasquez, et, au contraire, c'est lui qui trompe l'œil des autres!

En parcourant le palais de Madrid, vous y rencontrerez Velasquez, vous irez lui parler, car il est là, debout à son chevalet, peignant l'infante Marie-Marguerite d'Autriche. Attifée de dentelles noires, et perdue dans une robe de soie claire, qui s'enfle par le bas comme une cloche, la blonde infante, aux joues rebondies, aux yeux ronds, prend de sa petite main une petite tasse du Japon que lui offre, pour la distraire sans doute, une demoiselle d'honneur. A côté de la future impératrice, sont deux nains très fameux dans les annales de l'antichambre, Marie Barbola et Nicolas Pertusano, celui-ci exactement vêtu comme un valet de pique, houspillant un gros chien couché, qui demeure immobile sur le premier plan. Devant vous s'enfonce une longue galerie, et tout au bout s'ouvre une porte qui, donnant sur les jardins, fait entrer la lumière du soleil et laisse voir sur les marches d'un escalier le gentilhomme qui vient d'ouvrir. Auprès de cette porte, par où se précipite l'éblouissante clarté du grand jour, une glace où se réfléchissent les deux figures de Philippe IV et de sa femme, accuse leur présence. Non, jamais le pinceau humain n'atteignit à cette magie d'illusion. En tant qu'imitation pure, ce tableau est certainement le dernier mot de l'art, et sans le cadre dont il est embordure, on y distinguerait malaisément la réalité de la peinture. Il semble, dit François Preziado, directeur de l'académie espagnole à Rome, que l'on est dans la chambre avec ce groupe d'enfants et de nains, et que tout y est vivant[1]. On sait que Charles II, ayant montré ce tableau de famille à Luca Giordano, nouvellement arrivé en Espagne, l'artiste italien s'écria dans son enthousiasme : « *C'est la théologie de la peinture,* » mettant ainsi l'œuvre de Velasquez au rang que la théologie occupe parmi les sciences.

La toile a conservé le nom que lui donna Luc Jordan. Quand Velasquez l'eut terminée, il la présenta au roi son ami, et lui demanda s'il n'y manquait plus rien : « Encore une chose, » dit Philippe IV, et, prenant la palette des mains du peintre, il alla figurer sur la poitrine de l'artiste représenté dans le tableau, la croix de l'ordre de Saint-Jacques. Cette croix est telle encore que la peignit la main royale. Trait charmant qui, dans le roi d'Espagne, trahissait la délicatesse et le bon goût d'un vrai gentilhomme.

Une circonstance solennelle mit en vue le grand-maréchal-des-logis, l'*aposentador mayor* de Philippe IV. Le traité des Pyrénées, signé le 7 novembre 1659, termina la guerre entre la France et l'Espagne. Louis XIV allait épouser l'infante Marie-Thérèse, et la princesse devait être remise, à Irun, par Philippe IV aux représentants du jeune roi. Velasquez dut partir au mois de mars 1660 pour préparer les logements de la cour, et ce fut lui qui disposa le pavillon où les deux monarques eurent leur entrevue, dans l'île des Faisans, appelée depuis l'*île de la Conférence.* Charles Lebrun a fait de cette cérémonie le sujet d'un tableau d'apparat, qui est au musée de Versailles. On peut y voir la figure de Velasquez, que l'artiste français n'a eu garde d'oublier. Le peintre

[1] ..... Che pare, a chi lo vede, di troversi in quella camera, e che tutto sia animato. *Raccolta di lettere su la pittura, scultura et architectura*, tomo sesto, p. 320, in Roma, 1768. Voir ce qu'en dit M. Viardot dans ses *Notices* de la galerie Aguado, in-folio.

espagnol y paraît déjà vieux et fatigué; car il n'était plus alors tel que lui-même il s'était peint dans l'admirable portrait rapporté par M. Taylor au musée espagnol du Louvre. Combien de fois ne suis-je point demeuré en contemplation devant cette tête, une des merveilles de l'art de peindre! Le regard est si profond qu'il pénètre dans les secrets de notre âme; c'est une œuvre sans prix, où la fermeté de la touche se marie, par un rare mélange, au flou du pinceau. Les formes en sont précises, et cependant le contour en est insaisissable; le modelé est d'une exactitude parfaite, d'un étonnant relief, et cependant il est impossible de dire où finit la lumière, où commence l'ombre. Il y a là toute une théorie de la peinture.

Velasquez était, en effet, en 1660, aussi vieilli qu'il le paraît sur le tableau de Lebrun. Les fatigues inhérentes à ses fonctions et au voyage avaient affaibli son organisation, dont la délicatesse peut se deviner, malgré l'énergie de son visage, à une certaine finesse de chair. De retour à Madrid, il affligea sa famille par l'altération de ses traits. Philippe IV, apprenant l'état de son ami, s'empressa de lui envoyer les médecins du roi; mais Velasquez vécut seulement quelques jours; il succomba le 7 août 1660. Les grands d'Espagne, la cour, les chevaliers de tous les ordres assistèrent à ses funérailles; sa veuve mourut de douleur au bout de sept jours, et fut inhumée à côté de lui dans l'église de San-Juan.

Si la peinture n'était qu'un second enfantement de la création, Velasquez serait, sans contredit, le plus grand des peintres. Van Dyck, Rubens et Titien l'ont égalé pour le portrait; ils ne l'ont point surpassé. Dessinateur correct, coloriste vrai, mais vrai jusqu'au sublime, aucun des prestiges de la nature physique n'a échappé à la puissance de son imitation. Il commença par reproduire le modèle sèchement et crûment; ensuite il tint compte des phénomènes visibles : il s'aperçut que la forme n'est pas abstraite, qu'elle est modifiée par la présence de l'air, que la couleur dépend de la distance des objets et de la lumière plus ou moins vive qui les frappe. Alors il peignit la nature comme elle se montre à nos yeux pour ne les point blesser, pour leur plaire. Enfin, arrivé aux limites de la perfection, il supprima les apparences de l'art, et il ne resta sur la toile que la nature elle-même. Ne cherchez, parmi les œuvres de Velasquez, ni la pensée profonde du Poussin, ni le sentiment exquis de Lesueur, ni le beau antique, ni l'idéalisme des Florentins du quinzième siècle : Velasquez n'a vu dans les cieux que des hommes, et dans les hommes il n'a vu que des Espagnols, c'est-à-dire des figures se mouvant sous l'empire des passions, à la clarté du soleil. Sa peinture a donc manqué de style; mais, en revanche, elle est remplie de caractère, et ce caractère, c'est la vérité.

CHARLES BLANC.

RECHERCHES ET INDICATIONS.

Pour se former une idée précise du génie de Vélasquez, c'est au *Museo del Rey*, en présence des soixante-quatre tableaux de ce maître, que renferme cette riche collection, qu'il faut aller l'étudier, car on peut dire que, sauf quelques rares échantillons portés hors de l'Espagne par les dons des rois et la spoliation de la guerre, l'œuvre entière de cet éminent artiste est au Musée de Madrid.

Vélasquez s'est essayé et a réussi dans tous les genres. Il a peint l'histoire sacrée et profane, les paysages historiques et copiés, les portraits en pied et à cheval d'hommes et de femmes, d'enfants et de vieillards; chasses, batailles, animaux, intérieurs, fleurs et fruits.

Parmi ses paysages pittoresques, les plus célèbres sont : *Une vue du Prado* et *une vue d'Aranjuez*. Dans la première de ces compositions, le peintre a placé une chasse au sanglier, pêle-mêle tumultueux d'hommes, de chiens et de chevaux; dans la seconde, il a représenté *l'Allée de la Reine* (*la Calle della Reyna*), encore si célèbre. Parmi ses paysages historiques, il faut citer *la Visite de saint Antoine à saint Paul l'ermite*. La toile de ce tableau est à peine couverte : terre, arbres et ciel, tout est en masse et sans détail vu de près; mais si l'on s'éloigne de quatre pas, tout se démêle, tout s'anime.

C'est à Madrid que se voit le portrait à cheval de Philippe IV, placé au milieu d'une campagne nue, et qui est d'un aspect étourdissant; il n'est pas possible de pousser plus loin l'illusion. Les portraits des reines Élisabeth de France et Marianne d'Autriche, de la jeune infante Marguerite et de l'infant Balthazar, tantôt emporté au galop sur un cheval d'Andalousie, tantôt dans la pose d'un jeune roi, excitent la même admiration. Nous devons citer encore le comte-duc d'Olivarès, à cheval et armé en guerre; divers portraits historiques; le marquis de Pescaire, l'alcade Ronquillo, le corsaire Barberousse, enfin un petit nain et une naine énorme.

Parmi les tableaux d'histoire sacrée, il n'y en a que deux

de Vélasquez au Musée de Madrid : *le Martyre de saint Etienne* et *un Christ en croix.*

Quant aux tableaux profanes, ils sont assez nombreux; le Musée en possède cinq principaux : celui qu'on appelle *les Fileuses* (*las Hilanderas*), représentant l'intérieur d'une fabrique de tapis; c'est un tableau d'un effet merveilleux de lumière et de perspective. Viennent ensuite *les Forges de Vulcain* (*la Fragua de Vulcano*), composition pleine d'air et de profondeur. Nous devons citer encore *la Reddition de Bréda*, appelé communément *le Tableau des Lances* (*el Cuadro de las Lanças*), et *les Buveurs* (*los Bebedores* ou *Borrachos*), tableaux très remarquables malgré la différence de leur genre; l'un par son ensemble grand et magnifique, l'autre par la vérité étonnante des types et l'agencement des groupes. Le gouvernement français, sur la proposition de M. Charles Blanc, alors directeur des Beaux-Arts, confia à un artiste de mérite, M Porion, les copies de ces deux tableaux, qui se trouvent en ce moment exposées au Palais des Beaux-Arts.

Sous le point de vue de l'imitation de la nature, il est encore un tableau plus remarquable, peut-être que *les Buveurs*, c'est celui qui représente *la Famille de Philippe IV*, dans lequel le peintre s'est représenté. C'est peut-etre son ouvrage le plus important.

L'ancienne galerie espagnole du Louvre contenait, on le sait, douze tableaux de ce maître dont dix portraits, un *Ex-voto*, et *le Palais de l'Escurial.*

Le Musée du Louvre possède trois tableaux de Vélasquez : *le Portrait de l'infante Marguerite-Thérèse*, vu jusqu'aux genoux. On présume que c'est l'étude du portrait qui se trouve dans le tableau représentant la famille de Philippe IV, le dernier cité dans le Musée de Madrid; *un Portrait de moine*, tableau bien peint, mais dont l'administration du Musée eût pu se dispenser de faire l'acquisition; enfin, *une Réunion d'artistes*, beau tableau bien groupé, plein d'air, mais restauré et mal restauré. On assure que le premier a été payé 4,000 fr., et le deuxième 15,000 fr.

La Galerie du Belvédère, à Vienne, se flatte de posséder six tableaux de Vélasquez : *un Paysan riant, tenant une fleur de la main droite*, tableau à mi-corps; *la Famille du Peintre*, composition de 12 figures, deux tiers de nature; *le Portrait de Philippe IV*, figure jusqu'aux genoux; *le Portrait de l'infante Marguerite-Thérèse*, celui de sa sœur Marie-Thérèse et celui de don Balthasar-Carlos.

La Pinacothèque de Munich en aurait un égal nombre. Le *Portrait de l'artiste, un Mendiant, le Portrait du cardinal Rospigliosi*, et trois autres portraits. A la galerie de Dresde, on conserve le portrait du duc d'Olivarès, tenant un papier à la main.

A l'Ermitage de Saint-Petersbourg, treize cadres portent le grand nom de Vélasquez. Si on excepte les deux fameux portraits acquis en 1850 par l'empereur, à la vente de feu Guillaume II, roi des Pays-Bas, — ils représentent, l'un : *le Portrait en pied de Philippe IV*, l'autre celui du comte-duc d'Olivarès, et ils furent payés ensemble 88,549 fr. 15 c., frais de vente compris, — si l'on excepte encore trois études : *Un jeune paysan riant aux éclats*; l'ébauche du portrait d'*Innocent X*; le portrait en buste du *comte duc d'Olivarès*; et peut-être deux vues : *l'une de Sarragosse, l'autre de la Caraca*, je pense qu'il conviendra de ranger les autres dans le nombre des apocryphes.

La Galerie nationale de Londres possède de Vélasquez le portrait de Ferdinand II, duc de Toscane et celui de sa femme Vittoria de la Rovere; ces peintures sont d'une authenticité très-contestée.

Elle possède en outre *une Chasse au sanglier dirigée par Philippe IV et les grands de sa Cour.* Ce tableau incomparable fut donné par Ferdinand VII à lord Cowley auquel le gouvernement anglais l'acheta pour la galerie nationale, en 1846. Voici comment s'exprime, à l'égard de cette peinture, le catalogue rédigé en français qui se vendait à la porte du Musée britannique durant la fameuse exposition de 1851 ; nous n'y changerons rien : « *une esquisse habile et vigoureuse, mais avec* « *une perspective qui manque. Néanmoins le paysage lointain, quoique épais, est beau, et les figures aussi sont* « *assez belles.* »

Il nous reste à indiquer les prix des tableaux de Vélasquez dans les ventes publiques. Le nombre en est fort restreint, comme l'on pense.

A la vente de M. le duc de Choiseul, en 1772, il fut offert deux tableaux de Vélasquez : une *Danaé*, qui fut adjugée pour 399 livres, l'autre, *Mars et Vénus*, qui atteignit 1,115 livres. Reproduits en 1,777, à la vente du Prince de Conty, le premier de ces tableaux ne monta qu'à 460 livres, l'autre à 600.

Pour retrouver maintenant dans les ventes des tableaux de Vélasquez, il faut remonter à l'année 1817. A la vente de M. Laperière, un buste de Philippe IV fut vendu 2,450 francs, et celui d'un cardinal ne s'éleva qu'à 450 francs. En 1823, à une seconde vente, du même amateur, on adjugea *un portrait en pied de Philipe IV en habit de chasse, 7,500 francs; un autre portrait du même monarque vêtu en satin noir,* 7,920 *francs; le portrait du duc d'Olivarès atteignit* 11,520 *francs; un chasseur,* 1,000 *francs* et le *portrait d'une jeune princesse* 120 *francs.*

La Vente Érard, 1832, *un portrait de Don Diego Rodriguez de Citray se vendit* 1,800 *francs.* A la vente de M. Dubois, en 1840, le *portrait du roi Philippe IV fut vendu* 2,360 *francs; celui de la reine, sa femme,* 2,850 *francs et celui de son frère,* 5,150 *francs.*

M. Aguado possédait dans sa galerie 17 tableaux de Vélasquez. En 1843, à la vente du cabinet de cet amateur, voici les prix que furent payés les meilleurs; — *la Jeune fille et le nègre,* 1,200 *francs; la Dame à l'éventail,* gravée par Leroux, 12,750 *francs; le Portrait en pied d'un corrégidor,* 1,600 *francs; une Scène de mendiants,* 1,210 *francs.*

Il nous reste à parler des tableaux que possédait le roi des Pays-Bas, Guillaume II : ils furent vendus en 1850. Nous avons dit que les *portraits de Philippe IV* et *du duc d'Olivarez* furent adjugés à l'Empereur de Russie pour 88,549 *fr.* 15 *c.; le portrait d'une femme* n'atteignit que 1,310 *francs* et celui d'une *jeune fille* 1,766 *fr.* 21 *c.*

A. D.

École Espagnole. *Histoire, Sujets pieux.*

ALONZO CANO

NÉ EN 1601. — MORT EN 1667.

Ce qui me paraît distinguer Alonzo Cano, c'est qu'il est le moins Espagnol de tous les peintres de l'Espagne, et il est à croire que si l'on transportait ses tableaux en Italie, on les ferait passer aisément pour les œuvres d'un peintre lombard. Mais un autre genre de singularité dans ce maître, c'est que sa peinture ne ressemble pas le moins du monde à son caractère. Bizarre d'humeur, fier, emporté et violent, il eut un style correct, sage et tempéré. Formé à l'étude des statues antiques, il imita la simplicité de leurs attitudes, la sobriété de leurs gestes, la pondération et la mesure de leur mouvement; mais autant sa peinture était douce et calme, autant sa vie fut agitée. Il avait dans l'esprit l'idéal de l'art grec; mais il avait dans les veines du sang espagnol.

Il naquit à Grenade le 19 mars 1601, de parents originaires de la Manche. Miguel Cano était un habile charpentier, qui ne pouvait enseigner à son fils l'architecture, comme on l'a dit, mais qui du moins lui en inspira le goût. Il était simplement *ensamblador y arquitecto de retablos*, c'est-à-dire constructeur et assembleur des pièces d'ornement dont se composent les rétables des autels en Espagne, et dont les modèles se retrouvent encore dans les églises de Bruxelles et d'Anvers. Après avoir appris à son fils tout ce qu'il savait lui-même, Miguel Cano le conduisit à Séville au moment où François Pacheco venait d'y fonder l'école de peinture qui allait être le berceau des plus grands artistes de l'Espagne. Dans la maison de Pacheco, véritable académie de savants, de poètes et de peintres, Alonzo Cano eut pour condisciple Vélasquez, qui était du même âge que lui, et ils se lièrent d'amitié. Mais la peinture ne suffisant pas à l'ardeur de son ambition, Cano voulut bientôt modeler la cire et tailler le marbre. Il fallut lui faire apprendre la sculpture, et il devint l'élève de Juan Martinez Montanez, le plus renommé alors de tous les sculpteurs de l'Espagne. Montanez était un imitateur de Michel-Ange. Il avait un style fier, tourmenté, un modelé ressenti qui était de nature à séduire son jeune disciple, car la jeunesse est ordinairement peu touchée de ce qui est simple. Et pourtant Alonzo Cano sortit de l'école de Montanez tout différent de son maître. Il semblait qu'au lieu d'épouser les défauts d'une manière outrée, il les voulût corriger par une manière plus sage, et que la vue même de l'exagération l'eût conduit à la simplicité et au naturel. Il faut dire aussi que, dans le cours de son éducation, l'élève de Montanez avait subi une autre influence. Il y avait alors à Séville, dans le palais des ducs d'Alcala, appelé *Casa de Pilatos*, des statues antiques, des bustes grecs. Alonzo Cano les étudia, et son instinct l'eut bientôt averti de la grandeur de ce beau style, si calme, si noble et si simple. Il remarqua aussi dans l'antique l'exquise convenance des draperies, leur souplesse, leur grâce, et comment elles variaient de caractère suivant le personnage et l'action, comment leurs plis savamment naïfs, tantôt évasés et aplatis, tantôt serrés et abondants, recouvraient le nu sans le déguiser, l'embrassaient sans le gêner par leur adhérence, en en laissant apercevoir les grandes formes et les principales saillies, et en suivant la direction des parties en mouvement, de manière à conserver aux figures leur unité. Dans cette étude des marbres grecs, Alonzo Cano puisa un style que, de la statuaire, il fit passer dans la peinture. Aussi le vit-on poser les personnages de ses tableaux dans les attitudes les moins recherchées, les présenter dans le sens des plus grandes lignes et les draper avec une aisance, un sentiment, un goût de plis que n'auraient pu lui enseigner ni les leçons de Montanez, ni son propre génie.

Ainsi maître des deux grands arts du dessin, et jaloux de s'élever au troisième, l'architecture, Alonzo Cano débuta par faire à Séville cinq rétables, dont trois pour le collége de Saint-Albert où il travaillait, comme peintre, en concurrence avec Zurbaran et Pacheco, et deux pour le monastère de Sainte-Paule. Construction, peinture, sculpture, ornements, tout était de sa main et il s'y montrait déjà supérieur à ses maîtres. En 1628, son père fut chargé de composer le rétable du maître-autel de l'église de Lebrija, et l'année suivante, sur les dessins qu'il présenta, on passa l'acte qui réglait les conditions du marché, dont la première était le paiement de trois mille ducats; mais le père de Cano étant mort en 1630, son fils fut appelé à continuer l'œuvre paternelle, et quand il l'eut terminée, la fabrique fit taxer son travail par deux experts, Montanez et Geronimo Vélasquez, qui lui allouèrent une somme de deux cent cinquante ducats, en sus du prix convenu. Palomino fait de grands éloges de ce rétable, particulièrement d'une statue de la Vierge, placée dans la niche principale, et qui était si fort admirée que le bruit en vint jusque dans les Flandres et que des artistes flamands firent le voyage d'Espagne pour la copier. Quant à l'*architecture* de ces rétables, si le mot n'est pas au-dessus de la chose, le style de Cano est à peu près celui des jésuites, c'est-à-dire un style rond, bâtard, embarrassé de consoles, chargé de corniches et d'ornements lourds.

Cependant, par ces grands ouvrages, Alonzo Cano s'était placé à la tête des artistes de Séville, et personne ne lui disputait la préséance. Lui-même, d'ailleurs, tout entier à son humeur hautaine et peu endurante, n'eût pas souffert qu'on lui contestât la première place. On ne sait si ce fut là le sujet de la querelle qu'il eut, en 1637, avec Sébastiano de Llano y Valdez, peintre connu par son talent et d'un caractère fort doux; mais il est certain que Cano, fort habile dans le maniement de l'épée, appela son adversaire en duel et le blessa grièvement. Les lois sur le duel étaient sévères : Cano prit la fuite et s'en vint à Madrid chercher asile auprès de son ancien condisciple, don Diego Vélasquez, qui était alors en grand crédit à la cour, en sa qualité de peintre et d'ami familier de Philippe IV. Vélasquez présenta son ami au duc d'Olivarez qui le prit sous sa protection, lui confia quelques travaux à diriger dans les palais royaux, et le fit nommer peintre du roi et maître à dessiner de l'infant don Balthazar. C'est dans ce temps-là qu'il fut chargé de peindre le monument de la semaine sainte dans le couvent de Saint-Gil, et d'ériger un arc de triomphe à la porte de Guadalaxara pour l'entrée de Marianne d'Autriche, seconde femme du roi.

Le séjour d'Alonzo Cano à Madrid fut marqué par un grand nombre d'ouvrages, sculptures en bois et tableaux de dévotion, car il ne s'en faisait guère d'un autre genre en Espagne. Les églises et les couvents

LA VIERGE ET L'ENFANT.

de Madrid se remplissaient de ses peintures. On en voyait à San Isidro el real, à San Iago, à San Gines, à Santa Maria, parroquia, aux Bénédictins de Monserrate, aux Carmes déchaussés, à Saint-Martin : mais depuis deux cents ans, beaucoup de ces ouvrages ont été déplacés; quelques-uns ont péri, par exemple la *Sainte Catherine* de l'église San Miguel, qui fut détruite par un incendie en 1790. Dessinateur au coup d'œil sûr, savant dans l'anatomie, façonné par l'antique au sentiment des proportions, Alonzo Cano ne craignait pas d'aborder le nu, et tandis que les peintres espagnols évitaient de montrer la chair, symbole du péché, et enveloppaient leurs personnages de chastes draperies, il aimait, lui, à montrer son savoir en peignant des *Christ mort*, des *Christ à la colonne*, des anges peu drapés, descendus des cieux en leur nudité naïve, soit pour arrêter l'ânesse de Balaam, soit pour offrir une fiole à saint François, ou pour soutenir le cadavre de Jésus expiré. Quant à sa manière de modeler le nu et de le peindre, Alonzo Cano ressemblait aux Vénitiens avec moins de force. Ses carnations présentent ordinairement une large lumière qui dévore les demi-teintes du milieu, de façon que les ombres ne sont prononcées qu'auprès du contour. Sa peinture est empâtée, mais les touches en sont fondues et l'aspect en est doux comme un Lesueur. Elle n'a ni la chaleur ni l'éclat des Murillo, ni les accents énergiques des Ribera, ni la franchise des Vélasquez; elle est moëlleuse et passée, un peu froide, et laisse triompher un dessin pur, châtié, sage et rond, dont les lignes ont toutefois de la grandeur, un dessin qui poursuit la forme des extrémités, c'est-à-dire des pieds et des mains, jusqu'aux plans particuliers des doigts. Tel est le caractère des peintures d'Alonzo Cano. Tel il nous apparut au Louvre, lors de l'ouverture de ce musée espagnol dont la perte est si regrettable. Aujourd'hui encore, bien que ce musée précieux ait été enlevé à la France depuis plusieurs années, aujourd'hui encore il nous semble voir la belle Vierge si tendre, si modeste et si fière tout ensemble, qui se faisait remarquer à côté des *Vierges* de Murillo, et qui, moins empreinte du vrai sentiment chrétien, appartenait à un type plus distingué. Il nous souvient aussi, comme si nous l'avions devant les yeux, de cet *Ane de Balaam*, grand tableau qui, malgré bien des retouches, se distinguait sur-le-champ au milieu des puissantes vulgarités de la peinture espagnole. L'ange qui arrête la monture du prophète, est une figure douce, corrégesque, élégante, trahissant le statuaire par l'heureux choix de ses grandes lignes, nue au travers de ses draperies impondérables, et revêtue d'une couleur suave et lumineuse, que le contour enveloppe sans l'emprisonner. « Vous verrez, me disait un jour un enthousiaste de l'école espagnole, en me montrant ce tableau, vous verrez qu'une si belle chose ne convaincra pas nos incrédules, les amants entêtés de l'idéal, car il y a des miracles impossibles... et pourtant cet âne a parlé. »

En 1643, la place de *maestro mayor* de la cathédrale de Tolède étant devenue vacante, Cano se rendit dans cette ville et se mit sur les rangs; mais on lui préféra Felipe Lazaro de Goyti, et Cano s'en revint à Madrid fort irrité. Ici se place une histoire que Céan Bermudez [1] semble regarder comme une fable, bien que Palomino Vélasco l'ait racontée avec beaucoup de détails, disant la tenir des héritiers de Rafaël Sanguineto, qui fut l'ami du peintre et son hôte [2]. Alonzo Cano, dit-il, rentrant un soir chez lui, trouva sa femme assassinée; ses bijoux étaient volés, et un italien, qui demeurait avec eux, avait disparu. A l'instant il soupçonna celui-ci d'être l'auteur du meurtre, mais la justice ayant penché à croire que lui, Cano, avait tué sa femme, soit dans un accès de jalousie, soit pour se remarier avec une certaine dame dont il était notoirement amoureux, le peintre instruit du danger qui le menaçait, sortit secrètement de Madrid et se dirigea sur Valence, après avoir fait courir le bruit qu'il était passé en Portugal. Arrivé à Valence incognito, l'artiste y fit quelques peintures, et bientôt, pour mieux échapper aux poursuites, il se réfugia dans la chartreuse de Portacœli, à trois lieues de la ville. On sait, en effet, qu'il y peignit sept grands tableaux, et il voulut même prendre l'habit de chartreux, mais il ne put accomplir sa résolution. Enfin il osa revenir à Madrid, toujours sous d'autres noms que le sien, et il alla demander l'hospitalité et le secret au régidor don Rafaël Sanguineto. Mais un jour qu'il avait eu l'imprudence de se montrer dans les rues de Madrid, il fut reconnu, appréhendé au corps et mis à la torture. On dit que Philippe IV, informé de ce fait, défendit que l'on touchât au bras droit de l'artiste, en considération des belles choses que ce bras avait peintes. Ce qui paraît certain, c'est qu'Alonzo Cano endura courageusement la torture, et que n'ayant pu lui arracher un seul mot, un seul cri, on le mit en liberté. Tel est en substance le récit de Palomino.

Le judicieux auteur du *Dictionnaire des peintres espagnols*, Céan Bermudez, qui écrivait au commencement de ce siècle, dit avoir fait toutes ses diligences pour découvrir les traces de ce prétendu procès, sans pouvoir y parvenir, *y no se ha podido hallar*. Il ajoute que Lazaro Diaz del Valle, qui vivait à Madrid dans le temps même d'Alonzo Cano, ne dit absolument rien de cette dramatique histoire, bien qu'il entre dans maintes particularités

[1] Voyez le *Diccionario historico de los mas ilustres profesores de las bellas artes en España, compuesto por D. Juan Agustin Cean Bermudez*. Madrid, Ibarra; in-12, 6 vol.

[2] *Las Vidas de los pintores y estatuarios eminentes españoles...., por Don Antonio Palomino Velasco*. Londres, 1744.

sur la vie de ce grand artiste. Mais si l'on peut arguer du silence de Lazaro Diaz, il faut dire qu'un autre chroniqueur, inconnu sans doute à Céan Bermudez, don José Pellicer, a parlé du fait en question dans ses *Anales manuscritos* et en a même précisé la date, qui serait le 14 juin 1644 : « Il y a quatre jours, dit-il.

LE CHRIST MORT.

Alonzo Cano, peintre célèbre, avait chez lui un pauvre (*pobre*) qui venait copier les modèles qu'il avait peints. Au moment où Alonzo était dehors, et où sa femme, excellente créature, reposait dans son lit, le copiste sortit de l'atelier de Cano, entra dans la chambre de la dame, lui donna quinze coups de couteau, la laissa morte et s'échappa. Ceux qui accoururent à ses cris lui trouvèrent dans les mains des mèches de cheveux qu'elle avait arrachés au meurtrier. Quand vint son mari, les soupçons se portèrent sur lui, à cause des querelles fréquentes qu'il faisait à sa femme pour quelques légèretés de conduite, et il fut arrêté; mais il subit la question avec une fermeté indomptable, niant jusqu'au bout qu'il fût l'auteur d'un tel meurtre, et l'affaire ayant été instruite, Alonzo Cano fut reconnu innocent [1]. »

[1] « ..... Vino su marido : y por indicios de disgustos que tenia con ella sobre mocedades suyas, le prendieron, y habiendo

Nous devons croire, en effet, que l'innocence d'Alonzo Cano ne fit plus aucun doute après sa mise en liberté, puisqu'il fut nommé, trois ans après, majordome de la confrérie de Notre-Dame-des-Sept-Douleurs. Un des devoirs de cette charge était de figurer à la procession de la semaine sainte, à laquelle assistaient en corps les peintres et les orfévres, avec les alguazils de la cour. Mais le fier Alonzo se sentit humilié d'avoir à paraître en public avec des alguazils, et il refusa de se rendre à la procession, ne voulant pas compromettre la dignité de son art ni sa dignité personnelle. Pour cette contravention aux réglements, Cano fut condamné à une amende de 300 ducats. Toutefois, encouragée par cet exemple, la communauté des peintres ne cessa depuis lors de réclamer contre son adjonction aux alguazils dans les cérémonies publiques : « Je tiens dans mes mains, dit Bermudez, l'original des remontrances présentées à ce sujet par Matias de Torres, par Josef Donoso, et même par Luca Giordano, qui protestait encore en 1695. »

Sous les apparences de cette humeur intraitable, Alonzo Cano cachait une âme généreuse, un bon cœur. Quand les pauvres lui demandaient l'aumône dans les rues de Madrid, il ne manquait jamais de leur donner, et s'il se trouvait sans argent, il demandait une plume et du papier, et il improvisait un de ces beaux dessins pleins de charme et de goût qu'il savait fort recherchés; puis il le donnait au mendiant en guise d'aumône, en lui indiquant le nom et l'adresse de quelque amateur capable d'en donner un bon prix. Le dessin, du reste, était un plaisir pour Cano, un délassement. Non-seulement il dessinait toujours l'esquisse des tableaux qu'il devait peindre lui-même ou faire exécuter par ses élèves, mais souvent il lui arrivait, par manière d'amusement, de laisser courir sa plume sur le papier sans idée préconçue et de profiter ensuite des lignes qu'il avait tracées au hasard, pour en tirer quelque motif gracieux qu'il terminait avec beaucoup de soin et de délicatesse. D'ordinaire les dessins de Cano sont faits à la plume sur papier blanc avec une teinte de lavis. Depuis deux siècles il en est sorti d'Espagne un très-grand nombre, et ils y sont devenus rares. Les plus précieux, dit le biographe espagnol, ne sont peut-être pas ceux qu'il a le plus finis, mais au contraire ceux qui, jetés rapidement sur le papier, montrent toute la vivacité de son génie, toute la sûreté de sa main.

A l'âge de cinquante ans, après un second voyage à Tolède, où il fut appelé pour donner son avis touchant quelques ouvrages exécutés dans la cathédrale, Alonzo Cano résolut de retourner à Grenade, sa patrie, et de s'y faire prêtre. Il voulait passer en paix le reste de ses jours, dans l'alternative du travail et du repos (*y trabajar con algun descanso*). Une place de chantre étant devenue vacante à la cathédrale, le peintre n'eut pas de peine à faire comprendre aux chanoines qu'ayant plus de chantres qu'il ne leur en fallait au chœur, ils trouveraient de l'avantage à s'attacher un artiste qui, peintre, sculpteur et architecte, pourrait chaque jour travailler à la décoration et aux embellissements de leur église. Les chanoines de Grenade, très-édifiés sur le talent du peintre andaloux, se laissèrent persuader et appuyèrent eux-mêmes sa demande auprès de Philippe IV. Le roi, par un décret du 11 septembre 1651, conféra la *ration*, c'est-à-dire la prébende de musicien, à Alonzo Cano, sous la condition de se faire ordonner *in sacris* dans le cours de l'année. Le 20 février suivant, l'artiste prit possession de son bénéfice, et on lui donna pour atelier le premier étage de la grande tour de la cathédrale. Mais une fois installé, Cano ne vit rien de bien pressé à recevoir les ordres. Déjà d'ailleurs son existence était telle qu'il l'avait rêvée, car le chapitre, en considération de ses talents et du parti qu'on en pouvait tirer, l'avait dispensé de l'assistance au chœur et des exercices pieux de chaque jour, à l'exception des dimanches et des fêtes. Le temps du noviciat s'étant écoulé sans que le peintre eût pris les ordres, le chapitre lui accorda un délai, passé lequel il fut sommé de remplir les conditions de sa prébende. Mais Cano reculant toujours devant la gravité de sa première résolution, les chanoines s'adressèrent au roi, le priant de déclarer le bénéfice vacant. En effet, par une cédule royale, datée du 29 août 1656, Philippe IV décida que si le titulaire n'était pas ordonné au plus prochain des Quatre-Temps, il serait pourvu à la vacance. Les Quatre-Temps se passèrent, et Cano ne reçut point les ordres. Alors le chapitre lui saisit ses revenus,

dadole tormento, nego en él haberla hecho matar. Ya se ha recibido la causa a prueba, y se cree estar sin culpa. » *Anales....* Ce passage des *Annales* de Pellicer est cité dans une *Biographie manuscrite* d'Alonzo Cano, en espagnol, qui nous a été obligeamment communiquée par M. Delaroca.

et, forcé dans ses retranchements, le bénéficier se vit obligé d'aller à Madrid solliciter sa réintégration. Heureusement qu'à la cour il rencontra l'évêque de Salamanque, auquel il sut inspirer de l'intérêt, et, qui, sans y regarder de trop près, lui conféra une chapellenie et l'ordonna sous-diacre. Cano put dès lors rentrer en jouissance de sa prébende, et en effet une troisième cédule, du 15 août 1658, la lui rendit avec les arrérages échus, et il la conserva jusqu'à sa mort, arrivée le 3 octobre 1667 et non, comme le dit par erreur Palomino,

SAINT JEAN L'ÉVANGÉLISTE.

en 1676. Cano fut enterré sous le chœur de la cathédrale, dans la niche du caveau qui fait face à la porte, dit la *Biographie manuscrite* que nous avons sous les yeux.

Nous avons vu, il y a quelques années, au musée espagnol du Louvre, un portrait d'Alonzo Cano par lui-même. Son caractère y était peint au vif. Il avait le nez aquilin, les yeux injectés, la mine pointue et farouche. Eh bien! cet homme qui portait une physionomie d'inquisiteur, il avait en horreur l'inquisition. Si son pourpoint avait seulement touché l'habit d'un membre du saint-office, il le quittait à l'instant pour ne s'en plus servir. S'il apercevait dans une rue un *penitenciario*, il passait dans une autre. Quant à l'excessive fierté de son humeur, elle lui venait surtout de la haute opinion qu'il avait de son art. Un jour qu'un auditeur de Grenade lui marchandait un tableau, il lui arracha la toile des mains et la mit en pièces devant lui. Une autre fois, travaillant au chœur de la cathédrale de Malaga, il crut s'apercevoir que son talent n'était pas apprécié : il interrompit son travail et refusa obstinément de le reprendre. Enfin étant au lit de mort, comme le prêtre lui donnait à baiser un crucifix mal sculpté, il le repoussa en disant : « Tirez, tirez, mon père, il est trop mal fait pour que je l'embrasse[1]. » Et il se fit apporter une simple croix de bois. Ce dernier trait caractérise parfaitement le génie d'Alonzo Cano. Un amour aussi ardent de la beauté plastique était, il faut le dire, une passion assez nouvelle parmi ces peintres espagnols qui avaient été si indifférents jusqu'alors sur le choix des modèles, sur la noblesse des formes et des figures, et dont l'unique préoccupation était d'exprimer le sentiment chrétien dans toute sa profondeur, dans toute son austère tendresse. Alonzo Cano fut le premier païen de la peinture espagnole. Après lui, l'art de l'Espagne tomba peu à peu dans le matérialisme pur; l'esprit qui le vivifiait se retira; il perdit sa poésie, il rendit l'âme.

CHARLES BLANC.

[1] « Y el no querer mirar el crucifixo que le presentaba el sacerdote, quando lo estaba auxiliando para morir, por estar mal executado, pidiendo una cruz con la que fallecio abrazado. » *Cean Bermudez.*

RECHERCHES ET INDICATIONS.

Alonzo Cano a formé plusieurs élèves qui ont eux-mêmes laissé un nom et parmi lesquels il faut citer : pour la sculpture, Pedro de Mena et Josef de Mora; pour la peinture, Alonzo de Meja, Miguel-Geromino Cieza, don Sebastian de Herrera Barunero, Pedro-Atanasio Bocanegra, Ambrosio Martinez, Sebastian Gomez, don Juan Niño de Guevara et Josef Risueño. Rien n'est plus rare que les tableaux d'Alonzo Cano en dehors de l'Espagne. On n'en trouve presque aucun dans les musées de l'Europe.

Le Louvre n'en possède plus un seul depuis que le musée espagnol, qui avait été formé par l'ordre du roi Louis-Philippe et par les soins de MM. Taylor et Dauzats, a été rendu par la république à l'ex-roi et vendu à Londres par ses héritiers.

A la Pinacothèque de Munich, il existe un tableau d'Alonzo Cano. — *Saint Antoine de Padoue,* tenant sur ses bras l'enfant Jésus, est à genoux devant la sainte Vierge, qui vient de lui apparaître. — Ce tableau est sur toile.

Les tableaux de Cano n'ont guère été connus en France que depuis le commencement du siècle, qu'ils y furent apportés par le maréchal Soult. A partir de cette époque, nous en voyons paraître quelques-uns dans les ventes.

Vente Lebrun, 1809. — Un *Rosaire.* Composition de trois figures. (39 pouces sur 40.) — 6,650 francs.

Vente de Livry, 1814. — Buste de *saint Jean-Baptiste.* Morceau d'étude de 23 pouces sur 18. — 225 francs.

Vente Aguado, 1843. — On y voit figurer jusqu'à quatorze tableaux d'Alonzo Cano; mais dans le nombre il en était plus d'un d'équivoque. Voici ceux qui se vendirent le plus cher.

Jésus remettant les clefs à saint Pierre. (Composition de treize figures.) — Saint Pierre à genoux reçoit les clefs. — 535 francs.

Martyre de saint Sébastien. (Trois figures.) — Le saint est secouru par deux femmes qui retirent les flèches de son corps et pansent ses blessures. (58 centimètres sur 72. — 450 francs.

L'Atelier de saint Joseph. — L'enfant Jésus lui présente une scie. Saint Joseph interrompt son travail pour lui parler. La Vierge, occupée à coudre, les regarde. — 800 francs.

Sainte Madeleine. — Elle est dans sa grotte, les cheveux épars, éplorée, la tête appuyée sur sa main gauche. Elle regarde une image du Christ placée devant elle. Au-dessus de sa tête voltigent des chérubins. (Sept figures.) — 705 fr.

Autre *Madeleine.* — Elle est assise dans sa grotte, les mains croisées sur sa poitrine et adorant le crucifix. Des anges lui font de la musique. (Sept figures.) — 680 francs.

Vente du Maréchal Soult, 1852. — *Un évêque donnant la communion à une jeune fille.* — Deux anges font auprès de l'évêque les fonctions d'acolytes; l'un d'eux tient le ciboire. (87 centimètres sur 43.) — 7,000 francs.

Vision de saint Jean. — Il est enlevé sur une haute montagne par un ange qui lui montre la Jérusalem céleste. — Il est gravé dans le musée Réveil. (85 centimètres sur 45.) — 12,100 francs.

La Vision de l'agneau. — Saint Jean aperçoit l'agneau tenant le rouleau dont il vient de rompre les sept sceaux. — Gravé dans le musée Réveil. (73 centimètres sur 40.) — 2,550 francs.

La Vision de Dieu. — Le Père éternel descend du ciel, escorté par deux archanges aux ailes déployées. Saint Jean contemple cette vision. (Même dimension.) — 3,700 francs.

Saint Jean. — Assis, tête nue, vêtu d'une tunique blanche et d'un manteau rougeâtre, il tient un vase d'or d'où s'élance un dragon symbolique. (49 centimètres sur 35.) — 2,800 francs.

Saint Jacques. — Assis, vêtu d'une robe violacée que recouvre un manteau vert, il indique de la main droite un objet invisible; de l'autre il tient son bourdon. (Même dimension à peu près.) — 2,100 francs.

Sainte Agnès. — Elle est vêtue d'une robe jaune dorée, coiffée de perles et d'un voile qui retombe sur ses épaules. Elle porte une main sur son cœur et tient de l'autre la palme du martyre (45 centimètres sur 90). — 4,000 francs.

Vente Louis Philippe, 1853. — *La Vierge et l'Enfant.* — 210 livres sterling, soit 5,250 francs.

L'Enfant Jésus endormi. 23 livres sterl. — *La Descente de croix,* provenant d'un couvent de Franciscains de Cadix. 50 livres, 1,250 francs.

L'Ane de Balaam (morceau capital), provenant d'un couvent de Xérès. — 240 livres, soit 6,000 francs.

La Vierge et l'Enfant. — 200 livres, soit 5,000 francs.

Portrait de Cano (dans sa vieillesse). — 39 livres, soit 975 francs. *Sainte Thérèse guérissant un enfant malade.* — 41 liv., soit 1,025 francs.

Impr. Bérard et Cie, rue Damiette, 2.

École Espagnole. *Portraits, Sujets religieux.*

JUAN DE PAREJA

NÉ EN 1606. — MORT EN 1670.

Il est arrivé à Pareja, comme à Mazo, que pendant longtemps, au Musée même de Madrid, un de ses portraits a été attribué à Velazquez. Ce portrait, peint par Pareja, et qui est encore catalogué Velazquez (nº 142), représente Philippe IV, debout, tenant de la main gauche son chapeau et dans la main droite un papier; costume tout noir; pour fond et accessoire, un rideau cramoisi et une table couverte d'un tapis de même couleur. On voit par notre gravure combien cet arrangement, ainsi que la tournure du personnage et les qualités de l'exécution, rappellent Velazquez. Dans tous les sens du mot, Pareja fut bien l'*esclave* de Velazquez. Il n'a pas, comme Mazo, une personnalité à côté du maître : il n'en est que l'ombre, cette prolongation flottante de « celui qui est. » Mais l'ombre peut quelquefois avoir les apparences de la réalité : témoin la fable de La Fontaine.

Il y avait encore à Séville, au commencement du dix-septième siècle, beaucoup de familles toujours maintenues dans la même condition servile depuis l'époque des anciennes invasions mauresques. Né de parents esclaves, à Séville même, vers 1606, Juan de Pareja servait, en cette qualité d'esclave, Velazquez, lorsque le jeune maître fut mandé à Madrid, en 1623. On ne sait pas si Velazquez avait *hérité* de cet homme ou s'il l'avait *acheté*. Quoi qu'il en soit, la chance ne fut pas mauvaise, ni pour le maître, qui eut jusqu'à sa mort un serviteur fidèle, ni pour l'esclave, qui, profitant de cette domesticité en contact incessant avec le génie, sut se transformer en véritable artiste et conquérir une place dans l'histoire de son pays.

Pareja fut d'ailleurs plutôt le *rapin* que le valet de Velazquez. Il avait dix-sept ans, Velazquez vingt-quatre ans, lors de leur arrivée à Madrid. Philippe IV avait dix-huit ans. La vie ne sera pas dure pour le petit mulâtre à côté du jeune peintre, familier du petit roi indolent, qui lui-même faisait aussi de la peinture. Dès 1623, Velazquez avait son brevet de peintre royal; dès 1626, il était logé au palais, dans la Trésorerie. Pareja le servait surtout à l'atelier; il broyait les couleurs, il apprêtait les toiles, il nettoyait les pinceaux, il préparait la palette; dans ses moments de loisir, il dessinait en cachette, il copiait les peintures de son maître, il s'initiait à l'art avec un amour que le mystère excitait encore, « avec l'empressement d'un amant et la circonspection d'un conspirateur », dit très-bien M. Stirling.

Voir constamment peindre Velazquez, être le confident silencieux de ses inspirations, de ses recherches, de ses caprices, assister à ses conversations intimes avec ses confrères, il y avait bien de quoi éveiller et fortifier une vocation artiste.

Lorsque Rubens, à Madrid, en 1628, fréquenta l'atelier de Velazquez, Pareja était là, naturellement. Lorsque Velazquez fit son premier voyage en Italie, de 1629 à 1631, Pareja l'accompagnait, et il visitait avec lui les galeries et les monuments de Venise, Ferrare, Bologne, Rome, Naples. Au retour de ce voyage, l'atelier de Velazquez fut transporté dans la galerie du nord de l'Alcazar, plus rapprochée des appartements royaux, et chaque matin Philippe IV venait voir travailler son peintre favori, causer avec lui, poser pour un de ses nombreux portraits. Pareja était toujours là. Lorsque Murillo vint à Madrid, en 1643, et fut patronné par Velazquez, Pareja dut bien s'intéresser aux études du jeune Sévillan. En 1648, Velazquez retourne en Italie et il emmène encore avec lui le modeste serviteur, de Gênes à Milan, à Padoue, à Parme, à Florence, et, pour la seconde fois, à Venise, à Bologne, à Naples et à Rome.

C'est à Rome, et « pour s'exercer la main », qu'avant d'entreprendre le portrait du pape Innocent X, Velazquez fit de Pareja un portrait qui circula dans les ateliers et décida de son élection comme membre de l'Académie de Saint-Luc. Ce portrait, exposé au Panthéon avec les productions des autres artistes romains, le jour de la fête de saint Joseph, eut un succès prodigieux [1]. Quelles émotions pour le pauvre Pareja, qui avait toujours caché ses études passionnées et le talent que lui-même avait acquis mystérieusement!

« Telle était la réserve de son caractère, dit M. W. Stirling, qu'il était revenu de ce second voyage à Rome, et qu'il avait atteint l'âge assez avancé de quarante-cinq ans, avant que son maître soupçonnât qu'il était capable de faire usage des pinceaux qu'il nettoyait. » Richard Cumberland explique cette longue et douloureuse dissimulation de l'esclave devenu artiste, par le préjugé aristocratique, alors encore tout-puissant en Espagne, et par la fierté hautaine de Velazquez. La supposition n'est pas invraisemblable, puisque Pareja n'avait jamais osé se révéler à son maître, et qu'il imagina de faire découvrir son secret — par le roi.

L'atelier du fécond Velazquez était, comme on le devine bien, encombré de toiles, dressées sur les chevalets ou pendues aux lambris; quelques-unes posées à l'envers contre la muraille. Philippe ne manquait jamais de se faire montrer à l'endroit ces tableaux, qui piquaient sa curiosité.

Pareja se risqua enfin à un petit coup de théâtre, entre le roi, l'esclave et son maître. Il introduisit dans

[1] De ce portrait, *peint* par Velazquez, M. W. Stirling a *écrit* la description suivante : « Un mulâtre d'un air intelligent, aux yeux vifs, ayant le nez épaté, les lèvres grosses, les cheveux crépus caractéristiques de sa race ; il est vêtu d'une jaquette d'un vert foncé, et il porte autour du cou une collerette blanche et tombante..... Lord Carlisle possède (au château Howard, dans le Yorkshire) une tête d'un homme de couleur, exécutée par la même main (la main de Velazquez), portrait qu'on pourrait regarder comme celui de Pareja. » — Dans ses *Trésors d'Art en Angleterre*, M. Waagen mentionne avec éloges ce portrait de Howard Castle : « .... Un homme de race nègre; expression frappante de naturel, coloris d'un grand mérite. »

l'atelier une de ses propres peintures, ayant soin de la tourner du côté du mur. Philippe entre, fait retourner le tableau et l'admire; l'esclave tombe à genoux, confesse qu'il est l'auteur de la peinture, et il implore la protection royale. Alors Philippe, s'adressant à Velazquez, bien surpris sans doute, — Je t'avertis, dit-il, qu'un homme qui a ce talent ne peut rester esclave.

L'avertissement était un ordre : Velazquez s'empressa de signer une licence d'affranchissement, et d'esclave Pareja passa disciple du grand peintre.

L'anecdote, qui paraît très-authentique, fait honneur à Philippe IV. « Le monarque était bon homme », dit M. W. Stirling. Oui, ce grand roi des Espagnes et des Indes était un amateur d'art et de littérature, un

LA VOCATION DE SAINT MATHIEU (Musée de Madrid).

ingenio, qui écrivait, qui dessinait, qui protégeait les hommes d'imagination, et qui laissait la politique à des intrigants de palais : « Pendant que son magnifique empire tombait en ruines, dit ailleurs l'auteur anglais, Philippe remplissait un rôle dans de petites comédies jouées sur son théâtre particulier, passait son temps dans les ateliers des artistes, assistait avec pompe à des combats de taureaux ou à des auto-da-fé (le brave homme !), ou bien, retiré dans son cabinet du Prado, il s'entretenait avec ses maîtresses, lorsqu'il ne s'occupait pas des projets de nouveaux travaux à exécuter dans ses jardins ou dans ses galeries. »

L'affranchi Pareja n'en continua pas moins son service auprès de l'illustre maître, mais il put se livrer en même temps à sa passion d'artiste. C'est alors, sans doute, qu'il peignit ses grands tableaux, comme la *Vocation de saint Mathieu*, dont nous donnons la gravure. Cette toile, large d'environ quatre mètres, avait été peinte, probablement, sur commande de Philippe IV, pour le palais d'Aranjuez, où elle était encore à l'époque de Bermudez; elle est aujourd'hui au Musée de Madrid (nº 134 du Catalogue). La première figure, debout, à la gauche du spectateur, est le portrait de l'auteur, qui figure en tête de cette notice. Pas d'autre tableau de Pareja, au Musée royal de Madrid, que cette *Vocation de saint Mathieu* et le portrait de Philippe IV, qui lui sera restitué dans un nouveau catalogue. Rien au Musée national ni à l'Académie. Cean Bermudez cite encore quatre tableaux religieux : un *Baptême du Christ*, à la Trinité de Tolède, un *Saint Jean l'Évangéliste*, un *Saint Oroncio* et une *Notre Dame de Guadeloupe*, aux Récolets de Madrid.

Mais c'est comme portraitiste que Pareja doit compter dans son École. « Beaucoup de ses portraits sont attribués à Mazo, même à Velazquez, et il est bien difficile, ajoute Cean Bermudez, de les distinguer les uns des autres. » A preuve, le *Philippe IV* du Musée de Madrid. Tenons pour certain qu'il y a encore bien des révisions à faire dans les tableaux espagnols, moins étudiés et moins connus que ceux des autres Écoles, surtout quant aux maîtres de l'entourage de Velazquez. Une fois éveillés sur les adhérences de Mazo, de Pareja, de Carreño, de Murillo lui-même, et de quelques autres peintres au style et à la pratique de Velazquez, les connaisseurs sincères arriveront peut-être à rectifier bien des attributions ambitieuses.

Où sont, en effet, les nombreux portraits peints par Pareja, représentant des personnages de la famille royale ou de la cour, soit qu'il ait fait des imitations de son maître, soit qu'il ait produit des œuvres originales?

Un de ses bons portraits, celui d'un provincial des Capucins, en froc noir, et tenant un livre, est au Musée de l'Ermitage (nº 427 du Catalogue): « Portrait très-vivant, très-soigné, et d'une fraîche couleur », dit M. Waagen.

Il y avait aussi trois portraits de Pareja dans l'ancienne collection Aguado : une dame en costume religieux; un jeune seigneur, en buste, et un autre jeune homme d'environ quinze ans, debout dans un riche appartement, et costumé de soie blanche tailladée de rouge, les deux teintes affectionnées de Velazquez.

Il est bien probable que Pareja accompagnait Velazquez et Mazo à la fameuse conférence de l'île des Faisans. Velazquez étant mort presque au retour de ce voyage, Pareja demeura attaché à la fille de son maître si regretté, — celle qui avait épousé Juan Bautista del Mazo, — et il lui continua ses services, tout en exerçant avec honneur sa profession.

Il mourut à Madrid, en 1670, sans doute dans la Trésorerie du palais, où habitaient Mazo et sa femme.

V. BÜRGER.

RECHERCHES ET INDICATIONS

Peu de tableaux à signaler :

Les deux tableaux du Musée royal de Madrid : la *Vocation de saint Mathieu* et le *Portrait de Philippe IV*.

Dans la galerie du maréchal Soult, vente à Paris, 1852, catalogue rédigé par George et Laneuville, on trouve une *Conversion de saint Mathieu* dont la description se rapporte au grand tableau de Madrid.

Le tableau de la galerie Soult, que nous ne nous rappelons pas, n'avait que 54 centimètres sur 70; était-ce une petite copie ou une première esquisse du grand tableau de Madrid?

Au Musée de l'Ermitage, à Saint-Pétersbourg, le beau *portrait d'un Provincial des Capucins.*

Dans la galerie Aguado, vente à Paris, 1843, les trois portraits mentionnés dans le texte.

Au Musée de Munich, un grand tableau catalogué *Pereda* (nº 361), représentant une partie de cartes, avec cinq figures de grandeur naturelle, nous a toujours fait l'effet d'être un original de Pareja. Beaucoup d'élégance, des rouges superbes, une tonalité vigoureuse dans des tons distingués. Influence incontestable de Velazquez.

A l'ancien Musée espagnol de Louis-Philippe, deux petits tableaux attribués à Pareja : l'*Ensevelissement* et les *Saintes Femmes au tombeau* (nºˢ 204 et 205).

Voir, sur Pareja, outre Bermudez, Ponz, Palomino, Cumberland et Stirling, les *Musées d'Espagne*, par Louis Viardot.

PARIS. — IMPRIMERIE POITEVIN, RUE DAMIETTE, 2 ET 4.

École Espagnole. *Sujets religieux.*

PEDRO DE MOYA

NÉ EN 1610. — MORT EN 1666.

A toutes les époques, l'art, comme la science, a eu ses pionniers, ses *découvreurs* d'inconnu, esprits remuants, chercheurs, que la destinée, non moins que les tendances de leur caractère, semble vouer tout exprès à des fins mystérieuses. Toujours les lointaines contrées où le génie a d'autres accents et s'inspire d'autres formules leur sourient et les attirent. Exaltés et séduits par les aspects nouveaux, dépouillant le passé, ils s'assimilent avec avidité ce style, ce coloris, ces procédés étrangers qui les émerveillent et les captivent. Puis, fiers de leurs conquêtes, ils reviennent mêler ces richesses d'emprunt aux originalités natives. Asservie jusque-là dans la tradition, l'École, comme brusquement éveillée, sort de sa léthargie et s'agite. Des émulations fécondantes s'établissent. On compare, on cherche, on discute, on tâtonne, jusqu'au jour où quelque puissante personnalité, se saisissant en maître de ces éléments variés, les confonde et les épanouisse en un harmonieux ensemble.

Cette mission régénératrice, Moya l'a accomplie. Affadie par le froid coloris que Luis de Vargas, Pedro de Villegas et d'autres professeurs avaient rapporté d'Italie, l'École de Séville languissait : Moya lui révèle le coloris des Flamands : elle revit et se transforme. Murillo, enfin, reçoit de Moya l'étincelle qui allume son génie, et l'École d'Andalousie voit surgir le grand maître qui sera sa gloire et son expression suprême.

Pedro de Moya est né à Grenade en 1610. Son premier maître a été Juan del Castillo, dont il partageait les leçons avec Alonzo Cano et Bartolomé Esteban Murillo. Castillo ne pouvait guère enseigner à ses élèves qu'un dessin suffisamment correct, car son coloris, comme celui de la plupart des peintres sévillans d'alors, péchait par la froideur et par une sécheresse souvent extrême. Un beau jour, Moya disparut de l'atelier. D'un caractère ardent, décidé, le jeune peintre avait tout à coup senti s'éveiller en lui la passion des voyages : elle fut irrésistible. Manquant de ressources, il ne trouva rien de mieux, pour mettre son projet à exécution, que de s'engager dans une compagnie qui partait pour les Flandres. Le mousquet sur l'épaule, paradant et guerroyant, il parcourut les Pays-Bas. L'art l'attendait là. En présence des chefs-d'œuvre de l'École flamande, il ressaisit tout de suite son pinceau. Ni les exercices, ni les fatigues, ni les devoirs obsédants de son métier ne furent alors des obstacles pour le fougueux jeune homme. Libre un moment, il courait peindre. Les églises étaient ses musées : sans cesse on l'y rencontrait copiant, dessinant, et c'est à cette gymnastique d'études rapidement menées, qu'il dut d'acquérir cette prestesse de main, cette exécution précise, solide et facile qui est une des supériorités de son talent.

Ces maîtres flamands, à la touche large et grasse, au coloris vivant et sain, l'eurent bientôt subjugué, et peu à peu il arriva à se défaire des étroites et sèches pratiques du Castillo. En même temps son jugement mûrissait et s'élevait, il pouvait déjà consulter son goût et choisir sa manière. Mais une dernière et toute-puissante séduction devait encore s'exercer sur Moya. Le hasard voulut qu'il fût admis à examiner des tableaux et des portraits que venait de terminer Van Dyck, alors dans toute la plénitude de son talent. Il demanda et obtint la permission de copier ces peintures. L'esprit si fin, le caractère si distingué du dessin, toute la grâce noble et aisée du peintre de Charles Ier pénétrèrent et ravirent Moya. Cette fois il n'était plus besoin de chercher : le maître de son choix était trouvé. Dès lors, Moya n'eut plus qu'une pensée, qu'un but : laisser là le métier des armes, passer en Angleterre et rejoindre Van Dyck. Avec sa vivacité ordinaire, il eut bien vite réalisé son plan. Sans appui, sans autre recommandation que le noble mobile qui s'était emparé de lui, Moya partit pour Londres et courut droit à la demeure du grand artiste. Van Dyck l'accueillit parfaitement. La résolution, l'énergie du jeune Espagnol lui plurent ; il le mit aussitôt à l'œuvre, et, enchanté de l'intelligence de son enthousiaste admirateur, il lui ouvrit son atelier. Dirigé par un maître qui lui témoignait une touchante sollicitude, prompt à saisir et à s'assimiler les qualités saillantes d'un talent vers lequel il était d'ailleurs si naturellement entraîné, les progrès de Moya furent rapides. La mort de Van Dyck vint les interrompre. Moya fut atterré de cette perte. Un plus long séjour à Londres lui devenait insupportable. Il prit passage sur un navire, et, vers la fin de l'année 1641, quelques semaines à peine après la mort de son maître, il débarquait à Séville.

Le vieux Pacheco tenait alors la tête de l'École. Plus érudit, plus professeur que peintre, les succès de son gendre Velazquez n'avaient pas peu contribué à lui donner une autorité que justifiaient moins ses mérites personnels. Juan del Castillo et Roélas étaient morts. Le fougueux Herrera, ne pouvant souffrir d'élèves, vivait absolument retiré. Alonzo Cano, à la suite d'un duel où il avait blessé grièvement son adversaire, avait dû s'enfuir à Madrid pour y rechercher la protection de Velazquez. Zurbaran s'était créé cette originalité qu'on lui connaît, grandiose, sévère, ascétique : il avait peu d'élèves. — Enfin, Murillo, pauvre, bien inconnu et s'ignorant encore soi-même, en était réduit pour vivre à peindre des *pacotilles* de peintures qu'il vendait à la foire et qui s'expédiaient dans les Amériques espagnoles. Tel était, à Séville, le personnel des maîtres lors de l'arrivée de Moya.

Moya fut bien vite entouré de quelques anciens camarades et de tout ce qui s'intéressait à la peinture. On était curieux d'examiner cette manière nouvelle, de juger ce coloriste splendide, ce Van Dyck qu'on ne connaissait point encore à Séville. Murillo était là. La vue des études et des copies que Moya avait exécutées d'après les grands Flamands, lui causa une sensation profonde. Il s'aperçut bien vite qu'il errait à suivre les enseignements de Castillo. Il comprit qu'au lieu d'accuser trop sèchement les contours, il fallait, comme le pratiquaient ces maîtres des Flandres, laisser l'air se jouer autour des lignes et les envelopper pour qu'elles pussent tourner et fuir. Leur coloris doux et savant et cette touche à la fois si ferme et si fondue de Van Dyck le charmèrent à ce point, qu'il voulut, sans retard, partir pour les Pays-Bas, afin d'étudier dans leur patrie même ces maîtres qui répondaient si complétement aux aspirations de son naissant génie.

On sait ce qu'il advint de ces projets de Murillo. Ses ressources ne lui permirent point de dépasser Madrid.

JOSEPH VENDU PAR SES FRÈRES (Musée du Fomento à Madrid).

Mais à la recommandation de son compatriote Velazquez, les demeures royales, le monastère de l'Escorial et les galeries des grands s'ouvrirent pour lui. En présence de tant de chefs-d'œuvre, qu'a-t-il besoin d'entreprendre de lointains voyages? N'a-t-il pas sous les yeux Titien, Véronèse, Rubens et Van Dyck, tout un merveilleux ensemble des maîtres de la couleur; et, pour le guider au milieu de ces sublimités de l'art, Velazquez, parvenu lui-même à les égaler, Velazquez, qui le familiarisera avec l'amour du rendu, le goût du vrai et les illusions de la perspective aérienne? Bientôt Murillo se sent en possession d'un style. Par une assimilation successive, il s'approprie toutes les qualités des maîtres qui l'ont charmé; à son tour, il sera un coloriste harmonieux et puissant, et l'École espagnole n'aura plus rien à envier à l'Italie et aux Flandres.

Sans atteindre aussi haut que son élève d'un jour, Moya n'en mérite pas moins de compter, à côté de

Murillo, comme l'un des plus charmants peintres de l'Andalousie. A la vérité, son talent demeura toujours comme enchaîné par l'imitation. Son originalité ne put jamais se dégager bien nettement, pleinement grandir et s'affirmer. Moya se souvient trop ; et, jusque dans ses meilleures toiles, on retrouvera toujours Van Dyck, Rubens et Murillo lui-même, car l'initiateur devint à son tour l'initié, et Moya, pendant le reste de sa carrière, paraît avoir fait plus d'un emprunt aux éclatantes compositions de son glorieux compatriote.

Après un court séjour à Séville, Moya s'en alla habiter Grenade, sa ville natale, qu'il ne quitta plus. Sa vie, si agitée à ses débuts, s'écoule désormais sans bruit, sans grands événements. A peine rencontre-t-on dans ses biographes quelques vagues indications sur cette partie de son existence. On voit seulement qu'elle est partagée entre l'enseignement et des travaux assez nombreux. Il peignit, en effet, pour la cathédrale, une *Apparition de la Vierge à un saint évêque*, et pour les couvents, des ouvrages importants presque tous disparus aujourd'hui.

Vers 1651, son ancien condisciple Alonzo Cano vint se fixer à Grenade. C'est de cette époque que les écrivains espagnols font dater l'origine de la petite École grenadine, dont la création est commune à l'enseignement des deux maîtres. Quelques élèves de l'un furent en même temps les élèves de l'autre. Atanasio Bocanegra et Juan Niño de Guevara, disciples de Cano, unirent, en effet, à son style le coloris tout flamand de Moya, et se composèrent, de cette double imitation, une sorte de manière originale. Mais c'est plus exclusivement de Moya que procède Juan de Sevilla, le meilleur et le plus célèbre des artistes grenadins. Il travaillait encore sous la direction du maître lorsque Moya s'éteignit, en 1666, à l'âge de cinquante-six ans.

Particularité singulière, les peintures de cet artiste sont de nos jours extrêmement rares partout, même dans sa patrie. Devons-nous croire que leur trop frappante analogie avec les ouvrages des maîtres qu'il a le plus étudiés leur aura valu d'aller, sous des noms d'emprunt, prendre place dans les galeries étrangères ?

Le Musée royal de Madrid ne possède aucune œuvre de Moya, mais le Musée national a acquis, en 1863, six tableaux représentant l'*Histoire de Joseph*, série charmante et qui peut être considérée comme du plus beau faire du maître.

Dans ces compositions, remplies de mouvement et de vie, Moya se montre dessinateur habile. Elles rappellent Van Dyck et Rubens par l'éclat de leur coloris transparent, profond, harmonieux, et elles sont traitées dans ce parti pris de naturalisme franc et naïf qui est le propre des peintres espagnols, et dont Murillo s'est si heureusement inspiré.

PAUL LEFORT.

RECHERCHES ET INDICATIONS

Depuis la dispersion de l'ancienne galerie espagnole, Moya n'est plus représenté au Louvre : voici la liste de ses ouvrages qu'on peut voir dans les musées et dans quelques galeries de l'Europe :

MUSÉE DE BORDEAUX. — *Portrait d'un Peintre.*

COLLECTION DE MM. PEREIRE. — *Christ en croix*, dans la manière de Van Dyck.

MUSÉE NATIONAL DU FOMENTO, à Madrid. — Six compositions représentant l'*Histoire de Joseph;* elles ont été acquises en 1863 pour la somme de 38,500 réaux.

COLLECTION SALAMANCA (ancienne galerie Madrazo). — *Sainte Famille.*

SÉVILLE. COLLECTION GARCIA DE LEANIZ. — *Jésus prêchant devant le peuple.*

COLLECTION LOPEZ CEPERO. — *Sainte Madeleine.*

GRENADE. MUSÉE PROVINCIAL. — *Sainte Thérèse.*

ANGLETERRE. COLLECTION R. P. NICHOLS. — *Un Portrait.*

COLLECTION MATHEW ANDERSON. — *Sainte Famille* (exposée à Manchester en 1857).

COLLECTION SHREWSBURY. — *La Joyeuse Partie.*

SAINT-PÉTERSBOURG. MUSÉE DE L'ERMITAGE. — *Portrait de Femme.*

AIX-LA-CHAPELLE. COLLECTION SUERMONDT. — *Saint Sébastien.*

VENTE AGUADO. 1843. — *Sainte Famille;* 460 fr. — *Ecce Homo;* 245 fr.

VENTE DE L'ANCIENNE GALERIE ESPAGNOLE (Londres 1853). — *Adoration des Bergers;* 12 £. — *Saint Sébastien;* 4 £ 10 sch.

Moya a signé quelques-uns de ses tableaux du monogramme suivant :

PARIS. — IMPRIMERIE POITEVIN, RUE DAMIETTE, 2 ET 4.

École Espagnole. *Portraits, Sujets religieux.*

DON JUAN CARREÑO DE MIRANDA

NÉ EN 1614, MORT EN 1685

Après Velazquez et Murillo, don Juan Carreño est un des peintres les plus sympathiques de l'École espagnole. Il a parfois la liberté, la vaillance de Velazquez, parfois la douce harmonie de Murillo. Il a aussi quelque chose de van Dyck, par l'élégance du dessin, et même quelque chose de l'École italienne, quand il peignit de grandes compositions en compagnie de don Francisco Rizi, fils d'Antonio *Ricci* (en italien), le Bolonais.

Il était né à Avilès, dans la principauté des Asturies, le 25 mars 1614, — quatre ans avant Murillo. Son père Juan Carreño de Miranda, alcade des hijosdalgo d'Avilès, et sa mère doña Catalina Fernandez Bermudez, originaires du district de Carreño dans cette principauté, descendaient de nobles familles.

En 1623, le père Carreño, ayant un procès à Madrid, y emmena avec lui son petit Juan. C'est en cette même année que le jeune Velazquez venait aussi de Séville se fixer à Madrid, où il fut nommé *pintor de camara*, — peintre ordinaire du roi! Velazquez avait vingt-quatre ans. Le petit Carreño n'avait pas dix ans. L'École de Madrid n'avait pas alors son originalité vraiment espagnole, qu'elle dut seulement à Velazquez et à l'influence qu'il exerça autour de lui pendant près de quarante années. Les peintres les plus illustres, employés aux grands travaux des palais et des églises, étaient encore des Italiens, comme le savant Vincencio Carducho (Vincenzo Carducci, en italien), que son frère Bartolome avait amené de Florence, — ou des fils d'Italiens, comme Eugenio Caxes, fils de Patricio Caxes, d'Arezzo[1]. Depuis Charles-Quint jusqu'à Philippe IV,— j'allais dire jusqu'à Velazquez, — les peintres de la cour avaient été presque toujours des étrangers, de même que, plus tard, — après Velazquez et son école, — ce furent encore des étrangers qui furent le plus employés par la cour.

Il y avait cependant à Madrid un vieux maître indigène, Pedro de las Cuevas, entouré de bons élèves, tels que Antonio Pereda, Jusepe Leonardo, son fils Eugenio, son beau-fils Francisco Camilo, etc.

Le petit Juan Carreño annonçant une irrésistible vocation pour la peinture, entra dans l'atelier de Pedro de las Cuevas. Là, dit Bermudez, il « apprit le dessin »; car Pedro de las Cuevas avait été ami et collaborateur de Domingo Camilo, maître florentin établi à Madrid, et dont il avait épousé la veuve. Après quoi, Juan Carreño passa dans l'école de Bartolome Roman, pour « apprendre le coloris ».

Ce Bartolome Roman, étant né à Madrid, en 1596, avait naturellement étudié d'abord chez le vieux maître étranger, Vincencio Carducho, mais ensuite il s'était perfectionné chez Velazquez, plus jeune que lui de trois ans. Ses œuvres sont assez rares : « Il n'eut pas de chance, dit Bermudez, parce que l'ignorance et la faveur distribuent les travaux aux plus incapables et aux plus intrigants. » Palomino vante beaucoup un *Saint Pierre* que Roman avait peint pour une église de Madrid, « avec tant d'harmonie et de relief, qu'on prendrait cette peinture pour un Rubens. » Roman mourut à Madrid en 1659.

Je suppose que Roman dut travailler chez Velazquez avant 1629, date du premier voyage de Velazquez en Italie, et que le jeune Carreño devint élève de Roman vers 1630 ou 1632, puisque, dès 1634, à l'âge de vingt ans, il peignit déjà avec succès divers tableaux pour des cloîtres et pour des couvents.

Rubens était venu à Madrid en 1628, et certainement il avait influencé son jeune ami Velazquez. Lorsque Murillo vint à Madrid, en 1643, après le retour à Séville de son condisciple Pedro de Moya, qui avait travaillé à Londres sous van Dyck, il y apporta aussi un reflet de l'École flamande. Carreño dut connaître alors Murillo, qui travaillait sans relâche, dans les palais, à l'Escorial et dans l'atelier même de Velazquez. Aussi le talent de Carreño devint-il un composé des manières de Velazquez et de Murillo, de Rubens et de van Dyck.

Nous avons vu quelques tableaux de Carreño, peints vers cette époque, notamment, à la vente du comte de Gessler, ancien ambassadeur de Russie à Madrid, une *Sainte* signée et datée 1647.

En 1650, Juan Carreño avait lui-même un atelier d'élèves, où nous trouvons le jeune Mateo Cerezo, qui devait continuer son maître, en amalgamant aussi dans le style espagnol certaines qualités des Flamands et surtout de van Dyck.

En 1653, *Careño* commence de grandes fresques dans les églises, à Madrid, et en collaboration avec don *Francisco Rizi* dans la cathédrale de Tolède, où leur œuvre commune, terminée longtemps après, fut payée 6,500 ducats.

Cependant la ville et le district d'Avilès l'avaient nommé en 1657 leur représentant aux États de la noblesse, distinction que la ville de Madrid lui accorda aussi en 1658. C'était beaucoup d'honneur sans doute, mais cette charge politique le détournait de sa profession ; ce que voyant Velazquez, surintendant réel de l'art en Espagne, il s'affligea de ce qu'un habile artiste perdît son temps à de telles affaires et il l'embaucha au service du roi, pour peindre à fresque, dans le grand salon du palais royal, la *Création de Pandore par Vulcain* et le *Mariage de Pandore avec Epiméthée*. Carreño étant tombé malade après avoir

[1] On voit au Musée de Madrid une *Vierge* de Patricio Caxes, et de son fils Eugenio une grande composition, haute de quatre mètres, représentant le *Débarquement des Anglais* à Cadix en 1625, peinture savante, mais sans caractère. Patricio Caxes avait été envoyé de Rome à Philippe II, en 1567, par l'ambassadeur d'Espagne, don Luis de Requesens. Il mourut à Madrid en 1612. Eugenio, né à Madrid en 1577, fut nommé peintre de Philippe III en 1612. Il a beaucoup travaillé avec son ami Vincencio Carducho. Il mourut à Madrid en 1642.

commencé cette dernière peinture, elle fut terminée par Rizi, qui exécuta aussi, sur fond d'or, quatre épisodes complémentaires, dans les angles du même salon.

Il paraît que le talent de Carreño plut beaucoup au roi, et Cean Bermudez note que Philippe IV nomma Carreño peintre de la cour, le 27 septembre 1669. Faute typographique probablement, au lieu de 1659, puisque Philippe IV mourut en 1665. Palomino, qui avait été lié avec Carreño, mentionne seulement que son ami fut nommé par Charles II, *pintor de camara* et *ayuda de aposentador* (*peintre de la chambre* et *adjoint au maréchal du palais*), le 11 avril 1671, après la mort de don Sebastian de Herrera, peintre, sculpteur, architecte, et même graveur, élève de son père Antonio, mais sectateur d'Alonzo Cano. Ce Sebastian Herrera, maître des œuvres de la ville de Madrid et du palais du Buen Retiro, était aussi concierge de l'Escorial, en même temps que *pintor de camara*.

SAINT SÉBASTIEN (Musée du Fomento, Madrid).

Hélas! Velazquez était mort en 1660, et Philippe IV avait suivi de près le grand peintre qui avait illustré son règne.

Le plus habile des artistes que Velazquez laissait après lui, au service de la cour, était certainement Carreño, dont la haute position commence surtout avec le nouveau règne de Charles II. Ce pauvre roi, dernière expression de la décadence d'une grande race, qui s'assombrit chez Philippe II, qui s'alourdit chez

Philippe III, qui se détraque chez Philippe IV, n'a plus rien de viril. Il n'a même plus rien de la nature humaine : *mens sana in corpore sano :* l'intelligence et la conscience ont disparu, comme la santé et la force. A propos justement d'un portrait peint par Carreño, M. Paul de Saint-Victor décrit ainsi le descendant de Charles-Quint : « ... Jeune encore, il avait le masque d'un octogénaire, les joues creuses, l'œil fou, les cheveux pendants, la bouche convulsée. Un effarement de visionnaire idéalise cette tête ravagée. On croit voir Hamlet au cinquième acte du drame. »

Charles II n'était qu'un enfant — gâté —, lorsqu'il devint roi en 1665, sous la régence de Marie-Anne d'Autriche. Carreño fit de lui quelques portraits, dès cette époque : il y en avait un à l'ancien musée espagnol de Louis-Philippe : il y en a un au Musée de Berlin, avec l'inscription : *Ætatis suæ* XII. *Johannes a Carreño pictor reg. et cubi. fac. Anno* 1673. Les portraits d'une date postérieure sont très-nombreux, et nous en connaissons plus d'une douzaine : il y en avait un, en pied, au même musée espagnol de Louis-Philippe; il y en avait un, à cheval, dans l'ancienne galerie Aguado; il y en avait un, provenant de l'Escorial, à l'exhibition de Manchester; il y en a un, à mi-corps, dans la galerie Suermondt à Aix-la-Chapelle; il y en a trois au musée de Madrid, l'un en buste, l'autre en pied, répété deux fois; sans compter le célèbre portrait avec armure, qui fut envoyé en France, suivant Palomino, lorsque se négocia le mariage de Charles II avec Marie-Louise d'Orléans. Qu'est devenu ce portrait *héroïque?*

Comme portraitiste, Carreño est le peintre qui se rapproche le plus de Velazquez : dans sa jeunesse, il avait fait beaucoup de copies d'après Velazquez. L'Académie de Madrid en possède deux, qui pourraient tromper les plus fins connaisseurs : un *Philippe IV* et une *Infante,* en buste. Je crois bien qu'il doit y avoir des Carreño qui passent pour des Velazquez. A Madrid même, au Musée royal, un portrait de Francisco Bazan, bouffon de la cour de Philippe IV, figure entière, debout, de grandeur naturelle, vêtu de noir, et présentant une requête, a été longtemps attribué à Velazquez; il est restitué maintenant à Carreño, sous le n° 267.

Un autre portrait du même Musée (n° 124), la *Naine,* monstrueusement grosse, vêtue de rouge et tenant des pommes dans ses mains, pourrait également être prise pour une peinture de Velazquez : même bravoure de touche, même splendeur de coloris avec des tons rosâtres argentés, — même réalisme prodigieux que dans les *Nains* de Velazquez.

Les deux portraits de Marie-Anne d'Autriche, seconde femme de Philippe IV et mère de Charles II, au Musée de Madrid, l'un à mi-corps, l'autre en pied, sont peints encore dans le style de Velazquez. Quelquefois Carreño y mélange une influence de Titien, comme dans le superbe portrait du même Musée, *Pedro Iwanowiz Potemkin,* ambassadeur de Russie près Charles II, en 1682; un chef-d'œuvre. Tous les membres de la famille royale, tous les personnages de la cour et beaucoup d'hommes célèbres ont été peints par Carreño : *Don Juan d'Autriche,* fils naturel de Philippe IV, plusieurs fois : un de ces portraits, en buste, appartenant à M. W. Stirling, membre du Parlement et auteur du *Velazquez* [1] traduit par G. Brunet, était exposé à Manchester; — le favori *don Fernando Valanzuela,* etc.

Souvent, ainsi que nous l'avons noté déjà, c'est l'influence de van Dyck qui se mêle au sentiment espagnol, par exemple dans cette douce peinture, tendre et distinguée, dont nous donnons la gravure, une *Religieuse* dans sa cellule : je suppose qu'elle portait précédemment une attribution erronée, car on ne la trouve pas dans le catalogue du Musée de Madrid. Si, par un de ces miracles qu'on ne voit plus aujourd'hui, les anges l'enlevaient pour la déposer sans bruit à Anvers ou à Bruxelles, les Flamands ne manqueraient pas de l'attribuer à l'école de Rubens, peut-être à van Dyck lui-même.

La première fois que j'ai visité la collection réunie au *Fomento* (ministère des travaux publics), où ont été emmagasinés provisoirement les tableaux provenant des couvents supprimés, et qu'on appelle *Nacional Museo,* en pendant au *Real Museo,* je me suis arrêté longtemps devant un *Saint Sébastien* dont je ne pouvais deviner

[1] Paris, 1865, librairie Veuve Jules Renouard, 1 vol in 8°. Dans cette excellente monographie de Velazquez, M. William Stirling raconte que Carreño, dont il vante le talent comme portraitiste, dut au bon naturel de Velazquez son introduction à la cour de Philippe IV.

l'auteur (il n'y a point de catalogue de cette collection, dispersée dans les bureaux et les couloirs), et j'ai

PORTRAIT DE MARIE-ANNE D'AUTRICHE, SECONDE FEMME DE PHILIPPE IV (Musée de Madrid).

noté sur mon calepin : « Espagnol influencé par van Dyck. Qui ? Pedro de Moya? Alonzo Cano? Mateo Cerezo? »

— C'est le *Saint Sébastien* de Carreño, autrefois dans un couvent de nonnes à Madrid (voir la gravure).

A l'Académie de San Fernando, qui n'a pas non plus de catalogue, il m'est arrivé même hésitation devant une *Madeleine* placée à contre-jour entre deux fenêtres : après m'être extasié devant les trois incomparables Murillo de cette galerie, la *Sainte Elisabeth de Hongrie* et les deux pendants relatifs à la *Fondation de Sainte-Marie-Majeure à Rome*, peints en 1665, j'ai admiré comme un chef-d'œuvre cette Madeleine désolée, élégante comme une figure de van Dyck, mais plus dramatique, noble comme une figure de l'École italienne, mais plus réelle et plus vivante. — C'est la célèbre *Madeleine dans le désert*, peinte par Carreño pour un autre couvent de femmes, à Madrid.

La puissance de Carreño comme praticien, et aussi ses qualités complexes, s'expliquent par les longues et fortes études qu'il avait faites dans ses commencements. Ne voit-on pas de lui, à cette Académie de San Fernando, une copie du *Spasimo* de Raphaël, même grandeur que l'original conservé au Musée de Madrid ? reproduction aussi parfaite que ses copies d'après Velazquez, et qui « deviendrait bien précieuse, dit M. Louis Viardot, si elle était portée loin de l'original » ; et M. Viardot ajoute : « Cette copie, faite avant la fin du dix-septième siècle, prouve sans réplique qu'il ne faut point attribuer à la restauration nécessaire que subit à Paris le *Spasimo*, les tons briquetés qui déparent un peu ce merveilleux chef-d'œuvre. »

En dehors des portraits de Carreño, si j'avais à choisir un de ses chefs-d'œuvre pour le représenter au Musée du Louvre, où il serait plus apprécié que Zurbaran et que Herrera le Vieux, qui ont d'ailleurs d'autres qualités, c'est cette *Madeleine* de l'Académie de San Fernando que je choisirais.

Dans ses compositions très-compliquées, et si nombreuses, il est toujours adroit, abondant, dessinateur habile, coloriste harmonieux, mais on y sent des signes de décadence comme dans les grands tableaux d'Escalante, qui fut son collaborateur, et de Claudio Coello, qui fut son ami et son sectateur, après avoir étudié chez Francisco Rizi.

Où l'on voit la science facile, à la fois correcte et élégante, de Carreño, c'est dans ses dessins d'après nature, vivement accusés à la pierre noire et parfois relevés de blanc. M. Paul Lefort [1] en possède quelques-uns qu'on prendrait pour des études de van Dyck.

Palomino et Cean Bermudez racontent diverses anecdotes qui prouvent la dignité, l'indépendance, la simplicité de Carreño : Un jour qu'il peignait le jeune Charles en présence de la reine mère, le roi demanda à l'artiste de quel *habit* (de quel *ordre*) il était ; Carreño répondit qu'il n'avait pas d'autre distinction que l'honneur de le servir. Là-dessus il fut gratifié d'une riche médaille de l'ordre de Santiago (Saint-Jacques). Et comme ses amis lui disaient qu'étant de noble naissance il n'avait pas besoin de cette distinction et qu'il fallait l'accueillir comme un honneur fait à la peinture : — La peinture, répondit encore Carreño, n'a pas besoin d'honneurs : c'est elle au contraire qui peut les donner à tout le monde. *La pintura no necesita honores, ella puede darlos a todo el mundo.*

Autre anecdote : Gregorio Utande, peintre à Alcala de Henares, avait peint un *Martyre de saint André*, pour lequel il avait demandé cent ducats ; comme on ne s'accordait pas sur le prix, il fut convenu que la peinture serait taxée à Madrid. Entretemps, Utande avait prié Carreño de retoucher un peu son tableau, et par reconnaissance il lui avait offert — un petit pot de miel. L'excellent Carreño ayant repeint à nouveau toute la toile, il se trouva qu'il fut nommé taxateur avec don Sebastian de Herrera ; mais il s'excusa, sous prétexte qu'il était trop ami de l'auteur. Sebastian Herrera n'eut pas de peine à reconnaître le style et le talent de Carreño, et il taxa l'œuvre à deux cents ducats, qui furent payés à Utande. De là, ce *Martyre de saint André* fut appelé narquoisement : « le Petit pot de Miel. »

Charles II « aimait extraordinairement » Carreño : *le amaba extraordinariamente*, dit Bermudez ; autant

[1] M. Paul Lefort, après un long séjour en Espagne, en a rapporté une collection de dessins, très-précieuse et très-instructive ; le Musée du Louvre ne possède que quatre-vingt-sept dessins de l'École espagnole ; M. Lefort en a, je crois, plus de mille ! Nous aurons quelquefois recours à sa collection et à sa compétence sur l'École espagnole pour l'étude de certains maîtres peu connus, dont les œuvres ne se rencontrent ni au Musée de Madrid, ni dans les autres collections de cette ville.

pour l'honorabilité de son caractère que pour son talent, et, de même qu'Alexandre à l'égard d'Apelles, il défendit qu'aucun peintre copiât ses portraits par Carreño. Il lui avait même donné sur sa cassette secrète une pension, qui fut continuée à sa veuve, doña Maria de Medina.

CARLOS II (Musée Royal de Madrid).

Carreño mourut en septembre 1685, la même année que son ancien collaborateur Rizi, et il fut enterré dans le caveau du couvent royal de San Gil. *Yo le vi espirar* — je le vis mourir, dit Palomino, qui a laissé une liste très-complète des œuvres du maître dont la longue carrière fut si bien remplie.

Carreño a gravé à l'eau-forte un *Saint Antoine de Padoue,* à mi corps, avec le petit Jésus.

Parmi ses nombreux élèves, il faut distinguer Mateo Cerezo, coloriste harmonieux, ressemblant aussi parfois à van Dyck.

W. BÜRGER.

RECHERCHES ET INDICATIONS.

Sur la biographie et les œuvres de don Juan Carreño de Miranda, il faut voir le long article que lui consacre son ami Palomino, le résumé qu'en donne Cean Bermudez, et quelques notes éparses dans les autres critiques et biographes espagnols.

Le catalogue des œuvres, tel que le donnent Palomino et Bermudez, ne peut plus guère servir aujourd'hui, puisque la plupart de ces tableaux ont été déplacés, notamment ceux qui ornèrent les anciennes résidences royales ou les couvents. On en retrouve une partie maintenant soit au Musée royal, soit au Musée national, soit à l'Académie.

Je ne saurais dire si les tableaux peints pour les églises de province y sont encore, car malheureusement, je ne connais très-bien de l'Espagne que Madrid et deux ou trois villes. Il peut donc être intéressant d'indiquer, d'après le catalogue de Cean Bermudez, les œuvres qu'on voyait encore dans les églises au commencement du siècle.

Tolède — dans la cathédrale, la fresque de la coupole, peinte avec Francisco Rizi, et quelques autres tableaux.

Alcorcon.— Église paroissiale, une *Assomption de la Vierge*, et le tableau du maître-autel.

Orgaz.—Église paroissiale, la même *Assomption*, et un autre tableau : l'*Incrédulité de saint Thomas*.

Peneranda. — Église de Saint-François, un *Saint Michel*, un *Saint Bonaventure*, et *Sainte Isabelle*, reine de Portugal.

Almeida. — Église paroissiale, une *Madone*.

Pampelune.—Chez les Pères de la Trinité, le célèbre tableau de la *Fondation de l'ordre de la Sainte Trinité*.

Ajoutez quelques peintures dans des églises de Madrid.

Voici maintenant les œuvres que nous connaissons dans les galeries publiques et particulières :

Musée royal de Madrid. —N° 85, portrait de doña Maria Ana d'Autriche, seconde femme du roi Philippe IV. — N° 124, portrait d'une femme monstrueusement grosse. Haut. 6 pieds, larg. 4 pieds. — N° 160, portrait de Charles II, en buste. — N° 2165, ancien 357, *le roi Charles II*. Figure entière. Haut. 6 pieds, larg. 4 pieds 3 p. — N° 513, portrait de Charles II. Répétition du précédent dans une autre proportion. Haut. 7 pieds 2 p., larg. 5 pieds 6 p. — N° 517, portrait de Pedro Iwanowiz Potemkin, ambassadeur du czar de Moscovie. Figure entière. Haut. 7 pieds 3 p., larg. 4 pieds 3 p., — N° 530, portrait de Doña Maria Ana d'Autriche. Figure entière, sur une toile haute de 7 pieds 7 p. — N° 267, portrait de Francisco Bazan, bouffon de la cour de Philippe IV. Figure entière. C'est le portrait qu'on attribuait autrefois à Velazquez. — Sans numéro, la *Religieuse*, dont nous donnons la gravure. Figure entière, de grandeur naturelle.

On voit encore, au Musée de Madrid (n° 529), une *Madeleine*, « dans le style de Carreño, » laquelle rappelle la *Madeleine* de l'Académie.

Nacional Museo, ou Museo del Fomento, à Madrid. — Le *Saint Sébastien* dont nous donnons la gravure.

Académie de San Fernando, à Madrid. — La *Madeleine* dans le désert. — Grande copie du *Spasimo*, de Raphaël. — Copie d'un portrait de Philippe IV et d'une Infante, d'après Velazquez.

Ancien musée espagnol, au Louvre. — N° 35, *l'Elévation*. — N° 36, *Saint Bernard* à mi-corps. — N° 37, *Saint Jacques combattant avec les Espagnols contre les Maures*. Grande composition haute de 7 pieds. — N°s 38 et 39, Portrait de Charles II. — Le n° 50, Portrait d'homme, était aussi attribué à Carreño.

Exhibition de Manchester : — N° 1,081, *Don Juan d'Autriche*, fils naturel de Philippe IV. Buste. A M. Stirling. — N° 1,082, *Charles II d'Espagne*, provenant de l'Escorial et appartenant à M. J. Evelyn Denison.

Musée de l'Ermitage, à Saint-Pétersbourg. — N°s 429 et 430, le *Baptême de Jésus-Christ* et *Saint Damien tenant une boîte de médicaments* (provenant tous deux de la collection Coesvelt de Londres). Le docteur Waagen, dans son excellent livre sur la Galerie de l'Ermitage (*die Gemälde-Sammlung in der Kaiserlichen Ermitage zu St-Petersburg*, Munich, 1864), ne mentionne que le *Baptême du Christ* « peinture très-distinguée et très-harmonieuse de couleur. »

Musée de Berlin. — N° 407, portrait de Charles II, roi d'Espagne; daté 1673. Haut. 6 pieds 7 p., larg. 4 pieds 6 p.

Galerie de M. Barthold Suermondt, à Aix-la-Chapelle. — N° 99, portrait de Charles II, à mi-corps, provenant de la collection du colonel von Schepeler, qui tenait de l'Escorial, d'Aranjuez et des autres résidences de la cour d'Espagne, la plupart de ses tableaux.

Ancienne galerie Aguado (catalogue de la vente, Paris, 1843).—N° 3, portrait équestre de Charles II, roi d'Espagne. Haut. 2 mètres, larg. 1 mètre 32.

Ancienne galerie du maréchal Soult (catalogue de la vente, Paris, 1852).—N° 89, *Saint Ambroise* faisant l'aumône aux pauvres. Grande composition; haut. 2 mètres 50 c. sur plus de 2 mètres de large.

PARIS. — IMPRIMERIE POITEVIN, RUE DAMIETTE, 2 ET 4.

École Espagnole. *Portraits, Paysages.*

JUAN BAUTISTA DEL MAZO

NÉ VERS 1615 (?) — MORT EN 1687.

La personnalité de Mazo disparaît presque derrière la haute figure de Velazquez. Comme homme et comme peintre, sa vie est liée à celle de Velazquez. Bonne fortune à laquelle Mazo dut son talent et une position éminente. Mais cependant pourquoi son nom est-il à peine connu hors de l'Espagne? Peut-être que l'originalité personnelle est le meilleur titre aux souvenirs de l'histoire.

Juan Bautista del Mazo était né à Madrid et il entra tout jeune dans l'atelier de Velazquez, dont il se mit à copier les œuvres avec passion. Je suppose qu'il peignit aussi beaucoup d'après le maître de Velazquez : la nature. Titien, Tintoret, Paul Véronèse, furent encore ses maîtres affectionnés; on dit qu'il en faisait des copies trompeuses. Toujours paraît-il qu'il acquit promptement une pratique si habile, que Velazquez l'utilisa bientôt dans la préparation de ses propres œuvres et qu'il lui donna en mariage une de ses filles.

Une monographie de Francisco Pacheco, publiée tout récemment à Séville [1], fournit de nouveaux renseignements très-précieux sur Velazquez et sa famille. Le mariage de Velazquez avec doña Juana de Miranda, fille de Francisco Pacheco et de doña Maria del Paramo, fut célébré à Séville, le 23 avril 1618 [2].

[1] *Francisco Pacheco, sus obras artisticas y litterarias*, par D. J. M. Asensio y Toledo. Séville, Geofrin, 1867.

[2] Ce mariage de Velazquez en 1618 jette quelque doute sur l'authenticité de la date 1599 acceptée jusqu'ici comme date de sa naissance. Il importerait de retrouver cet acte de naissance dans les archives de Séville.

Velazquez n'avait alors que dix-neuf ans. De ce mariage naquirent deux filles : l'une, prénommée Juana, comme sa mère, le 13 mai 1619; l'autre, Ignacia, quelques jours avant le 29 janvier 1621.

De ces deux filles Velazquez a laissé les portraits, catalogués au Musée de Madrid (nos 71 et 78) simplement comme jeunes filles (*niñas*) inconnues, mais qui « paraissent être sœurs. » Elles se ressemblent beaucoup et elles tiennent des fleurs à la main. La petite *Sainte Claire*, portant une palme, de la vente Salamanca, représentait encore une de ces filles. Laquelle des deux devint la femme de Mazo? Juana ou Ignacia? Que ce soit la première ou la seconde, les dates de leur naissance, 1619 et 1621, peuvent aider à fixer approximativement la date de naissance de Mazo, restée inconnue jusqu'ici. L'année 1630, inscrite dans le catalogue du Musée de Madrid, ne saurait être acceptée. Mazo ne devait pas avoir dix ans de moins que sa femme. Mettons qu'il était à peu près du même âge et qu'il est né de 1615 à 1620, au plus tard.

Dès 1647, en effet, J. B. del Mazo était déjà un excellent peintre, comme le prouve la *Vue de Saragosse* (Musée de Madrid, n° 79), dont nous donnons la gravure. Ce grand tableau, mesurant 11 pieds 10 pouces sur 6 pieds 6 pouces, avait été commandé par Philippe IV, ainsi qu'une *Vue de Pampelune,* et Velazquez l'illustra des nombreuses figurines groupées en avant. Nous avons relevé nous-même sur le tableau la date 1647, dont le catalogue ne fait pas mention. Assurément J. B. del Mazo n'était pas un écolier de dix-sept ans lorsque Philippe IV le chargea de peintures si importantes, lorsque Velazquez l'honora de sa collaboration.

Cette *Vue de Saragosse* est prise des bords de l'Èbre, qui traverse tout le paysage. De l'autre côté du fleuve s'étagent les tours et les édifices de la ville. Les personnages peints par Velazquez occupent tout le premier plan; ils rappellent un peu les groupes si pittoresques de la superbe *Chasse* conservée à la National Gallery de Londres. L'ensemble du paysage est splendide, partout lumineux, vraiment digne d'être animé par les figures de Velazquez. « Sous le rapport de la richesse et du brillant de l'effet, dit M. William Stirling, ce tableau égale les meilleures vues peintes par Canaletto. »

A cette époque, 1647, J. B. del Mazo était-il déjà le gendre de Velazquez? C'est probable, car les filles de Velazquez avaient alors, l'une vingt-huit ans, et l'autre vingt-six.

Quatre ans plus tard, 1651, à son retour d'Italie et en récompense des services rendus pendant son voyage, Velazquez ayant été nommé par Philippe IV *aposentador mayor,* J. B. del Mazo lui fut adjoint pour l'assister dans ces fonctions. La charge d'aposentador comportait une certaine juridiction dans le palais, la surveillance des fêtes publiques et même l'intendance des logements, lorsque le roi faisait quelque pérégrination hors de ses palais. C'est en cette qualité que Velazquez, comme on sait, accompagna Philippe IV à la fameuse conférence de l'île des Faisans, sur la Bidassoa, en 1659. Mazo y suivit son maître, son beau-père, son chef d'emploi. Malheureuse idée qu'avait eue Philippe IV de transformer en une sorte de chambellan et de *fourrier* le plus grand artiste de l'Espagne! Les fatigues de cette corvée et sans doute l'ennui de négliger la peinture contribuèrent à la maladie qui, l'année suivante, le 7 août 1660, enleva Velazquez. Huit jours après, le 14 août, mourait aussi la femme de Velazquez, doña Juana Pacheco. Elle avait désigné pour ses exécuteurs testamentaires don Gaspar de Fuensalida et « son gendre Juan Bautista de Imazo del Mazo, demeurant avec elle dans la Trésorerie du palais [1]. »

C'est la seule fois qu'on trouve dans les documents espagnols le nom écrit sous cette forme : « de Imazo del Mazo ». Quelques biographes ajoutent après Mazo le prénom Martinez, qui était peut-être le prénom paternel.

L'extrait mortuaire de doña Juana constate que J. B. del Mazo habitait, avec la famille Velazquez, le palais royal. Depuis une vingtaine d'années, sans doute, Mazo avait toujours peint auprès de Velazquez, et Philippe IV

[1] C'est aussi à M. Asensio qu'on doit la découverte et la publication des extraits mortuaires de Velazquez et de Juana Pacheco, morts tous deux dans la paroisse de San Juan Bautista à Madrid, enterrés tous deux dans la crypte de cette église. — Velazquez a laissé aussi des portraits de sa femme Juana : l'un, en buste, de profil sur fond gris (n° 320, Musée de Madrid); grand caractère, superbe peinture; l'autre, à mi corps, tourné de trois quarts à gauche : c'est le chef-d'œuvre payé environ 100,000 francs à la vente Salamanca, sans que le catalogue eût indiqué qui était cette femme si attrayante.

l'avait vu bien souvent travailler. Mazo fut donc nommé *pintor de camara* pour succéder à Velazquez. Son brevet de peintre du roi est daté du 19 avril 1661.

Avant d'obtenir ce titre, Mazo avait déjà fait quantité de portraits du roi, de la famille royale et des hauts personnages de la cour, sans compter ses nombreuses répétitions des portraits de son maître et son concours à la préparation des tableaux. Sa réputation avait même commencé par un portrait de la reine Maria Ana d'Autriche, seconde femme de Philippe IV, lequel portrait, exposé à la porte de Guadalaxara, « fut très-remarqué, parce que c'était un des premiers portraits de la jeune souveraine qui fût placé sous les yeux des habitants de Madrid. »

On peut voir, par la gravure en tête de cette notice, — un *Capitaine du temps de Philippe IV,* — combien le

VUE DE SARAGOSSE.

style et la pratique de Mazo rappellent Velazquez. Même fierté de tournure, même richesse de coloration. Seulement, Mazo est plus lourd que son maître; il n'a pas comme lui cette fluidité aérienne qui enveloppe les formes et les détache en relief au milieu de la lumière ambiante. Je crois pourtant que certains portraits attribués à Velazquez, même dans des galeries fameuses, ont été peints par Mazo tout seul. Au Musée de Madrid, où sont réunis plus de soixante Velazquez, un grand et beau portrait de Maria Teresa d'Autriche, encore catalogué sous le nom de Velazquez (n° 1941), ne vient-il pas d'être restitué à Mazo, par une étiquette consciencieuse, en attendant un nouveau catalogue digne de cette magnifique collection!

Après la mort de Philippe IV, en 1665, Mazo resta toujours le peintre favori de la reine régente, dont il fit plusieurs portraits. Il peignit aussi, à diverses reprises, le petit roi Carlos II : un de ces portraits figurait au Musée espagnol du roi Louis-Philippe; à la vente publique de ce musée à Londres, il a passé dans une galerie anglaise.

Comme portraitiste, J. B. del Mazo n'est, à la vérité, qu'un reflet de Velazquez. Mais c'est encore un rare mérite que de s'assimiler ainsi le génie d'un grand initiateur. Dans le paysage, Mazo est plus indépendant de son maître. Pour Velazquez, bien qu'il se soit amusé quelquefois à peindre des vues d'après nature, — des chefs-d'œuvre toujours ! — le paysage n'est qu'un accessoire de ses compositions et de ses portraits, un entourage radieux et fantastique, une emprise capricieuse sur le ciel, qui donne la couleur et l'effet d'ensemble. Mazo est plus positif, plus réaliste; il voit le détail et il en tient compte. Il a plus de solidité, s'il a moins de poésie. Son architecture est ferme dans le sol et ses terrains ne s'évanouiraient pas sous un souffle, tandis que chez Velazquez la nature extérieure est une sorte de mirage qui ne semble exister que dans l'œil de l'artiste.

Outre la *Vue de Saragosse*, Mazo compte neuf autres paysages au Musée de Madrid : un *Soleil couchant*, un *Port de mer*, une *Vue du Monastère de San Lorenzo de l'Escorial*, une *Vue du Campillo, maison de campagne des moines de San Lorenzo*, un *Site montagneux avec un ermite sur la hauteur ;* ces cinq tableaux, d'une forme très-élargie ont sept pieds de large sur deux pieds de haut; et cinq grands paysages mythologiques : la *Mort d'Adonis*, *Énée et Didon*, *Polyphème*, *Latone*, *Enée quittant Carthage*. La *Vue de Pampelune*, qui, autrefois, servait de pendant à la *Vue de Saragosse* dans les appartements du palais de Madrid, est sans doute perdue, puisqu'on ne lui a pas donné place au Musée royal. C'est dommage : peut-être était-elle, comme la *Vue de Saragosse*, enrichie de personnages par Velazquez.

De son mariage avec la fille de Velazquez et de Juana Pacheco, Mazo avait eu deux fils, Gaspar et Balthazar, qui obtinrent des charges à la cour. Devenu veuf, il épousa en seconde noces doña Ana de la Vega. Une nouvelle alliance, après avoir été conjoint à la fille de Velazquez, c'est une sorte d'infidélité au souvenir du grand maître presque aussi choquante que le second mariage de la veuve de Rubens, la belle et voluptueuse Helena Fourment. Il est vrai que cette grosse Helena n'avait que vingt-six ans lorsqu'elle perdit son glorieux époux.

Peintre du roi Charles II après avoir été peintre de Philippe IV, Mazo avait toujours continué d'habiter la Trésorerie du palais à Madrid. C'est là qu'il mourut, le 10 février 1687. Il fut enterré dans l'église San Gines.

Son portrait, que nous donnons en haut de cette notice, a été gravé d'après le portrait original peint par Esteban March et conservé au Musée de Madrid.

W. BURGER.

RECHERCHES ET INDICATIONS

Cean Bermudez, ordinairement assez complet dans ses biographies des peintres espagnols, ne consacre qu'une page à J. B. del Mazo et il ne donne point, comme d'habitude, le catalogue de ses œuvres.

Palomino aussi est très-bref sur Mazo.

Dans son livre sur *Velazquez*, M. William Stirling par le avec sympathie du gendre de son peintre affectionné.

Voir encore quelques notes éparses dans les *Musées d'Espagne*, par M. Louis Viardot.

Treize tableaux au Musée de Madrid, y compris le portrait de la reine Maria Teresa, restitué à Mazo, le portrait du roi Carlos II de l'ancien Musée espagnol, un portrait de Philippe IV dans la galerie de M. Barthold Suermondt, à Aix-la-Chapelle, c'est, à peu près, tout ce qu'on peut citer de l'œuvre de Mazo.

Dans la galerie Aguado, vendue en 1843, un *Marchand de fruits et un Gentilhomme* était attribué à Mazo.

A la vente du comte de Gessler, Paris, 1866, une *Vue de ville* (Saragosse, Pampelune?), avec figures attribuées à Velazquez, était, je pense, un Mazo authentique.

Je crois aussi que Mazo est l'auteur des deux *Vues du Prado*, cataloguées Velazquez à la vente Salamanca.

Il se pourrait encore qu'un certain nombre de portraits peints par Mazo fussent égarés en Angleterre, — sous le nom de Velazquez.

Voici sa signature : J.B.MAZO

PARIS. — IMPRIMERIE POITEVIN, RUE DAMIETTE, 2 ET 4.

École Espagnole. *Sujets pieux, Genre.*

B. ESTEBAN MURILLO

NÉ EN 1618 — MORT EN 1682.

Avec Murillo nous allons passer en revue la création, parcourir l'univers, non pas seulement tel que Dieu le fit, mais tel que l'imagination des hommes l'a peuplé, par delà les mondes visibles. L'extrême réalité dans ce qu'elle a de plus grossier tout ensemble et de plus pittoresque, les êtres imaginaires en leur expression la plus suave; l'ombre épaisse des ténèbres d'ici-bas et les lueurs éthérées du ciel; la grâce, la beauté svelte et pure des séraphins impondérables, et la misère du mendiant insurgé contre les immondes habitants de sa guenille; toutes les faces de la vie, tous les accidents de la lumière, soit qu'elle émane miraculeusement des célestes royaumes, soit que répandue sur la terre elle y fasse briller figures et paysages; tout cela pour Murillo est du domaine de son art... que dis-je? entr'ouvrant la voûte azurée, il s'élève jusqu'à la contemplation des lumineuses demeures où le croyant espère une félicité sans égale et sans fin; il voit tourbillonner autour de la Vierge des essaims d'enfants radieux dont son génie fait des anges; il nous montre dans l'air comme une pluie de chérubins, qui, plus légers que les nuages, voltigent, plafonnent, montent, descendent, se croisent, s'entrelacent, s'appellent d'un sourire, se donnent la main et composent de joyeuses guirlandes balancées par le vent, caressées par un doux rayon de soleil. Les deux éléments qui se disputent la vie humaine, l'idéalisme et l'expérience, la fantaisie et le bon sens, Murillo les a merveilleusement combinés. Semblable en cela au chantre de Don Quichotte, il a été tour à tour rêveur comme le héros de la Manche, grotesque et familier comme Sancho. Il n'est pas une manifestation de la vie, pas un état de l'âme, depuis les sublimes élans de l'extase, jusqu'à l'ardeur du sensualisme, que Murillo n'ait essayé de peindre, et pour lui, tenter c'était réussir. Il a observé dans le corps humain chacune de ses innombrables attitudes, et celle que prend l'orgueil ou que la dignité commande, et celles que font naître la nonchalance, la paresse, le hasard. Les anges, les hommes, les animaux, les arbres, la verdure, le ciel et la mer, il a parcouru d'un bout à l'autre l'échelle des êtres, échelle immense qu'il vit encore se prolonger à travers les contrées glorieuses du Paradis, comme il était arrivé à Jacob dans sa vision.

Il est rare qu'un artiste incomplet mette beaucoup de temps à se produire. La nature l'ayant destiné à comprendre certains aspects, les a si fortement indiqués à son admiration que souvent, au sortir des premières études, le peintre arrive d'un seul bond au genre de talent par où il devra s'illustrer, et même au degré de perfection qu'il lui sera permis d'atteindre. Au contraire, l'artiste doué d'une compréhension universelle, capable de faire vibrer à la fois toutes les cordes de l'art, et d'être ainsi un orchestre à lui seul, celui-là ne se forme pas aussi promptement. Sa marche n'est pas si délibérée, si directe, si résolue. Que de temps ne faut-il pas pour mûrir cette individualité, qui n'a pas encore conscience d'elle-même, précisément parce qu'elle est multiple! Que d'essais, de tâtonnements et de mélanges, que d'excursions dans le domaine des autres et combien de retours sur soi-même, avant de se connaître et de pouvoir dire *moi!* C'est là l'histoire de Murillo.

Il était né à Séville le 1er janvier 1618, et non à Pilas en 1613, ainsi que l'avait dit par erreur Palomino[1].

En ce temps-là les Espagnols appelaient déjà Séville une merveille, *que non a vista Sevilla, non a vista maravilla*, disaient-ils; mais quoi! cette cité que dans leur emphase ils trouvaient merveilleuse, elle ne contenait pas encore les chefs-d'œuvre de Murillo. Le premier maître du grand coloriste fut Juan del Castillo, son oncle, qui, lui-même, élevé dans les traditions florentines, avait un coloris sec et dur, suivant Bermudez; mais, en revanche, un dessin châtié, sévère et de nature à former de bons élèves. Murillo apprit sans peine ce qu'on lui enseigna, jusqu'au moment où son maître, étant parti pour aller s'établir à Cadix, il se trouva fort désorienté dans Séville, simple écolier, incertain de sa vie et livré aux hésitations de la première jeunesse. En attendant, il s'exerçait à peindre, pour les vendre à la foire de Séville, une pacotille de peintures, *una partida de pinturas*, car on donnait ce nom mercantile à une branche considérable du commerce de l'Espagne avec les Amériques. Enluminer des bannières! Tels furent les modestes commencements de Murillo, et si un tel exercice rompait le jeune peintre aux difficultés de l'exécution, et diminuait la rudesse de sa couleur, il ne formait en lui que le praticien.

Heureusement Murillo vit arriver à Séville un condisciple qu'il avait connu dans l'atelier de Juan del Castillo : c'était Pedro de Moya, qui revenait de Londres, où il avait étudié sous Van Dyck. Passionné pour la manière du peintre flamand, Moya s'en était approprié la touche savante, ferme et passée tout ensemble, et comme on ne connaissait point encore à Séville le faire de Van Dyck, chacun s'étonnait d'une peinture si nouvelle. Pour Murillo surtout, la vue des ouvrages de Moya fut une révélation. Il sentit sur-le-champ combien était dangereuse, dure à l'œil et contraire à la nature, l'importance exagérée du contour; il comprit que l'air, en enveloppant les lignes, les estompe, les laisse tourner et fuir. Un autre horizon venait de s'ouvrir à ses yeux : il voulut voyager, aller en Italie, à Venise, dans les Pays-Bas, partout où son génie aurait la chance de se développer, et si Moya ne lui eût appris la mort récente de Van Dyck, il se fût embarqué pour l'Angleterre. Comment faire néanmoins sans fortune? Fallait-il entreprendre à l'étourdie d'aussi longs, d'aussi dispendieux voyages? Murillo trouve des

[1] Cette erreur a été relevée par Cean Bermudez qui s'est procuré à Séville l'extrait de baptême de Murillo (Bartolome Esteban). Voyez le *Diccionario historico de los mas ilustres profesores de las bellas artes en Espana, Madrid*, 1800.

ressources; il achète une partie de toiles, la divise en un grand nombre de carrés qu'il imprime de sa propre main, et il se met à peindre prestement tout ce que lui dicte sa fantaisie, des madones, des sujets de dévotion, des fleurs, des paysages; ici des moines, là des natures mortes; puis il vend sa cargaison à un armateur, et, muni d'un peu d'argent, il part pour l'Italie, sans en prévenir sa famille, sans prendre congé de personne[1]. Le voilà qui arrive à Madrid, en 1643, âgé à peine de vingt-cinq ans.

Vélasquez était alors en grande faveur à la cour de Madrid. Ami du roi d'Espagne, officier de son palais, il reçoit la visite de Murillo, et fait à son compatriote l'accueil le plus gracieux; à la voix d'un des familiers (*privados*) de Philippe IV, Murillo voit s'ouvrir les portes du palais de Madrid, du monastère de l'Escurial, de

UN JEUNE MENDIANT.

toutes les résidences, de toutes les galeries, de tous les musées. En présence des Titien, des Rubens, dont resplendissent les royales demeures, le jeune peintre oublie son projet de voyage. Qu'a-t-il besoin d'aller maintenant jusqu'en Italie? N'a-t-il pas devant lui ce qui peut ravir un coloriste futur, et même des tableaux de ce Van Dyck déjà tant admiré à travers les imitations de Moya?

Ce fut donc sans sortir des appartements du Cierzo et de l'Escurial, sous les regards de Vélasquez, avec ses

[1] *Comprò una porcion de lienzo; la dividiò en muchos cuadros; los imprimò por su mano, y pintò en ellos asuntos de devocion*... Cean Bermudez, *ubi supra*, tome II, page 49.

conseils, que Murillo accomplit le voyage qu'il avait projeté de faire dans les contrées de la couleur. Trois ans environ furent employés par lui à copier, en les étudiant, les tableaux des maîtres, surtout ceux des Vénitiens et des grands Flamands; mais afin de ne rien négliger, il étudiait aussi le dessin d'après les statues et le modèle vivant, tandis que Vélasquez, parvenu à la perfection de sa prestigieuse manière, le familiarisait avec l'amour du rendu, le goût de la vérité pure et les illusions de la perspective aérienne.

Joachim Sandrart et quelques écrivains italiens ont assuré que Murillo était allé dans sa jeunesse en Amérique. Ces auteurs ont été mal informés : ils ont dit de Murillo ce qui n'était vrai que de ses toiles enluminées, et de son fils Gaspard-Esteban Murillo. Ils n'ont pas voulu croire non plus qu'un peintre d'une si rare habileté se fût passé de voir la terre de l'art et de franchir les douanes italiennes; ils ont écrit qu'à son retour d'Amérique, Murillo avait voyagé en Italie; mais, comme le remarque avec vivacité l'auteur espagnol[1], serait-il probable qu'un tel voyage fût demeuré inconnu à tant d'amis intimes de Murillo, qui, en effet, n'en ont entendu parler que dans les livres, lorsqu'on sait combien la vie des hommes illustres est observée, connue et suivie jusqu'en la ténuité de ses moindres détails[2]. Ce qui est certain, c'est que Murillo, de retour à Séville en 1645, peignit pour le petit cloître du couvent de Saint-François, des tableaux qui étonnèrent tout le monde. Ce n'était plus seulement le style de Van Dyck, tel que Moya l'avait importé à Séville, trois ans auparavant; c'était un mélange imprévu de toutes les manières que Murillo avait si profondément étudiées, quand, à Madrid ou à l'Escurial, il avait successivement copié des Rubens, des Titien, des Van Dyck, et Ribera et Vélasquez. Aucune originalité n'était encore saisissable dans cette fusion singulière où la gravité du Titien tempérait le fougueux éclat de Rubens, où l'élégante souplesse d'Antoine Van Dyck mitigeait la sauvage accentuation de l'Espagnolet. Çà et là, malgré le mélange, le pinceau de l'imitateur trahissait plus visiblement chacun des maîtres qu'il avait tour à tour admirés. Ainsi, des anges apparus au saint en extase rappelaient les fortes oppositions de Ribera; le superbe tableau de *Sainte Claire mourante* semblait être un ressouvenir de Van Dyck, tant il y avait de ressemblance pour les airs de tête, de fraîcheur dans les carnations et d'adresse dans le dessin des extrémités. Enfin le *Saint Jacques avec les pauvres* accusait l'influence directe de Vélasquez. Au moment de rencontrer son génie propre, d'avoir conscience de lui-même, Murillo ne présentait qu'un éclectisme heureux, et cependant, à travers les apparences de l'assimilation, la grandeur du maître commençait à se faire jour.

Qui le croirait? Ce n'est plus au cloître des franciscains de Séville qu'il faut aller aujourd'hui pour voir les peintures par où commença la célébrité du peintre andaloux; c'est à Paris même que se trouvent maintenant la plupart de ces tableaux où la force du clair-obscur est si bien expliquée par la fréquentation des œuvres de Ribera. Emportées dans les fourgons de nos généraux, quelques-unes de ces toiles, comme *l'Extatique à la cuisine*, sont venues enrichir le magnifique musée du maréchal Soult; d'autres, telles que *la Mort de sainte Claire*, ont fait l'honneur de la galerie Aguado. A cette phase seconde du talent de Murillo, se rapportent une *Scène de brigands*, où se détache, sur un fond de paysage vigoureux, la figure d'un moine arrêté par un brigand demi-nu, dont le torse est exécuté à la façon de l'Espagnolet, et une *Fuite en Égypte*[3], qui représente l'enfant Jésus amoureusement enveloppé dans les bras de sa mère, et porté par l'humble monture qui un jour le conduira en triomphe, tandis que, tirant l'âne par la bride, le charpentier se hâte à travers les ombres de la nuit.

Dans un pays semblable à l'Espagne, Murillo devait être facilement aimé de la foule. Il était précisément doué de ce qui plaît aux Espagnols, et à la différence de Vélasquez, qui reproduisait plus volontiers le côté noble du caractère national, il en saisissait, lui Murillo, le côté vulgaire, les mœurs générales et banales, avec tous les contrastes qu'elles présentent chez une nation aussi profondément catholique. Il savait peindre la béate ferveur du dévot ou l'extase du moine illuminé, aussi bien que les haillons d'un gueux superbe ou le fumier de Job. Pieux lui-même, il va souvent prier de longues heures dans l'église de sa paroisse, sauf à

[1] Palomino Velasco, dans le chapitre II du livre VI, intitulé : *El aprovechado*, page 62.

[2] *Aun los atomos mas minimos se observan*, dit l'auteur. *El Museo pictorico,* tome III, page 420.

[3] Ces deux ouvrages faisaient partie de la collection du maréchal Soult, collection célèbre, dont la vente, plus célèbre encore, sera l'objet d'un travail où nous rappellerons la destinée et le prix des principaux chefs-d'œuvre qui y figurèrent.

remarquer après les vêpres telle courtisane qui soulève sa jalousie pour voir si elle sera vue. Catholique,

LA VIERGE À LA CEINTURE.

Murillo est à la fois mondain et dévot; chrétien, il aime également toutes les créatures humaines, qu'elles soient élégantes ou contrefaites, enlaidies par la misère ou rehaussées par le luxe, sales jusqu'à la vermine ou parées comme des reines et brillantes comme des séraphins. Voyez-le sortir du cloître des franciscains, où il vient de peindre des apparitions d'anges qu'on dirait vêtus de lumière; au détour de la première rue, il aperçoit par une fenêtre un gamin à tête rase qui s'est accroupi contre une masure gothique, et s'occupe tranquillement, puisqu'il faut dire le mot, à tuer ses poux au soleil. Un autre aurait détourné la vue; au contraire, Murillo s'arrête; il est frappé de l'effet que produit le rayon qui pénètre par l'ouverture et va réveiller le ton des guenilles. Il trouve la pose naïve et l'encadrement pittoresque; l'accident de lumière est vif, piquant et chaud; la figure est en relief. En un moment le peintre a crayonné son modèle de hasard, non pas sur le papier peut-être, mais dans son imagination, et de retour à son atelier, il peint ce petit chef-d'œuvre d'observation, de naturel et de clair-obscur qu'on admire au musée du Louvre sous le titre de : *Un jeune mendiant*. — Les Espagnols l'appellent *el piojoso*, le pouilleux. — Et il n'oublie aucun détail, ni la simple cruche d'eau, ni le vieux panier d'où sortent quelques fruits, ni les crevettes éparses sur la nappe, c'est-à-dire par terre, préparatifs ou reliefs d'un repas frugal dont le commencement ressemble beaucoup à la fin. La tête sera pleine de caractère; les lambeaux de la veste seront touchés avec hardiesse, car on ne saurait peindre proprement des haillons; les chairs seront modelées avec soin; la rudesse et le ton basané de l'épiderme, la plante des pieds calleux diront assez les habitudes buissonnières du vagabond, son horreur pour l'eau claire et le travail. De sorte que Murillo, involontairement, aura caractérisé le peuple espagnol par la seule figure de cet enfant sans gêne et sans souci qui tout à l'heure va relever fièrement sa tête, et qui du moins est aussi sobre que paresseux. Quant au tableau, il est vraiment curieux et même agréable à voir :

. . . . Il n'est pas de... *pouilleux*
Qui par l'art imité ne puisse plaire aux yeux.

Le talent qui devait faire de Murillo le peintre le plus populaire de l'Espagne l'avait déjà mis en vue, si bien qu'il acquit en peu de temps assez de fortune pour sembler digne d'épouser une personne distinguée de la ville de Pilas, *una persona de conveniencias*, dona Beatrix de Cabrera y Sotomayor. Le mariage fut conclu en 1648. Depuis ce moment, Murillo vit s'accroître rapidement sa renommée en même temps qu'il sentit se développer encore son génie. De tant d'appropriations successives se dégageait enfin la personnalité du peintre. Van Dyck, Ribera, Titien, Vélasquez lui-même, tous les modèles naïvement admirés d'abord, s'éloignaient peu à peu des souvenirs de l'admirateur, et sur leurs traces disparues il s'élevait un artiste nouveau, maître à son tour, qui maintenant avait sa physionomie, son cachet propre, sa signature, et qui s'appelait Bartolome Esteban Murillo.

Ce fut la troisième et la dernière de ses transformations. Le clair-obscur violent qu'il avait emprunté de Ribera s'adoucit sensiblement et gagna en transparence ce qu'il perdait en force. Sa touche devint plus moelleuse, son style se fixa, et il ne lui resta du grand Vélasquez que l'art de dégrader les nuances, de *peindre l'air*, suivant la belle expression de Moratin. Il en conserva de plus un excellent ton gris qui ordinairement sert de fond aux portraits de Vélasquez, où la gravité des personnages vêtus de noir se combine si heureusement avec ce fond tranquille et froid. Mais que dis-je? Les tons froids de l'Espagne sont encore des tons chauds.

Malgré la fière rivalité de Valdes Leal et la jalousie de Herrera le jeune, Murillo monta facilement à la première place dans Séville. De toutes parts on venait lui demander des tableaux de Vierges, des moines en prière, des Jésus et autres sujets de dévotion. — Il les peignait si bien dans le sentiment passionné des Espagnols! — Pas une communauté de capucins, d'augustins, de franciscains qui ne voulût avoir l'image de son saint patron de la main de Murillo; pas un maître-autel de cathédrale, pas une chapelle de renom qui ne fût réservée à quelqu'une des innombrables *Conceptions* si vite composées par Murillo et tant de fois variées. On eût dit que ce brillant miracle éclairait continuellement son imagination. La Vierge ravie lui apparaissait toujours vêtue de blanc et de bleu, invariable ajustement qui sans doute dans la pensée du peintre unissait les deux couleurs de la pureté et du ciel. Quant aux chérubins dont il l'environnait, ces tendres zéphyrs de la mythologie chrétienne ont mille moyens d'être gracieux, charmants, naïfs, et de se jouer avec les pans de la draperie flottante ou de montrer seulement leurs têtes ailées nageant dans la lumière. Que s'il avait à représenter la Vierge avertie par l'ange des mystères de sa maternité future, le peintre espagnol retombait ici dans le

SAINT FRANÇOIS EN EXTASE.

naturalisme, et il tirait même un effet puissant du contraste des vulgarités terrestres avec les signes et les personnages envoyés d'en haut. J'ai vu dans les *Annonciations* de Murillo des accessoires de la vie domestique, le sac à ouvrage, le dé à coudre et les ciseaux sur le linge entassé dans une modeste corbeille. Ce n'est pas sans intention que le peintre andaloux, s'éloignant du noble style de Raphaël et des catholiques italiens, nous montre dans une humble ouvrière la jeune fille élue qui doit donner le jour à un Dieu.

Quelle scrupuleuse fidélité à des traditions que les artistes de la Renaissance en Italie avaient depuis longtemps secouées! et comme l'orthodoxe Pacheco dut être satisfait de rencontrer à Séville un peintre aussi pur de toute hérésie!

Murillo se gardait bien de montrer jamais les pieds de la Vierge quand il la peignait s'élevant vers les cieux, au sein d'une gloire éclatante. Il eût craint de laisser naître une pensée profane à la vue des charmes divins; ce petit coin de nudité, qui n'était pas même remarqué à Rome, eût fait scandale en Andalousie. Et cependant malgré ces précautions dévotieuses, il s'en faut bien que les *Vierges* de Murillo aient le caractère de virginité que veut la foi. Leur belle chevelure, leurs yeux noirs et humides inspirent d'autres idées que celles des transports divins, et si elles sont représentées se livrant aux soins de l'économie intérieure, ce ne sont bien souvent que des mères aux mains potelées chez qui le passage de la vie a laissé des méplats dans les carnations; mais en revanche Murillo a su imprimer au fils de Marie un caractère vraiment surhumain. On croit voir autour de la tête de cet enfant une auréole que le peintre n'a point figurée cependant; sa belle tête s'illumine; son regard ouvert, pénétrant, à la fois vif et doux, lance des éclairs de génie, et il paraît si grand, même dans la tranquillité du sommeil, qu'on se sent averti de la présence d'un Dieu: *patuit Deus*. Il n'est pas jusqu'à la physionomie vulgaire du charpentier, jusqu'à la figure mondaine de Marie qui ne fassent ressortir la distinction de l'enfant et n'indiquent sa naturelle grandeur. Les détails de la vie pauvre au sein de laquelle fut élevé le Christ ajoutent encore à l'effet, et ils servent de contraste à une noblesse qui peut-être n'aurait pas autant de caractère dans un autre milieu, car elle me semble singulièrement relevée par la trivialité même des détails qui l'environnent: « Chez Raphaël, dit un de nos critiques [1], la Vierge est plus vierge; chez Murillo, l'enfant-Dieu est plus Dieu. »

Dès qu'il arrive à Séville un étranger, on le conduit à la cathédrale pour lui montrer les nombreuses toiles de Murillo que le chapitre est fier de posséder. Au revers du maître-autel on lui fait admirer une *Nativité de Notre-Dame*, admirable en effet par la suavité des teintes, la tranquillité des ombres et par un coloris charmant, *hermoso colorido*. Le voyageur est ensuite mené dans la grande sacristie où brillent les fameux tableaux de *saint Léandre* et de *saint Isidore* en habits pontificaux. Puis on l'arrête, aux chapelles latérales, devant un *Repos en Égypte* peint à la brosse [2] et semblable, par la vivacité de l'effet, à un Vélasquez; enfin, pour accroître jusqu'à l'enthousiasme l'admiration du visiteur, on lui découvre le *Saint Antoine de Padoue*, et en contemplant ce chef-d'œuvre sans imitateur possible et sans modèle, l'étranger peu familiarisé encore avec les beautés de la peinture espagnole, demeure en extase comme le cénobite du tableau. Dans une cellule sombre, l'enfant Jésus apparaît tout à coup à saint Antoine au milieu d'une gloire éblouissante, et le pieux solitaire, à genoux, éclairé par cette seule apparition, lève les bras avec un indescriptible transport d'amour vers le Dieu resplendissant de lumière et de beauté qu'il veut serrer contre sa poitrine [3]. Jamais la force d'une expression passionnée n'alla plus loin chez aucun peintre; jamais non plus on ne rendit avec des couleurs et un pinceau des nuages plus transparents, des figures d'une suavité plus séraphique. La conduite du clair-obscur n'est pas ici moins étonnante que la foi du moine visionnaire. Comment avec des ombres tempérées le peintre a-t-il pu obtenir un effet si lumineux! et par quelle infinie dégradation de nuances a-t-il pu passer de l'intensité d'un rayon de soleil à la paisible obscurité de la cellule!

Mais avant de quitter la cathédrale de Séville, il reste à visiter la salle capitulaire, dont les travaux furent dirigés par Murillo en 1667 et 1668. Pour peu que le cicerone soit un chanoine instruit — il s'en trouve encore au chapitre, — il ne manquera pas de dire avec un sentiment d'orgueil que le *Saint Antoine de Padoue*

[1] *Études sur la peinture espagnole*, par M. Thoré; ces belles études ont été publiées dans la *Revue de Paris* de 1835.

[2] *Pintado con brochas*, c'est-à-dire largement et avec une brutalité calculée. Voyez la *Descripcion artistica de la Catedral de Sevilla*, por Don Juan Agustin Cean Bermudez, Sevilla, 1804. — Cet opuscule précieux est extrêmement rare, même en Espagne.

[3] *Figura al santo medio arrodillado y absorto con los brazos levantados, esperando al niño Dios, que baja de lo alto en una gloria de angeles, para estrecharle en su pecho... Descripcion artistica de la Catedral de Sevilla*, page 79.

fut payé à l'artiste dix mille réaux, qui en vaudraient maintenant plus de soixante mille; le voyageur s'entendra réciter encore, au sujet de la belle *Conception* peinte pour la coupole des franciscains, l'histoire des curieux démêlés qui eurent lieu entre Murillo et les révérends pères. Un tableau destiné à être toujours vu de

CONCEPTION DE LA VIERGE.

loin veut être conçu et traité dans le sentiment large du décor. Il doit être dessiné carrément et attaqué avec beaucoup de vigueur. Le peintre en brusquant les oppositions laisse à la distance le soin de les rétablir en leur juste tempérament, et s'il manie ses couleurs avec une habile rudesse, il compte sur la dégradation que la perspective aérienne leur fera subir. Murillo n'avait eu garde d'oublier ces principes, qu'il avait vus parfois si bien appliqués dans la savante pratique de Velasquez. Quand les religieux virent de près ce qu'ils auraient dû regarder seulement de loin, ils se récrièrent sur la grossièreté d'une peinture cahotée, confuse et que sans doute ils croyaient faite avec le manche de la brosse; ils refusèrent de la recevoir. L'artiste, avant de remporter son tableau, demande et obtient qu'on le fasse monter un instant à la place où il devait s'encadrer. A mesure que la toile monte, les figures se débrouillent, les contours s'adoucissent peu à peu, les couleurs se fondent; ce qui était lâché paraît fini, ce qui était brutal semble doux, et quand la toile est arrivée à sa dernière hauteur, la plus parfaite harmonie enchante les yeux. Les bons franciscains rougissent alors de leur ignorance, et pour apaiser l'artiste irrité, qui veut maintenant reprendre son œuvre, ils sont forcés de lui offrir le double du prix convenu.

Mais comment parler des nombreuses *Conceptions* de Murillo, sans désigner cette toile dont la beauté est devenue historique, cette fameuse *Conception* de la galerie du maréchal Soult, trop connue pour être décrite, et qui a coûté à elle seule le prix d'un palais! Les œuvres de Raphael, de Corrège, de Michel-Ange, n'étaient pas encore montées, que nous sachions, à la hauteur d'une pareille estimation. Il a fallu qu'une peinture fût bien merveilleuse pour n'être pas éclipsée par l'éclat de cette illustre enchère.

Heureuse vie que celle de Murillo! Elle ne fut point traversée, il est vrai, par ces accidents romanesques qui font le charme et le tourment de nos cœurs; la vue de quelques tableaux de Van Dyck, une visite à Velasquez, tels furent les deux grands événements de cette vie d'artiste où ne trouvèrent place ni l'oisiveté ni l'ennui. Dans une ville toute peuplée de moines, de mendiants pittoresques et de dévôts illuminés, dans une ville remplie d'églises mystérieuses et — comme dirait La Fontaine — éclairée par les yeux des jeunes filles andalouses, Murillo passa son temps à copier les habitants de la terre, à inventer ceux du ciel. Le monde entier se résumait pour lui dans la cité de Séville. Sur le chemin qu'il avait à parcourir de la paroisse de Santa Cruz, où il demeurait, à la cathédrale de Séville ou bien au couvent des capucins situé hors des murs, il ne perdait rien de ce qui était venu provoquer ses regards. S'il rencontrait les licenciés Alonzo Herrera et Jean Lopez y Tavalan, il était frappé de leurs belles têtes, et il les faisait entrer sous le nom de saint Léandre et de saint Isidore en quelque tableau de dévotion. Sans avoir besoin de voyager, de passer les mers, il sut traiter mille sujets différents, peindre tous les genres, paysages, fleurs, marines et les portraits, et l'histoire et les miracles, les misérables accroupis sur le pavé et les bienheureux emportés à travers les royaumes du paradis.

Suivons un peu en parcourant une galerie célèbre ou même en feuilletant l'œuvre gravé de Murillo, suivons l'histoire de cette jeune fille du peuple, compagne de l'insouciant *pouilleux* que nous avons déjà surpris à sa toilette. Ici on la voit sur les genoux de sa mère, qui, lui passant le peigne fin sur la tête, lui fait pousser des cris à attirer le chien de la maison; là sous les arbres au fond d'un jardin, gentiment attifée, elle s'amuse avec des oiseaux auxquels elle a fait un nid dans sa corbeille. Plus tard, grandie et désormais capable d'éveiller et de ressentir l'amour, elle se met à sa fenêtre et fixe un regard effronté.... sur qui? je l'ignore; mais lascivement accoudée, les épaules nues et les cheveux divisés sur le coin du front à la manière des écoliers, elle sourit d'un sourire voluptueux, elle prend pour elle toute la lumière, et, laissant dans la demi-teinte du second plan une duègne richement vieille et disgracieuse, elle fait ainsi ressortir sa jeunesse sur ce fond de laideur. Eh quoi! n'est-ce pas la même qui, sans doute convertie, pardonnée, devenue à force de repentir *sainte Rose de Lima*, tient une rose à la main et offre son cœur à l'enfant Jésus, perché comme un colibri sur les branches de la fleur?

Le contraste est le grand ressort de l'art espagnol. Aussi a-t-on vu de nos jours le romantisme français, basé sur le contraste, tourner ses premiers regards vers la patrie de Murillo et de Cervantes. Depuis Hernani jusqu'à Ruy Blas, c'est l'Espagne qui a fourni à nos coloristes littéraires pourpoints et guenilles, la basquine noire des duchesses et le manteau troué de don César. Le contraste! personne ne l'a plus souvent mis en œuvre et avec plus de bonheur que Murillo. Toutefois, il ne s'agit point ici des oppositions brusques de lumière et d'ombre, telles que les affectait le terrible Ribera; chez Murillo, le contraste éclatait dans la philosophie du tableau par le rapprochement imprévu des conditions, par l'antithèse des caractères ou des pensées. Afin de ne pas heurter à la fois l'esprit et la vue, Murillo, à l'inverse de l'Espagnolet, mettait le dualisme dans l'action et l'unité dans le clair-obscur. Le contraste était pour l'âme et l'harmonie pour les yeux. Lorsque, arrivé au dernier terme de son talent, il fut chargé, vers 1670, des grandes peintures destinées à l'église de La Charité, son génie et son œuvre se trouvèrent merveilleusement assortis. Il avait précisément à mettre en scène les deux extrémités que la religion rapproche, que la charité chrétienne réunit : le luxe et la misère, les haillons et la soie, la santé florissante et la douleur. Et justement il habitait la cité classique des mendiants. Aveugles, paralytiques, manchots,

SAINT THOMAS DE VILLANUEVA.

boiteux, lépreux et teigneux, il rencontrait tous ces modèles rien qu'en se promenant par les rues de Séville, vaste hôpital en plein air[1].

[1] Séville a toujours été une ville de mendiants, nourris par les moines. Elle en est aujourd'hui peuplée plus que jamais.

Mais que de souplesse, que d'abondance et quel facile génie! Comment énumérer, comment décrire l'un après l'autre tant de tableaux variés, touchants, sublimes, *l'Enfant prodigue*, *la Multiplication des pains dans le désert*, *Sainte Élisabeth de Hongrie*, *le Paralytique à la piscine*[1], et tous ces miracles de la charité évangélique reproduits par les miracles de la couleur? Jetez les yeux sur cette foule que Murillo a su peindre dans *la Multiplication des pains*, aussi nombreuse qu'elle apparaît dans le récit de l'Écriture. Si le Christ a nourri cinq mille hommes avec cinq pains d'orge et deux poissons, dit M. Thoré, Murillo a peint cinq mille hommes sur un espace de vingt-six pieds. En vérité, il n'en manque pas un des cinq mille; c'est une multitude inouie de femmes et d'enfants, de jeunes gens et de vieillards, une nuée de têtes et de bras qui se meuvent à l'aise, sans confusion, sans gêne, sans tumulte. Tous contemplent le Christ au milieu de ses disciples, et le Christ bénit les pains, et le miracle est opéré! Symbole sublime de la fraternité entre les hommes, magnifique enseignement de charité que le peintre a magnifiquement traduit!

Ce que Raphaël Mengs disait des figures de Velasquez, on peut le dire de la plupart des compositions de Murillo; elles semblent créées par un seul acte de volition. On n'imagine guère que le peintre ait pu les concevoir autrement, et ce parfait naturel, s'il a son mérite, a bien aussi quelque désavantage. Chez Velasquez, par exemple, il est rare que l'arrangement d'un portrait ou la disposition d'un tableau d'histoire n'ait pas la saveur de l'inattendu, même avec une vérité saisissante. Chez Murillo, la conception est si prompte que l'art n'a pas même eu le temps d'intervenir. On serait tenté de croire que la composition s'est combinée d'elle-même, et de la considérer comme une bonne fortune. Néanmoins les groupes se balancent, et si, quelquefois les diverses parties manquent de pondération, ainsi qu'on peut le remarquer dans le *Saint Philippe* de la galerie du maréchal Soult, c'est là une exception rare. Ah! sans doute, il est des peintres sages et réfléchis qui ont le talent d'intéresser le spectateur au secret équilibre des différents groupes de leur tableau; ils savent que tel homme de goût trouvera du charme à découvrir ces compensations dont la loi est un mystère; mais quand on est devant un artiste aussi expansif, aussi passionné que Murillo, quand tout est dominé par la supériorité de l'expression, comment songer à la convenance de ces occultes symétries? Si je contemple *l'Enfant prodigue*, je suis tout entier à la joie qui éclate sur le visage paternel et dans le geste des serviteurs qui préparent un festin, et jusque dans les caresses du petit chien de la maison, qui a reconnu le fils de son maître. L'enfant prodigue! il est pâle et défait, sans être enlaidi; c'est l'image de son cœur qui s'est flétri, sans se dégrader. Il est là, partagé entre la honte de ses souvenirs et la douceur d'être pardonné. Quelle intelligence des choses humaines! quelle philosophie! Et comme l'exécution est onctueuse, agréable, en harmonie avec le sentiment qui remplit la scène. La couleur est gaie, la touche facile; il semble que la nature elle-même prend part à la fête de cette famille, à leur allégresse, et *la clarté d'un beau jour leur sourit*, comme dit Montaigne.

Le caractère de Murillo ressemblait au style de ses ouvrages; il était aimable et doux. Cependant le sang espagnol qui circulait dans ses veines le rendait prompt à s'irriter: on ne possède d'ailleurs qu'à ce prix l'heureuse faculté de sentir vivement les belles choses. Il vivait en bonne intelligence avec un excellent paysagiste, Iriarte, qui, au dire de Murillo lui-même, faisait le paysage *d'inspiration divine*[2]. Iriarte exécutait les fonds de Murillo; il y mettait de beaux arbres au feuillage léger, des sites riants ou sauvages, appropriés au sujet, des eaux limpides et des lointains vaporeux qui s'accordaient parfaitement avec l'intention du maître. A son tour, Murillo enrichissait de jolies figures les paysages d'Iriarte. Ils avaient ensemble deux fois plus de talent qu'il n'en fallait pour un chef-d'œuvre. Un jour ils se piquèrent sur la puérile question de savoir lequel des deux devait commencer un tableau commandé au paysagiste par un amateur qui avait compté sur l'alliance des deux amis. Murillo, dans un moment d'humeur, prit la palette et fit d'un seul coup le paysage et les figures de manière à enchanter l'acheteur. Il venait de découvrir en lui un artiste nouveau qu'il ne soupçonnait point, un admirable paysagiste: la même chose était arrivée à Rubens.

[1] Ce tableau, comme celui de *l'Enfant prodigue*, faisait partie de la galerie du maréchal Soult. Il avait été payé 8,000 réaux à l'auteur (2,120 francs). Le maréchal Soult l'avait vendu au roi 200,000 francs; mais le marché fut rompu. *La Multiplication des Pains* valut 13,975 réaux. Voyez Cean Bermudez.

[2] Quilliet, *Dictionnaire des Peintres espagnols*, page 103.

Tout Paris a vu dans la galerie de M. Aguado et au musée espagnol du Louvre, que la famille d'Orléans nous a repris, des paysages de Murillo. Ils sont compris à la façon de Rubens, avec largeur et dans la masse. Du

SAINTE FAMILLE.

reste, il les subordonnait ordinairement à l'importance des figures, et la campagne n'était plus alors qu'un accompagnement harmonieux et une invitation aux voyages de la poésie. Il nous souvient qu'un des tableaux devant lesquels on s'arrêtait le plus longtemps, chez l'heureux marquis, c'était *l'Échelle de Jacob*. Dans un pays triste, à deux pas d'une masure et au bord d'une eau paisible, un voyageur a laissé par terre sa gourde, ses hardes, son bâton, et il s'est endormi. Le songe du fils d'Abraham est représenté dans le paysage par un peintre qui savait donner un corps aux visions de l'esprit. Sur la tête du songeur apparaît un escalier lumineux qui s'élève jusqu'au ciel; deux rangées de séraphins, touchant à peine du bout de leurs pieds les marches de cette échelle fantastique, montent vers l'Éternel et descendent parler tout bas au voyageur endormi. Le paysage est profondément tranquille; aucun souffle n'agite la cime des arbres ni la surface de l'onde; on n'entend d'autre bruit que le mystérieux frôlement des ailes séraphiques contre les parois de l'air.

En 1812, M. Denon, directeur général des Musées, fit exposer au Louvre les tableaux espagnols conquis par les armées françaises. Le public étonné regardait ces toiles avec de grands yeux, et façonné à la peinture mythologique de l'Empire, il comprenait fort peu les Murillo; quelques artistes le trouvaient mou; M. Denon ne paraissait pas autrement s'y intéresser. Zurbaran avait été placé dans le péristyle, et ses terribles *moines* arrêtaient les visiteurs sur les degrés du Louvre. Il n'était donné qu'au romantisme, ainsi que le fit observer madame de Staël, de comprendre les beautés de la chevalerie et du christianisme. Et pourtant, parmi ces tableaux, exposés à Paris pour la première fois, il s'en trouvait un qui fut toujours regardé comme le chef-d'œuvre de son auteur, *Sainte Élisabeth de Hongrie*[1], et qu'il faudrait proclamer la plus parfaite de ses œuvres, si des juges compétents ne préféraient encore *le Miracle du gentilhomme romain*. On nous saura gré de reproduire ici la belle description qu'en a donnée M. Viardot, je parle de la *Sainte Élisabeth* : « Ce sujet « réunissait merveilleusement les deux manières extrêmes de Murillo : la misère sale, déguenillée et vermineuse « de ses petits mendiants, la grandeur simple, noble et sublime de ses saints. De là naît aussi le charme d'un « perpétuel contraste et d'une haute moralité. Ce palais converti en hôpital; d'un côté, ces dames de la cour, « belles, fraîches et parées; de l'autre, ces enfants souffreteux et rachitiques qui se grattent, qui déchirent de « l'ongle leurs poitrines sans vêtements et leurs têtes sans cheveux, ce paralytique porté sur des béquilles, ce « vieillard qui étale les plaies de ses jambes; cette vieille accroupie, dont le profil décharné se dessine si « nettement sur un pan de velours noir; là toutes les grâces brillantes du luxe et de la santé; ici tout le hideux « de la misère et de la maladie; puis, au milieu de ces extrêmes de l'humanité, la charité divine qui les rapproche « et les réunit. Une jeune et belle femme, portant sur le voile de nonne la couronne de reine, éponge « délicatement la tête impure qu'un enfant couvert de lèpre lui présente au-dessous d'une aiguière d'argent. Ses « blanches mains semblent se refuser à l'œuvre que son cœur ordonne; sa bouche frissonne d'horreur en même « temps que ses yeux se remplissent de larmes; mais la pitié a vaincu le dégoût, et la religion triomphe... »

Velasquez était le peintre de la nature, Murillo fut le peintre de la religion. Il joignit au sentiment de la réalité tout ce qu'il entre de poésie dans l'âme d'un croyant. Pieux jusqu'à la dévotion, il aimait à s'abandonner aux rêveries religieuses dans un coin de ces églises catholiques qui même en plein jour sont plongées dans le crépuscule. Lors d'un voyage qu'il avait fait à Cadix pour y peindre *les Fiançailles de sainte Catherine*, destinées au grand autel des capucins, il s'était blessé en tombant de son échafaudage, et n'ayant osé, par une espèce de pudeur, avouer la nature de son mal (une hernie), il était en proie aux douleurs les plus aiguës. Pendant que son élève Menesès Osorio terminait le tableau du grand autel, Murillo, ramené à Séville, passa le reste de sa vie à souffrir et à prier. Vers les derniers temps il se faisait conduire chaque jour à l'église de Santa Cruz, et il avait coutume de se mettre en prières devant la fameuse *Descente de croix* de Pedro Campana. On sait que le sacristain, voulant un soir fermer les portes plus tôt qu'à l'ordinaire, vint demander à Murillo pourquoi il restait si longtemps immobile dans cette chapelle : « J'attends, dit le peintre, que ces pieux serviteurs aient fini de descendre le Seigneur de la croix[2]. » Sentant sa fin approcher, il écrivit son testament, par lequel il exprimait la volonté d'être enterré aux pieds du tableau de Campana, ce qui fut religieusement exécuté. Il mourut le 3 avril 1682 dans les bras de Pierre Nunez de Villavicencio, chevalier de l'ordre de Saint-Jean, qui avait été son ami intime et qui fut, avec Tobar et Menesès Osorio, un de ses meilleurs élèves. C'est de Murillo

[1] Ce tableau, remporté en Espagne après l'invasion, figure maintenant à l'Académie de Madrid. (Viardot, *Musées d'Espagne*.)

[2] Le respondió : « *Estoy esperando que estos santos varones acaben de baxar al Senor de la cruz.* » Cean Bermudez.

que procèdent tous les peintres de Séville dont nous aurons à écrire l'histoire. C'est lui qui fonda une académie publique de dessin dans sa ville natale et obtint à grand' peine le concours des professeurs Herrera, Valdès, Iriarte. Il la présidait et y venait enseigner aux élèves l'étude du modèle vivant. Après l'avoir posé lui-même, il en expliquait l'attitude, les proportions, l'anatomie.

Les qualités vraiment extraordinaires de Murillo sont la fécondité, la souplesse et une incomparable facilité à tout peindre. Quand on se promenait dans les salles de notre musée espagnol, on était surpris de la merveilleuse flexibilité d'un tel coloriste. Tantôt il est grave et contenu, comme dans le portrait en pied du froid inquisiteur *Don Andreas de Andrade;* tantôt il rencontre à son insu les effets de Rembrandt et sa pâte dorée, par exemple, dans la superbe esquisse du *Saint Thomas de Villanueva,* dont nous offrons la gravure à nos lecteurs. Quelquefois le pinceau d'Esteban est fondu jusqu'à la mollesse; le plus souvent il est chaud et vaporeux. Peut-être est-il dangereux de copier Murillo : on risquerait de tomber dans la rondeur et le défaut d'accent; on contracterait une banalité d'exécution dont l'original se sauve par le charme et l'éclat du coloris. Mais s'il ne faut point imiter Murillo, on peut l'admirer sans crainte et sans réserve sous mille aspects différents et surtout dans les sujets gracieux, comme cette *Vierge à la ceinture* où l'on voit des anges exécuter une musique céleste pour distraire l'enfant Jésus, qui, ravi de leurs accords, tourne vers eux ses grands yeux noirs remplis de pensées. Génie suave, tout ce qu'a touché Murillo se tourne en douceur, s'éclaire d'une clarté sereine et pénétrante. La religion dans ses tableaux n'a plus rien d'effrayant; elle paraît remplie de grâce; elle est indulgente et n'ouvre jamais à l'imagination des fidèles que les rayonnantes contrées du paradis. Ribera n'en avait vu que les mystères sombres, le côté menaçant et sinistre; Murillo n'en a montré que le côté tendre, aimable et radieux.

CHARLES BLANC.

RECHERCHES ET INDICATIONS.

Esteban Murillo a laissé un grand nombre de toiles qui, avant les guerres de l'Empire, se trouvaient presque toutes dans les églises et les couvents de l'Espagne, à Madrid, à Séville, à Cadix, à Grenade, à Cordoue, etc.

Nous allons dresser le catalogue abrégé de l'œuvre de ce maître, en ne nous arrêtant que sur les compositions dignes de fixer l'attention des amateurs.

Commençons par la patrie de l'artiste :

LE MUSEO DE PINTURA DEL REY A MADRID, si riche en tableaux de toutes les écoles, quoique de création récente, renferme quarante-sept tableaux de Murillo. Nous citerons seulement les principaux :

La sainte Famille au petit chien. — *L'Adoration des Bergers*, ouvrage plein d'énergie dans l'exécution et de poésie dans la pensée. — *Jésus au mouton.* — *Jésus et saint Jean.* — *Le Martyre de saint André.* — Deux *Annonciations;* — et enfin *les Extases de saint Bernard*, *saint Augustin*, *saint François et saint Ildefonse*, qui sont des prodiges de l'art.

LE MUSÉE NATIONAL de la même ville est moins riche que le Museo del Rey; mais il renferme quelques remarquables compositions du peintre de Séville : un *saint Ferdinand*, une *Extase de saint François*, etc.

L'ACADÉMIE DE MADRID est la mieux partagée, non pour le nombre, mais pour la qualité des tableaux de Murillo. On y voit : *Une Résurrection* resplendissante de lumière.

L'académie renferme un tableau de Murillo plus étonnant encore, c'est *sainte Élisabeth de Hongrie soignant les Lépreux.*

Séville possède dans sa cathédrale — *Moïse frappant le rocher,* — *la Multiplication des pains dans le désert* — et *l'Extase de saint Antoine de Padoue*, la plus grande toile qu'ait peinte Murillo.

MUSÉE DU LOUVRE. Dans la Galerie espagnole, propriété particulière du feu roi, il y avait trente-huit tableaux de Murillo; parmi lesquels il faut citer *la Vierge à la ceinture*, — *Saint Augustin à Hippone*, — *Saint Bonaventure écrivant ses mémoires après sa mort*, — *Saint Diégo d'Alcala*, — *le Portrait du Peintre.*

En 1848, tous ces tableaux furent retirés du Louvre, qui ne posséda plus que sept tableaux de Murillo : *la Vierge au chapelet*, — *le Mystère de la conception de la Vierge*, — *la sainte Famille*, — *saint Augustin en méditation*, — *le jeune Mendiant* et deux tableaux peints sur marbre, *Jésus sur la montagne des oliviers* — et *le Christ à la colonne.* A ces sept tableaux dont quelques-uns, *la sainte Famille*, estimé 60,000 francs en 1816, et le Jeune Mendiant, estimé 30,000 francs à la même époque, sont fort célèbres, le Gouvernement vient d'ajouter *la Conception de la Vierge*, le chef-d'œuvre de Murillo. Il a été payé l'énorme somme de 615,300 francs, à la vente de la collection du maréchal Soult en mai 1852.

LA GALERIE NATIONALE DE LONDRES possède trois tableaux de Murillo.

Une sainte Famille, ouvrage des dernières années du peintre, cité par Palomino et Cean Bermudez, etc., désigné quelquefois sous la dénomination de Pedroso Murillo, nom de son ancien propriétaire, le marquis de Pedroso. Ce tableau a été payé 157,500 francs. — *Un jeune Paysan espagnol*, gravé par J. Rogers. Ce tableau, qui orna la collection du marquis de Lansdowne, fut offert, en 1826, à la Galerie nationale, par M. Zachary Esq. *Saint Jean et le mouton*, gravé par V. Green.

A HAMPTON-COURT on voit, dans la Galerie de la reine, *un jeune Enfant mangeant des fruits* peint par Murillo, dans la grande salle à manger; — *le Portrait de Don Carlos fils de Philippe IV;* — enfin dans la chambre privée de la reine, *un jeune Espagnol.*

DULWICH-COLLEGE. Cette collection si remarquable et si variée contient douze tableaux de Murillo d'un très-bon choix : citons *la jeune Fille aux fleurs*, — *l'Enfant Jésus avec un mouton*, — *le bon Berger*. — *Jacob et Rachel*.

LE BELVÉDÈRE A VIENNE possède un seul tableau de Murillo, *Saint Jean Baptiste caressant un agneau*.

LA PINACOTHÈQUE DE MUNICH est plus riche, elle en compte sept : *deux Mendiants*, — *deux Enfants jouant aux dés*, — *une jeune Fille comptant de l'argent à un jeune Garçon auquel elle vient d'acheter des fruits*, — *saint François guérissant un Paralytique*. Voilà les meilleurs.

A LA GALERIE ROYALE DE DRESDE, deux tableaux de Murillo : *la Vierge et l'Enfant Jésus*.—*Jeune Fille vendant des fruits*.

LE MUSÉE DE L'ERMITAGE A SAINT-PÉTERSBOURG est — après l'Espagne — le plus riche en tableaux de Murillo, il n'en compte pas moins de vingt-cinq à trente. Ne citons que les plus beaux : *Sainte Claire mourante*, que le peintre exécuta à Madrid à 28 ans et qui devint le premier fondement de sa haute renommée ; *une petite Adoration des Bergers*, esquisse fine et délicate, *une Nativité* lumineuse comme la nuit du Corrège, *une Assomption*, une vaste composition représentant *l'Assassinat d'un Prêtre devant son prie-Dieu*, —*le Martyre de saint Pierre de Vérone*,—*le Songe de Jacob*,—*le Repos en Égypte*, — *Saint Pierre aux liens* — et *Jésus et Saint Jean enfants*, ces deux derniers provenant de la vente du maréchal Soult.

MUSÉE ROYAL DE BERLIN ; *un Saint Antoine de Padoue* provenant du cabinet que s'était fait en Espagne le général Mathieu Fabvier.

Les collections particulières, si nous exceptons celles qui se trouvent en Angleterre, sont peu pourvues en tableaux de Murillo. Cependant nous connaissons, à Paris, chez M. de Pourtalès Gorgier, quelques beaux échantillons de ce maître.

Le Triomphe de l'Eucharistie rapporté d'Espagne par le général Mathieu Fabvier. *La Vierge et l'Enfant Jésus*, provenant de la même source. *Saint Joseph portant l'Enfant Jésus dans ses bras et tenant une tige de lis*.—*Saint Joseph tenant l'Enfant Jésus d'une main et un rameau de l'autre*.

Chez M. Delessert, *une sainte Famille*, l'esquisse de celle qui orne la *National Gallery* de Londres.

A Stafford-House on admire *l'Enfant prodigue*,—*Abraham et les trois anges*, acquis l'un et l'autre au maréchal Soult. On y voit encore *une Sainte Famille*—et *saint François embrassant l'Enfant Jésus*.

Dans la collection de Lord Ashburton : *Saint Thomas faisant l'aumône*. Ce tableau ornait autrefois la cathédrale de Séville ; il fut vendu au Lord par le maréchal Sébastiani.

La Vierge dans une gloire, tableau d'une grande délicatesse.

Dans la célèbre Galerie de Grosvenor, on voit *un grand Paysage* qui avait orné le palais Saint-Jago, à Madrid.

Chez Sir Thomas Baring à Strallon, quatre tableaux de Murillo : *une Conception*,— *une Sainte Famille*, — *un Jeune Faune tirant des sons de sa flûte*,—*une Jeune fille relevant son voile*.

Chez M. Miles à Leight-Court, *le Martyre de saint André*— et *la Vierge et l'Enfant Jésus*. Ce tableau est de la meilleure époque du maître.

Chez le comte de Warwick, à Warwickcastle, *Un jeune garçon* riant et montrant du doigt un autre garçon.

Chez le duc de Bedfort, à Woburn-Abbey, *Des anges volant dans les airs*, grand tableau puissant de couleur.

Donnons maintenant un aperçu des prix réservés aux tableaux de Murillo dans les ventes publiques.

VENTE DE JULIENNE, 1767. *Les Noces de Cana*, 6,000 francs.

VENTE GAIGNAT, 1768. *Jésus endormi, contemplé par la Vierge et saint Joseph*, 17,535 francs. *Un jeune Mendiant*, celui du Louvre, 1,544 francs en 1782 ; il fut acheté par le roi, 3,600 francs à la vente de M. Sainte-Foix.

VENTE DUC DE CHOISEUL, 1772. *Jeune Fille* tenant de la main droite un panier plein de fruits, et de la gauche, un bout de son voile ; le pendant, *un jeune Garçon* parlant à son chien ; vendus ensemble 4,800 francs.

VENTE BLONDEL DE GAGNY, 1776. *Une jeune Bohémienne* assise, vue jusqu'aux genoux, ayant des fleurs dans le fond de son manteau, 12,000 francs.

VENTE PRINCE DE CONTI, 1777. *Le bon Pasteur avec ses Brebis*, 1,401 francs. *Saint Joseph assis, tenant l'Enfant Jésus entre ses bras*, 1,592 fr. *Les Noces de Cana*, 9,060 fr. (Dix ans plus tôt, 6,000 francs.) *Une Hérodiade*, 620 fr.

VENTE RANDON DE BOISSET, 1777. *La Vierge assise tenant l'Enfant Jésus sur ses genoux*, 10,999 francs.

VENTE DE PRASLIN, 1793. *Saint Jean assis caressant son mouton*, 3,320 francs.

VENTE LAPÉRIÈRE, 1817. *La maison de Saint Joseph*, 4,000 fr.

VENTE BONNEMAISON, 1827. *L'Adoration des Bergers*, 21,500 francs.

VENTE CHEVALIER ÉRARD, 1832. *La Vierge dans une gloire*, 10,000 francs ; *la Nativité de Jésus*, 3,600 francs.

VENTE AGUADO, 1843. Cinquante-cinq tableaux de Murillo. *La Mort de sainte Claire*, vingt-huit figures, un des chefs-d'œuvre du maître, 19,000 fr. Aujourd'hui il vaudrait trois fois cette somme. *Réception de saint Gilles par un Pape*, 3,100 fr. ; *la Madône*, 2,790 francs ; *l'Annonciation*, 2,700 francs ; *la Vierge dans une gloire*, vingt-neuf figures, 17,900 francs ; *Sainte Juste*, figure à mi-corps, 8,025 francs ; *Enfants revenant du marché*, 5,050 francs ; *Jeune Fille aux Poissons*, gravé par Blanchard, 6,900 francs ; *Portrait de Moine*, 4,050 francs. C'étaient là les plus beaux de cette collection.

VENTE CARDINAL FESCH, 1845. *Sainte Famille*, 4,268 francs.

VENTE GUILLAUME II, roi de Hollande, 1850. *Saint Jean de la croix*, 5,717 fr. 50 c. ; *sainte Famille*, 10,141 fr. 55 c. ; *l'Assomption de la Vierge*, 82,044 francs. Ces deux derniers tableaux furent achetés pour la famille royale des Pays-Bas.

VENTE MARÉCHAL SOULT, 1852. Quinze tableaux de Murillo, payés ensemble, frais compris, 1,163,245 fr. *La Conception de la Vierge*, adjugée à la France pour le Louvre, au prix de 615,300 francs ; *la Naissance de la Vierge*, 95,500 fr. ; *Fuite en Égypte*, 54,075 fr. ; *Jésus et saint Jean enfants*, 66,150 fr. ; *saint Antoine de Padoue et l'Enfant Jésus*, 10,710 fr. ; *saint Pierre aux Liens*, 158,550 fr. ; *Repentir de saint Pierre*, 5,775 fr. ; *Miracle de saint Diégo*, 89,775 fr. ; *Scène d'épidémie*, 21,000 fr. ; *l'Ame de saint Philippe s'élevant au Ciel*, 15,750 fr.

VENTE LOUIS-PHILIPPE, 1853. *La Vierge à la ceinture*, 38,750 fr. ; *la Conception* du couvent de Cordoue, 20,050 fr. ; même sujet, 6,750 francs ; *la Madeleine* de la cathédrale de Séville, 21,000 fr. ; *saint Augustin à Hippone*, 17,000 fr. ; portrait de *Don Andrade*, 25,500 fr. ; le portrait de l'artiste dans un ovale, 10,500 fr. ; l'esquisse de *Saint Thomas* 17,750 fr.

Murillo a très-rarement signé ses tableaux. Une *sainte Famille* porte cependant sa signature, que nous reproduisons plus bas.

Murillo f. Hispan

Impr. Bénard et Comp., rue Damiette, 2.

École Espagnole. *Sujets religieux*

JUAN DE SEVILLA ROMERO Y ESCALANTE

NÉ EN 1627. — MORT EN 1695.

A son retour des Pays-Bas, Pedro de Moya, le premier, introduisait parmi ses anciens condisciples de Séville l'étude, encore toute nouvelle pour l'École d'Andalousie, du style et du coloris de Van Dyck et de Rubens. On sait quelle influence profonde et décisive l'enseignement des larges pratiques empruntées aux grands Flamands exerça sur les destinées de l'École. On sait que pour Murillo, surtout, la vue des peintures de Moya fut une véritable révélation. Une fois accomplie cette sorte de mission régénératrice, Pedro de Moya, lassé de sa vie de voyages et d'aventures, vint se reposer à Grenade, sa ville natale, et y ouvrir un atelier.

Un peu plus tard, Alonso Cano, qui tour à tour avait habité Séville, Madrid, Tolède et Valence, revint, lui aussi, se fixer dans sa patrie, et Grenade, qui n'avait jusqu'alors compté que des peintres d'une assez médiocre valeur, se trouva être, vers le milieu du dix-septième siècle, l'un des centres artistiques les plus florissants de l'Espagne. De nombreux et habiles élèves firent bientôt cortége aux deux maîtres grenadins. Tandis que Moya enseignait à ses disciples les traditions de Van Dyck, Cano inclinait plutôt les siens vers le style et les procédés des maîtres italiens, mais en y mêlant ses qualités propres : une exquise naïveté, une harmonie tranquille, unies à une noblesse, à une majesté d'expression presque antiques. Si Moya possédait un coloris plus intense, une touche plus libre et plus fondue, Alonso Cano pratiquait un dessin d'une irréprochable justesse et d'une sévérité qui n'excluait pas la grâce. L'étude de ces individualités si tranchées, et les comparaisons que faisaient naître les œuvres simultanément produites, se traduisirent chez les élèves des deux maîtres par une transaction entre leurs styles. De cette double imitation, ils se composèrent une sorte d'originalité, une manière si l'on veut, plutôt qu'un style, mais qui, cependant, suffit à caractériser leurs ouvrages dans l'ensemble des productions de la grande École andalouse.

C'est ainsi que prit naissance la petite École de Grenade. Moins vastes de pensée dans leurs compositions, coloristes moins brillants peut-être que leurs rivaux de Séville, les peintres de Grenade surent rester plus sobres, plus austères.

Aussi, un siècle après sa création, l'École grenadine conservait-elle à peu près intactes les traditions du correct Alonso Cano, quand déjà Séville était en pleine décadence.

Parmi les disciples qui, s'inspirant des leçons de Moya et de Cano, formèrent le premier noyau de l'École, Juan de Sevilla, Atanasio Bocanegra, Niño de Guevara, Sebastian Gomez et Geronimo de Cieza, devinrent à leur tour des peintres réputés. Juan de Sevilla est le plus célèbre de ces maîtres.

Juan de Sevilla Romero y Escalante naquit à Grenade en 1627. De bonne heure, il montra les plus heureuses dispositions pour la peinture. Andrès Alonso Arguello, artiste peu connu et sans doute d'un mérite très-effacé, lui apprit les premiers éléments de son art; Moya le reçut ensuite dans son atelier. Sous la direction de ce nouveau maître, dont les tendances devaient convenir à la nature distinguée de Juan de Sevilla, l'élève faisait les plus rapides progrès lorsque Moya mourut.

Abandonné trop tôt à lui-même, Juan fût certainement demeuré un peintre très-incomplet s'il n'eût eu l'heureuse idée, pour se maintenir dans les excellents principes que lui avait légués Moya, de copier plusieurs esquisses et des tableaux de Rubens, rencontrés à Grenade, et qu'il put étudier tout à l'aise. Rubens fut donc comme un nouveau maître pour Juan, qui, copiant et recopiant, s'efforça, avec une rare persévérance, de pénétrer les procédés du coloris flamand et de s'en assimiler les magnificences. Le succès couronna peu à peu ses efforts, et la vogue qu'obtinrent bientôt ses ouvrages aux belles teintes harmonieuses et chaudes, prit, au dire de Cean Bermudez, des proportions incroyables. A l'envi, les riches personnages, les administrateurs de la cité et les communautés religieuses lui demandèrent des tableaux, et quand, à l'occasion des fêtes du *Corpus*, que Grenade célébrait avec une pompe inouïe, les plus fameux artistes étaient appelés à concourir pour les projets de décoration des autels, Juan de Sevilla sortait toujours vainqueur de ces concours, où il eut souvent pour rival son orgueilleux compatriote Bocanegra. Cette vogue si rapide et qui pouvait être fatale à l'avenir du peintre, en l'amenant à beaucoup produire, ne parvint ni à l'éblouir ni à modifier la sévérité de ses tendances. En aucun temps il ne faiblit, et son talent ne fit, au contraire, que grandir et s'affirmer.

Juan de Sevilla peignit successivement pour la cathédrale de Grenade quatre compositions. Deux sont importantes : *le Martyre de sainte Cécile* et *Saint Basile remettant à saint Benoît la règle de son ordre;* les deux autres sont une *Conception* et *l'Ange gardien*. Savamment ordonnées, d'un dessin très-pur et très-élégant, ces compositions frappent surtout par la richesse de leur coloris, qui rappelle certainement Van Dyck.

Le *Miracle des pains et des poissons*, les *Pèlerins d'Emmaüs*, *Saint Jean de Dieu au milieu des pauvres*, *l'Annonciation*, une *Sainte Famille*, sujets que Juan exécuta pour la chapelle de l'hôpital du Refuge, peuvent encore être comptés au nombre de ses meilleures productions.

Aux angles de la voûte de l'escalier principal, dans l'église dédiée à saint François, il peignit les quatre tableaux suivants : *Saint François présentant la règle de son ordre à Jésus-Christ*, *Saint Antoine de Padoue manifestant l'eucharistie aux hérétiques*, un *Saint de l'ordre des Franciscains*, et *Dieu le Père recevant dans sa gloire la Vierge entourée d'un chœur d'anges*.

L'église des Augustines reçut une de ses œuvres capitales. Dans cette grande toile, cintrée du haut, l'artiste figura des anges soutenant le saint Sacrement, devant lequel la Vierge est en adoration. Dans la partie inférieure sont prosternés saint Augustin et saint Thomas de Villeneuve.

Quelques autres couvents de Grenade, transformés ou supprimés depuis longtemps, possédèrent des ouvrages de Juan de Sevilla; on sait qu'il fit pour les chapelles des Carmélites et des Augustins une suite

LA VIERGE, L'ENFANT JÉSUS ET SAINT-AUGUSTIN (Musée de Grenade).

assez nombreuse de sujets sacrés, entre autres le *Saint Augustin avec la Vierge et l'Enfant Jésus*, qui se trouve aujourd'hui au musée de Grenade, et que le collége des Jésuites avait de lui une *Cène;* mais, dès l'époque où Cean Bermudez écrivait, tous ces divers morceaux étaient déjà dispersés.

En dehors de Grenade, les biographes de Juan de Sevilla ne signalent qu'un bien petit nombre d'autres travaux. Cean Bermudez et Ponz citent cependant encore l'une de ses principales toiles : elle est placée à l'entrée de la sacristie de l'église magistrale de Alcala de Henarès, et représente le *Martyre des saints enfants Juste et Pastor*, patrons de la ville. Cette peinture, signée en toutes lettres : *Sevilla pinxit*, est, au témoignage de Ponz, d'une grande beauté d'expression et d'une couleur aussi franche qu'énergique.

A quelques tableaux près, c'est là tout l'œuvre de ce peintre, ou du moins tout ce qui s'en est conservé en Espagne. Juan de Sevilla, par son exécution consciencieuse, s'était interdit la fécondité, et d'ailleurs ce n'est que dans un âge relativement avancé qu'il commença à être réputé un maître : en 1666, à trente-neuf ans, il était encore élève de Moya.

Juan de Sevilla mourut à Grenade le 23 août 1695. Il avait soixante-huit ans. Sa perte fut un deuil pour sa ville natale, qui voyait s'éteindre en lui un de ses plus chers artistes.

Particularité bizarre, Juan de Sevilla n'eut point d'élèves et se refusa toujours à en former. Il avait épousé Teresa de Rueda, qui était d'une grande beauté, et ce serait à son ombrageuse jalousie qu'il faudrait, d'après ses biographes, attribuer la cause de cette singulière et regrettable abstention.

PAUL LEFORT.

RECHERCHES ET INDICATIONS.

Nous avons désigné, dans le courant de cette notice, les principaux ouvrages de Juan de Sevilla encore conservés aujourd'hui dans les églises, chapelles et couvents de Grenade. Pour celles de ses toiles qui ont été dispersées ou détruites, on pourra consulter les biographies de Palomino et de Cean Bermudez.

Les plus riches musées de l'Espagne ne renferment point d'œuvre de Juan de Sevilla, et, à l'exception du musée de Grenade qui possède le *Saint Augustin* gravé dans cette notice, et de la galerie Aguado, sur le catalogue de laquelle figuraient deux compositions peu importantes : *La Vierge des Rois* et une *Tête de Vierge*, nous ne pourrions citer aucun autre ouvrage de ce maître dans les collections publiques ou particulières.

Vente Aguado, 1843. — *La Vierge des Rois* : 200 fr. — *Tête de Vierge* : 220 fr.

Sevilla fe

A
SV

PARIS. — IMPRIMERIE POITEVIN, RUE DAMIETTE, 2 ET 4.

École Espagnole. *Sujets religieux et mythologiques, Portraits.*

CLAUDIO COELLO

NÉ A MADRID, MORT EN 1693.

Claudio Coello est le dernier peintre de la grande École espagnole du dix-septième siècle, absolument comme les Carrache sont les derniers maîtres de la grande Renaissance italienne; très-habile artiste, d'ailleurs, comme tous ceux qui arrivent à la fin d'une période glorieuse, et qui ont profité des imaginations et des pratiques de leurs prédécesseurs. Je ne crois pas qu'il y ait jamais eu de peintres plus savants que les Carrache dans toutes les parties de leur art : composition, dessin, clair-obscur; une correction irréprochable; l'abondance, l'adresse; savoir faire, tout faire, et bien faire. Ils s'étaient assimilé les Écoles romaine, florentine, vénitienne, parmesane. Éclectiques prodigieux, qui prétendaient résumer Raphaël, Michel-Ange, Corrége, Titien et tous leurs devanciers. Le goût public s'y trompa longtemps. Je connais en Angleterre un petit Annibal Carrache, les *Trois Maries*, payé plus de 100,000 francs à la vente de l'ancienne galerie d'Orléans. Cet aveugle fanatisme pour les Bolonais a duré presque jusqu'à nos jours. A présent, fini. *All right!*

De même, en Espagne, pour Claudio Coello : « Malgré ses défauts, dit Cean Bermudez, les *professeurs* et les *connaisseurs* (*inteligentes*) l'estimaient comme un de nos meilleurs *naturalistes*, disant que, à l'exemple d'Annibal Carrache résumant en Italie les bonnes maximes de ses antécesseurs, Coello, en Espagne, avait réuni le dessin d'Alonso Cano au coloris de Murillo et à l'*effet* de Velazquez, et qu'il fut le peintre ultime de l'Espagne à l'époque où cet art se précipitait vers sa ruine.» Et Bermudez ajoute : « Coello sentait bien cette décadence de l'art espagnol, lorsque don Cristobal Ontañon lui disant, à l'arrivée de Luca Giordano : — Ce Jordan (les Espagnols l'appellent ainsi) vient vous apprendre à gagner beaucoup d'argent. — Oui, répondit Coello, et aussi à nous affranchir de beaucoup de scrupules et à nous faire pardonner bien des vices ! »

Hélas! ce fut la venue de cet Italien *Fa presto* qui fit mourir de chagrin le pauvre Coello. Ces interventions de l'étranger — dans l'art d'un pays — ne sont jamais heureuses. A partir de l'invasion triomphante de Giordano en Espagne, le génie national fut enterré et l'on n'en vit plus jamais aucune résurrection, si ce n'est par les feux follets de Goya, enflammant l'atmosphère artiste au-dessus de la tombe de Velazquez.

Claudio Coello est né à Madrid, on ne sait en quelle année. Mettons, par approximation, vers 1630, car il fut élève de Francisco Rizi, né en 1608 ; il fut élève — et ami — de Juan Carreño, né en 1614 ; il fut collaborateur de Ximenes Donoso, né vers 1628 ; il fut le maître de Sebastian Muñoz, né en 1654. Reste aux archivistes de Madrid à trouver dans les papiers un document relatif à cette date de naissance.

Faustino Coello, père de Claudio, était né en Portugal. Pour que son fils pût l'aider dans sa profession de ciseleur, il lui fit apprendre le dessin. Francisco Rizi, fils d'un Bolonais et élève du Florentin Vicente Carducho, lui parut le meilleur maître possible, et le jeune Claudio entra dans l'atelier de Rizi. On vit tout de suite qu'il avait de grandes dispositions pour la peinture, et bientôt il surpassa tous ses condisciples. Sans quitter l'atelier de Rizi, il fait déjà des peintures monumentales pour le monastère de San Placido, pour l'église de San Andres, pour l'église de Santa Cruz, avec tant de succès, que son maître voulut s'en déclarer l'auteur, afin que le jeune artiste en tirât une plus forte rétribution.

Pour se perfectionner dans le coloris, Coello travailla ensuite chez Carreño, qui, en sa qualité de peintre du roi, lui ouvrit les palais et lui donna facilité de copier les tableaux de Titien et de Rubens, des Vénitiens et des Flamands. C'est sans doute chez Carreño qu'il connut Ximenes Donoso, revenant de Rome[1], où il avait passé sept ans et d'où il rapportait un goût pernicieux. Comme il avait surtout étudié en Italie l'architecture et la perspective, et qu'il n'avait guère pratiqué que la fresque, Donoso cherchait aussi à se familiariser avec le maniement de la peinture à l'huile auprès de l'habile coloriste Carreño.

Coello et Donoso ne tardèrent pas à s'associer pour d'immenses fresques dans les églises et les monuments publics : au presbytère de l'église de Santa Cruz, à la cathédrale de Tolède, à la chartreuse del Paular, à l'église San Isidro el Real, depuis Collège impérial des Jésuites, aux églises de la Trinidad et de San Basilio, à l'Alcazar de Madrid, à la Panaderia (boulangerie) de la place Mayor. Ensemble ils firent aussi les dessins et les peintures pour les arcs de triomphe lors de l'entrée à Madrid de Marie-Louise d'Orléans, première femme de Charles II. Le célèbre arc de triomphe du Prado et les sujets décoratifs de la rue du Retiro, *les Rois d'Espagne offrant des fleurs, des fruits et des bijoux à la nouvelle reine*, ont été gravés. Claudio avait encore fourni des esquisses pour d'autres ornementations, par exemple les *Travaux d'Hercule*, qui furent peints par Francisco de Solis[2].

Après avoir exécuté à Saragosse, en 1683, les fresques de la coupole de l'église du Collège des Augustins, Claudio, rentré à Madrid, fut nommé peintre du roi, le 29 mars 1684, succédant à Dionisio Mantuano[3], qui venait de mourir. Tous les héritages tombaient sur lui : en 1686, il succédait comme *pintor de camara*, à Francisco Herrera le jeune ; il succédait à Carreño, dont les titres, les fonctions et les émoluments lui

[1] Ximenes Donozo n'avait quitté l'Espagne pour l'Italie qu'après la mort de son premier maître, Francisco Fernandez, de Madrid, c'est-à-dire après 1646. Son retour à Madrid et sa liaison avec Claudio Coello doivent donc dater de 1655 à 1660.

[2] Né à Madrid, en 1629, élève de son père, Juan de Solis, qui s'était formé à Ségovie, chez Alonso de Herrera, ami de Navarrete *el Mudo*. Mort en 1684 à Madrid, où il avait ouvert une académie très-fréquentée. Il a écrit des biographies d'artistes espagnols, et il a gravé divers portraits pour cet ouvrage, qui n'a jamais été publié. « Peu de professeurs dit Cean Bermudez avec un enthousiasme exagéré, ont contribué autant que Solis au progrès et à l'éclat de la peinture. »

[3] Peintre et architecte, né à Bologne en 1624. Appelé à Madrid en 1656, pour les décorations du théâtre de Buen Retiro, il y mourut en 1684. Il a travaillé parfois avec Francisco Rizi, avec Carreño, avec Vicente de Benavides, élève de Rizi.

furent attribués, sans compter des pensions et des faveurs exceptionnelles; il succédait aussi à son maître Francisco Rizi, dont il dut terminer un important travail à l'Escorial.

Ce fut pour Coello « l'occasion de produire une peinture qui doit désormais conserver et honorer son nom. Pour en comprendre le sujet, continue M. Louis Viardot, d'après une longue notice de Cean Bermudez, il faut savoir que, depuis 1592, on conservait à l'Escorial une hostie (*forma*) provenant de je ne sais quelle église de Hollande (la cathédrale de *Gourcamia* (?), dit Cean Bermudez), où, disait-on, les

E. BOCOURT. DEL. C. COELLO. PINX. T. MEYER-HEINE. SC.

SAINTE FAMILLE, SAINTE ANNE, SAINT JEAN ET SAINT LOUIS. (Musée de Madrid.)

disciples fanatiques de Zwingle l'avaient profanée par un indigne sacrilége. Charles II imagina, en 1684, d'ôter cette hostie d'un reliquaire où elle gisait cachée, pour la mettre en évidence sur l'autel de la sacristie. C'est ainsi qu'il voulut remercier le Ciel de la délivrance de Vienne menacée par les armées ottomanes. Mais le retable de cet autel n'était pas assez riche pour une telle destination; le roi chargea Rizi d'en élever un nouveau, tout en bronze et en marbre, et de peindre le tableau qui devait servir de voile à l'ostensoir. Rizi fit exécuter le retable, mais il mourut, ne laissant du tableau qu'un dessin. Coello reçut du roi la mission de l'achever. N'approuvant pas le point de vue qu'avait adopté Rizi, Coello dut changer toute l'ordonnance de la composition. Sur une toile d'environ six mètres de hauteur et seulement trois de largeur, il avait à représenter la procession royale qui porta l'hostie à sa nouvelle place, en choisissant l'instant où le prêtre donne la bénédiction aux assistants agenouillés. Il fallait une grande adresse pour ajuster un tel sujet aux proportions de la toile et pour éviter la monotonie des attitudes. Ces difficultés furent vaincues par Coello avec un extrême bonheur, et les portraits du roi, du prieur, du premier ministre, duc de Medina-Cœli, et d'une cinquantaine d'autres personnages se trouvèrent merveilleusement encadrés dans cette vaste scène, surmontée d'une dévote allégorie. Ce tableau, qu'on appelle *el Cuadro de la Forma*, coûta à Coello plus de trois années d'un travail assidu. »

De l'Escorial, cependant, Coello avait été rappelé un moment à Madrid pour donner les esquisses de décorations à faire dans la galerie *del Cierzo* et dans le palais ancien, peinture et architecture. Il choisit pour sujet la fable de *Psyché et Cupidon*, et, avec l'agrément du roi, il s'adjoignit Palomino, qui exécuta les fresques de la galerie.

El Cuadro de la Forma eut un succès prodigieux. Toute la cour était affolée de Coello, et le *pintor de camara* fut accaparé de nouveau par les portraits officiels, portraits de la reine mère, Mariana d'Autriche, de la seconde femme du roi Carlos, Mariana de Neuburg, et d'autres grands personnages. Il avait, de plus, à diriger la restauration des tableaux de la galerie royale.

En 1691, Claudio hérite encore du titre de peintre de la cathédrale de Tolède, qui n'avait été conféré à personne depuis la mort de Rizi. Tous les honneurs et tous les bonheurs! La plus haute position dans l'art, « sans qu'aucun artiste, dit Cean Bermudez, pût lui disputer cette suprématie. » L'année suivante, tout s'écroule, et Coello se sent frappé à mort. Voici l'Italien *Fa presto!*

Luca Giordano avait été mandé pour de grandes peintures dans l'église de l'Escorial, et il arriva à Madrid au mois de mai 1692. Il avait alors soixante ans! Ah! le terrible vieillard! il va en faire, des peintures, pendant ses dix années de séjour en Espagne! Deux cents tableaux pour les monuments publics, et peut-être une centaine d'autres, dispersés dans les collections particulières!

Coello, qui fut pourtant un des plus hardis praticiens et un des producteurs les plus féconds de toute l'École espagnole, Coello était vaincu. N'était-ce pas aussi une insulte à son talent, un affront que lui faisait le débile Carlos? Il peut y avoir de la fierté dans la jalousie. Il y avait sans doute aussi du patriotisme — et de cruels pressentiments — dans la jalousie de Coello. Eh bien! que le règne de l'étranger tue l'art national! Claudio abandonna son pinceau et se laissa mourir : 20 avril 1693. Il fut enterré dans l'église de San Andres.

Il est sûr que Coello fut un peintre richement doué, savant dessinateur, franc coloriste, et passionné pour son art. « S'il eût vécu dans le bon temps de Philippe II, dit Bermudez, il eût été un de nos meilleurs peintres espagnols. » « Malheureusement, ajoute M. Louis Viardot, à l'époque de Coello, la décadence était partout : le mauvais goût dans les lettres et les arts marchait de pair avec l'avilissement de la monarchie et de la nation. » Le milieu dans lequel s'exerce un homme de génie compte sans doute pour beaucoup dans la gloire que lui attribue la postérité.

Coello a laissé quantité de dessins, et même trois eaux-fortes, un *Calvaire*, avec la Vierge, saint Augustin et sainte Monique, et les portraits de Carlos II et de la reine mère, Mariana d'Autriche. Ses meilleurs élèves furent Sebastian Muñoz et Theodoro Ardemans.

W. BÜRGER.

RECHERCHES ET INDICATIONS

Cean Bermudez donne, en quatre pages, le Catalogue des œuvres de Coello dans les monuments publics, églises, palais, etc. Comme nous avons déjà noté dans le texte la plupart de ces tableaux de Coello, nous renvoyons simplement les curieux au livre de Bermudez.

Dans les galeries particulières consacrées à l'École espagnole, les Coello ne sont pas rares. Il y avait des Coello au Musée Espagnol du Louvre, dans les galeries Soult et Aguado, dans la galerie Salamanca, etc. Quelques tableaux de ce maître ont passé dans des ventes récentes, sans grand succès et à des prix minimes. Le Musée de l'Ermitage possède un portrait de Coello peint par lui-même.

PARIS. — IMPRIMERIE POITEVIN, RUE DAMIETTE, 2 ET 4.

École Espagnole. *Sujets religieux, Portraits.*

JUAN DE VALDÈS LEAL

NÉ EN 1630. — MORT EN 1691.

A l'époque où le talent de Murillo, accomplissant sa plus remarquable évolution, atteignait à cette unité sublime, mélange de tous les éléments épars qu'il a tour à tour demandés au Titien, à Rubens, à Van Dyck, à Ribera et à Velazquez; alors que, dans toute la plénitude de son originalité, il trouvait à la fois ce dessin d'une franchise si aisée, ces lignes qui se fondent avec tant de douceur dans les demi-teintes, et ces tons harmonieux, caressants et d'une si incomparable splendeur, un jeune artiste, qui, avec moins de parti pris, moins de fougue, et surtout avec moins d'orgueil, eût pu se faire l'émule et le continuateur du grand maître, venait grossir la brillante phalange des peintres de Séville : Valdès Leal arrivait de Cordoue, où il était né en 1630. Il y avait été l'élève d'Antonio del Castillo, ce peintre désordonné et incomplet qui dessinait comme un Italien du XVIe siècle, mais peignait sèchement et recherchait trop les brusques oppositions d'ombre et de lumière. Il semble que Castillo ait transmis à son élève les côtés excessifs de son amour-propre en même temps que les dangereuses hardiesses et les défauts saillants de son talent.

A Séville, Valdès fut bientôt réputé parmi ses rivaux pour son humeur difficile. C'était le temps où

Murillo s'efforçait de créer une Académie de dessin, et il y conviait tous les artistes : architectes, graveurs, sculpteurs et peintres. Seuls, Herrera *el Mozo* et Valdès Leal opposèrent à ce projet des résistances dont Murillo parvint cependant à triompher. Le 11 janvier 1660 l'Académie était ouverte, et Valdès en était nommé le *mayordomo*. Le 1er novembre de la même année, Valdès donna sa démission, puis il accepta de rentrer dans cette fonction, et s'en démit encore à la suite de difficultés dont son détestable caractère était l'incessante origine. Le 25 novembre 1663, cédant à ses orgueilleuses prétentions, on lui confia enfin la présidence de l'Académie, et il la conserva jusqu'au 30 novembre 1666. Mais à cette époque, de nouvelles querelles avec les autres membres en charge l'amenèrent à renoncer définitivement à faire partie de l'Académie.

Tous les biographes de Valdès s'accordent à lui reprocher ses jalouses et amères critiques à l'égard de ses émules. Il voulait être le premier en tout et partout. Un éloge adressé devant lui à un autre artiste l'irritait à l'égal d'une injure personnelle. Palomino, dans sa biographie de Valdès, rapporte une curieuse anecdote qui fera mieux connaître quel chatouilleux amour-propre il apportait jusque dans les plus petites choses. Au temps qu'il présidait l'Académie, un peintre italien, un de ces artistes nomades dont l'histoire n'a pas même daigné conserver le nom, s'arrêtait à Séville. Désirant faire montre de son habileté devant le cénacle des maîtres, il demanda l'autorisation de venir dessiner à l'Académie. Après avoir entièrement noirci au charbon une feuille de papier, il commença, à l'aide de mies de pain, de dégager les contours d'une figure, puis, successivement, il en modela toutes les parties avec la plus étonnante dextérité : il dépêchait ainsi, dans sa soirée, deux ou trois figures. Valdès, qui se piquait d'être le plus hardi et le plus savant dessinateur de l'École, ne put endurer le concert de louanges que ses collègues prodiguèrent à la prestesse de main de l'étranger, et il lui refusa net l'entrée de l'Académie. A quelques jours de là, l'Italien exposait sur les degrés de la cathédrale un *Crucifix* et un *Saint Sébastien* exécutés, ou plutôt improvisés avec tant de verve et d'habileté, qu'ils firent sensation parmi les connaisseurs. On en prit texte pour blâmer le dur refus que Valdès avait opposé aux sollicitations du pauvre peintre, et on ne manqua pas d'en faire remonter la cause à ses instincts jaloux. Valdès, dont la tête s'échauffait vite, jura que tout ce tapage coûterait cher à l'étranger. Il voulut voir là une sorte de défi public, et courut à la recherche du peintre dans le dessein de le provoquer. Mais l'auteur involontaire de toute cette algarade, prudemment conseillé, trouva moyen de quitter brusquement Séville.

Avec tous ces travers d'esprit, Valdès n'en est pas moins l'un des plus grands maîtres de l'École andalouse. Doué d'un coloris brillant et d'une puissante imagination, son style est énergique et son dessin d'une étonnante hardiesse. Dans ses ouvrages, largement conçus, mais d'une exécution souvent hâtive, ce qu'il recherche avant tout c'est l'effet, et ses premiers plans, traités en vigueur, font, comme dans les tableaux de son contemporain Herrera *el Mozo*, des repoussoirs énergiques au reste de la composition. Aimant encore à tenir compte de l'emplacement que devaient occuper ses peintures, Valdès sacrifiait beaucoup à la perspective; aussi, la plupart de ses grandes toiles, arrachées à quelques parties élevées d'un édifice, nous apparaissent-elles aujourd'hui dans les musées ou dans les galeries, comme traitées en décor, d'une pratique lâchée, d'un faire heurté et qui cède trop à l'abandon. Si son coloris est profond, éclatant, il manque de cette suavité harmonieuse et de cette grâce pénétrante qui séduisent tout de suite dans Murillo. Cette harmonie, ce charme, Valdès Leal, nature sombre, nerveuse, passionnée, les dédaigne ou plutôt les rejette, car les sujets qu'il traite de préférence sont dramatiques et violents : il lui faut des supplices, les épisodes sanglants des martyres, et il semble se complaire dans la représentation des plus repoussantes hideurs de la mort.

Murillo, s'adressant à Valdès, lui disait, en désignant la célèbre toile des *Deux Cadavres*, que l'on venait de placer à l'hôpital de la Charité : « Voilà une peinture que l'on ne saurait regarder sans avoir aussitôt « envie de se boucher le nez. » Et cette singulière louange adressée au farouche réalisme de Valdès avait cette fois le pouvoir de satisfaire l'amour-propre de l'irritable artiste; aussi répondit-il presque gracieusement : « Eh ! compère, est-ce ma faute si vous avez pris pour vous les plus beaux fruits du panier, « et ne m'avez laissé que des moisissures ? »

C'était avouer le mobile de ses partis-pris d'excentricité : puisque, dans le domaine de l'art, Murillo s'était emparé de la grâce et du charme, à lui Valdès, son rival, trop fier pour imiter personne, il ne restait donc que le violent et l'horrible.

L'œuvre de Valdès est considérable et révèle quelques changements de manière qu'il est intéressant de noter. Ses premiers ouvrages, qu'on voit à Cordoue, sont plus naïfs et plus vigoureux; leur coloris, d'une exécution ferme, serrée et un peu minutieuse, rappelle les débuts de Velazquez : Valdès peignait alors

LES DEUX CADAVRES (Hôpital de la Charité à Séville).

beaucoup d'après le modèle; aussi ces œuvres sont-elles emprcintes d'une vivacité et d'un naturel qui ne se retrouvent plus à un égal degré dans ses productions postérieures. Les peintures du maître-autel de l'église des Carmes, quelques saintes en buste, un *Saint André*, et plus particulièrement encore un portrait de D. Enrique de Alfaro, frère du peintre, tels sont les monuments de cette première époque. Mais c'est à Séville que Valdès a laissé ses plus importants travaux, et il n'est guère, dans la capitale de l'Andalousie, d'église ou de chapelle qui ne renferme quelque tableau de ce maître.

Lorsque, après sa conversion, D. Miguel de Mañara Vicentello de Leca, le Don Juan des poëtes, fonda l'hospice de la Charité, c'est à Murillo et à Valdès qu'il en confia la décoration. On sait que Murillo a laissé là ses chefs-d'œuvre, des merveilles de couleur et de clair-obscur. Valdès, qui ne voulait pas être effacé par son harmonieux rival, exécuta ces sombres et terribles peintures dont l'une représente : *Deux Cadavres rongés par les vers de la tombe*, et l'autre : *la Mort entourée de tous les emblèmes de la vanité humaine.*

La cathédrale de Séville possède de Valdès un *Christ flagellé par ses bourreaux*, composition qui offre des raccourcis d'un dessin savant et un coloris de la plus grande puissance; on y remarque également un *Saint Ildefonse recevant la chasuble*, gravé par Matias de Arteaga, élève de Valdès.

En 1671, lors de la célébration des fêtes de la canonisation de saint Ferdinand, Valdès Leal fut chargé, avec le sculpteur Bernard-Simon de Pineda, de diriger l'ensemble des travaux de décoration de la cathédrale. Il dut fournir tous les dessins de ce gigantesque appareil, qui lui valut, comme architecte-décorateur, une réputation au moins égale à celle qu'il avait déjà comme peintre.

Lui-même a pris soin de reproduire à l'eau-forte, pour un ouvrage qui fut édité à Séville cette même année, toutes les magnificences de cette décoration [1]. Valdès aimait à graver. On a de lui diverses autres pièces et notamment quatre petites eaux-fortes d'après la célèbre *Custodia* de la cathédrale, chef-d'œuvre de l'orfèvre Juan de Arfe.

En 1672, Valdès voulut revoir Cordoue, et c'est pendant ce second séjour dans sa ville natale que D. Antonio Palomino y Velasco, le Vasari espagnol, reçut de lui des conseils et des leçons. Quelque temps après, Valdès visita Madrid, mais, dans ce voyage, il n'entreprit rien qui mérite d'être signalé.

A son retour à Séville, au cours de l'année 1673, il fut chargé de peindre pour l'oratoire de l'archevêque Don Ambrosio Spinola une importante série de tableaux de chevalet dont les sujets étaient empruntés à la vie de saint Ambroise.

En 1682, après la mort de Murillo, Valdès Leal demeura, sans conteste, le premier et le meilleur peintre de l'École d'Andalousie. Comme il se voyait surchargé de commandes pour les églises et les communautés religieuses, il dut, dès cette époque, associer à ses travaux son fils Lucas de Valdès.

Pendant l'année 1690, alors que l'artiste s'occupait de diverses compositions destinées à l'église de *los Venerables*, il fut atteint de paralysie. Son fils acheva sans doute seul ces compositions, car, dès le 14 octobre 1691, Valdès mourait à l'âge de soixante et un ans.

Juan de Valdès Leal avait formé de nombreux élèves. Les plus brillants furent Matias de Arteaga, peintre et graveur, Antonio Palomino, Ignacio de Leon, Pedro de Uceda, Cristobal de Leon, Clemente de Torres et, enfin, Lucas de Valdès, graveur et peintre comme son père, et qui s'acquit, à Séville, une juste célébrité. Les deux filles de Valdès, Maria et Luisa, se distinguèrent dans la peinture des portraits et dans la miniature.

PAUL LEFORT.

[1] Fiestas de la Santa Iglesia metropolitana de Sevilla, 1671.

RECHERCHES ET INDICATIONS

L'ancienne galerie espagnole du Musée du Louvre possédait dix tableaux de Valdès Leal ; aujourd'hui, il n'y est plus représenté.

Cean Bermudez donne une nomenclature très-détaillée des œuvres de Valdès conservées dans les églises, chapelles et couvents de l'Espagne. Voici quelques indications qui compléteront ce catalogue :

Musée de Madrid. — *La Présentation de la Vierge au temple.* — *L'Empereur Constantin adorant la Croix.*

Musée de Séville. — *Conception* entourée d'anges. — *Tentation de saint Jérôme.* — *Apparition de la Vierge à un moine hiéronymite.* — Un *Saint disant la messe.* — Un *Saint évêque hiéronymite.* — *Jésus crucifié avec saint Jean, la Vierge et sainte Madeleine.* — Un *Moine.* — *Les Fiançailles de sainte Catherine.* — *Saint Jérôme châtié par les anges.* — *Assomption.* — *Saint Antoine abbé.* — *Saint Antoine de Padoue.* — *Saint André apôtre.* — *Sainte Catherine.* — *Saint Sébastien percé de flèches.*

Collection du duc de Montpensier, palais de San Telmo, à Séville. — *Invention de la Croix*, esquisse du tableau de l'hôpital de la Charité.

Vente Aguado. 1843. — *Résurrection de la Vierge*; 345 fr. — *Apparition de la Vierge*; 400 fr. — *Christ en Croix*; 265 fr.

Vente Soult. 1852. — *Mariage de la Vierge*; 600 fr.

Vente Louis-Philippe. Londres, 1853. — *Discussion de saint Jérôme avec les Rabbins*; 40 £. — *Discussion de saint Jérôme avec les Docteurs*; 28 £. — *Un Dominicain*; 8 £ 10. — *Martyre de saint André*; 8 £ 10. — *Martyre de saint Barthélemy*; 8 £.

PARIS. — IMPRIMERIE POITEVIN, RUE DAMIETTE, 2 ET 4.

École Espagnole. *Sujets religieux, Portrait.*

MATEO CEREZO

NÉ EN 1633. — MORT EN 1675.

BOCOURT. D. CEREZO. P. F. SIMON. S.

On peut connaître un peintre en étudiant ses œuvres bien mieux encore, suivant nous, qu'en feuilletant des papiers historiques, — quand il en reste.

De plusieurs maîtres espagnols, quoique fameux en leur temps, les œuvres sont devenues rares, et même introuvables. Mais, pour Cerezo, nous sommes à l'abondance. Outre ses peintures conservées en Espagne, au Musée de Madrid et ailleurs, nous avons vu de ses tableaux à Vienne, à Berlin, à Aix-la-Chapelle, à La Haye, en Angleterre, sans compter ceux qui ont passé à Paris dans les collections de Louis-Philippe, de Soult, d'Aguado, etc.

En général, les peintres espagnols, sauf Velazquez, Murillo et quelques autres, sont terribles et sombres, parce qu'ils ont travaillé surtout pour les églises et les couvents. Sujets mystiques, exécution violente. Aussi ne rencontre-t-on guère de tableaux espagnols dans les galeries particulières. Tout au plus conviennent-ils aux grands musées, comme exemplaires curieux d'une École puissante et originale.

Cerezo a encore ceci d'exceptionnel parmi les maîtres espagnols : sa peinture est douce, sympathique, harmonieuse. Et pourtant il n'a presque traité que des sujets religieux. Mais, au lieu de choisir des scènes cruellement dramatiques, il s'est passionné surtout pour les deux types de la tendresse : pour la Vierge Marie et pour la Madeleine. Des madones glorieuses et des Madeleines éplorées, voilà ce qui domine dans son œuvre. En Espagne sont restés la plupart des grands tableaux représentant la *Conception* et l'*Assomption*, mais les blondes Madeleines ont pu prendre place dans des collections étrangères.

Mateo Cerezo naquit en 1635, à Burgos, où son père, qui était peintre, lui donna les premiers enseignements de l'art. Mais, dès l'âge de quinze ans, il s'en alla à Madrid étudier dans l'atelier de don Juan Carreño. Là, peignant beaucoup d'après nature, copiant les chefs-d'œuvre que Philippe IV avait réunis dans ses palais royaux, il se forma si rapidement, qu'à vingt ans il était déjà renommé comme un maître, « spécialement, dit Bermudez, pour ses tableaux de la *Conception*, qui étaient dès lors et qui sont encore très-célèbres. »

De 1655 à 1665, il travailla avec grand succès à Madrid. Herrera le Jeune, ayant été chargé par Philippe IV de peindre la coupole de la chapelle de Notre-Dame d'Atocha, où il voulait représenter une *Assomption*, s'adjoignit Cerezo, le peintre des madones et des anges lumineux. L'œuvre plut tellement au roi, qu'il récompensa Herrera le Jeune, en le nommant peintre de la cour. Il ne paraît pas qu'aucune faveur royale ait récompensé le collaborateur.

Cerezo était alors dans tout l'éclat de son talent : une de ses plus belles peintures que nous avons vues est datée de 1668. C'est la *Madeleine pénitente* de la galerie du comte Czernin, à Vienne, une merveille de sentiment et de couleur. Les tons de chair, la luxuriante chevelure blonde, les draperies, sont aussi distingués que chez Van Dyck. Cerezo, comme son maître Carreño, est un composé de Van Dyck et de Murillo. Aussi, attribue-t-on quelquefois ses tableaux à l'un ou à l'autre de ces maîtres. Au Musée même de Berlin, la *Madeleine*, cataloguée comme Murillo (n° 408), est de Cerezo sans aucun doute, et la même, sauf les proportions, que la *Madeleine* de la galerie Czernin. Au Musée de La Haye on voit aussi une *Madeleine* presque analogue, et qui est encore un chef-d'œuvre. L'auteur des *Musées de la Hollande* en parle ainsi : « La *Madeleine pénitente* de Mateo Cerezo est une très-belle peinture de ce maître un peu hétérogène, composé de Murillo et de Van Dyck, et un des derniers représentants de la grande École de Madrid. Il a de la morbidesse, du charme, une couleur harmonieuse, une certaine mélancolie. Sa pécheresse demi-nue, la tête de profil, s'abîme, avec toute la superstition espagnole, devant un crucifix. Quelques draperies, blanches et bleues, sont bien agencées pour faire valoir les tons de chair. La figure, à mi-corps, est de grandeur naturelle.»

Cean Bermudez cite deux autres *Madeleines* qui étaient, de son temps, aux Carmes-Déchaussés de Madrid et dans la cathédrale de Badajoz. Il y en a deux chez M. de Salamanca, dans son château de Vista-Alegre, près de Madrid (n° 339 du catalogue). Enfin, à la vente du comte de Gessler, ancien ambassadeur de Russie Madrid (Paris, 1866), encore une *Madeleine* de Cerezo! Elle avait tant aimé, cette belle pécheresse, qu'il était juste qu'elle fût aimée, longtemps et beaucoup, par les poëtes et les artistes.

Cerezo a peint aussi, avec un profond sentiment, des Christ en croix. Celui de la galerie Suermondt, à Aix-la-Chapelle [1], est bien apprécié par M. le docteur Waagen, directeur du Musée de Berlin : « Peinture caractéristique de l'École espagnole, dit-il. Le Christ a de la beauté et de la noblesse. Le modelé est fin et délicat, l'exécution ample et magistrale. »

Dans son excellent livre sur la galerie de l'Ermitage, à Saint-Pétersbourg, M. Waagen signale aussi, comme une « peinture très-vivante », le portrait du cardinal Porto Carrero, plus tard ministre du roi Philippe V, par Cerezo.

Il n'est pas étonnant que Mateo Cerezo ait réussi dans le portrait, car son maître, don Juan Carreño de Miranda [2], fut peut-être, après Velazquez, le meilleur portraitiste de l'École espagnole.

Un peu après la mort de Philippe IV, je suppose, Mateo Cerezo voulut revoir sa belle ville natale de Burgos. Valladolid se trouvant sur son chemin, il s'y arrêta quelque temps et il y exécuta diverses peintures. A Burgos également, il laissa des souvenirs de son voyage. Combien dura cette absence de Madrid? Les biographes n'en savent rien. Mais il devait être rentré à Madrid vers 1672, puisque la grande composition

[1] Voir *Galerie Suermondt*, à Aix-la-Chapelle, par M. W. Bürger, avec le Catalogue de la collection par le docteur Waagen, directeur du Musée de Berlin.

[2] Voir la livraison sur Carreño, n° 10 de l'École espagnole.

de *Jésus à Emmaüs*, peinte dans le réfectoire des Récollets, fut une de ses dernières œuvres, et qu'il mourut à Madrid, âgé de quarante ans, en 1675 [1].

Ce tableau, dont nous donnons la gravure, est très-vanté par les historiens de l'École espagnole. Palomino, entre autres, ne craint pas de dire que Titien, Tintoret et Véronèse n'ont pas mieux peint et qu'il est impossible de mieux dessiner. Cean Bermudez a le bon sens de réfuter cette louange exagérée, tout en appréciant comme il faut la beauté du coloris et la franchise de l'exécution.

Cean Bermudez mentionne aussi, avec une vive sympathie, les tableaux de nature morte — *bodegoncillos* —

LES DISCIPLES D'EMMAÜS (Madrid).

que peignait Cerezo. Presque tous les maîtres espagnols, Velazquez en première ligne, Murillo, Zurbaran, les Herrera et bien d'autres, ont excellé dans ce genre de peinture réaliste. Nous n'avons jamais vu de ces *bodegoncillos* par Cerezo.

Cerezo, qui étudia toujours beaucoup d'après nature, a laissé des dessins très-habiles, très-vifs et très-expressifs. Cean Bermudez possédait un de ces dessins — à la suie : la Vierge mère tenant entre ses bras le Christ mort, entourée des saintes femmes et de saint Jean. Ce beau dessin, aujourd'hui dans la

[1] Par une faute typographique, sans doute, cette date est écrite 1685 dans Cean Bermudez, quoiqu'il dise, dans la même phrase, que Cerezo « mourut à quarante ans », et quoiqu'il ait consigné exactement la date de naissance 1635.

collection de M. Lefort, rappelle à la fois, comme presque tous les tableaux de Cerezo, la manière de Murillo et celle de Van Dyck.

Mais, malgré ces adhérences de style, Mateo Cerezo n'en est pas moins un artiste distingué, — je voudrais dire *distinguable,* en ce sens qu'il a son originalité à côté des maîtres auxquels il ressemble. Il est plus pathétique que le bon Murillo, il est moins fier que le cavalier Van Dyck. Sa couleur est moins intense que celle de Van Dyck et moins aérienne que celle de Murillo. Son dessin est moins rond que celui de Murillo, moins délibéré que celui de Van Dyck. Murillo est plus azuréen, Cerezo est plus blond, dans la nuance anglaise. Van Dyck est bien plus savant, Cerezo est plus abandonné.

Comparaisons fantaisistes, d'ailleurs, et qui ne prétendent point à élever Cerezo sur les hauteurs où dominent Murillo et Van Dyck dans l'histoire de l'art. Velazquez et Murillo en Espagne, Rubens et Van Dyck en Flandre, sont au-dessus de toute concurrence, de même que Rembrandt et Frans Hals chez les Hollandais. Mais il est curieux de constater l'influence de Van Dyck sur les Espagnols : Moya et son élève Juan de Séville, Murillo, Cano, Carreño, Cerezo, d'autres encore, furent impressionnés par ce vaillant maître, qui, plus tard, inspira aussi les initiateurs de l'École anglaise : Reynolds et Gainsborough.

W. BÜRGER.

RECHERCHES ET INDICATIONS

Le portrait que nous donnons en haut de cette notice est tiré du tableau : *Assomption de la Vierge* (n° 57 du Catal. du Musée de Madrid), toile haute de 2 mètres 76 c. et large de 2 mètres.

Outre cette *Assomption de la Vierge,* le Musée de Madrid possède deux autres tableaux de Cerezo : un *Saint Jérôme,* demi-figure, grandeur naturelle (n° 43 du Catal.), gravé en tête du texte, et une *Sainte Catalina,* excellente peinture qui a 2 mètres et demi de haut sur près de 2 mètres de large.

Dans ses *Musées d'Espagne,* M. Louis Viardot admire beaucoup le *Saint Jérôme,* « remarquable par l'expression de piété fervente et par la couleur aux teintes dorées. Cerezo, dit-il, a laissé, dans un temps de décadence, des ouvrages de la grande époque, » et il signale aussi la « belle *Assomption* du Musée de Madrid. »

En Espagne, nous devons noter encore les Cerezo mentionnés dans le Catalogue de la galerie de don Jose de Madrazo, laquelle est aujourd'hui au château de Vista-Alegre, appartenant au marquis de Salamanca : 339, *Extase de la Madeleine;* 340, *Ensevelissement du Christ* (provenant de l'Académie royale de San Fernando); 341, la *Madeleine en contemplation;* 342, Buste d'une Sainte; 343, Étude pour un Groupe d'anges; 344, *Saint Jérôme dans le désert;* plus, une copie de Cerezo d'après Van Dyck : la *Madone et le Nino.*

Je suppose que les églises de Badajoz, de Burgos, de Valladolid, de Malaga possèdent encore les tableaux catalogués par Cean Bermudez, à la suite de sa notice biographique.

Au Musée espagnol de Louis-Philippe, il y avait cinq tableaux de Cerezo : 56, *Visite de saint Joachim à sainte Anne;* 57, *la Vierge et Joseph en contemplation devant Jésus;* 58, *la Vierge et l'Enfant;* 59, *Saint Martin;* 60, *Saint Thomas de Villanueva faisant l'aumône* (est-ce le tableau qui était autrefois à Santa Isabel de Madrid, ou la répétition qui était aux Carmes-Déchaussés?).

Dans le Catalogue Aguado, vente à Paris, 1843, encore cinq tableaux de Cerezo : deux *Dépositions de Croix,* une *Résurrection de la Vierge,* trente-cinq figures (4 mètres de haut sur 3 mètres de large), un *Saint Jérôme dans sa grotte* et un *Ecce Homo.*

Chez le maréchal Soult (Cat. de la vente, Paris, 1852) : Les *Disciples d'Emmaüs* (est-ce une répétition du célèbre tableau des Récollets de Madrid?).

VENTE COMTE DE GESSLER. Paris, 1866 : Une *Madeleine pénitente,* n° 14 du Catalogue.

MUSÉE DE BERLIN. — La *Madeleine,* attribuée à Murillo, n° 408 du Catalogue.

MUSÉE DE LA HAYE. — Une *Madeleine* analogue, n° 206 du Catalogue.

Galerie du comte Czernin, à Vienne : La *Madeleine,* dont nous donnons ci-dessous la signature avec la date.

Galerie Suermondt, à Aix-la-Chapelle : Le *Christ en Croix,* n° 100 du Catalogue.

MUSÉE DE L'ERMITAGE, à Saint-Pétersbourg. — *Portrait du cardinal Porto Carrero,* vêtu de rouge et coiffé d'une barrette, n° 434 du Catalogue.

Voici un *fac-simile* de signatures de Cerezo :

Matheo Zerezo fi
año 1668

PARIS. — IMPRIMERIE POITEVIN, RUE DAMIETTE, 2 ET 4.

École Espagnole. *Sujets religieux, Genre, Portraits.*

FRANCISCO JOSE GOYA Y LUCIENTES

NÉ EN 1746. — MORT EN 1828.

C'est à Fuendetodos, dans la province d'Aragon, que naquit, le 30 mars 1746, Francisco Jose Goya. Son père, Jose Goya, et sa mère, Gracia Lucientes, étaient de modestes laboureurs et vivaient du produit d'un peu de terre entourant leur maisonnette.

Destiné par ses parents à les aider dans leurs travaux, Goya vécut près d'eux ses quinze ou seize premières années. Personne ne prenait grand souci de son éducation, jusqu'au jour où un moine du couvent de Santa Fé, près de Saragosse, amateur de peinture et un peu peintre lui-même, surprit l'enfant occupé à dessiner sur un mur. La bonne mine de Francisco lui plut. Il lui proposa de l'emmener à Saragosse, promettant de lui donner un maître qui lui enseignerait à peindre. Le père de Goya, consulté, laissa partir son fils, et, quelques jours après, Francisco était installé comme élève dans l'atelier de D. Jose Lujan Martinez.

Élève du Napolitain Mastreolo, Lujan, praticien habile et dont le talent a quelque analogie avec celui de Solimène, son condisciple, jouissait à Saragosse, sa ville natale, d'une assez grande célébrité. A son retour d'Italie, il avait contribué à soutenir, de ses deniers et de son enseignement, une école gratuite de dessin, où se formèrent Beraton, Vallespin, l'orfévre Antonio Martinez et Francisco Bayeu de Subias. C'est avec ce dernier, son aîné de douze ans, que Goya se lia plus particulièrement.

Durant quatre ou cinq années, Lujan garda son élève, s'attachant à modérer sa fougue déjà exubérante, et n'y réussissant qu'à demi. Ardent au travail, très-épris de son art, pour lequel il montre des dispositions extraordinaires, mais en même temps trop passionné pour le plaisir, Goya, à dix-neuf ans, se révèle déjà l'homme de toute sa vie. Véritable nature aragonaise, tête chaude, batailleur et bruyant, il fut bientôt mêlé aux luttes si fréquentes alors, dans tout l'Aragon, entre jeunes gens de paroisses différentes. Réunis en confréries, ayant toujours à vider, les soirs de fête, quelque question de rivalité, saisissant d'ailleurs toute occasion de rencontre, plus d'une fois déjà, pour le plus grand honneur de San Luis ou de Notre-Dame del Pilar, la fronde et le couteau avaient ensanglanté les rues et les faubourgs de Saragosse.

A la suite d'une de ces collisions, où trois jeunes gens étaient restés sur le carreau, Goya, l'un des plus compromis de la bande, fut averti que l'Inquisition allait le faire emprisonner. Bien vite, il dut partir pour Madrid, où il rejoignit son ami Bayeu, pensionné depuis deux années par l'Académie de San Fernando et distingué par Mengs, qui l'avait pris pour collaborateur dans ses grands travaux décoratifs au palais.

Ce premier séjour de Goya dans la capitale ne fut, du reste, que de courte durée. Il y partageait son temps entre ses études et ses plaisirs, visitait les richesses artistiques que renfermaient les demeures royales, les églises et les couvents, peignait peu, mais réfléchissait et cherchait sa voie. Puis, le soir venu, toujours en quête d'aventures, il courait les rues, la guitare à la main, l'épée sous la cape, tantôt menant grand bruit avec ses compagnons d'atelier, tantôt escaladant les balcons de quelque nouvelle amoureuse, et préludant déjà à cette réputation de don Juan audacieux et bretteur qui devait lui valoir plus tard, jusque parmi les gens du peuple, une incroyable notoriété.

Mais, une nuit, on le ramassa avec un grand coup de poignard dans le dos. Il fallut le cacher quelque temps, puis, à peine guéri de sa blessure, le faire sortir de Madrid. Goya, qui méditait un voyage en Italie, s'en fut à Rome.

L'Italie l'attirait, et cependant son talent ne lui a rien ou presque rien emprunté. Une fois en présence des chefs-d'œuvre des maîtres, Goya n'essaye même pas de les copier. Il passe des journées entières devant le même tableau; il en analyse les beautés intimes, compare entre eux les styles et le coloris des différentes Écoles, en scrute les procédés et s'efforce de les pénétrer. Ce mode singulier d'études abstraites, et pour ainsi dire d'intuition, explique peut-être comment l'individualité si franche de Goya, loin de s'affaiblir au contact du passé, est demeurée, au contraire, plus ferme et plus vivace.

Pendant son séjour à Rome, Goya se rencontra avec David. Jeunes tous deux, et d'une tournure d'esprit qui dut les rapprocher, partageant sans doute à un égal degré les idées et les principes que l'école philosophique du dix-huitième siècle avait semés dans le monde, ces deux hommes, à qui la destinée réservait une tâche dans les révolutions de leur patrie, se lièrent d'une sérieuse amitié.

Combien dura cette liaison, et se poursuivit-elle après la séparation des deux artistes? La correspondance et les papiers intimes de Goya, ou du moins ce qui en subsiste, restent muets sur cette intéressante intimité. Ce que nous savons, c'est que Goya en conserva toujours un souvenir profond. Jusque dans son extrême vieillesse, il parlait encore avec émotion du « grand David. »

A Rome, comme à Madrid, Goya ne tarda guère à se signaler par ses périlleuses escapades. « Un jour, il « imprime son nom au couteau sur la lanterne de la coupole de Michel-Ange, à l'angle d'une pierre que « n'avait pu atteindre aucun des artistes allemands, anglais ou français qui l'avaient précédé dans cette folle « ascension ; un autre jour, il fit le tour du tombeau de Cecilia Metella, en s'appuyant à peine sur l'étroite « saillie de la corniche [1]. »

Enfin, une entreprise plus romanesque l'obligeait à recourir à l'intervention de l'ambassadeur d'Espagne auprès du Saint-Siége. Surpris, une nuit, escaladant les murs d'un couvent où des parents sévères avaient fait enfermer une jeune fille dont il était épris et qu'il avait résolu d'enlever, on le livra à la justice. L'ambassadeur le réclama, mais Goya, rendu à la liberté, dut s'éloigner immédiatement de Rome.

Ses vieux parents désiraient son retour. Il revint donc passer auprès d'eux la fin de l'année 1774, puis il repartit pour Madrid. Quelques mois après, il se mariait avec Josefa Bayeu, la sœur de son ami Francisco.

Depuis la fin du dix-septième siècle, l'École espagnole était tombée dans une profonde décadence. Luca

[1] *Francisco Goya, sa vie, ses dessins et ses eaux-fortes*, par M. V. Carderera, avec des notes de M. Ph. Burty, publié par la *Gazette des Beaux-Arts*, T. VII et XV.

Giordano, réalisant la prédiction du pauvre Claudio Coello, dédaigneusement oublié pour son habile rival, avait engendré toute une légion de peintres *fa presto*. Aux Napolitains avaient succédé les Français : Hovasse, Ranc, Louis-Michel Vanloo ; puis à ceux-ci, les Tiepolo ; mais de tous ces maîtres étrangers aucun n'était de taille à relever l'École. Enfin Charles III avait appelé Mengs, regardé alors comme le Messie

LES TAUREAUX A L'ARROYO (Coll. de M. P. Lefort).

d'un art qui devait réunir « la grâce d'Apelles, l'expression de Raphaël, le clair-obscur du Corrége et la couleur du Titien. »

A l'époque où Goya revenait à Madrid, Mengs soumettait à sa discipline toute une armée d'artistes et dirigeait en maître souverain les grands travaux décoratifs qui s'exécutaient aux palais de Madrid et d'Aranjuez. « Ce n'était de toutes parts, dit spirituellement M. Yriarte, que luttes de Titans, apothéoses, triomphes d'Hercule, glorification de Cérès ; mais Goya vint bientôt escalader l'Olympe, faire de Vénus une *manola*, et substituer l'épouvantable *Saturne dévorant ses enfants*, de la *Quinta*, au dieu du Temps, au torse académique, goûtant sa progéniture avec prudence et circonspection [1]. »

Présenté par Bayeu à Mengs, Goya fut bien accueilli, et le surintendant des Beaux-Arts le chargea de composer des cartons pour la manufacture royale de tapisserie de Santa Barbara. Goya accepta. Dans ces compositions, l'artiste, s'abandonnant à toute la spontanéité de son talent, sut, du premier coup, manifester la richesse de son imagination et son merveilleux instinct de l'art décoratif. Rompant nettement avec la tradition et laissant de côté tout le vieil appareil mythologique, Goya ne peignit, pour ces cartons, que des sujets empruntés à la vie nationale : danses, jeux, assemblées joyeuses, *majos*, *manolas* et *toreros* ; tout cela spirituel, vif, pittoresque, très-mouvementé, bien groupé, s'enlevant sur des fonds champêtres ou baignant gaiement en pleine lumière. Ces compositions eurent un très-grand succès, et Mengs, tout le premier, s'en montra ravi. A la cour, à la ville, il ne fut bruit que de Goya et de ses cartons : dès ce moment commence son rôle de peintre national.

Plus soucieux d'observer et d'apprendre que de se livrer à de hâtives créations, Goya n'avait rien produit jusqu'alors qui pût faire soupçonner ce qu'il y avait en lui de facultés puissantes. « Il a maintenant trente » ans, et il sent bien, dit M. Matheron, qu'il n'a qu'à prendre le pinceau pour être un grand peintre. [2] » Pendant plus d'un demi-siècle d'une vie laborieusement remplie, abordant tous les genres, tour à tour graveur et peintre, il va successivement donner, dans un œuvre immense, la mesure de sa robuste fécondité.

Goya débuta par la peinture de genre. Comme pour les cartons de tapisserie, il demanda surtout ses sujets aux mœurs nationales. Coup sur coup il produisit un nombre considérable de tableaux de chevalet, tout imprégnés de couleur locale : courses de taureaux, drames de voleurs, rencontres galantes, processions, mascarades. L'esprit foisonne et la fantaisie abonde dans ces jolies scènes que Goya a traitées avec une naïveté et un naturel exquis.

Sa couleur est alors très-légère, très-lumineuse et argentée. Le dessin de ces charmantes compositions n'est pas toujours correct, mais on l'oublie aisément en faveur de la verve endiablée et de la séduisante facilité de l'exécution.

Vers le même temps, Goya publia la collection des eaux-fortes qu'il avait entrepris de graver d'après les plus importants tableaux de Velazquez. Dans ces eaux-fortes, il a su rendre, avec un bonheur étonnant, le dessin, la couleur et le caractère de son modèle. Toute cette belle série, qui comprend seize pièces, fut exécutée pendant l'année 1778. Bientôt Goya est appelé à assurer sa réputation par des travaux plus importants. Des sommes considérables venaient d'être employées à construire l'église des Franciscains. Les meilleurs artistes de l'École furent chargés de la décoration des chapelles. Goya, pour sa part, eut à peindre un *Christ en croix* et une *Prédication de saint François*.

Un dessin admirable et d'une distinction toute particulière dans les lignes des bras, un modelé fin, délicat, un coloris blond, très-lumineux et d'une grande légèreté de touche, s'unissent dans le *Christ en croix* à un sentiment d'une surprenante profondeur. C'est la meilleure œuvre religieuse de Goya. En revanche, le *Saint François prêchant*, composition pompeuse, assez mal conçue, mal pondérée, et dont les fonds d'architecture sont lourds, ne fait guère briller que le coloriste et justifie assez peu l'engouement du public et de la cour.

Toutefois, Goya avait manifesté dans ces deux derniers ouvrages des qualités vraiment magistrales, et l'opinion publique s'étonnait que les honneurs ne vinssent pas chercher l'artiste qu'elle traitait déjà comme son peintre de prédilection. D'ailleurs, malgré les inégalités et la tournure véhémente et tourmentée de son talent, sa forte originalité impressionnait et s'imposait. L'Académie de San Fernando le comprit, et le 7 mai 1780 elle le nommait académicien de mérite.

Quelques mois après sa nomination à l'Académie, Goya était appelé à Saragosse pour concourir, sous la direction de Francisco Bayeu, à la décoration du sanctuaire de Notre-Dame del Pilar. Une voûte et ses

[1] *Goya, sa vie, son œuvre*, par Ch. Yriarte. Paris, 1867.

[2] *Goya*, par M. Laurent Matheron. Paris, 1858.

pendentifs échurent en partage à Goya, qui dut tracer des esquisses et les soumettre au chapitre. Ses projets ne plurent qu'à demi et on les lui renvoya pour qu'il les modifiât. Imputant, à tort ou à raison, les causes de cet échec à la jalousie de son beau-frère, Goya refusa nettement de corriger ses maquettes. La querelle menaçait de s'envenimer : des amis s'entremirent et obtinrent enfin de l'artiste qu'il fît quelques concessions. Les voûtes lui furent alors livrées et il commença sur-le-champ l'exécution des fresques.

LA MORT D'UN PICADOR (Coll. de M. P. Lefort).

Ce travail, conçu dans les plus grandes proportions, et dont le sujet était *la Vierge et les saints martyrs dans leur gloire,* fut terminé en 1783. Goya y développa toute sa science et toutes ses qualités de coloriste. C'est une belle œuvre, chaude et brillante, habilement entendue et bien agencée, et qui peut soutenir la comparaison avec les plus éclatantes décorations de Tiepolo. Mais toute l'habileté et tout l'esprit de l'artiste ne sauraient suppléer à la foi absente ; on sent trop, à contempler cette vaste machine, qu'aucun souffle religieux ne la parcourt et ne l'anime.

A cette époque de sa vie, on peut déjà constater que la note du talent de Goya, c'est, avant tout, le naturalisme. L'idéal n'est point son fait, et le côté pittoresque est ce qu'il recherche de préférence. Dans de telles données, ses fresques de Saragosse, celles qu'il exécutera plus tard à San Antonio, et en général toutes ses grandes compositions religieuses, ne devaient être et ne sont en réalité que de vastes tableaux de genre.

Mieux servi dans la peinture des portraits par son amour de la nature, les premiers qu'il exécuta lui valurent tout de suite une réputation méritée. A la cour et parmi la grandesse, ce devint une mode, une fureur, de se faire peindre par Goya. On assiégeait son atelier, on faisait queue à sa porte, on mettait tout en jeu pour obtenir un tour de faveur. Toutes les célébrités du temps, poëtes, savants, personnages politiques, comme les grandes dames et les beautés en renom, cédèrent à cette vogue inouïe, qui persista, du reste, jusqu'à la fin de la longue carrière du maître. Nous lui devons la plus considérable et en même temps la meilleure et la plus indiscutable part de son œuvre.

Dans les deux cents portraits que peignit Goya, pas un, même parmi ses plus fougueuses ébauches, qui ne rachète le laisser-aller de l'exécution par quelqu'une des qualités habituelles à l'artiste : une expression juste, un dessin large et ferme, une pénétration incroyable des habitudes de son modèle. Pour rapide, enfin, que soit l'ébauche, toujours elle respire, toujours elle vit.

Il y a, dans les portraits peints par Goya, quelque chose de Velazquez, de Prudhon et de Reynolds, mais absorbés et comme fondus dans une originalité qui, en somme, reste la dominante. Ses portraits d'apparat, comme ceux du Musée de Madrid, — ceux de l'infant don Luis et de sa famille, — celui du comte de Florida Blanca, — de la duchesse d'Albe (palais de Liria), — et du général Urrutia, qui est un magnifique chef-d'œuvre, s'inspirent d'avantage de Velazquez : ils en ont le relief, la grande tournure, la fierté magistrale; tandis que ses portraits intimes, plus spontanés, plus savoureux, offrent une étonnante analogie tantôt avec Prudhon, tantôt avec Reynolds, que Goya n'a peut-être pas même entrevus. L'admirable *jeune homme en gris* (portrait du petit-fils de Goya), — que nous avons fait graver, est l'un des beaux types de cette seconde et plus libre manière. Elle nous a valu des morceaux sans prix, comme les portraits de Moratin, de Bayeu et de l'architecte Villanueva, sans compter un nombre incroyable de portraits de femme, simplement conçus, naturels, sans détails oiseux, largement peints, et s'enlevant, bien enveloppés, harmonieux et palpitants de vie, sur ces fonds aérés, impondérables, dont Goya seul a retrouvé le secret après Velazquez.

Cette vogue de Goya comme portraitiste fut pour lui la source de liaisons illustres. Recherché des grands, protégé par les femmes, adulé et choyé par la jeune cour, il atteint rapidement à l'apogée de sa popularité. Les plus puissantes familles l'accaparent : l'infant don Luis le retient des saisons entières à son palais d'Arenas de San Pedro, dans la province d'Avila, et c'est là que Goya exécute toute une magnifique suite de portraits et de tableaux de genre qui sont devenus la propriété des comtes de Chinchon. Puis, ce sont les Benavente, ducs d'Ossuna et de Gandia, qui, pendant plus de dix ans, lui commandent œuvre sur œuvre, tantôt des compositions religieuses destinées à l'une des chapelles de la cathédrale de Valence, comme le *Saint François de Barja faisant ses adieux à sa famille* et le *Saint François adjurant un moribond impénitent*, tableaux célèbres qui ont été reproduits par le graveur Peleguer, — tantôt des portraits de famille, et enfin une série de vingt-sept tableaux de genre pour leur *Alameda* des environs de Madrid. Nous nous arrêterons un instant sur ces dernières productions, qui appartiennent à la période la plus féconde et la plus charmante du talent de Goya, en même temps qu'elles en caractérisent toute une phase.

Les scènes idylliques et anecdotiques ont la plus large part dans ces compositions. C'est un *Déjeuner sur l'herbe*, au milieu d'un délicieux paysage, — une *Danse au bord de l'eau*, — un *Chasseur montrant à sa famille le gibier qu'il a tué*, — une *Fenaison*, — un *Repos de laboureurs*, — un *Mât de Cocagne*, — un *Accident comique dans une partie de campagne*, — un *Paysage d'hiver*; — ce sont les *Saisons*, ou bien encore des *Ouvriers construisant un édifice*, — des *Voleurs attaquant une berline*, — des *Gitanos jouant sur une escarpolette*, — des *Taureaux à l'arroyo*, — enfin quelques *Caprices* inexplicables, bizarres fantaisies où Goya mêle des sorciers et des démons cornus avec des inquisiteurs.

Mais l'œuvre la plus importante de cette collection est une toile qu'on désigne sous le titre de *Romeria de San Isidro*. C'est la grande fête patronale madrilène. Toute la population est venue s'ébattre au bord du Manzanarès, et la vaste prairie qui, du coteau où s'élève l'ermitage du saint, s'étend jusqu'au bord de l'eau, est couverte d'une foule immense, bigarrée, diaprée, s'empressant, s'agitant autour des baraques de bateleurs, des boutiques de marchands, des cuisines et des cabarets en plein air. Tout ce monde pittoresque se divise en mille groupes variés : ici, l'on fait cercle autour d'un racleur de guitare ; là-bas, s'ébauche une ronde ; on se querelle, on danse, on boit, on se réunit, on se sépare, et au milieu de toute cette multitude fourmillante, on voit courir des pages, des cavaliers, des Suisses, des gardes du corps en habit rouge, dans

JOTKIN SC. GOYA BOCOURT.

ILS S'APPROVISIONNENT (Pl. 16 des Malheurs de la Guerre).

une indescriptible mêlée de carrosses aux attelages empanachés et de *calesinos* aux caisses peintes de couleurs féroces, que bouleversent en s'enfuyant des mules rétives. Sur le premier plan, dominant toute la fête, de belles dames abritées sous des parasols de soie rose, des personnages vêtus de costumes chatoyants, groupés dans des poses pleines d'abandon et de désinvolture, forment à la scène qui se déroule sous leurs pieds le cadre le plus ingénieux et le plus charmant. Au fond du tableau, par delà le Manzanarès, on voit le palais avec ses jardins étagés en terrasses, et la ville avec ses tours et ses dômes. Voici *San Francisco el Grande*, la *Cuesta de la Vega*, et là-bas le fameux *barrio de Lavapiès*.

Traitée dans une gamme lumineuse et chaude, émaillée de tons fins et très-montés, cette page petillante reste hors ligne, par le soin infini que Goya apporta à en varier et à en préciser, avec une étonnante justesse, les multiples et plus petits détails.

Les sujets champêtres, comme *le Déjeuner sur l'herbe, l'Escarpolette, la Danse, la Partie de Campagne,* montrent encore Goya sous un nouvel aspect. Lorsqu'on voit pour la première fois les tableaux de l'*Alameda,* on les dirait échappés au pinceau de quelqu'un de nos peintres du dix-huitième siècle. On est tenté d'évoquer ou Watteau ou Fragonard : comme eux, en effet, Goya s'est complu à reproduire les modes et les élégances de son temps, mais, s'il a les raffinements et les grâces précieuses de ces maîtres, il reste cependant Espagnol, et ses types, ses costumes sont de la plus exacte vérité.

Par un ordre royal daté du 25 avril 1789, — quelques mois après l'avénement de Charles IV, — Goya était nommé *pintor de camara*, charge qui lui donnait, comme aux gentilshommes de la chambre, ses entrées au palais. Condamnée pendant la fin du règne du dévôt Charles III à observer dans ses mœurs des dehors austères, la jeune cour va désormais secouer toute contrainte. Avec Maria Luisa régneront le scandale, la licence et les plaisirs effrénés. L'époque de la haute faveur du prince de la Paix commence.

Déjà plus que célèbre dans tout Madrid par ses prouesses galantes, fameux par ses duels, rompu à toutes les élégances par la fréquentation des grands, Goya fut bien vite à l'aise au milieu de ces désordres. Esprit caustique et très-fin, point timoré, on le rechercha pour la verve et l'entrain de ses propos. Ceux qui ne l'aimaient pas apprirent à le craindre.

Entraîné en même temps dans les cercles des duchesses d'Albe et d'Ossuna, qui disputaient à Maria Luisa le sceptre de la mode et des plaisirs, « l'homme, — dit M. Yriarte, — eut bientôt plus de succès que « l'artiste. » Il assiste et se mêle aux intrigues des femmes, prend parti pour l'une, revient à l'autre et, finalement, épouse les querelles de la duchesse d'Albe alors en lutte ouverte contre la reine. Goya, qui déjà n'épargne plus personne, crible de ses satiriques dessins les ennemis de la duchesse, et, un beau jour, elle exilée de la cour, lui *en congé*, prennent, sur l'ordre de Maria Luisa, la route de l'Andalousie pour se rendre dans une propriété de la duchesse.

Au retour de cette aventure, qui se prolongea plus d'une année, Goya fut chargé par le roi de décorer à fresque la chapelle de San Antonio de la Florida. La tâche était considérable. Il y avait à peindre une vaste coupole, plusieurs petites voûtes, des tympans et des arcs. En trois mois Goya exécuta tout cet ensemble. Le sujet choisi était celui-ci : *Saint Antoine de Padoue ressuscitant un mort pour lui faire révéler le nom de son meurtrier.* Le saint est placé sur une hauteur. Il évoque le mort dressé devant lui et qui déjà joint les mains et va parler. A droite et à gauche la foule s'empresse dans les attitudes les plus diverses. Tout autour de la coupole, Goya a figuré au balcon sur lequel s'appuient les assistants et qu'enjambe un enfant. Toute cette composition est très-mouvementée et très-réussie. Mais l'artiste, par un parti pris de réalisme qui ne laisse pas que d'étonner un peu, a cru devoir adopter pour ses personnages les costumes et les types de son temps. Ses femmes sont de vraies *manolas* voilées de la mantille, et ses hommes des gens du peuple, des *arrieros* fièrement drapés sous leurs *mantas* aux couleurs bigarrées. Dans les retombées des voûtes, Goya peignit des chérubins, des gloires, des anges, et il dota ces célestes créatures de charmes féminins et de grâces charnelles qui rappellent beaucoup trop les séductions de la terre. Une tradition absurde, mais constante à Madrid, veut que Goya ait pris pour modèles de ses visages féminins les dames de la cour, ce dont Charles IV se serait montré fort mécontent, le jour où Goya découvrit ses fresques.

De 1796 à 1797, Goya fit paraître cette curieuse suite de compositions gravées à l'eau-forte et à l'aquatinte qu'il intitula : *Caprices*[1]. Des scènes de mœurs ironiquement interprétées, de railleuses allusions aux superstitions populaires, de mordantes critiques des hommes et des institutions politiques, des attaques d'une violence inouïe contre la religion et ses dogmes, d'impitoyables satires contre l'Inquisition et surtout contre les ordres monastiques, enfin des rêves ou des visions fatidiques de l'avenir remplissent cette œuvre singulièrement complexe et d'une si audacieuse portée sous son apparente fantaisie. Un moment la publication fut suspendue. L'Inquisition menaçait l'œuvre et l'artiste; Goya n'échappa à ses

[1] Une étude, même sommaire, des trois cents pièces gravées ou lithographiées de Goya exigerait des développements qui ne sauraient trouver place dans cette courte notice. Pour toute cette partie spéciale, nous ne pouvons que renvoyer aux publications suivantes : *Goya*, par M. V. Carderera, *Gazette des Beaux-Arts*, T. VII et XV. — *Essai d'un Catalogue de l'œuvre gravé et lithographié de Goya*, par M. P. Lefort, *Gazette des Beaux-Arts*, T. XXII et suivants. — *Goya*, par M. G. Brunet. Paris, 1865. On pourra consulter également : *le Cabinet de l'Amateur*, année 1842; le *Bulletin de l'Alliance des Arts*, 1842; *el Artista*, Madrid, 1835; *el Arte en España*, Madrid, 1864 et 1865.

poursuites que grâce à l'intervention du prince de la Paix : à son instigation, Goya offrit ses planches au roi Charles IV, qui, d'accord avec son ministre, les acquit sur-le-champ pour la chalcographie : devenues ainsi propriété royale, l'Inquisition n'y pouvait plus mordre.

LA TRAHISON DE JUDAS. (Cathédrale de Tolède.)

Goya fut nommé premier peintre du roi le 31 octobre 1799. Il avait alors cinquante-trois ans, et, loin que l'âge eût altéré cette vigoureuse organisation, une transformation va se produire encore dans son talent. Étudier la lumière et le clair-obscur, comme Rembrandt les a compris, en rendre à sa manière toutes les manifestations, tel est le problème que Goya poursuivra désormais.

La Trahison de Judas, de la cathédrale de Tolède, œuvre magistrale où le clair-obscur est porté à sa dernière puissance, et *la Communion de saint Joseph Calasanz*, des *Escuelas pias*, à Madrid, sont, avec quelques-unes des peintures très-librement traitées dont il décora les murs de sa *quinta*, les éclatants témoignages de cette dernière évolution d'un génie fait surtout de volonté. « A Tolède, dit M. Théophile « Gautier, dans une des salles capitulaires, nous avons vu un tableau de Goya représentant Jésus livré « par Judas, effet de nuit que n'eût pas désavoué Rembrandt, à qui je l'eusse attribué d'abord, si un « chanoine ne m'eût fait voir la signature du peintre émérite de Charles IV. »

Cette même recherche des larges effets rembranesques se retrouve, poussée au plus haut degré de parti pris, dans ses plus belles eaux-fortes; *les Prisonniers, le Colosse,* les *Paysages fantastiques* et quelques-unes des planches de la *Tauromachie* et des *Malheurs de la Guerre* attestent évidemment une longue étude des chefs-d'œuvre gravés du grand maître hollandais.

Nous touchons à l'époque tourmentée qui s'étend de 1800 à 1814. On sait quelles intrigues de palais amenèrent l'abdication de Charles IV, par quel enchaînement de circonstances Napoléon envahit l'Espagne, plaça son frère sur le trône des Bourbons, et à la suite de quelles luttes sanglantes Joseph en fut renversé.

Retiré dans sa *quinta*, et tout entier adonné à ses travaux artistiques, Goya ne prit aucune part active aux événements qui bouleversaient sa patrie. Était-il, comme on l'a prétendu, un *afrancesado*, un partisan de l'invasion française? De ce qu'il s'était efforcé de propager en Espagne les idées de justice et d'affranchissement qui avaient donné à la France le code politique de 89, en peut-on logiquement conclure que ses sympathies étaient acquises à une guerre si injustement entreprise?

Les *Malheurs de la Guerre,* ces lamentables commentaires où se déroulent les exécutions militaires, les vengeances féroces, les incendies, les pillages, la disette, enfin toutes les horreurs de cette funeste invasion, témoignent hautement contre cette prétendue défaillance de patriotisme de Goya. Mais au-dessus de ce patriotisme d'ailleurs si légitime, et qui ne saurait être méconnu, un sentiment plus généreux, plus élevé, et bien profondément humain se dégage encore de ces pages sinistres. Ce que hait surtout Goya, c'est la guerre, c'est l'iniquité, c'est l'arbitraire, et c'est, par-dessus tout, la tyrannie et les ambitions qui les ordonnent. Rien de plus éloquent que cette vengeresse protestation n'a été formulé contre l'esprit de conquête et les luttes barbares de peuple à peuple.

Vers 1814, à l'époque du retour de Ferdinand VII, Goya ajouta aux *Malheurs de la Guerre* dix-sept nouvelles planches, les plus hardies entre toutes, et les plus étranges. Elles sont comme le testament politique et philosophique de l'artiste, un dernier et suprême combat qu'il livre pour tout ce qu'il a aimé, contre tout ce qu'il a haï. Quelles colères contre l'intrigue, l'obscurantisme et le mensonge qui étouffent le progrès et compriment la pensée humaine! Quels déchaînements contre les fourbes qui s'acharnent à détruire la liberté et la justice!

Tour à tour, ces étonnantes créations éclatent en désespoirs navrants ou en délirants enthousiasmes : ici, l'hypocrisie a vaincu et elle a réussi, dans ses souterraines manœuvres, à confisquer le cher bien des peuples! — *Contra el bien general!* — Plus loin, la Vérité agonise — « *Murió la verdad* » — déchirée par une tourbe furieuse; mais elle ressuscitera! — *Si resusitará!* — Et tout à coup Goya nous la montre se relevant triomphante du milieu de ses persécuteurs atterrés. Enfin, pour conclusion à cette œuvre, où s'agite tout un monde d'idées, de théories et d'aspirations libérales et généreuses, Goya improvise cette prophétique et consolante vision : la Liberté, majestueuse, sereine, indiquant d'un geste irrésistible à l'humanité, *au vieil homme,* courbé, harassé, flétri par ses abrutissantes misères, la radieuse aurore qui se lève, symbole d'une ère à venir où régneront la fécondité, l'amour, le bonheur et la paix. Et, pour légende à ce rêve, Goya écrivit : *Ceci est la vérité!*

Le règne de Ferdinand VII s'inaugura par une réaction d'une extrême violence. Quiconque était soupçonné d'avoir pris part ou seulement d'avoir applaudi à l'œuvre régénératrice des Cortès de Cadix se voyait exilé, déporté ou jeté en prison. La gloire de l'artiste protégea le vieux libéral. Ferdinand, tout en signifiant à Goya qu'il avait mérité « l'exil, et plus que l'exil, le garrot, », oublia le passé. Mais, soit que cette protection, qui fait honneur à Ferdinand, fût insuffisante à détourner de Goya les tracasseries et les rancunes des fanatiques, soit que le vide que les persécutions politiques avaient fait dans le cercle de ses amitiés lui rendit le séjour de Madrid insupportable, Goya demanda un congé et vint en France. Après une courte apparition à Paris, il alla se fixer à Bordeaux, au milieu d'une véritable colonie de proscrits. Goya ne pouvait rester inactif. Il peignit donc encore. Des sujets de genre, de curieuses miniatures sur ivoire et les portraits

LE JEUNE HOMME EN GRIS — PORTRAIT DU PETIT-FILS DE GOYA. (Coll. de M. le marquis d'Isasi.)

de Moratin, de D. Juan Maguire, de M. Pio de Molina et de M. J. Galos, datent de cette époque. Dans le même temps, Goya voulut reprendre les essais de lithographie qu'il avait déjà tentés à Madrid, quelques années auparavant. Les quatre grandes pièces représentant des *Courses de Taureaux,* et qui sont des chefs-d'œuvre de couleur et de mouvement, ont été exécutées en 1825. Goya allait avoir quatre-vingts ans!

En 1827, Goya dut refaire le voyage de Madrid pour solliciter une prolongation de son congé. Ferdinand l'accorda, en y mettant pour condition, qu'avant de quitter de nouveau l'Espagne, Goya se laisserait peindre par D. Vicente Lopez, alors *pintor de camara.* C'est ce portrait qui figure aujourd'hui au Musée de Madrid.

La même année, Goya revint à Bordeaux. Il y reprit ses chères habitudes. Quoique ses mains tremblassent et qu'il ne vît qu'à l'aide de la loupe, il dessinait et ébauchait sans cesse. Mais ses forces s'en allaient. Lui-même sentit approcher sa fin. Il fit mander son fils Xavier, demeuré à Madrid, et quelques jours après, le 15 avril 1828, il s'éteignit dans les bras de ses amis. Il était âgé de quatre-vingt deux ans et quinze jours.

« Dans la tombe de Goya, dit M. Th. Gautier, est enterré l'ancien art espagnol, le monde à jamais « disparu des *toreros*, des *majos*, des *manolas*, des contrebandiers, des voleurs, des alguazils et des « sorcières, toute la couleur locale de la Péninsule. Il est venu à temps pour recueillir et fixer tout cela. « Il a cru ne faire que des caprices, il a fait le portrait et l'histoire de la vieille Espagne, tout en croyant « servir les idées et les croyances nouvelles. »

Goya n'a eu qu'un élève : Asensio Julia; il aida le maître dans ses fresques de San Antonio de la Florida. Sorti de la direction de Goya et livré à lui-même, Julia n'a plus de valeur. Il a peint des portraits, des toiles de genre et des batailles.

P. LEFORT.

RECHERCHES ET INDICATIONS

Le nombre des productions de Goya est trop considérable pour que nous puissions en donner une nomenclature complète. Nous nous bornerons donc à citer ses principales compositions ou les plus dignes d'être connues des amateurs, en renvoyant, pour le surplus de l'œuvre, au catalogue détaillé et plein d'intéressantes recherches dont M. Ch. Yriarte a fait suivre son étude sur Goya.

SUJETS RELIGIEUX. — FRESQUES.

Coupole de Notre-Dame del Pilar, a Saragosse. — *La Vierge triomphante.*

Coupole de Saint-Antoine de la Florida. — *Saint Antoine de Padoue ressuscitant un mort.*

SUJETS RELIGIEUX. — TOILES.

Madrid. Église de Saint-Antoine abbé. — *La Communion de saint Joseph de Calasanz.*

San Francisco el Grande. — *Saint François prêchant.*

Cathédrale de Tolède. — *La Trahison de Judas.*

Cathédrale de Séville. — *Sainte Juste et sainte Rufine.*

Cathédrale de Valence. — *Saint François de Borja fait ses adieux à sa famille. — Le Saint adjurant un moribond.*

SUJETS DE GENRE. — PORTRAITS.

Musée royal de Madrid. — *La Famille de Charles IV.* — Portraits équestres et en pied de *Charles IV* et de *Maria Luisa. — Scènes du Deux-Mai.*

Musée du Fomento. — *Le Christ en croix.*

Académie de San Fernando. — *Une Maison de Fous.* — *Le Tribunal de l'Inquisition.* — *Les Flagellants.* — *L'Enterrement de la Sardine.* — *La Maja.* — Portraits de *Ferdinand VII* (équestre), de *Moratin*, de *Villanueva*, de *Ventura Rodriguez*, du *Prince de la Paix*, de l'actrice la *Tirana*, de *Goya*.

Palais d'Ossuna. — Portraits divers. — *Le général Urrutia.*

Palais de Liria. — Portrait de la *Duchesse d'Albe.*

Marquis de Santa Cruz. — *La Comtesse de Haro.*

Marquis d'Isasi. — Portraits en pied du *Petit-fils de Goya et de sa femme.*

D. F. de Madrazo. — Portraits de *Goya* et d'*Asensio Julia.* — *Une Messe.* — Diverses esquisses.

D. V. Carderera. — Esquisses.

Marquis de Miraflorès. — Portrait du *Comte de Florida Blanca.*

Comtes de Chincdon. — Portraits de l'*Infant D. Luis et de ses enfants*, — du *Cardinal de Bourbon*, — du *Général Ricardos*, — de l'*Amiral Mazarredo.*

Alameda des ducs d'Ossuna, environs de Madrid. — 27 tableaux de genre (*Voy.* p. 6.)

Maison de Goya (Quinta). — Divers tableaux de genre. *Romeria de San Isidro.* — *Judith et Holopherne.* — *Saturne dévorant ses enfants.* — *Le Diable.* — *L'Asmodée.* — *La Leocadia.* — *Promenade du Saint-Office.* — *Les Politiques.* — *Les Parques.*

Séville. Galerie du duc de Montpensier. — Portraits de *Charles IV*, — de *Maria Luisa*, — *Les Manolas au balcon.* — *Une Femme en mantille.* — Portrait d'*Asensio Julia.*

Valence. Musée provincial. — Portraits de Bayeu et du graveur *Raphaël Estève.* — Portrait de femme.

Paris. Musée du Louvre. — Portrait de *M. Guillemardet, ambassadeur de la République française en Espagne.*

COLLECTIONS PARTICULIÈRES.

M. Oudry. Portrait de *Mlle Goicoechea.* — M. P. Lefort. *Les Taureaux à l'Arroyo.* — *La Mort d'un Picador.* — M. Ch. Yriarte. *La Maison du Coq.* — M. de Villars. *L'Abolition de l'Ordre des Jésuites.* — M. P. de Saint-Victor. *Un Mariage grotesque.*

Musée de Bordeaux. — *Elles filent fin.*

Vente Barоilhet. 1860. — *Un Auto-da-fé* ; 800 fr. — Portrait de *Goya* ; 600 fr.

Vente L..., de Madrid. 1861. — *Cupidon et Psyché* ; 620 fr.

Vente Louis-Philippe, a Londres. 1853. — Portrait de *la duchesse d'Albe* ; 6 £. — Portrait de *Charles III* ; 10 £. — Portrait de *Goya* ; 10 £. 5. — *Lazarille de Tormes* : 11 £. 10. — *Vieilles Femmes* : 4 £. 15.

Vente Salamanca. 1867. — Portrait d'*Emmanuel Garcia* ; 950 fr. ; — de *Lorenza Correa* ; 1.620 fr. ; — du *Petit-fils de Goya* ; 2.850 fr. ; — de la *Femme du petit-fils de Goya* ; 1,950 fr. ; — *Femmes assises à un balcon* ; 2.900 fr. — Portrait de *Femme* ; 950 fr. — *Combat de Taureaux* ; 3,600 fr. — *Procession* ; 2.500 fr.

Goya Goya Fran.^cs Goya a. 1778 Goya Goya 1810 Goya

PARIS. — IMPRIMERIE POITEVIN, RUE DAMIETTE, 2 ET 4.

APPENDICE

ANTONIO DEL RINCON

NÉ VERS 1446. — MORT VERS 1500.

Absorbée pendant tout le moyen âge dans ses luttes incessantes contre les Maures, l'Espagne n'eut ni le goût ni le loisir de cultiver les arts et d'acquérir les raffinements de la civilisation. C'est seulement au quatorzième siècle, à la faveur des liens politiques et commerciaux qui unissaient l'Italie à la principauté de Catalogne et aux royaumes de Valence et d'Aragon, que la peinture commença à prendre racine sur le sol de la Péninsule et à compter parmi ses praticiens des artistes indigènes.

Valence dut sans doute à son délicieux climat le privilége d'avoir, la première, formé des peintres : à l'aurore du quatorzième siècle, elle peut déjà citer son *mestre* Marzal, à qui la municipalité accorde libéralement un local pour l'exercice de son art, et encore Guillermo Arnaldo, originaire de Mayorque, mais fixé à Valence, qu'une charte de Juan Ier d'Aragon autorise, en 1392, à porter des armes; puis, à la suite de ces deux maîtres et dès les premières années du quinzième siècle, apparaît une véritable légion de peintres : Tristan Bataller, Juan Zarebolleda, Guillermo Stoda, Pedro Nicolau, Roger Esperandeu, Juan Palaxi, Jayme Stopinya, Antonio Perez, Domingo Adzuava, et, enfin, Juan Reixats, artiste de grand renom, qui travaillait autour de l'année 1456.

A leur tour, l'Aragon et la Catalogne ne tardent guère à rivaliser avec l'heureux royaume de Valence. Tandis que, de 1300 à 1350, Raymon Torrent, Guillen Tort et Pedro de Zuera couvrent de leurs peintures les murailles des églises de Saragosse et des cloîtres des riches monastères aragonais, Juan Cesilles et Luis Borrasa peignent en Catalogne, pour les églises de Reus et de Barcelone, avant la fin du quatorzième siècle.

Mais le siècle suivant est bien plus riche encore en noms d'artistes : la Catalogne possède Alfonso, le moine Senis, Fontanet, Alemany et surtout Luis Dalmau, l'auteur de l'admirable tableau des *Conseillers devant la Vierge*, qu'il termine en 1445 pour l'église San Miguel de Barcelone. En même temps, l'Aragon a Bonant de la Ortiga, peintre *de la Deputacion del Reino*, vers 1457; Juan Calvo, Juan Serrat, employé par l'Inquisition à peindre les *sanbenitos* de ses justiciés, et encore Pedro de Aponte, successeur de Bonant de la Ortiga, auteur d'un retable commandé par le roi Jean II, et devenu, vers 1479, le peintre de Ferdinand V le Catholique. Ferdinand emmena cet artiste en Castille et le combla de faveurs.

La Castille n'eut de peintres indigènes qu'au quinzième siècle. C'est, en effet, un Florentin, Gerardo Starnina, élève d'Antonio Veneziano, qui apparaît d'abord à la cour de Jean Ier; plus tard, deux étrangers encore brillent à la cour de Jean II : Dello de Florence, que le roi arme chevalier, et le *maestro Rogel de Flandes*, qui n'est très-probablement autre que Roger van der Weyden. Enfin, vers 1418, Tolède a son peintre, Juan Alfon : il exécute le retable de l'ancienne chapelle du *Sagrario*. Puis, paraît le maestro Jorge Ingles, auteur des remarquables peintures du maître-autel de l'hôpital de Buytrago, où figurent le donataire don Iñigo Lopez de Mendoza, premier marquis de Santillan, agenouillé et priant, son page derrière lui, avec la marquise accompagnée de sa *doncella*.

Mais dès que commence la seconde moitié du quinzième siècle, la Castille devient plus féconde en grands artistes : presque simultanément on voit surgir Garcia del Barco et Juan Rodriguez; ils travaillent à Avila; Pedro Berruguete, père du célèbre Alonso et peintre du roi Philippe *el Hermoso;* Santos Cruz, collaborateur de Berruguete pour les peintures du maître-autel de la cathédrale d'Avila; Juan de Segovia, Pedro Gumiel et Sancho de Zamora, dont l'œuvre principale est le retable de la chapelle de don Alvaro de Luna, à Tolède; Diego Lopez, Alvar Perez de Villoldo, Alonso Sanchez, Luis de Medina et Juan de Borgoña, décorateurs du *paranymphe*, ou théâtre scolastique de l'Université d'Alcala; enfin, apparaît Antonio del Rincon, peintre des rois catholiques Ferdinand et Isabelle, et le premier des artistes castillans qui ait franchement abandonné la manière gothique pour donner de la rondeur et de la souplesse à ses lignes, pour mprimer à ses figures plus d'animation et de caractère.

Né à Guadalajara vers 1446, Rincon passa, croit-on, sa jeunesse en Italie; suivant ses biographes, il y aurait appris son art auprès d'Andrea del Castagno ou de Dominico Ghirlandajo; sa manière n'est pas, en effet, sans quelques rapports avec celle de ces deux maîtres.

A son retour dans sa patrie, Rincon vit son mérite hautement apprécié; non-seulement les rois catholiques le nommèrent leur peintre, mais ils le firent encore chevalier de l'ordre militaire et religieux de *Santiago*. L'artiste dut reproduire fréquemment les traits de Ferdinand et d'Isabelle; on le regarde notamment comme l'auteur des portraits du roi et de la reine qui figuraient au-dessus du maître-autel de l'église de San Juan de los Reyes, à Tolède, ainsi que du portrait de Antonio de Nebrija. Antonio peignit beaucoup à Tolède; un document qui fait partie des archives de la cathédrale établit qu'en 1483 il était chargé d'exécuter de grands travaux dans l'ancien sanctuaire, avec l'aide de Pedro Berruguete; ces peintures ont disparu depuis longtemps.

Mais l'œuvre capitale de Rincon nous a heureusement été conservée : c'est le retable de l'église de Robledo de Chavela, composé de dix-sept panneaux représentant divers passages de la *Vie de la Vierge*, avec l'*Assomption* pour sujet central. Ces peintures justifient la réputation dont l'Espagne a entouré le nom de son vieux maître; elles sont d'un dessin naïf encore mais déjà plus correct, plus vrai, moins raide; les types des figures y sont beaux, presque expressifs, et les draperies présentent un bon arrangement; Rincon fait déjà pressentir la Renaissance. On croit, mais sans preuves, qu'il dut mourir vers l'année 1500, à Séville, où se trouvaient alors les rois catholiques; le devoir de sa charge l'obligeait, en effet, à suivre la cour dans ses voyages.

A l'exception du retable de Robledo, il serait difficile de citer quelque autre ouvrage absolument authentique de Rincon. Cependant M. Carderera lui attribue, dans son *Iconografia española*, le tableau portant le n° 935, au Musée national de Madrid, où sont représentés : Ferdinand et Isabelle, les infants don Juan et doña Isabelle, l'inquisiteur Torquemada, entourés de saint Pierre martyr, de saint Augustin avec saint Dominique de Guzman, et adorant la Vierge et l'enfant Jésus. Ce remarquable et intéressant ouvrage, qui provient du couvent de Saint-Thomas d'Avila, aurait été peint, par l'ordre de Torquemada, autour de l'année 1485.

A la vente Salamanca (1867), un tableau représentant le *Christ bénissant la Vierge*, attribué à Antonio del Rincon, a été vendu 400 francs. La *Vierge et l'enfant Jésus*, mentionné au Catalogue de l'ancienne galerie espagnole du Musée du Louvre, a atteint £ 50, à Londres, en 1853.

Un tableau de Rincon, *la Vierge allaitant l'enfant Jésus*, appartient au Musée de l'Hermitage, à Saint-Pétersbourg.

ALONSO BERRUGUETE Y GONZALEZ

NÉ VERS 1480. — MORT EN 1561.

Peintre, sculpteur et architecte, Alonso Berruguete est le premier artiste espagnol qui ait répandu dans sa patrie les grandes traditions de la Renaissance; quoiqu'il n'ait pas porté dans la peinture les qualités éminentes qu'il déploya principalement dans la sculpture, l'élévation de son style, la savante correction de son dessin, sa mâle et nerveuse élégance, et ses connaissances approfondies des procédés de la peinture à l'huile, encore imparfaitement connus en Espagne au temps de son retour d'Italie, lui acquirent une influence considérable; à tous ces titres, l'Espagne place Berruguete au premier rang des maîtres de l'École.

Né vers 1480, à Paredes de Nava, Alonso fut d'abord élève de son père, Pedro Berruguete, peintre du roi Philippe *el Hermoso*. Pedro Berruguete, un des plus remarquables artistes de son temps, est l'auteur d'un grand nombre d'ouvrages exécutés dans la manière du Pérugin; aussi suppose-t-on, bien que les preuves concluantes fassent défaut, que Pedro avait appris son art auprès de ce maître. Obéissant aux conseils de son père, Alonso dut, à son tour, aller chercher la science au pays des chefs-d'œuvre.

En 1503, comme l'atteste Vasari, Alonso était à Florence, et il y copiait le fameux carton de la *Guerre de Pise;* Michel-Ange l'admit dès lors parmi ses élèves; ce fut donc à ses côtés que le jeune Espagnol apprit les règles et la pratique des trois arts qu'il cultiva simultanément.

En 1504, Alonso accompagnait Michel-Ange, appelé à Rome par le pape Jules II, et il y secondait le maître dans la plupart de ses travaux. Vers cette époque, le Bramante ayant mis au concours la reproduction du *Laocoon*, Berruguete prit part à ce concours en même temps que le Sansovino, Zaccharias Zacchi de Volterre et le Vecchio de Bologne; leurs modèles en cire, grandeur de l'original, furent soumis au jugement de Raphaël, qui désigna le modèle de Sansovino comme devant être coulé en bronze.

Après la mort de Filippo Lippi, Berruguete était choisi pour terminer le tableau que Filippo avait laissé inachevé chez les religieuses hiéronymites de Florence; mais tandis qu'il travaillait à cet ouvrage, Michel-Ange le rappela à Rome; le tableau de Lippi ne fut donc point entièrement terminé par l'artiste espagnol.

Au cours de l'année 1520, Berruguete revint dans sa patrie; dès son arrivée à Saragosse, on lui confiait d'importants travaux; il exécutait, dans l'église de Santa Engracia, un retable décoré de sculptures et le tombeau du vice-chancelier d'Aragon.

Le sculpteur Damian Forment venait de terminer l'admirable maître-autel de style gothique de la cathédrale del Pilar, et se trouvait alors à Huesca, où il commençait le grand retable de la cathédrale. Désirant connaître cet habile artiste, Berruguete se rendit à Huesca. Là, il prit quelque temps part aux travaux de Forment, qui, séduit par le style énergique de l'élève de Michel-Ange, modifia profondément sa propre manière, et tenta dès lors de s'assimiler le caractère de force et d'élégance de la Renaissance italienne.

De retour en Castille, Berruguete fut tout de suite distingué par l'empereur Charles-Quint, qui le nomma son sculpteur et son peintre, et lui confia la direction de travaux considérables à l'Alcazar de Madrid et au palais qu'il faisait construire à Grenade, dans l'enceinte même de l'Alhambra. A ces premières distinctions l'empereur ajouta bientôt de nouvelles faveurs : Berruguete reçut en don la charge de *escribano del crimen* de la chancellerie de Valladolid, et le titre de *ayuda de camara*. En 1529, don Alonso de Fonseca, archevêque de Tolède, choisissait Berruguete pour exécuter les sculptures et les peintures du maître-autel du collége qu'il fondait à Salamanque. On croit que l'artiste fut également chargé de la décoration du cloître au collége que l'évêque de Cuença créait, à la même époque, à Salamanque.

Ayant épousé à Valladolid doña Juana Pereda, Alonso s'était fixé dans cette ville, où il exécuta successivement le tombeau de l'évêque de Palencia, au collége de Saint-Grégoire, le grand autel du monastère de Saint-Benoît, et quelques autres ouvrages pour les églises de Valladolid et de diverses localités de la Vieille-Castille.

Le contrat par lequel Berruguete s'engageait à terminer dans un délai de quatre à cinq ans le maître-autel du couvent de Saint-Benoît est daté du 8 novembre 1526; une de ses clauses principales était que les têtes et les mains des diverses figures, peintes ou sculptées, devaient être traitées par l'artiste lui-même. Ce ne fut qu'en 1532 que Berruguete donna son travail pour achevé et en sollicita le payement : des arbitres, Andrès de Najera le sculpteur, et Julio Aquiles le peintre, ce dernier choisi par Berruguete, furent désignés pour taxer l'œuvre de l'artiste. Faute d'accord, un troisième arbitre, Felipe Vigarni, plus connu sous le nom de Felipe de Borgoña, fut adjoint aux deux premiers. Une sentence définitive, rendue en 1533, fixa enfin à 4,400 ducats le prix de ce retable, détruit à l'époque de la suppression des couvents, mais dont les figures, exécutées en bois et coloriées, ont été recueillies au Musée provincial de Valladolid.

En 1539, Berruguete fut désigné par le chapitre de la cathédrale de Tolède, en même temps que Felipe de Borgoña, pour décorer de sculptures et de mosaïques de marbre les stalles du chœur; Felipe mourut après en avoir terminé trente-cinq : les trente-cinq autres, ainsi que le siége du primat, sont l'œuvre de Berruguete, moins le médaillon représentant la *Vierge apportant la chasuble à saint Ildefonse*, qui est de Gregorio Vigarni, frère de Felipe.

La *Transfiguration du Seigneur*, magnifique groupe de marbre dont les figures sont de grandeur naturelle et qui se trouve placé au-dessus du siége archiépiscopal, est également dû à Berruguete, qui le terminait vers 1548.

Ces importants travaux, empreints du caractère le plus élégant et le plus robuste, et d'autres encore que Berruguete entreprit dans le même temps, lui créèrent une réputation bien supérieure à celle de tous les artistes qui l'avaient précédé; ces travaux lui donnèrent la richesse; car, en 1559, Alonso acquérait de Philippe II la seigneurie et les revenus de la ville de la Ventosa, près de Valladolid, qui demeurèrent la propriété de sa famille jusqu'à la fin du dix-huitième siècle.

Berruguete mourut à Tolède en 1561, alors qu'il travaillait avec son fils au mausolée du cardinal Tavera, à l'hôpital de San Juan Bautista.

L'Espagne est fière de ce grand artiste qui a peuplé de ses œuvres ses palais et ses cathédrales. Saragosse, Tolède, Madrid, Valladolid, Palencia, Salamanque, Grenade, Medina del Campo, Alcala de Henarès, Paredes de Nava, et bien d'autres localités encore, possèdent en effet quelques superbes travaux du maître dans l'un ou l'autre des trois arts qu'il exerçait concurremment. Comme architecte, Berruguete n'a jamais été surpassé dans ce style somptueux que l'Espagne désigne du nom pittoresque de *plateresco*, mélange de Renaissance et d'invention nationale, d'une richesse parfois excessive, mais dont Alonso sait racheter l'exubérance par une exquise délicatesse d'exécution.

Comme sculpteur, l'artiste a laissé de magnifiques ouvrages où brillent surtout la force, la grandeur des formes, et qui rappellent par leur savante anatomie, par leur modelé toujours puissamment ressenti, le style de Michel-Ange. Berruguete n'a guère été peintre que dans ses retables, dont il exécutait à lui seul toutes les parties. Ses peintures, devenues aujourd'hui très-rares, sont très-expressives et d'une savante correction de dessin; comme ses sculptures, elles affectionnent les formes grandioses, mais le coloris, très-terminé, en est froid et manque absolument de caractère.

Le fils de Berruguete, Alonso Berruguete y Pereda, aida son père dans les travaux qu'il exécuta sur la fin de sa vie et termina notamment le tombeau du cardinal Tavera.

Aucun des Musées d'Espagne ne possède de peintures de Berruguete : c'est dans les cathédrales qu'il faut aller chercher les très-rares productions de l'artiste échappées à la destruction. Cean Bermudez en cite quelques-unes : à Palencia, *Jésus accompagné des patriarches apparaît à sa mère après sa résurrection;* à Paredes de Nava, quelques tableaux qui font partie de l'autel placé derrière le grand retable, et une *Nativité* qui décore un oratoire; à la Ventosa, sur l'autel de saint Michel, l'*Archange chassant Adam et Ève du paradis terrestre*, la *Chute des mauvais Anges*, et divers autres sujets religieux.

JUAN DE VILLOLDO

NÉ VERS 1480. — MORT VERS 1555.

On ignore le lieu et la date de la naissance de cet artiste, qui résidait à Tolède au commencement du seizième siècle; on sait seulement que Juan de Villoldo était le neveu de Alvar Perez de Villoldo, qui peignait vers 1498, en collaboration avec Juan de Borgoña, les fresques du cloître de la cathédrale de Tolède. Juan fut sans doute l'élève de son oncle, et il est probable encore, bien qu'aucun des biographes espagnols n'en fournisse la preuve, qu'il alla se perfectionner en Italie. En 1507, Juan était à Tolède et le chapitre le choisissait comme arbitre pour fixer le prix des travaux de décoration que venaient de terminer, dans la salle capitulaire d'hiver, les sculpteurs Juan de Bruxelas, Francisco de Amberes et Lorenzo Gurricio. En 1508, Villoldo, aidé de Juan de Borgoña et de Francisco de Amberes, peignait les panneaux du retable de la chapelle mozarabe. En 1519, il travaillait encore à Tolède, puisque le chapitre le choisissait de nouveau pour taxer, avec Antonio de Comontes, les fresques que Juan de Borgoña avait peintes dans la bibliothèque de la cathédrale; mais, à dater de cette époque et jusqu'en 1547, nous ne savons plus rien de Villoldo; peut-être fit-il alors le voyage d'Italie.

En 1547, nous retrouvons Villoldo à Valladolid; le 12 août, il signe un contrat par lequel il s'oblige à peindre pour l'évêque de Palencia, cinq toiles contenant diverses compositions, et destinées à la chapelle *del Obispo*, attenante à l'église San Andrès de Madrid. Ces toiles ont été heureusement conservées et il est encore d'usage, durant les dernières semaines du carême, qu'on les tende autour du chœur de cette même chapelle. Exécutées à la détrempe — *al aguazo* — les draperies en grisailles et les carnations légèrement coloriées, ces peintures appartiennent à ce genre éminemment décoratif qu'on appelait en Espagne *pintura de sargas*, et qui fut pratiqué avec beaucoup d'habileté par les meilleurs maîtres du seizième siècle.

Pour ce vaste travail, Villoldo puisa les sujets de ses compositions dans l'Ancien et le Nouveau Testament; chacun de ces sujets, répartis sur trois rangs, est encadré dans une architecture d'ordre ionique; les plus remarquables par l'importance de la composition ou par le mérite de l'exécution représentent : *Adam et Ève chassés du paradis terrestre*, la *Mort d'Abel*, l'*Entrée de Jésus-Christ à Jérusalem*, la *Cène*, la *Résurrection de Lazare*, le *Calvaire*, le *Christ descendu de la croix*, la *Mise au sépulcre*, la *Résurrection*, et enfin le *Jugement dernier*. Comme style, comme dessin, comme caractère, on dirait ces peintures échappées au pinceau de Perino del Vaga, ou encore du Fattore. Si Villoldo n'est pas l'élève direct des Italiens, ces toiles autorisent du moins à affirmer qu'il s'est largement inspiré des productions de l'École romaine et de l'École florentine.

Cean Bermudez attribue à Villoldo deux tableaux, peints sur panneaux, placés sur deux autels de cette même chapelle : l'un représente le *Baptême du Christ*, l'autre, le *Martyre de saint Jean l'Évangéliste*.

Villoldo eut pour élève Luis de Carvajal (1534-1613), peintre de Philippe II et auteur de nombreux et importants travaux à l'Escorial.

Les Musées de Madrid ne possèdent aucun spécimen de ce maître, et, à l'exception des tableaux de la chapelle *del Obispo*, nous ne croyons pas qu'il existe en Espagne quelque autre ouvrage authentique de Villoldo.

Le Catalogue du Musée de l'Hermitage, à Saint-Pétersbourg, mentionne une *Annonciation* de Villoldo, provenant sans doute de la collection Coeswelt, de Londres.

GASPAR BECERRA

NÉ EN 1520. — MORT EN 1570.

Après Berruguete, Gaspar Becerra est un des artistes les plus complets qu'ait produits l'Espagne. Né à Baeza, en 1520, quarante ans plus tard que le grand Alonso, dont il put admirer les travaux comme sculpteur et comme architecte au palais de Grenade, Becerra comprit qu'il fallait aller puiser les leçons de l'art aux sources mêmes, et, jeune encore, il partit pour l'Italie. Là, il étudia non sous Raphaël, comme le dit Palomino, puisque le divin Sanzio était mort en 1520, mais très-probablement sous Michel-Ange. Un très-beau dessin de Becerra, d'après la fresque du *Jugement dernier*, conservé au Musée royal de Madrid, atteste du moins que l'artiste espagnol s'appliqua à se pénétrer du style du grand Florentin.

A Rome, Becerra aida Vasari dans ses peintures de la salle de la Chancellerie, et celui-ci raconte qu'une *Tavola* représentant la *Nativité de la Vierge*, qu'avait peinte le jeune Espagnol, fut placée dans l'église de la Trinité-du-Mont, en regard même d'un tableau de Daniel de Volterre avec lequel elle pouvait entrer hardiment en parallèle. Becerra est également l'auteur des dessins d'un livre d'anatomie publié à Rome, en 1554, par le docteur Juan de Valverde, livre destiné à la fois aux artistes et aux chirurgiens. Pendant son séjour en Italie, il exécuta encore deux précieuses statuettes anatomiques dont les moulages figurèrent dans toutes les écoles.

En 1556, après s'être marié à Rome avec Paula Velazquez, Becerra revint dans sa patrie. Philippe II ne tarda guère à se l'attacher; il le nomma d'abord son sculpteur, le chargeant de la direction de divers travaux à l'Alcazar de Madrid et au palais du Pardo, puis, en 1563, par une royale cédule datée du 23 août, il le nommait son peintre.

A cette époque, Becerra peignait à fresque et décorait d'arabesques le passage de la salle des audiences à la galerie de l'ouest, dans l'Alcazar; il y représentait, par d'élégantes figures, les *Quatre Éléments*. Dans la partie cintrée de la galerie, il peignait également à fresque les *Arts libéraux*, et couvrait les parois des plus gracieux caprices décoratifs. Vers le même temps, aidé de Castello le Bergamasque, il exécutait, dans le cabinet du roi, divers sujets empruntés de la Fable, qu'il encadrait d'une riche ornementation. Toutes ces peintures, admirées des contemporains comme des chefs-d'œuvre d'habileté, d'invention et de goût, ont péri dans l'incendie qui dévora le Pardo en 1735. A la fin du siècle dernier, il ne subsistait plus de tant de merveilleux travaux qu'une seule fresque : *Méduse, Persée et Andromède*, qui permettait d'admirer jusqu'à quel degré de perfection Becerra avait porté son art.

De même que Berruguete, Becerra paraît encore avoir été plus grand sculpteur que grand peintre. Son chef-d'œuvre, comme sculpture, est une statue de la *Vierge de la Soledad*, commandée par la reine Isabelle de la Paz, et qui, placée autrefois au couvent des Minimes à Madrid, orne aujourd'hui le grand autel de la chapelle de la Communion, dans l'église San Juan del Mercado à Valence. Trois fois Becerra avait échoué dans ses efforts pour sculpter cette figure, qui devait traduire son idéal d'artiste et la ferveur de sa foi; il avait, avec désespoir, renoncé à son œuvre lorsque, dans la nuit, Marie lui apparut et lui ordonna de tailler un tronc d'arbre qui brûlait dans le foyer; Becerra obéit et il en tira une de ces images inspirées, véritable prodige de l'art que le génie, allié au plus ardent mysticisme religieux, pouvait seul produire.

Un moine, fray Antonio de los Arcos, raconte cette précieuse légende dans un livre édité à Madrid en 1640, où sont rapportés tous les nombreux miracles attribués à la *Vierge* de Becerra.

L'infante doña Maria, veuve du prince du Brésil, chargea l'artiste de construire, pour le couvent des Descalzas Reales, le somptueux maître-autel détruit en 1862 par un incendie. La perte de ce magnifique ouvrage est d'autant plus regrettable qu'il était dû tout entier au génie de Becerra, l'architecture comme les sculptures et les peintures. Ces dernières représentaient l'*Annonciation*, la *Visitation*, la *Naissance de Jésus-Christ*, l'*Épiphanie*, l'*Ascension*, la *Descente de l'Esprit-Saint sur les Apôtres* et des *Saints* appartenant à l'ordre de saint François. Aucun de ces tableaux, croyons-nous, n'a été sauvé.

Après avoir exécuté à Grenade, dans l'église de San Geronimo, un bas-relief représentant la *Mise au tombeau*, considéré comme un de ses plus beaux ouvrages, et divers travaux importants à Valladolid, à Burgos, à Rioseco, à Medina del Campo et à Bribiesca, Becerra terminait, en 1569, le magnifique retable de la cathédrable d'Astorga, élevé sur ses dessins, et orné de reliefs et de statues dus à son ciseau. On jugera de l'importance de ce travail par le prix que reçut l'artiste : le chapitre le lui paya trente mille ducats, y joignant une gratification de trois mille autres ducats et lui faisant don d'une charge d'*escribano* que Becerra vendit encore huit mille ducats.

La mort vint trop tôt enlever ce grand artiste à l'Espagne; en 1570, à peine âgé de cinquante ans, il mourait à Madrid; on l'enterra dans l'église du couvent de la Victoria.

Becerra avait fait école et formé de nombreux élèves, sculpteurs et peintres. Parmi les premiers, il cite lui-même, dans une supplique adressée à Philippe II, les noms de Miguel Martinez, de Baltazar Torneo, de Miguel de Ribas, qui l'avaient aidé dans ses travaux au Pardo; de Juan Ruiz de Castañeda et de Torribio Gonzalez, et, parmi les peintres, Bartolome del Rio, Bernuis, Francisco Lopez, Geronimo Vazquez, enfin, Miguel Barroso, né à Consuegra, en 1538, artiste d'une grande érudition et très-habile peintre, qui laissa de remarquables ouvrages à l'Escorial.

Le Musée royal de Madrid ne possède aucune peinture de Becerra : l'Escorial, si riche d'ordinaire en travaux des artistes contemporains de Philippe II, n'a qu'une copie d'une *Assomption de la Vierge*, dont l'original existe, croit-on, dans l'une des églises de Rome. Seul, le Musée du Fomento a pu recueillir un tableau provenant de l'église des dominicains de Ségovie et représentant la *Madeleine au désert*. Étendue sur le sol, au fond d'une grotte, la pécheresse contemple le crucifix; une draperie, largement traitée et d'un ton rose assez délicat, voile chastement son beau corps. Ce n'est sans doute pas là une des meilleures productions de l'artiste, mais elle suffit à indiquer que Becerra possédait un dessin grandiose et qu'il avait conservé les formes élevées et la noblesse de style de l'École florentine.

MUSÉE DU FOMENTO, à Madrid. — La *Madeleine au désert*.

GALERIE DE L'HERMITAGE, à Saint-Pétersbourg. — Une *Sibylle*.

PEDRO CAMPAÑA

NÉ EN 1503. — MORT EN 1580.

Quoiqu'il soit étranger à l'Espagne, puisqu'il naquit à Bruxelles, en 1503, *el maese* Pedro Campaña, ou maître Pierre de Champagne, et encore, selon quelques biographes, Pieter Van de Velde, a exercé sur l'École de Séville une influence trop profonde et surtout trop durable pour que sa vie ne trouve pas place dans ces notices.

Campaña débuta par peindre selon le style gothique allemand et dans la manière d'Albert Dürer; puis il passa en Italie, travailla en 1530 à Bologne aux décorations d'un arc de triomphe élevé à l'occasion du couronnement de Charles-Quint, visita Rome, où, impressionné par les ouvrages de Michel-Ange et de Raphaël, il abandonna ses premiers errements pour adopter le style de l'École florentine.

On suppose que Campaña vint se fixer à Séville vers l'année 1547. Un de ses plus beaux ouvrages, la célèbre *Descente de croix* de l'église de Santa Cruz, au pied de laquelle Murillo voulut être enterré, est, en effet, datée de 1548, et ce ne fut probablement pas son premier ouvrage.

Ses principales productions, après la *Descente de croix*, sont : la *Purification de la Vierge* et une *Résurrection* placées dans la cathédrale de Séville; quinze compositions empruntées à la vie de sainte Anne qui forment le maître-autel de la paroisse de Triana; les figures de grandeur naturelle de *Saint Paul ermite* et de *saint Antoine abbé*, dans l'église de San Isidoro; *Saint Sébastien*, *Saint Jérôme* et *le Christ à la colonne*, dans l'église de San Pedro; un autre *Christ à la colonne*, grand comme nature, avec *Saint Pierre*, *Sainte Monique* et une autre figure qui paraît être un portrait, dans l'église de Sainte-Catherine; enfin, *le Christ en croix*, *la Vierge et saint Jean*, à San Juan de la Palma.

Dans ces divers ouvrages, peints pour la plupart sur bois, Campaña mêle au grand style qu'il a emprunté à l'Italie des traces de sa primitive manière allemande : cette sorte d'accent natal imprime même à sa peinture un curieux caractère d'originalité. Mais si les compositions de Campaña reflètent parfois dans leurs agencements les traditions de l'École florentine, son coloris intense et rempli d'éclat révèle toujours son origine flamande. Du reste, c'est surtout comme coloriste que Campaña a exercé sur l'École de Séville une véritable et puissante influence; tous les maîtres indigènes appartenant au seizième siècle se sont, en effet, efforcés de s'en approprier la vigueur et l'éclat.

Parvenu à un âge très-avancé, *el maese* Pedro retourna dans sa patrie et mourut à Bruxelles en 1580. Son portrait fut placé, par ordre des échevins, dans l'une des salles de l'Hôtel-de-Ville.

Un autre peintre, aussi d'origine flamande, Francisco Frutet, vint habiter Séville dans le même temps que Campaña. Frutet s'était assimilé le style de l'École romaine; un très-beau triptyque, qu'on voit dans la chapelle de l'hôpital des Saints-Côme-et-Damien à Séville, peut être regardé comme son meilleur ouvrage. Le panneau central représente le *Christ crucifié* accompagné de la Vierge, de saint Jean et de la Madeleine; sur le volet intérieur de droite est peint le *Portement de croix*, dont quelques figures sont empruntées au célèbre tableau de Raphaël, le *Spasimo di Sicilia*, et d'autres à l'*Incendio del Borgo;* l'autre volet représente la *Descente de croix.*

Le Musée de Séville possède de cet artiste une *Descente de croix* avec saint Bernard agenouillé, et *Jésus crucifié entre les deux larrons.* La manière de Frutet diffère notablement de celle de Campaña : quoique Frutet ait conservé le coloris flamand, son dessin plus rond, ses draperies drapées plus savamment et dans le goût de l'École raphaélesque, ne permettent aucune confusion entre les deux maîtres. On ignore si Frutet quitta Séville ou s'il y mourut, comme le croit Palomino, qui désigne cet artiste sous le nom de Francisco Flores.

Les Musées de Séville et de Madrid ne possèdent aucun ouvrage de maître Campaña : quelques rares spécimens figurent toutefois dans les collections particulières de Séville; en voici la nomenclature :

SÉVILLE. — Collection Arasabla, *Portement de croix*, l'*Ascension.*

Collection Lopez Cepero, *Saint Côme, Saint Damien, Saint Léandre, Saint Hermenegilde.*

Le Catalogue de la galerie Aguado mentionnait deux tableaux importants de Campaña : une *Descente de croix*, avec sept figures, et la *Vierge soutenant le Christ mort.* Le premier a atteint le prix de 1,905 francs lors de la vente de cette galerie.

PEDRO DE VILLEGAS MARMOLEJO

NÉ EN 1520. — MORT EN 1597.

Pedro de Villegas Marmolejo, qui fut lié d'une étroite amitié avec le savant Arias Montano, naquit à Séville, en 1520. Comme son illustre compatriote Luis de Vargas, il dut apprendre son art en Italie, car ses compositions sont remplies de réminiscences raphaélesques et reflètent les plus pures traditions de l'École romaine.

Pacheco, qui n'aimait ni Arias Montano, ni les artistes qu'il a loués, écrit dans son *Arte de la Pintura* que « Montano n'entendait rien à la peinture, et qu'en prodiguant des éloges à Villegas, il cherchait à rehausser « le mérite d'un peintre de qui, pas plus mort que vivant, on n'avait jamais entendu parler. » Pacheco fait preuve en ceci d'une partialité ou d'une ignorance également choquantes; chaque jour il pouvait voir dans la cathédrale même de Séville d'excellentes peintures de Villegas, et principalement celles qui décorent le retable de la chapelle de la Visitation; si elles n'étaient signées *Petrus Villegas pictor faciebat*, ces peintures pourraient être aisément confondues avec les plus belles productions de Pedro Campaña.

Le panneau principal de ce retable représente la *Visitation;* les figures, de grandeur naturelle, sont d'un excellent dessin, les types d'une grande noblesse, les attitudes simples et empreintes d'une majesté tranquille. De chaque côté de ce panneau, l'artiste a peint *Saint Sébastien* et *Saint Roch*, traités aussi de grandeur naturelle. Dans la partie supérieure de l'autel, un gracieux *Enfant-Dieu* apparaît au milieu d'un cortége de séraphins; la *predella* renferme des portraits, sans doute ceux des donataires; ils semblent doués de la vie sous leur coloris harmonieux et doux.

Villegas est encore l'auteur du *Saint Lazare,* vêtu d'habits pontificaux, qui décore l'autel de l'hôpital des

Lazaristes, hors des murs de Séville, d'une *Annonciation* placée dans l'église paroissiale de San Lorenzo et datée de 1593, et d'une *Vierge avec l'Enfant*, qui orne un des autels de la nef centrale dans cette même église. C'est au-dessous de ce tableau que fut enterré Villegas. Une épitaphe que Montano a dédiée à la mémoire de son ami signale la tombe de l'artiste.

Villegas mourut à Séville, en 1597, à l'âge de soixante-dix-sept ans.

Il n'existe point de peintures de Villegas dans les Musées d'Espagne. On s'explique cette lacune par l'étroite analogie qui rapproche les productions de cet artiste de celles de plusieurs de ses contemporains, plus connus ou plus vantés, et avec lesquelles on les aura sans doute confondues. L'ancienne Galerie espagnole, au Musée du Louvre, renfermait cependant trois tableaux de Villegas Marmolejo; ils ont atteint les prix suivants lors de la vente de cette galerie, à Londres, en 1853 : la *Nativité*, £ 8; *Saint François recevant les stigmates*, £ 12; *Saint Sébastien*, £ 16,10.

Un tableau attribué à Villegas et faisant partie de la collection Standish, a atteint le prix de £ 32; il représentait la *Vierge, l'enfant Jésus* avec saint Joachim et le petit saint Jean. Un autre tableau, désigné comme de l'école de ce même maître, *le Mariage mystique de sainte Catherine*, a été acquis à cette vente pour la somme de £ 10,10.

BLAS DEL PRADO

NÉ VERS 1540. — MORT VERS 16...

Né à Tolède, dans la première moitié du seizième siècle, Blas del Prado est très-probablement élève de Francisco de Comontès, peintre du chapitre de Tolède, depuis 1547 jusqu'en 1565, date de sa mort. Comontès est l'auteur des portraits du cardinal Tavera et de l'archevêque Siliceo, qui font partie de la série des portraits des prélats, dans la salle capitulaire d'hiver.

En 1590, Blas del Prado obtenait lui-même la charge de peintre en second du chapitre de Tolède, à l'époque où Luis de Velasco était premier peintre en titre. Vers l'année 1593, Blas del Prado fut envoyé par Philippe II au sultan de Fez, qui avait fait demander au roi un habile artiste pour peindre quelques ouvrages. Blas reçut au Maroc le meilleur accueil; il y peignit divers portraits et notamment celui de la fille du sultan. Après un séjour assez prolongé à Fez, le peintre, riche des présents du monarque africain, revint à Madrid. Il avait, disent ses biographes, adopté le costume et les usages moresques, singularité qu'ils ne manquent pas de relever.

Dans la notice qu'il consacre à cet artiste, Palomino lui attribue le tableau de *la Vierge et l'Enfant* avec saint Antoine, saint Blas et un chevalier armé, ainsi que deux autres figures de saints qui décorent le cloître de Tolède. De son côté, Pons lui donne le tableau de *l'Incarnation*, placé dans le même cloître, au-dessus de la porte de l'église. Mais, après les recherches entreprises par Cean Bermudez dans les archives de la cathédrale, il faut restituer ces ouvrages à Luis de Velasco. Luis les exécuta en 1584, sur l'ordre du cardinal Quiroga. C'est encore à Blas del Prado que Palomino attribue les *sargas* de la chapelle *del Obispo*, à Madrid, peintes en 1548 par Juan de Villoldo.

Les ouvrages vraiment authentiques de del Prado se réduisent, d'après Cean, aux tableaux qu'il peignit en 1591, avec Luis de Carvajal, pour le maître-autel du couvent des Minimes, à Tolède; au *Saint Blas*, vêtu d'habits pontificaux et entouré d'autres saints, dans la chapelle de Saint-Blas, à la cathédrale, et à une *Sainte Famille*, qui se voyait au couvent de Guadalupe. Il peignit encore une *Descente de croix* pour la paroisse de San Pedro, de Madrid; *la Vierge avec l'enfant Jesus et saint Jean*, chez les religieuses de San Pascual, et une *Sainte Catherine*, à mi-corps, pour la chapelle des Carmes déchaussés.

Le Musée royal de Madrid possède de l'artiste un ouvrage capital; le sujet est de ceux que les Espagnols appellent *mystique :* assise sur un trône élevé, près duquel se tient saint Joseph, la Vierge, portant son fils sur ses genoux, accueille les prières d'Alfonso de Villegas, auteur du *Flos Sanctorum*, qu'accompagnent saint Jean l'Évangéliste et saint Ildefonse.

Comme composition, ce tableau est d'une simplicité pleine de grandeur et singulièrement harmonieuse: le coloris, qui rappelle l'École florentine, n'a rien de cette sécheresse qu'on trouve chez presque tous les contemporains de Blas; il y a même dans cet ouvrage telles heureuses parties qui feraient penser que Prado a étudié d'après Fra Bartolommeo.

Un autre excellent ouvrage de Blas del Prado figurait dans l'ancienne Galerie espagnole, au Musée du Louvre; il représentait *la Vierge et l'enfant Jésus apparaissant à saint François*. Ce tableau, d'une grande beauté de composition et d'un dessin superbe, péchait par un coloris froid et recherché; mais l'ensemble en était plein de naïveté et de charme tranquille.

Selon Pacheco, Blas aurait excellé dans la peinture des tableaux de fruits.

On ignore dans quelle ville et à quelle date mourut cet artiste. D'après Jusepe Martinez, qui parle de Blas dans ses *Discursos practicables del nobilissimo arte de la Pintura*, le peintre serait retourné une seconde fois au Maroc et il y serait mort.

Musée de Madrid. — *Sujet mystique.*

Galerie de l'Hermitage, à Saint-Pétersbourg. — *Jésus bénissant.* — *Madone en prière.*

Le tableau de *la Vierge et l'Enfant apparaissant à saint François*, de l'ancienne Galerie du Louvre, a atteint, à Londres, en 1853, le prix de £ 136.

PEDRO ORRENTE

NÉ VERS 1570. — MORT EN 1644.

Pedro Orrente, un des rares artistes espagnols qui, indépendamment de la peinture sacrée, aient traité avec quelque préférence le paysage et les animaux, naquit à Monte Alegre, royaume de Murcie, vers l'année 1570. Amené très-jeune à Tolède, à l'époque même où Dominico Theotocopuli créait son école, Orrente dut partager avec Luis Tristan et Juan Bautista Mayno les leçons du fantasque maître.

Un document extrait des archives de la cathédrale nous apprend qu'en 1611, Mayno ayant reçu du chapitre la commande d'un tableau de *Saint Ildefonse recevant la chasuble des mains de la Vierge*, qu'il se trouva dans l'impossibilité d'exécuter, ce fut Orrente qu'on en chargea. Comme ce premier ouvrage de l'artiste présente d'étroites analogies de style et de coloris avec les productions de Tristan et de Mayno, on peut conclure de cette similitude de manière entre ces trois artistes que le Greco a été, ainsi qu'on le suppose, leur commun initiateur. Le faire résolu d'Orrente, sa touche vigoureuse et grassement posée, son coloris chaud et profond prouvent encore que le Greco sut maintenir ses élèves dans les plus correctes traditions de l'École vénitienne, alors qu'il se laissait égarer lui-même à la poursuite des fantaisies les plus bizarres et les plus désordonnées.

En quittant Tolède, Orrente alla entreprendre à Murcie une série importante de compositions religieuses : Cean Bermudez cite comme appartenant à cette suite huit tableaux de la plus remarquable exécution, dont les sujets étaient tirés de la Genèse; ces tableaux faisaient partie du majorat des vicomtes de Huertas.

Vers 1616, Orrente se rendit à Valence; il peignit pour la cathédrale le *Saint Sébastien*, grand comme nature, qui décore encore l'autel placé sous l'invocation de ce saint. C'est une œuvre magistrale et puissante et à coup sûr une des meilleures de l'artiste.

A Valence, Orrente forma d'excellents élèves : Pablo Pontons et Esteban March sont demeurés célèbres. Dès cette époque, les amateurs et les riches communautés commencèrent à se disputer ses tableaux de genre, de paysage et d'animaux, rappelant la manière des Bassan, mais où l'artiste ne laisse pas que d'imprimer un cachet d'originalité personnelle et de vérité locale. Orrente produisit un nombre considérable de ces *cabañas* où, comme chez les Bassan, les sujets qu'il emprunte de la Genèse l'aident à mettre en scène, avec beaucoup de verve et d'esprit, toutes les variétés d'animaux; l'estime dans laquelle on tenait ces toiles, très-vigoureusement traitées, était telle que, près d'un siècle après Orrente, un peintre valencien, Apolinario Larraga, trouvait encore profit à les copier servilement.

Orrente alla ensuite habiter Cuença; il y forma un nouveau disciple, Cristobal Garcia Salmeron, qui s'appliqua à imiter ses peintures de genre. A Cuença, Orrente fit un tableau de la *Nativité du Christ* pour la chapelle de l'hôpital.

Malgré ses nombreuses et fréquentes pérégrinations, le succès de l'artiste allait grandissant; la cour y ajouta encore en appelant Orrente, qui vint alors peindre pour le palais de Buen Retiro diverses compositions appartenant aujourd'hui au Musée royal.

Poursuivi par son humeur nomade, l'artiste passa de Madrid à Séville, où il laissa bon nombre de paysages et de ses sujets habituels, genre et animaux, puis il revint en Castille et de là à Tolède, où il mourut en 1644. On l'enterra dans l'église de San Bartolomé, non loin de son maître, le Greco.

MADRID. — MUSÉE ROYAL. — L'*Adoration des Bergers*. — Le *Calvaire*. — Un *Berger ramenant son troupeau à l'étable*. — Des *Bergers, une vache et des poules*. — *Jésus apparaissant à la Madeleine*. — *Paysage*. — La *Famille d'Abraham*.

MADRID. — ACADÉMIE DE SAN FERNANDO. — Un *Troupeau de moutons*. — *Les Hébreux quittant l'Égypte*.

MADRID. — ANCIENNE COLLECTION MADRAZO (palais Salamanca). — *Construction de l'Arche*. — Les *Animaux entrant dans l'arche*. — *Paysage*. — Le *Déluge*. — La *Chaste Suzanne*.

VALENCE. — MUSÉE PROVINCIAL. — *Saint Jérôme*. — Un *Ange apparaissant à saint François*. — *Martyre de saint Jean*. — *Décollation de saint Jean-Baptiste*. — *Saint Dominique ressuscitant un mort*.

SÉVILLE. — PALAIS SAN TELMO. — *Portrait de l'artiste* — *Divers sujets, genre et animaux*.

MUSÉE DE DRESDE. — *Jacob enlevant la pierre du puits*.

GALERIE DE L'HERMITAGE. — Le *Christ assis*.

AIX-LA-CHAPELLE. — COLLECTION SUERMONDT. — *Saint Jean-Baptiste*.

ANGLETERRE. — COLLECTION BANKES. — *Moïse*. — *David*.

COLLECTION HOSKINS. — *Saint Jean dans un paysage*.

VENTE LOUIS-PHILIPPE. — Londres, 1853. — Un *Franciscain en prière* : £ 3. — *Portrait d'Orrente* : £ 19. — Les *Noces de Cana* : £ 34. — *Jésus au jardin des Oliviers* : £ 13 10. — Le *Calvaire* : £ 3 10. — Un *Évangéliste* : £ 7, 5. — *Saint Jean* : £ 5. — *Jacob enlevant la pierre du puits* (Dresde) £ 30.

VENTE AGUADO. — Une *Tête d'homme* d'une très-belle expression : 34 fr.

EUGENIO CAXÈS OU CAJESI

NÉ EN 1577. — MORT EN 1642.

Fils et élève du peintre Patricio Caxès ou Cajesi, d'Arezzo, qui vint en Espagne, appelé par Philippe II, décora de fresques l'Alcazar de Madrid et le Pardo, traça les dessins du maître-autel de San Felipe el Real, et fit imprimer en langue castillane une excellente traduction du livre de Vignole sur les cinq ordres d'architecture, Eugenio Caxès était né à Madrid en l'année 1577. Comme Vicente Carducho, comme les deux frères Rizzi, Eugenio appartient à cette génération d'artistes italiens, née ou élevée en Espagne et dont le talent, italien par l'exécution, cesse bientôt d'être en complète harmonie avec l'idéalisme de ses maîtres pour s'empreindre du caractère de la patrie adoptive; très-habiles praticiens, grands dessinateurs et rompus de bonne heure à toutes les difficultés de la composition, ils enseignent à leurs rivaux indigènes l'aisance dans le maniement de la brosse et leur communiquent quelque chose de leur admirable facilité italienne à bien ordonner les plus vastes machines; l'Espagne, en retour, leur donne sa piété naïve, sa gravité austère, et les préserve de l'afféterie et du maniérisme, en les conquérant à son robuste amour du réel et du vrai.

Eugenio Caxès travailla d'abord avec son père aux décorations du palais du Pardo : il peignit à fresque, dans la salle des audiences royales, le *Jugement de Salomon*, œuvre magistrale et qui valut au jeune artiste d'être promptement nommé peintre du roi. En effet, le 13 août 1612, Philippe III l'honorait de ce titre, auquel était attaché un salaire annuel de cinquante mille maravédis.

Caxès eut alors à exécuter divers ouvrages pour des églises et des couvents de Madrid : au couvent de la Merced, il peignit le tableau du maître-autel; aux Franciscains, un *Jubilé* et un *Saint François*; pour l'église paroissiale de Santa Cruz, l'*Annonciation* et la *Descente du Saint-Esprit sur les apôtres*. En 1615, il aidait Vicente Carducho dans l'exécution des fresques de la chapelle de la Vierge à la cathédrale de Tolède; en 1618, ces deux artistes, liés d'une étroite amitié, terminaient encore en commun une magnifique commande que leur avait faite le couvent de Guadalupe : Caxès avait peint, pour sa part, une suite de compositions tirées de la *Vie de la Vierge* et une *Cène*.

Philippe IV, voulant immortaliser le souvenir de l'édit par lequel Philippe III, son père, avait achevé d'expulser d'Espagne les derniers Mores, ordonna à Vicente Carducho, à Eugenio Caxès, à Angelo Nardi et à Velazquez de peindre une triomphante allégorie destinée à retracer cet acte. Mayno et Crescenzi furent élus juges de ce concours, dont Velazquez sortit vainqueur.

Vers 1630, Caxès était chargé de peindre dans une des salles de l'Alcazar de Madrid l'*Histoire d'Agamemnon*, vaste et superbe décoration qui fut évaluée, en 1631, par Pedro Nuñez, à la somme considérable de onze mille réaux.

Jusqu'en 1642, date de sa mort, Eugenio Caxès ne cessa de concourir à l'embellissement des palais et des édifices religieux de la capitale. Il fit pour San Antonio de los Portugueses son grand tableau de *Sainte Isabelle de Portugal;* pour San Bernardo : *Saint Joachim, sainte Anne et la Vierge enfant*, un de ses meilleurs ouvrages, et pour le palais de Buen Retiro, une grande composition représentant la *Tentative de débarquement des Anglais à Cadix, en* 1625, peinture remarquable par la correction du dessin, la vigueur du coloris, l'expression, le mouvement et l'excellent effet général. Cette belle toile figure aujourd'hui sous le n° 151 au Musée royal de Madrid.

Le Musée du Fomento possède de Caxès une *Adoration des Mages*, appartenant au couvent de la Trinité, et un sujet de *Saint Ildefonse recevant la chasuble des mains de la Vierge*, vigoureuse peinture, traitée en ébauche et qui porte la signature : *Eugenius Caxesi.*

Eugenio Caxès, dont le style a beaucoup de ressemblance avec celui de Vicente Carducho, mourut à Madrid à l'âge de soixante-cinq ans; il avait formé de très-bons élèves, et parmi les plus marquants : Luis Fernandez, Juan de Arnau et le licencié Pedro de Valpuesta.

MADRID. — MUSÉE ROYAL. — *Débarquement des Anglais à Cadix, en 1625.*

MADRID. — MUSÉE NATIONAL. — *Adoration des Mages. — Saint Ildefonse.*

MADRID. — ACADÉMIE DE SAN FERNANDO. — *Mort de saint François.*

MADRID. — COLLECTION MADRAZO (Salamanca). — *Assomption de la Vierge. — Mariage de saint Joachim et de sainte Anne.*

MADRID. — Le catalogue de l'ancienne galerie espagnole, au Musée du Louvre, mentionne un *Saint Ildefonse*, évêque de Tolède : il a atteint à Londres (1853), lors de la vente de cette galerie, le prix de £ 7 10. — Vente Aguado (1843), *Adoration des Mages* : 260 fr.

ESTEBAN MARCH

NÉ VERS 1590. — MORT EN 1660.

Né à Valence, dans les dernières années du seizième siècle, Esteban March, que son origine classe dans l'École valencienne, se rattache cependant par ses études à l'École de Tolède et aux Vénitiens, puisqu'il est élève d'Orrente, disciple lui-même du Greco. Le talent de March est au surplus un composé d'éléments très-divers : s'il rappelle Orrente et les Vénitiens, il se rapproche encore plus étroitement de Ribera, que March s'est visiblement proposé d'imiter. Coloriste énergique et naturaliste vigoureux, il recherche, à la suite de ce maître, les puissantes oppositions de lumière et d'ombre et en reproduit avec préférence les types pittoresques : ses têtes de vieillards, chauves, barbues, aux traits sauvages; ses mendiants enguenillés, ses ascètes au corps décrépit; mais, moins bien doué et surtout moins habile que son illustre modèle, il exagère l'effet, dépasse toute mesure et tombe dans l'affectation de l'horrible et du laid. Au demeurant, March est très-inégal : quoique ses compositions religieuses ne manquent ni d'originalité ni d'éclat, ses ébauches, ses tableaux de chevalet, comme le *Campement* et le *Passage de la mer Rouge*, du Musée de Madrid, plaisent davantage par la légèreté et le laisser aller de l'exécution.

A en croire Palomino, March aurait été quelque peu lunatique et cerveau brûlé : voulait-il peindre une bataille, son genre favori? il battait le tambour, sonnait la charge, et, se saisissant d'une épée, s'escrimait d'estoc et de taille contre les murs de son atelier : c'est ainsi qu'il s'échauffait l'imagination. Avec cela, March n'est cependant point parvenu à donner à ses batailles tout l'entrain désirable : sa fougue reste à la surface. Cet artiste présente en effet ce singulier contraste d'une touche vive, hardie, emportée même, alors son dessin est lourd et sans animation.

March eut pour élèves son fils Miguel, qui alla se perfectionner en Italie et mourut à Valence en 1670, puis Senen Vila et Juan Conchillos Falco, tous trois peintres estimables.

Parmi les plus importantes compositions religieuses de l'artiste, Cean Bermudez cite une *Cène* dans l'église de San Juan del Mercado, à Valence, et deux épisodes de la vie de saint François de Paule, au couvent des Minimes. Il peignit pour le palais du Buen Retiro quelques pages d'histoire sacrée, des paysages, des batailles et un grand tableau, les *Noces de Cana*.

MADRID. — MUSÉE ROYAL. — *Vieille Femme tenant un tambour de basque.* — *Campement.* — *Vieillard buvant.* — *Vieille Femme tenant une bouteille.* — *Saint Jérôme* (en buste). — *Passage de la mer Rouge.* — *Portrait de J.-B. Mazo.*

ACADÉMIE DE SAN FERNANDO. — *Saint Isidro laboureur.* — *Saint Paul apôtre.* — *Les Douze Apôtres.*

VALENCE. — MUSÉE PROVINCIAL. — Diverses batailles. — *Reddition d'une place forte.* — *Triomphe de David.* — *Tête de saint Jérôme.*

VALENCE. — VENTE DE L'ANCIENNE GALERIE ESPAGNOLE DU LOUVRE (Londres 1853). — *Passage de la mer Rouge.* £ 6 10.

ANTONIO DE PEREDA

NÉ EN 1599. — MORT EN 1669.

A côté de Vicente Carducho, d'Eugenio Caxès, des frères Rizzi et de tous les élèves, fils, neveux ou frères des peintres italiens appelés en Espagne sous les règnes de Philippe II et de Philippe III, apparaît un autre groupe, indigène celui-là et qui sort de l'atelier d'un vieux maître, de Pedro de las Cuevas. Sans cette magnifique pléiade de disciples, Cuevas serait aujourd'hui fort oublié : de ses ouvrages, rien n'est resté qui permette de juger son talent personnel; mais, d'après les tendances franchement naturalistes qui se manifestent chez chacun de ses élèves, on peut présumer que le vieux Cuevas avait su conserver une certaine dose d'originalité native à une époque où l'école était presque exclusivement livrée à l'imitation des Italiens.

Avec Carreño, Jose Leonardo, Licalde, Antonio Arias, Montero de Roxas, Simon Leal et Eugenio de las Cuevas, ses condisciples, Antonio de Pereda appartient à ce groupe que Velazquez est appelé à dominer de toute la hauteur de son génie.

Pereda était né à Valladolid en 1599. Bien jeune encore, et après avoir perdu son père, un oncle, son tuteur, voyant son inclination pour la peinture, l'envoyait à Madrid. En 1606, Antonio figurait parmi les élèves de Pedro de las Cuevas. Ses progrès, son application, lui méritèrent la protection d'un conseiller de Castille; ce personnage prit à sa charge l'entretien du jeune artiste et veilla à ce qu'il se consacrât entièrement à son art. Crescenzi, alors peintre et architecte de Philippe III, et très-influent à la cour, étonné des merveilleuses dispositions d'Antonio, demanda à son protecteur de le lui confier. Crescenzi mit tout de suite l'élève à même de copier dans les palais et les résidences royales les chefs-d'œuvre des maîtres, et c'est ainsi que Pereda acheva de compléter son éducation d'artiste.

Dès l'âge de dix-huit ans, Antonio exposait publiquement une *Conception, entourée d'une gloire d'anges*, que tout le monde crut être l'œuvre de l'un des meilleurs peintres de Madrid. Ce premier ouvrage, dont Crescenzi voulut faire hommage à son frère le cardinal, et qui, à Rome comme à Madrid, fut jugé très-beau, classa Pereda au premier rang; aussi, lorsque le comte-duc d'Olivarès décida de décorer le palais du Buen Retiro, Pereda se vit-il tout de suite désigné pour concourir à ces travaux. Il peignit pour le Buen Retiro un grand tableau d'histoire, *le Marquis de Santa-Cruz secourant Gênes assiégée*, dont les figures, de grandeur naturelle, reproduisent les traits de divers personnages contemporains. Cette belle composition fut payée cinq cents ducats à l'artiste.

L'amiral de Castille mit alors le sceau à la réputation de Pereda en lui commandant un tableau pour la galerie où il réunissait les plus belles œuvres de l'école. Pereda peignit pour le noble amateur cette composition philosophique connue sous le titre de : *el Desengaño de la vida*, morceau célèbre, le même, sans doute, qui se trouve à l'Académie de San Fernando et qui est regardé à juste titre comme son chef-d'œuvre.

Au retour de quelque nuit de débauche, un jeune seigneur, vêtu d'un élégant pourpoint tissé d'or, s'est endormi; sa tête, aux traits fins et distingués, repose appuyée sur sa main. Sur une table, placée en face de lui, et au milieu d'un amoncellement de pièces d'or et d'argent, de bijoux précieux, de colliers et d'armes magnifiques qu'éclaire la tremblante lueur d'une bougie, est posée une tête de mort. Une vision fatidique, rendue tangible par l'artiste, traverse le songe du débauché : sur le fond obscur, un ange apparaît déroulant dans ses mains cette funèbre légende : *Æternè pungit, citò volat et occidit,* céleste et menaçant avertissement de la brièveté de la vie, appelant à un prompt repentir celui qui va peut-être brusquement passer du sommeil de la vie au sommeil éternel.

Enveloppée d'un mystérieux clair-obscur, cette scène étrange où le rêve se mêle si hardiment à la réalité, vibre et s'anime dans sa coloration harmonieuse et chaudement transparente; il court véritablement sur cette toile comme un souffle de vie : l'homme respire, l'ange de l'heure fatale agite ses ailes, on a la sensation atterrante du fait brutal; l'apparition de la statue du commandeur se dressant tout à coup devant don Juan Tenorio n'est pas plus saisissante et plus terrible.

De tous les tableaux que Pereda fit pour les églises et les couvents de Madrid, très-peu subsistent aujourd'hui. On retrouve cependant encore, à San Thomas : un *Saint Dominique in Soriano*, dans la chapelle de la fondation du marquis de Lapilla; *Saint Joseph*, *Saint Juste* et un *Enfant Jésus*, au collège des Dames de Loreto; la *Sainte Trinité*, à l'église du Carmen; l'*Adoration des Rois*, la *Nativité*, et le *Sauveur du monde*, dans l'église des Capuchinas.

Le Musée royal de Madrid possède de Pereda un *Saint Jérôme pénitent*, d'une touche sèche et comme martelée, mais qui rend avec un réalisme prodigieux les crevasses, les rugosités et tous les accidents de la chair décrépite et jaunie de l'anachorète. Pereda, dans ce tableau, rappelle Ribera.

Deux toiles d'une moindre importance figurent au Musée national : l'une représente *Élie dans le ciel*, l'autre, le *Christ portant sa croix :* elles portent la signature de l'artiste et la seconde est datée de 1641.

Pereda mourut à Madrid en 1669. Il avait peint tous les genres : l'histoire, le portrait, la nature morte. Ses tableaux, dans ce dernier genre, sont des plus remarquables. L'élève le plus célèbre de Pereda a été Alonso del Arco.

MADRID. — MUSÉE ROYAL. — *Saint Jérôme pénitent.* — *Charles V et Philippe II assis sur un trône.*

MUSÉE NATIONAL. — *Saint Élie dans le ciel.* — *Le Christ portant sa croix.* — *Saint Élisée* (attribué). — Un *Saint de l'ordre des Carmélites* (attribué).

ACADÉMIE DE SAN FERNANDO. — Le *Désenchantement de la vie.* — *Saint Guillaume.* — *Duc d'Aquitaine.* — *Saint Jérôme pénitent* (esquisse). — *Saint Jérôme.* — *Saint Pierre.*

COLLECTION MADRAZO (palais Salamanca). — Le *Père éternel entouré d'un chœur d'anges.* — Le *Christ porté au tombeau* (copie de Ribera).

VALENCIENNES. — MUSÉE. — Los *Bohémiens.*

MUNICH. — MUSÉE. — Un *Portrait.* — Sujets de genre.

SAINT-PÉTERSBOURG. — HERMITAGE. — Nature morte.

AIX-LA-CHAPELLE. — COLLECTION SUERMONDT. — *Saint Antoine de Padoue.*

VENTE AGUADO (1843). — Une *Déposition de croix :* 1870 fr. — Même sujet : 289 fr. — VENTE SOULT (1852). — *L'Enfant Jésus* : 325 fr. — VENTE LOUIS-PHILIPPE, Londres (1853). — *Saint Jean évangéliste :* £ 12 10. — *Saint Ildefonse* : £ 21. — VENTE STANDISH. — *Saint Jérôme* : £ 2 15.

JACINTO GERONIMO DE ESPINOSA

NÉ EN 1600. — MORT EN 1680.

Élève de Francisco Ribalta, Jacinto Geronimo de Espinosa, le dernier des peintres illustres sortis de l'École valencienne, naquit à Concentayna en l'année 1608 ; son père, Geronimo Rodriguez, était un peintre médiocre dont les ouvrages n'offrent d'autre particularité que d'être conçus dans un parti pris de naturalisme aussi excentrique que trivial.

Cean Bermudez croit qu'Espinosa alla se perfectionner en Italie, à l'école des Bolonais ; c'est là une hypothèse que le caractère de ses productions rend parfaitement admissible. Cette influence italienne se manifeste surtout dans le goût du dessin, dans l'arrangement de la composition et dans une entente toujours parfaite du clair-obscur. Espinosa peint avec hardiesse et correction, il recherche le sentiment et sait imprimer à ses types une grâce noble et pénétrante. Son coloris, en général très-harmonieux, pèche cependant par une certaine lourdeur, et ses toiles sont fréquemment déparées par une teinte rougeâtre uniforme dont la cause est d'ailleurs accidentelle : l'artiste peignait sur des impressions rouges, à peine recouvertes, qui ont repoussé et transparaissent.

Il n'a manqué à la gloire d'Espinosa que d'être mieux connu : presque tous ses ouvrages sont en effet demeurés enfouis dans sa patrie. Parmi les plus célèbres, Cean Bermudez cite : la *Communion de la Madeleine*, à présent au Musée de Valence, et une *Transfiguration* peinte pour l'église du Carmen. Dans l'opinion du savant critique, Espinosa s'est élevé dans ces deux remarquables compositions à la hauteur des meilleurs ouvrages des Lombards et les dépasse même par une plus grande vigueur de clair-obscur.

Comme tous les peintres valenciens postérieurs à Juanès, Espinosa s'abandonne parfois à un vif penchant pour le naturalisme : les deux *Saintes Familles* que possède le Musée de Valence nous révèlent ces tendances et montrent que l'artiste n'a pas toujours su éviter le dangereux écueil de la vulgarité.

Espinosa fut un peintre laborieux, fécond même, et il est peu d'églises et de couvents à Valence et dans la province où l'on ne rencontre quelque composition importante due à son pinceau. Il mourut à Valence en 1680. Son fils, Miguel Geronimo, s'efforça d'imiter son style, que deux peintres de l'école, Luis Domingo et Garcia Ferrer, cherchèrent égalcment à s'approprier.

MADRID. — MUSÉE ROYAL. — La *Madeleine en prière*. — Le *Christ*. — Le *Petit saint Jean*.

VALENCE. — MUSÉE PROVINCIAL. — La *Communion de la Madeleine*. — Épisodes de la vie de saint Louis Bertrand (4 tableaux). — *Vie de Constantin* (3 tableaux). — *Saint Louis évêque*. — *Apparition de Jésus à saint Ignace*. — La *Vierge de la Merci*. — *Sainte Famille*.

SAINT-PÉTERSBOURG. — GALERIE DE L'HERMITAGE. — *Fuite en Égypte*.

ANGLETERRE. — COLLECTION HOSKINS. — Une *Madone*.

VENTE AGUADO (1843). — *Saint Francois d'Assise* : 450 fr. — *Christ à la colonne : 255 fr.* — ANCIENNE GALERIE ESPAGNOLE DU LOUVRE, VENTE A LONDRES (1853). — *L'Ange et Tobie* : £ 26. — *Jésus, entouré des saintes femmes, marche au Calvaire* : £ 21 — *Apparition de la Vierge à saint François* : £ 10. — *Saint François en prière* (buste) : £ 9. — *Deux moines dominicains* : £ 8.

JUAN DE TOLEDO

NE EN 1611. — MORT EN 1665.

Juan de Toledo, *el capitan*, a peint des escarmouches, des marines, des combats sur terre et sur mer, où brillent l'entrain et la fantaisie, et dont les qualités les plus saillantes résident dans l'éclat et la vivacité de l'exécution : il a abordé également, non sans succès, la grande peinture religieuse.

Né à Lorca, en 1611, Juan de Toledo apprit de son père Miguel les premiers éléments de son art, puis il s'engagea comme soldat. Les hasards de la guerre le conduisirent en Italie, où sa bravoure le fit promptement arriver au grade de capitaine.

En Italie, Juan se lia d'une étroite amitié avec Michel-Ange Cerquozzi, *le Michel-Ange des batailles*, et cette liaison l'amena à abandonner la carrière des armes pour reprendre la palette. Cerquozzi compléta l'éducation artistique de son élève, qui s'efforça de s'assimiler les brillants dehors de son professeur.

De retour en Espagne, Juan de Toledo s'établit à Grenade, où il peignit un grand nombre de tableaux de chevalet représentant des *marches de soldats*, des *marines*, des *batailles*, et quelques sujets religieux pour le couvent de San Francisco. De Grenade il alla à Murcie, où il eut occasion d'exécuter pour une confrérie l'*Ascension de la Vierge*, réputée un magnifique ouvrage. Il composa encore et fit l'esquisse d'une grande toile : la *Bataille de Lépante*, pour la chapelle du Rosaire, au couvent de Santo Domingo ; cette toile fut terminée par le peintre Mateo Gilarte, son ami.

Le talent de Toledo et la vogue dont jouissaient ses petits ouvrages, ses batailles principalement, grandissaient : l'artiste résolut de venir chercher à la cour la consécration de sa réputation. Juan arriva à Madrid et y obtint de légitimes succès : on lui confia de grands travaux. Au couvent des religieuses de don Juan de Alarcon, il eut à faire toute la décoration du maître-autel, où il peignit pour sujet principal la *Conception* dans une gloire d'anges ; au collége de San Tomas, il décora de fresques la voûte de la chapelle et y figura *Saint Thomas d'Aquin présentant ses œuvres au Christ crucifié;* enfin, il exécutait pour l'église des Trinitaires de Alcala de Hénarès, le tableau du maître-autel, rappelant la *Fondation de l'ordre de la Trinité.*

Juan de Toledo mourut à Madrid en 1685 : on ne lui connaît pas d'élèves.

Le Musée royal de Madrid possède de ce maître trois tableaux de chevalet qui représentent un *Combat sur mer entre Turcs et Espagnols*, un *Abordage* et un *Débarquement de Mores repoussé par des Espagnols.* Ces compositions brillent surtout par leur entrain : la touche en est spirituelle, très-montée et très-petillante, le ton général lumineux et d'une grande fraîcheur.

MADRID. — MUSÉE ROYAL. — *Combat naval entre Turcs et Espagnols. — Débarquement de Mores sur une plage espagnole. — Combat naval.*

JUAN DE ARELLANO

NÉ EN 1614. — MORT EN 1670.

Juan de Arellano s'est acquis dans l'École espagnole, comme peintre de fleurs, une légitime célébrité ; ses bouquets, ses guirlandes, ses fruits, ses oiseaux, ont toujours été estimés dans sa patrie à l'égal des plus belles productions des maîtres étrangers qui ont cultivé ce genre.

Né à Santorcaz en 1614, Arellano, après quelques années passées auprès d'un barbouilleur établi à Alcalà, entra comme élève dans l'atelier de Juan de Solis ; mais, soit que Solis ne s'occupât guère de son disciple, ou soit que le disciple n'eût en réalité aucune disposition pour la grande peinture, Arellano était arrivé à l'âge de trente-six ans sans savoir dessiner correctement une figure. Honteux de son ignorance et obligé d'ailleurs de pourvoir aux besoins de sa famille, l'artiste prit résolûment le parti de changer de genre. Abandonnant ses études primitives, il s'appliqua dès lors à copier des fleurs d'après des originaux de Mario Nuzzi, le *Mario di fiori.*

Comme tous ses compatriotes, Arellano avait l'instinct du vrai, du réel et ce grand goût de naturalisme qui se retrouve à un degré plus ou moins éminent chez tous les peintres espagnols : dès qu'il se sentit en possession des connaissances les plus indispensables à la pratique de son art, il renonça aux copies, aux imitations serviles, et ne peignit plus que d'après nature. Arellano avait enfin trouvé sa voie.

Dès lors l'artiste connut le succès; ses *floreros*, ses *ramilletes* furent avidement recherchés. Il eut une vogue telle, qu'aujourd'hui encore les Musées de Madrid, les palais, l'Académie, les galeries particulières, et jusqu'aux églises et aux sacristies sont peuplés d'ouvrages d'Arellano, qui, paraît-il, tenait boutique ouverte de ses peintures en face de l'église de San Felipe el Real.

Le talent d'Arellano mérite les éloges que ses biographes lui ont prodigués : ses vases de fleurs, ses guirlandes, composés avec beaucoup d'art, sont peints avec ampleur, et sa touche spirituelle, hardie, fait admirablement vibrer les tons éclatants d'un coloris chaud, savamment nuancé et toujours d'une grande fraîcheur. L'artiste rend encore très-bien les accessoires qu'il fait entrer dans ses charmantes compositions, des coupes, des vases de Chine, des oiseaux, lui fournissent d'heureux motifs qu'il reproduit avec la plus scrupuleuse vérité.

Arellano mourut à Madrid en 1676 : il avait formé un élève remarquable, Bartolomé Perez, son gendre. Indépendamment de tableaux de fleurs, Perez est l'auteur de très-belles compositions religieuses : il a souvent peint, au milieu des guirlandes d'Arellano, quelque sujet de dévotion.

MADRID. — MUSÉE ROYAL. — Cinq tableaux de fleurs. — Vases. — Bouquets, etc.

MADRID. — MUSÉE NATIONAL. — Deux tableaux. — Fleurs, fruits, oiseaux.

ACADÉMIE DE SAN FERNANDO. — Plusieurs tableaux de fleurs.

COLLECTION MADRAZO (palais Salamanca). — Oiseaux et fleurs (signé). — Cinq autres tableaux.

VENTE STANDISH (Londres, 1853). — *Fleurs* : £ 7 7. — *Fleurs* : £ 8 10. — VENTE L.... DE MADRID (1861). — *Guirlandes de fleurs entourant un médaillon* (2 tableaux) : 820 fr.

JUSEPE LEONARDO

NÉ VERS 1616. — MORT EN 1656.

Avec Carreño de Miranda et Antonio de Pereda, ses condisciples dans l'atelier de Pedro de las Cuevas, Josef ou Jusepe Leonardo est un des peintres les plus sympathiques de l'École madrilène.

Profondément impressionné par les ouvrages de Velazquez, Leonardo s'efforça, dès ses débuts, de s'en assimiler, par une étude attentive, les magistrales qualités : il chercha à reproduire son dessin vivant, sa composition si naturellement aisée, son coloris fait d'inspirations si hardies, si franchement vrai. Comme son illustre modèle, Leonardo osa peindre ses sujets en pleine lumière, sans repoussoirs, sans artifices d'aucune espèce, avec le ciel et l'horizon sans fin pour fond. Mais, quoique sa couleur soit pleine d'éclat et que sa touche soit ferme et sûre, Leonardo manque de chaleur et d'harmonie; il n'a pas non plus cette habileté à soutenir ou rompre ses tons que Velazquez possède à un degré inimitable. Comme coloriste, Leonardo est donc resté praticien timide et hésitant là où son maître d'élection révèle le mieux toute la puissance de son génie : du reste, sa vie d'artiste fut trop brusquement interrompue pour que son talent ait pu atteindre sa complète maturité : c'est à grand'peine si Leonardo, dans sa courte carrière, eut le temps de peindre quatre ou cinq ouvrages importants.

Palomino fait naître Josef ou Jusepe — car les biographes le désignent indifféremment sous l'une ou l'autre de ces deux formes d'un même prénom — à Madrid, vers l'année 1616, tandis que Jusepe Martinez, qui semble avoir mieux connu l'artiste, le dit originaire de Calatayud.

Dès l'apparition de ses premiers tableaux, Leonardo obtint le titre de peintre du roi : il était à la fleur de l'âge et donnait les plus brillantes espérances, lorsqu'il perdit la raison. Un breuvage qu'un haineux rival lui fit prendre aurait été la cause d'égarements momentanés qui, rapidement, dégénérèrent en accès furieux. Leonardo alla mourir à Saragosse en 1656 : il avait à peine quarante ans.

Ses deux principaux ouvrages lui furent commandés pour le palais du Buen Retiro : ils appartiennent aujourd'hui au Musée royal; l'un figure des *Troupes en marche, conduites par le duc de Feria*, l'autre la *Reddition de Breda*, sujet traité par Velazquez dans le chef-d'œuvre connu sous le nom de *Tableau des Lances*. Quoique dans ces deux vastes toiles, Leonardo soit demeuré inférieur à Velazquez de toute la

distance qui sépare un talent à peine formé et hésitant encore dans l'emploi de ses moyens, du génie du plus grand des coloristes, il faut cependant reconnaître que l'artiste y fait preuve de qualités remarquables : son dessin est correct, ses têtes sont vivantes et expressives, et sa composition présente de l'animation; mais sa couleur, éclatante et claire, est aigre et dissonante : évidemment la pratique, l'habileté de la main et la science du rapport des tons manquaient encore à Leonardo.

En dehors de ces deux tableaux, Leonardo n'a guère peint que quelques rares compositions religieuses. Le Musée du Fomento a de lui une *Naissance de la Vierge*, peinture d'un coloris blond et plein de fraîcheur, une *Décollation de saint Jean-Baptiste* et le *Serpent d'airain;* ce dernier tableau est douteux.

L'ancienne galerie espagnole du Louvre possédait un *Saint Jean précurseur*, avec la signature : *Josephus Leonardus depingebat.*

MADRID. — MUSÉE ROYAL. — *Marche de troupes.* — *Reddition de Breda.*

MUSÉE NATIONAL. — *Naissance de la Vierge* (acheté 10,000 réaux, 1864). — *Décollation de saint Jean.* — *Le Serpent d'airain* (attribué).

VENTE LOUIS-PHILIPPE (Londres, 1853). — *Saint Jean précurseur : 24 £.*

IGNACIO IRIARTE

NÉ EN 1620. — MORT EN 1685.

Ignacio Iriarte, de qui Murillo disait « qu'il faisait trop bien le paysage pour ne pas le peindre d'inspiration divine », était originaire de la province de Guipuzcoa. Né en 1620, à Azcoitia, il vint à Séville, sachant déjà quelques principes de son art, et entra dans l'atelier du farouche Herrera *el Viejo.* Herrera fit d'Iriarte un coloriste.

Se jugeant lui-même inhabile à composer de grandes pages d'histoire religieuse et à dessiner la figure, Iriarte se renferma dans un genre où il ne compta bientôt d'autre rival que Murillo : il peignit le paysage, mais le paysage comme le comprenaient les peintres espagnols du dix-septième siècle, c'est-à-dire sans naïveté et en dehors de la vérité réelle.

Dans les toiles d'Iriarte le sentiment sincère de la nature est donc absent ou du moins trop complétement subordonné à l'effet. Si ses ciels, ses arbres, ses terrains, pris en détail, peuvent paraître plus ou moins scrupuleusement rendus, de l'agencement de ces diverses parties il ne résulte jamais un ensemble simplement vrai : artificiellement conçue la création de l'artiste n'est plus qu'une composition conventionnelle, théâtrale et purement décorative. Le talent d'Iriarte est bien moins, en effet, d'un paysagiste que d'un habile décorateur.

Ce genre admis, il faut reconnaître qu'Iriarte a su y apporter une véritable fécondité d'invention, de la facilité, de la verve même, et surtout une grande supériorité d'exécution. Son coloris harmonieux, transparent et chaud, rappelle de très-près celui de Murillo, qu'Iriarte semble avoir pris plus particulièrement pour modèle. Tous ses biographes ont encore vanté, non sans exagération, la délicatesse de ses feuillages, la profondeur de ses sites et la vaporeuse légèreté de ses ciels.

Murillo a souvent animé de quelque scène empruntée à l'histoire sacrée les paysages d'Iriate, qui ne se hasardait pas volontiers à y peindre lui-même des personnages.

Iriarte contribua efficacement à créer l'Académie de dessin que les peintres établirent à Séville en 1660; nommé premier secrétaire à la fondation de cette Académie, il conserva ces fonctions jusqu'en 1665. Il mourut à Séville en 1685.

MADRID. — MUSÉE ROYAL. — *Paysage avec des chasseurs.* — *Paysage montueux.* — *Paysage avec une tour.*

MADRID. — COLLECTION MADRAZO (Palais Salamanca). — *Paysage : le Matin.*

SÉVILLE. — COLLECTION LÉANIZ. — Divers *Paysages.*

— COLLECTION CEPERO. — Six *Paysages.*

ANGLETERRE. — COLLECTION HOSKINS. — Un *Paysage.*

SAINT-PÉTERSBOURG. — HERMITAGE. — *Paysage avec une ruine.*

VENTE DE L'ANCIENNE GALERIE ESPAGNOLE DU MUSÉE DU LOUVRE (Londres, 1853). — *Paysage, échelle de Jacob : £ 6 10.* — *Fleurs et Fruits : £ 10 10.* — VENTE STANDISH (1853). — *Fruits : £ 1 5.*

ALONSO DEL ARCO

NÉ EN 1625. — MORT EN 1700.

L'extrême fécondité d'Alonso del Arco n'a pas peu contribué à entourer son nom d'une notoriété qui manque à tant d'autres artistes d'un talent plus sévère, plus châtié, mais moins prodigue.

Né à Madrid en 1625, Alonso, que ses biographes désignent quelquefois par le surnom de *el Sordillo* de Pereda, était, comme ce surnom l'indique, atteint de surdité. D'un âge déjà avancé lorsqu'il commença d'apprendre la peinture, il entra dans l'atelier d'Antonio de Pereda. Sous sa direction, Alonso devint un coloriste remarquablement habile, mais il resta dessinateur inégal, parfois incorrect et fit rarement preuve d'une entente sérieuse de la composition : aussi, la plupart de ses ouvrages fourmillent-ils de réminiscences ou plutôt d'emprunts faits à toutes les sources.

Dans la peinture des portraits, Alonso s'acquit une assez légitime célébrité : il les réussissait admirablement comme ressemblance, et son coloris aisé, harmonieux, savait toujours les parer de grâces séductrices.

Son talent facile le fit employer souvent à improviser des arcs de triomphe et des décorations emblématiques à l'occasion des entrées solennelles des rois et des fêtes publiques ou religieuses.

Sa femme, créature avide, fut son mauvais génie; elle avait pris un tel empire sur Alonso, qu'elle l'obligeait à ne refuser aucune commande alors même qu'il n'y pouvait suffire; elle-même dirigeait l'atelier, mesurait les tâches, ordonnait les préparations des toiles et les faisait ébaucher par les élèves; à son tour, Alonso y posait bien vite quelques touches à effet, ne travaillant tout juste, d'après les ordres de sa tyrannique moitié, que dans la mesure du prix qu'il était appelé à recevoir. De là, cette prodigieuse quantité de tableaux faibles et lâchés dont la fécondité d'Alonso a inondé les monuments religieux de Madrid.

A travers ce labeur écœurant et sans dignité, Alonso perdit vite tout sentiment de l'art; vers la fin de sa vie, ses ouvrages n'accusaient plus ni invention, ni caractère; l'artiste n'est alors qu'un praticien expéditif, habile coloriste encore, mais banal à force de facilité.

Alonso del Arco mourut en 1700, à Madrid, et dans un dénûment tel que le marquis de Santiago, son protecteur, dut le faire enterrer à ses frais. Ses principaux tableaux se trouvent dans les églises de San Juan de Dios, de San Andrès, de San Felipe el Real, de San Bernardo et dans la chapelle de Notre-Dame de la Novena; à l'église San Sebastian, chapelle qu'il décora en entier et qui est peut-être son meilleur ouvrage.

MADRID. — MUSÉE NATIONAL. — *Conception* (datée 1683). — *Martyre d'un Saint* (1682). — *Notre-Dame de la Merci* (1682). — *Sainte Rose de Viterbe.* — *Conception* (1687).

ACADÉMIE DE SAN FERNANDO. — *L'Enfant Jésus endormi sur la croix.*

COLLECTION MADRAZO (PALAIS SALAMANCA). — *Conception dans une gloire d'anges.*

ANCIENNE GALERIE ESPAGNOLE DU LOUVRE. — *Portrait de D. Manuel de San Martin.*

FRANCISCO MENESÈS OSORIO

NÉ VERS 1630. — MORT VERS 1705.

Né à Séville vers 1630, Francisco Menesès Osorio est celui de tous les disciples de Murillo qui a le mieux reproduit le charme de son style, l'éclat et l'harmonie de son coloris.

On ne sait presque rien de la vie de cet artiste, qui fut pour Murillo ce que Mazo était dans le même temps pour Velazquez : un élève préféré devenu plus tard un aide dévoué, indispensable. Passée dans l'ombre de l'atelier, l'existence de ces humbles collaborateurs ne peut plus être aujourd'hui qu'imparfaitement esquissée.

Tout ce que les biographes espagnols ont écrit sur Menesès peut se résumer en quelques lignes : admis de bonne heure aux leçons de Murillo, Menesès concourut assidûment aux séances de l'Académie de dessin établie à Séville à l'instigation et sous la présidence de son maître. Son nom figure, sans lacunes, sur les registres de présence depuis l'année 1666 jusqu'en 1673 ; pendant ce laps, il exerce deux années de suite la charge de *mayordomo*, et à cette occasion il fait hommage à l'Académie d'un tableau de *la Conception* que ses collègues reçoivent avec enthousiasme et placent dans la salle même des séances.

En 1680, Menesès accompagne Murillo à Cadix pour le seconder dans les travaux que le maître va entreprendre à l'église des Capucins. Murillo commence son grand tableau du *Mariage mystique de sainte Catherine*, fait une chute en montant un jour sur son échafaudage et se voit contraint d'abandonner ses travaux pour retourner à Séville, où il devait mourir bien peu après. C'est à Menesès qu'incombe alors le périlleux honneur d'achever l'œuvre grandiose laissée ébauchée par le maître. Menesès s'en acquitte à sa gloire, peint divers autres sujets religieux pour les Capucins et la Merced, puis il revient à Séville, où il meurt dans les premières années du dix-huitième siècle.

En dehors des tableaux de Cadix, il serait impossible de déterminer aujourd'hui quelle part a prise Menesès aux autres travaux du maître ; là-dessus encore ses biographes sont muets. C'est à peine même s'ils fournissent quelques laconiques indications sur ceux des ouvrages qui lui appartiennent en propre. Cean Bermudez cite seulement un *Prophète Élie réconforté par l'ange*, dans l'église de San Martin à Madrid, et le *Saint Philippe de Néri adorant la Vierge*, dans la sacristie de la Congrégation à Séville.

On croit que Menesès est l'auteur du grand tableau de *Saint Gaëtan ouvrant ses bras à l'Enfant-Dieu* de l'église de la Merced à Cadix, tableau esquissé par Murillo, qui, dit-on, aurait peint la tête du saint.

Il n'existe au Musée provincial de Séville qu'un seul ouvrage authentique de l'artiste : un *Docteur discutant dans un Concile*; on lui attribue une *Sainte Rose contemplant l'enfant Jésus endormi*.

Musée de Séville. — *Docteur discutant dans un Concile.* — *Sainte Rose* (attribué).

Collection Leaniz. — *Docteurs et Patriarches adorant le Saint Sacrement.* — *Sainte Rose* (buste). — *Sainte Anne instruisant la Vierge.*

Ancienne Galerie espagnole du Louvre. — *Saint Ildefonse.* — Ce tableau a été vendu 27 à Londres.

Vente Aguado (1843). — *Présentation de la Vierge au Temple :* 355 fr. — *Repos de la sainte Famille :* 515 fr. — *Christ en croix :* 115 fr.— *Saint François d'Assise au désert:* 350 fr. — *Saint Pierre et saint Paul* : 510 fr.

Vente Soult (1852). — *Vision d'un Saint :* 300 fr.

PEDRO NUÑEZ DE VILLAVICENCIO

NÉ EN 1635. — MORT EN 1700.

Don Pedro Nuñez de Villavicencio naquit à Séville en 1635 : sa famille appartenait à la meilleure noblesse de l'Andalousie et lui-même était chevalier de l'ordre de Saint-Jean de Jérusalem.

Murillo lui donna les premières notions du dessin et reconnut chez son élève de brillantes dispositions ; il s'appliqua à les cultiver, et l'élève, qui n'avait d'abord vu dans la peinture qu'un simple délassement, se passionna si bien pour l'art, qu'il le pratiqua toute sa vie, non plus seulement en amateur, mais en véritable artiste.

Obligé, par les devoirs de son ordre, de se rendre à Malte, Villavicencio y rencontra le peintre Matias Preti, dit *le Calabrese*, avec lequel il continua ses études. Puis, de retour à Séville, il se remit sous la direction de Murillo, contribua de son influence et de ses deniers à l'établissement de l'Académie de dessin et en suivit assidûment les séances.

Une étroite amitié s'était formée entre Murillo et son élève, et lorsqu'à son lit de mort, Murillo dicta ses dernières volontés, il confia à Villavicencio le soin de les faire exécuter.

Quelque temps après la mort de Murillo, Villavicencio vint habiter Madrid. Il fit alors hommage au roi Charles II du tableau des *Jeunes Vagabonds jouant aux dés*, qu'on voit aujourd'hui au Musée royal de Madrid. C'est là une excellente peinture, petillante d'esprit et très-franchement réaliste : les têtes des jeunes vauriens, évidemment saisies sur le vif, ont beaucoup de caractère et rappellent ces types amusants de *muchachos*, aux allures finement effrontées, que Murillo lui-même s'est tant de fois complu à reproduire. Dans ce tableau, Villavicencio se recommande encore par la bravoure et la fermeté de la touche, et son coloris, très-heureusement nuancé, offre un piquant mélange des manières de Murillo et de Velazquez.

Les emplois que Villavicencio occupa à la cour, ses devoirs envers l'ordre dont il fut un des dignitaires, ne lui ont permis de peindre qu'un très-petit nombre d'ouvrages. Cean Bermudez cite une autre scène de *Jeunes Vagabonds*, offerte par l'artiste au comte de Monterey, et une suite de sujets empruntés à la vie de la Vierge, au couvent des Carmes. Ces compositions, traitées dans le sentiment de Murillo, n'ont pas, au jugement de Cean, la valeur d'exécution dont l'artiste a fait preuve dans ses tableaux de genre et dans ses portraits. Palomino parle d'une *Sainte Marie Madeleine* peinte par Villavicencio, dans la manière du *Calabrese*, et d'un portrait d'Ambroise Spinola, qu'il dit avoir été gravé.

Villavicencio mourut à Séville en 1700.

MADRID. — MUSÉE ROYAL. — *Jeunes Vagabonds jouant aux dés.*

SÉVILLE. — COLLECTION BALMASEDA. — *Un Enfant de la Espina.* — *Saint Raphaël.*

A la vente de la galerie Salamanca (1867), un tableau de Villavicencio représentant des *Personnages en conversation*, a atteint 500 fr.

PEDRO ATANASIO BOCANEGRA

NÉ EN 1635 — MORT EN 1688.

Vers la seconde moitié du dix-septième siècle, un centre artistique florissant se créait à Grenade.

Alonso Cano et Pedro de Moya y ouvraient deux ateliers rivaux; il en sortit une pléiade d'excellents élèves. Après Juan de Sevilla, le premier et le plus original des peintres de cette petite école, Bocanegra, né à Grenade en 1635, se recommande à son tour par des qualités de style et de coloris qui le placent au rang des meilleurs artistes de l'Andalousie.

Formé par Alonso Cano et dessinateur remarquable, Atanasio Bocanegra, impressionné par les ouvrages de Moya, réussit à s'assimiler ce coloris moelleux et distingué que Moya avait emprunté des Flamands.

Dès lors, Bocanegra enrichit les églises et les couvents de sa ville natale de pages magistrales où le sentiment espagnol se pare du merveilleux éclat des teintes de Van Dyck et de Rubens. Ses plus brillantes compositions se retrouvent à la cathédrale. C'est d'abord un sujet mystique placé sur un autel : Saint Bernard à genoux prie la Vierge assise sur les nuées, tandis qu'au premier plan, un pieux archevêque de Grenade, fray Francisco Rois y Mendoza, est prosterné en adoration; un *Christ à la colonne*, flagellé par ses bourreaux, d'une exécution superbe, décore un autre retable; *la Vierge portant l'Enfant et apparaissant à saint Jean de Matha;* la *Vision de saint Pierre Nolasque;* un *Christ en croix*, qu'on croirait de Van Dyck, et diverses figures de *saints Docteurs* sont encore autant d'œuvres accusant chez Bocanegra un talent souple, élégant, facile, s'élevant parfois jusqu'à la puissance et toujours plein de charme.

Irritable à l'excès et très-vain de son mérite, Bocanegra est célèbre, dans l'École espagnole, par ses défis inconsidérément portés à des émules, défis qui ne se terminaient point à sa plus grande gloire. Pendant un séjour qu'il fit à Madrid, son orgueilleuse jactance lui attira, avec le peintre Matias de Torres, de curieux démêlés; provoqué par Torres à donner publiquement des preuves de son talent, Bocanegra joua l'offensé et se retrancha dans sa dignité pour refuser le cartel; en butte, à cette occasion, aux railleries de ses confrères, Bocanegra se vit obligé d'abandonner la capitale et de retourner à Grenade. Une nouvelle mésaventure l'y attendait. Teodoro Ardemans, élève de Claudio Coëllo, sollicitait alors du chapitre la place de *maestro mayor* de la cathédrale ; quelques peintures qu'il venait de terminer donnèrent lieu à des comparaisons entre son mérite et celui de Bocanegra. Blessé de ces rapprochements, qu'il jugeait humiliants pour son amour-propre, et pensant se débarrasser d'Ardemans par l'intimidation, Bocanegra lui fit proposer de peindre, à tour de rôle, et en présence de connaisseurs, leurs portraits réciproques. Ardemans accepta ; au jour dit, en moins d'une heure, il ébauchait un superbe portrait, très-ressemblant et d'une exécution aussi vaillante que correcte. Le lendemain, Bocanegra devait prendre la palette ; mais il jugea prudent de manquer au rendez-vous ; il fit remettre la séance, gagna du temps et finalement s'abstint. Cette défaite le couvrit de honte, et ses biographes affirment que le dépit et le chagrin qu'il en ressentit ne furent pas étrangers à sa mort, arrivée à quelque temps de là, en 1688.

GRENADE. — MUSÉE PROVINCIAL. — *Le Christ expirant.*

SÉVILLE. — COLLECTION LEANIZ. — *Sainte Famille.* — *Saint-Sébastien.* — *L'Enfant Jésus* endormi sur la croix avec le petit saint Jean.

COLLECTION CEPERO. — *Deux Enfants.* — *Christ expirant.*

SAINT-PÉTERSBOURG. — GALERIE DE L'HERMITAGE. — *Mort de sainte Claire.* — Religieux et religieuses de divers ordres.

VENTE DE L'ANCIENNE GALERIE ESPAGNOLE DU MUSÉE DU LOUVRE (Londres, 1853). — *Le Jugement dernier* (signé) : £ 4 5.

VENTE AGUADO (1843). — Sujet mystique : 110 fr.

JUAN DE ALFARO Y GAMEZ

NÉ EN 1640. — MORT EN 1680.

Né à Cordoue en 1640, Juan de Alfarò y Gamez, élève d'Antonio del Castillo, puis de Velazquez, est le héros de l'anecdote rapportée dans la biographie de Castillo. Le *non pinxit Alfarus* du sarcastique artiste, resté proverbial dans les ateliers de l'Espagne, a eu ce piquant résultat de donner au nom d'Afarò une notoriété que ses seuls ouvrages ne lui auraient peut-être pas acquise.

Poëte, littérateur, graveur à l'eau-forte en même temps que peintre, Alfarò, malgré l'universalité de ses connaissances, n'est qu'une individualité très-secondaire; inégal mélange d'habiletés et de faiblesses, son talent hâtif, lâché, révèle l'artiste qui ne mûrit pas ses ouvrages. Au reste, dessinateur insuffisant et mou, Alfarò n'a guère que quelques qualités de coloriste. Ce qu'il a laissé de mieux, ce sont des portraits, traités dans les dimensions de la miniature, et qui séduisent par la franchise et la vigueur de l'exécution. Alfarò a cependant peint d'importants ouvrages d'histoire sacrée.

Cordoue en possède encore une très-grande partie : indépendamment, en effet, des épisodes de la vie de saint François, qu'il exécuta pour le cloître des Franciscains, il fit, pour l'oratoire des Carmélites, un tableau de l'*Incarnation*, peignit les portraits de l'évêque Juan de Alarcon et de quelques-uns des prédécesseurs de ce prélat. Ces derniers furent copiés d'après d'anciennes peintures.

A Madrid, l'église de San Isidro el Real renferme une assez bonne toile de l'artiste; elle représente l'*Ange gardien*.

Grâce à la protection du regidor, don Pedro de Arco, qui le logeait dans sa maison, Alfarò se lia avec les poëtes et les écrivains les plus marquants de l'époque : ils avaient coutume de se réunir chez son hôte, et l'artiste dut à cette circonstance de pouvoir peindre le portrait de l'illustre Calderon de la Barca et de quelques autres contemporains célèbres.

Attaché plus tard à la maison du grand amiral de Castille, Alfarò eut charge de veiller à la conservation de la riche collection de peintures réunies par ce personnage. Mais, en 1667, l'amiral étant tombé en disgrâce, Alfarò refusa de le suivre dans son exil; l'amiral en conçut un vif ressentiment, et lorsque l'artiste voulut plus tard essayer de pallier son ingratitude et chercher à reconquérir les bonnes grâces de son protecteur, ses démarches n'en reçurent que le plus méprisant accueil. Déjà atteint d'une sorte d'hypocondrie, Alfarò, rebuté dans ses tentatives, tomba dans une mélancolie profonde, et mourut à Madrid en l'année 1680.

Palomino, qui avait été quelque temps l'élève d'Alfarò, trouva parmi ses manuscrits des notices biographiques sur divers peintres, notamment sur Becerra, Cespedès et Velazquez : Palomino en fit usage dans ses *Vies des Peintres éminents*.

Alfarò a très-spirituellement gravé à l'eau-forte, d'après une peinture du Titien, un portrait de don Hernando de Alarcon.

MADRID. — MUSÉE NATIONAL. — *Assomption de la Vierge* (datée 1668).

ANCIENNE GALERIE ESPAGNOLE DU LOUVRE : VENTE A LONDRES (1853). — *Extase de saint Jérôme* : £ 2 15. — Même sujet : £ 3.

VENTE AGUADO (1843). — *Saint Joseph* : 205 fr.

VENTE SALAMANCA (1867). — Portrait en pied de D. Bernabe Ochoa de Chinchetru : 600 fr.

FRANCISCO ANTOLINEZ Y SARABIA

NÉ EN 1644. — MORT EN 1700.

Né à Séville en 1644, Francisco Antolinez y Sarabia, — qu'il ne faut pas confondre avec Joseph Antolinez, oncle de Francisco, et l'auteur du *Ravissement de la Madeleine*, — superbe peinture d'un coloris tout vénitien qu'on voit au Musée royal de Madrid — s'était destiné à la carrière du barreau : il fit ses études à l'université de Séville, y prit ses grades et reçut le titre de *licenciado*. Entre temps, le jeune légiste fréquentait assidûment l'académie de dessin établie à Séville par Murillo; quelques biographes le croient même élève de ce maître, qu'il s'est d'ailleurs appliqué à imiter.

En l'année 1672. Antolinez vint à Madrid retrouver son oncle, et il vécut près de lui jusqu'en 1676, date de la mort de don Josef. A Madrid, Antolinez, plus vain de son titre de *licencié* que de son talent d'artiste, se cachait soigneusement d'exercer la peinture. Obligé cependant, pour subvenir à ses besoins, d'exécuter de petits tableaux de dévotion et des paysages, il ne les faisait vendre qu'en s'entourant de mystérieuses précautions. Nommé à diverses reprises à des emplois dans l'administration judiciaire, son humeur fantasque lui attirait d'étranges mésaventures, et le magistrat se vit plus d'une fois dans la nécessité de s'enfuir devant la colère de ses administrés. Il revenait alors à Madrid et reprenait sa palette pour ne pas mourir de faim.

Fatigué de solliciter, et, ce qui est plus probable encore, ayant épuisé la bonne volonté de ses protecteurs, Antolinez alla se marier à Séville et se fit avocat. Cette nouvelle profession n'était sans doute guère lucrative, car, à aucune époque, Antolinez ne peignit autant de tableaux que pendant ce séjour à Séville. Devenu veuf, l'avocat voulut entrer dans les ordres. Il revint alors à Madrid pour se faire ordonner prêtre. Tant de mobilité dans les idées firent supposer qu'il ne jouissait pas de tout son bon sens : ses démarches furent mal accueillies, et plus que jamais Antolinez dut se résigner à peindre, malgré qu'il en eût. Il mourut à Madrid, en l'année 1700.

Le Musée du Fomento possède quelques bons tableaux d'Antolinez : ils donnent bien la mesure de ce talent facile, gracieux, visant avant tout à l'effet, mais lâché parfois dans l'exécution, et dont les ébauches, même sommaires, sont souvent préférables aux morceaux les plus terminés. Son style est celui de l'École de Séville; son coloris, d'une grande fraîcheur, mais qui n'atteint pas jusqu'à l'harmonie et à la profondeur de Murillo, rappellerait davantage les teintes ambrées et moelleuses de Mateo Cerezo. Antolinez aura sans doute eu plus d'une manière, car Palomino rapporte qu'ayant été appelé à fixer le prix d'une toile qu'il ignorait être d'Antolinez, il la crut de Murillo lui-même et lui assigna une valeur de cent ducats.

L'artiste a peint le plus souvent des paysages qu'il anime de quelque scène tirée des livres saints; il est encore l'auteur de portraits estimables, et principalement de miniatures à l'huile. Palomino, qui vit un portrait de la fille de l'artiste, exécuté dans ce dernier genre, le cite comme une œuvre charmante et de la plus exquise perfection.

MADRID. — MUSÉE NATIONAL. — *Naissance de Jésus-Christ.* — *Purification de la Vierge.* — *Adoration des Mages.* — *Fuite en Égypte.* — *Annonciation.* — *Mariage de la Vierge.*

SÉVILLE. — COLL. LEANIZ. — *Saint Jean.* — Épisodes de la vie de la Vierge. — *Naissance de la Vierge.*

MUNICH. — *Saint Jérôme au désert.*

SAINT-PÉTERSBOURG. — GALERIE DE L'HERMITAGE. — *Enfant endormi.* — *Ronde de paysans et de paysannes.*

VENTE SOULT (1852). — *La Vierge et l'Enfant* : 2,605 fr. — *Paysage* : 700 fr. — *Paysage* : 510 fr.

ANCIENNE GALERIE ESPAGNOLE DU LOUVRE. — VENTE A LONDRES (1853). — *Saint Jean baptisant le Christ* : £ 10. — *Assomption de la Vierge* : £ 16 5.

VENTE STANDISH. — *Paysage.* — *L'Ange apparaissant à saint Joseph* : £ 5 5. — *Paysage* avec l'enfant Jésus et saint Joseph : £ 9 19.

ACISCLO ANTONIO PALOMINO Y VELASCO

NÉ EN 1653. — MORT EN 1726.

Antonio Palomino, que ses travaux comme historien de l'art ont fait surnommer le *Vasari espagnol*, naquit en 1653, dans la petite ville de Bujalance. Plus tard ses parents vinrent habiter Cordoue, et c'est dans cette ville que Palomino fit ses études classiques et apprit la jurisprudence et la théologie. De bonne heure, le jeune étudiant manifesta son inclination pour la peinture; dans ses heures de loisir il s'appliquait à dessiner d'après des estampes, et lorsqu'en 1672 Valdès Leal vint passer quelque temps à Cordoue, Palomino put déjà lui soumettre ses premiers essais.

Valdès lui donna des conseils, imprima une direction normale à ses études artistiques et lui apprit les éléments et la pratique de la peinture. Quelques mois après, Alfarò, dans un de ses séjours à Cordoue, connut Palomino. Frappé de ses dispositions, il l'encouragea à persévérer, lui conseillant même d'aller à Madrid, où il pourrait se perfectionner auprès d'un maître. Ce ne fut toutefois qu'après avoir achevé son éducation que Palomino se décida à suivre les conseils d'Alfarò. En 1678, il partit pour Madrid, mais déjà il était un peintre, puisque, dès son arrivée, il s'occupait à terminer quelques toiles laissées ébauchées par Alfarò.

Palomino eut bientôt conquis un rang honorable parmi les peintres madrilènes. Protégé par Carreño et par le comte de Benavente, il obtint d'être chargé, sous la direction de Claudio Coëllo, qui lui portait un affectueux intérêt, des peintures à fresque et de travaux décoratifs au palais du Pardo; ces travaux, exécutés sur les dessins mêmes de Coëllo, méritèrent à l'artiste d'unanimes éloges; le roi le nomma son peintre *ad honorem*.

L'entrée solennelle à Madrid de la reine Marie-Anne de Neubourg, femme de Charles II, fut pour Palomino l'occasion de nouveaux succès; les magnifiques décorations qu'il exécuta sur la place de la Ville, lui valurent la confirmation définitive de *peintre du roi* avec les honoraires attachés à cette charge.

Témoin de l'arrivée de Luca Giordano à Madrid, il eut à déplorer la perte de son ami Claudio Coëllo, mort de chagrin en voyant l'enthousiaste accueil que fit la cour à ce peintre étranger.

Chargé de décorer les voûtes de l'Escorial de sujets commandés par les moines, et relevant bien plus du domaine de la théologie que de la plastique, Giordano dut faire appel à l'érudition de Palomino pour se faire expliquer l'accord possible entre l'art et les textes sacrés : Palomino s'en acquitta si bien que Giordano enchanté baisait ses croquis en s'écriant : « Voilà qui est déjà tout peint ! »

A partir de l'année 1697, Palomino commençait une série de vastes décorations, soit à l'huile soit à la fresque, qu'on regarde à juste titre comme les meilleures qu'ait produites cette époque de décadence.

Palomino peignit d'abord à Valence le presbytère et la coupole de l'église de San Juan del Mercado, travail considérable que lui-même a décrit longuement, et qui lui fit le plus grand honneur comme érudit et comme artiste. En 1701, il décorait encore à fresque les voûtes de la chapelle de *Nuestra Señora de los Desemparados*, en même temps que Dionis Vidal, son élève, exécutait sur ses dessins les grandes peintures de l'église Saint-Nicolas. C'est de cette époque que datent les fresques de la chapelle du sanctuaire ainsi que le tableau du *Repentir de saint Pierre* qu'on remarque dans la cathédrale de Valence.

Appelé en 1705 à Salamanque pour peindre l'abside du chœur au couvent de San Esteban, il y représenta, sous une suite d'allégories, *l'Église militante* et *l'Église triomphante.*

De 1706 à 1711, Palomino, revenu à Madrid, prépara la publication du premier volume du *Museo pictorico*, qui ne parut cependant qu'en 1715.

En 1712, l'artiste alla peindre à Grenade la coupole de la Chartreuse : au milieu d'une gloire d'anges et de bienheureux, il représenta saint Bruno soutenant le monde sur ses épaules.

En 1714, il décora de sujets emblématiques le catafalque élevé pour rendre les honneurs funèbres à la reine Marie-Louise de Savoie, femme de Philippe V. Ses peintures à fresque, à la chartreuse du Paular, furent les derniers grands travaux que Palomino entreprit, encore dut-il appeler son fils auprès de lui pour l'aider à les terminer. Dès lors, l'artiste se consacra tout entier à la publication de son ouvrage, dont le second volume parut en 1724. L'année suivante, sa femme étant morte, Palomino se fit aussitôt ordonner prêtre ; atteint depuis quelque temps d'une maladie grave, il expirait à Madrid en l'année 1726.

Artiste érudit, praticien habile, Palomino déploie dans ses ouvrages décoratifs tout l'apparat du grand art ; il sait agencer les plus imposantes machines et les composer avec bonheur ; mais l'érudition et l'habileté ne sauraient suppléer l'inspiration absente ; aucun souffle puissant n'anime ces vastes appareils, et le fracas d'un style théâtral et vide n'en fait que mieux ressortir le manque absolu de caractère.

L'ouvrage qu'a publié Palomino sous le titre de *Museo pictorico y Escala optica* est divisé en trois parties : les deux premières traitent de l'histoire, des procédés et de l'enseignement de l'art ; la troisième, qui porte le titre de *Parnaso español*, est consacrée à retracer les biographies des artistes espagnols, depuis Antonio del Rincon jusqu'aux contemporains de Palomino.

L'auteur a eu, le premier, le mérite de grouper dans d'intéressantes notices des renseignements épars dans des travaux la plupart manuscrits, et qui, sans lui, seraient sans doute oubliés ou perdus. Beaucoup d'erreurs et d'anachronismes se sont glissés dans cette compilation, souvent peu judicieuse, et où les traditions d'atelier, les assertions sans valeur historique tiennent trop de place. Palomino y juge encore le plus habituellement sans critique, et s'y montre prodigue d'admirations que la postérité est bien éloignée de ratifier.

Cean Bermudez a donné le catalogue complet des nombreux ouvrages que peignit Palomino pour les églises et les couvents de l'Espagne. Voici maintenant la liste des tableaux de l'artiste qui font partie des musées et des collections particulières.

MADRID. — MUSÉE ROYAL. — *Saint Bernard abbé.* — *Conception* entourée d'anges (signée du monogramme). *Le petit saint Jean.*

MUSÉE NATIONAL. — *Adoration des Rois* (signée : *Regis pictor Palomino Velasco*). — *Le Songe de saint Joseph.* — *La Cène.* — *La Descente du Saint-Esprit sur les Apôtres.* — *Naissance de Jésus-Christ.*

ACADÉMIE DE SAN FERNANDO. — *La Conception.*

COLLECTION MADRAZO (Palais Salamanca). — *Conception.*

LONDRES. — NATIONAL GALLERY. — *La Mise au tombeau.*

COLLECTION HOSKINS. — *Un Franciscain.*

CHERBOURG. — MUSÉE. — *Saint Sébastien.*

VENTE AGUADO (1843). — *L'Enfant Jésus apparaissant à saint Antoine de Padoue :* 100 fr.

VENTE DE L'ANCIENNE GALERIE ESPAGNOLE DU LOUVRE (Londres, 1853). *Sainte Anne :* £ 9. — *Un Franciscain :* £ 11.

ALONSO MIGUEL DE TOBAR

NÉ EN 1678. — MORT EN 1758.

Alonso Miguel de Tobar, né en 1678 à Higuera, apprit la peinture à Séville sous la direction d'un médiocre professeur appelé Juan Antonio Fajardo. Les dispositions naturelles de l'élève suppléèrent à l'insuffisance du maître. De lui-même, Tobar recourut à de meilleurs modèles. Il demanda aux ouvrages de Murillo les secrets de leur beauté, étudia le génie du grand artiste dans ses diverses manifestations, s'identifia avec son style, ses procédés, et parvint à atteindre une telle perfection d'imitation que ses copies ont été souvent prises pour les originaux mêmes.

Cette périlleuse habileté, tant admirée de ses contemporains, décida de l'avenir de l'artiste; malgré ses brillantes qualités natives, Tobar demeura condamné au pastiche.

Un tableau qu'il peignit pour la cathédrale de Séville prouve cependant que Tobar aurait pu être un peintre original; ce tableau représente la Vierge assise sur un trône et portant l'Enfant-Dieu; deux saints se tiennent débout aux côtés du trône, tandis qu'au premier plan, un clerc, revêtu d'un surplis, se prosterne en adoration. Au jugement de Cean Bermudez, cette composition, empreinte d'un sentiment exquis et d'une exécution vraiment remarquable, est le meilleur qu'ait exécuté l'artiste. C'est encore l'ouvrage le plus parfait qui ait été peint dans cette époque de décadence.

Lorsque Philippe V vint visiter Séville, les principaux personnages de la cour se firent présenter Tobar. Tous s'émerveillèrent de son talent d'imitateur, et le roi le nomma, par une cédule datée de 1729, *pintor de camara*. Tobar quitta alors Séville et suivit la cour à Madrid.

A Madrid, l'artiste fit quelques bons portraits: Cean Bermudez cite entre autres celui du cardinal Molina. Tobar copia également des portraits peints par Murillo. Parmi ces derniers figure une excellente et vigoureuse reproduction du portrait même de Murillo; elle appartient au Musée royal, et l'ancienne Galerie espagnole du Louvre en possédait une réplique.

Le Musée de Madrid renferme une curieuse composition mystique de Tobar; on la nomme *la Divina Pastora* : la divine pastourelle, parée d'une robe rose et portant une sorte de justaucorps en peau de mouton, présente des roses à ses brebis; des anges veillent sur le troupeau; dans le fond, un ange vole au secours d'une brebis égarée que poursuit le démon sous la forme d'un dragon. Cette toile est encore une imitation, mais singulièrement affadie, du style de Murillo. Le coloris en est pâle, la touche maigre et léchée, le dessin timide et gauche. Rien enfin ne relève cette peinture énervée, où la fadeur de la pensée n'a d'égale que la mièvrerie de l'exécution.

Les biographes s'accordent pour louer une *Sainte Famille*, copie de Tobar d'après Murillo, qui se voit dans l'église de Santa Maria la Blanca, à Séville.

Tobar mourut à Madrid en 1758.

MADRID. — MUSÉE ROYAL. — *La Divine Bergère*. — *Portrait de Murillo*.

ACADÉMIE DE SAN FERNANDO. — *L'Ange apparaissant à saint François*. — *La Vierge et l'Enfant*.

LONDRES. — COLLECTION W. STIRLING. — *Portrait de Murillo*.

BERLIN. — MUSÉE. — *Saint Joseph et l'enfant Jésus*

SAINT-PÉTERSBOURG. — HERMITAGE. — *Enfant couronné de pampres*.

VENTE AGUADO (1843). *La Vierge et l'Enfant Jésus* (deux médaillons) : 1,360 fr.

VENTE SOULT (1852). *Jésus et saint Joseph* : 1150 fr.

ANCIENNE GALERIE ESPAGNOLE. — VENTE A LONDRES (1853). — *Saint Jean-Baptiste* : £ 10.

LUIS PARET Y ALCAZAR

NÉ EN 1747. — MORT EN 1799.

Comme toutes les autres Écoles de l'Europe, l'austère et dévote École espagnole subit, au dix-huitième siècle, la tyrannie des mœurs et de la mode. Avec Louis-Michel Vanloo, Mengs, les frères Gonzalez Velazquez, Maella, Bayeu, Goya, Camaron, Carnicero et Carmona, elle cultiva le genre mythologique et galant et sacrifia *aux Grâces*.

La part d'influence que l'art français prit à cette transformation est naturellement des plus larges : Coypel, Watteau, Le Moyne, Carl Vanloo, Boucher et bien d'autres encore furent étudiés, reproduits, interprétés, et il n'y eut pas jusqu'à Natoire qui ne rencontrât en Bayeu un assez fade imitateur.

Luis Paret est un de ces rejetons que l'École française a fait pousser sur le sol de la Péninsule : par son maître, Charles de La Traverse, élève lui-même de François Boucher, Paret se trouve procéder en ligne directe du *peintre des Amours*.

Né à Madrid en 1747, Luis Paret y Alcazar suivit, à ses débuts, les cours de l'Académie de San Fernando. sous la direction d'Antonio Gonzalez Velazquez; puis il devint l'élève de La Traverse, un ancien *grand prix de Rome*, que le marquis d'Ossuna, ambassadeur de France, rencontra en Italie et emmena à Madrid en le nommant son secrétaire.

En Espagne, Charles-François de La Traverse fit de la peinture plutôt qu'il ne s'occupa de diplomatie, Admis de plain-pied dans la haute société madrilène, l'élève de Boucher, gentilhomme et artiste, se vit recherché autant pour son talent que pour ses qualités d'homme du monde et de personnage officiel. La Traverse, croyons-nous, caressait un rêve, et il devait passer la meilleure partie de sa vie à en attendre inutilement la réalisation; il espérait, par la protection du marquis d'Ossuna, être nommé peintre du roi Charles III, et peut-être encore surintendant des beaux-arts, comme l'avait été Raphaël Mengs. Malade et déjà presque sexagénaire, La Traverse finit par abandonner l'Espagne et retourna en France.

Toujours est-il, d'après ce que rapporte Cean Bermudez, que La Traverse prenait son professorat au sérieux; il astreignait Paret à ne dessiner que d'après l'antique ou d'après la nature même, l'obligeait à esquisser du premier coup une composition sur une donnée historique quelconque, lui faisait étudier les chefs-d'œuvre des grands maîtres, et spécialement le coloris de Van Dyck et de Rubens, et ne tolérait point que son élève copiât ses productions personnelles.

Remarquant que Paret peignait avec une préférence marquée les figures de petites proportions, La Traverse se garda bien de contrarier le goût de son élève; aussi, lorsque Paret sortit de ses mains, il était tout préparé pour peindre ces *romerias,* où fourmille toute une population en fête; ces *parcs* à la Watteau, où, sous les allées ombreuses, passent des couples d'amoureux; ces *Vues de la Puerta del Sol*, que peuple un monde de promeneurs : gentilshommes, abbés, dames élégantes, et que traversent de brillants cavaliers et de majestueux carrosses aux attelages de mules empanachées; et encore ces pittoresques *intérieurs* où l'artiste nous montre, comme dans le *Magasin d'étoffes* de la galerie Salamanca, des chalands débattant le prix d'une emplette, le marchand gravement planté derrière son comptoir, et les commis rangeant ou déployant quelques pièces d'étoffes aux chatoyantes couleurs.

Paret fut en effet le peintre de toutes ces choses charmantes qu'il sait exprimer gaiement, spirituellement, non sans une délicieuse pointe d'originalité nationale, et traiter d'un pinceau fin, délicat, pimpant, dans une gamme très-montée, rappelant pour l'éclat les brillantes fantaisies champêtres de son contemporain Goya.

Paret a peint encore des paysages, des bouquets et des guirlandes de fleurs, et, sur l'ordre du roi, toute une série de *Vues des divers ports d'Espagne*, à la manière de Joseph Vernet. Il fit même deux tableaux historiques, mais réduits aux proportions du genre; l'un représente la cérémonie de la *Prestation de serment*, par le prince des Asturies, dans l'église de San Geronimo; l'autre une sorte de *Carrousel* où figurent les personnages de la famille royale, cavalcadant, par couples, sur des chevaux richement harnachés, au milieu d'une population en fête.

Au dix-huitième siècle, le goût des éditions luxueuses était aussi bien répandu en Espagne qu'en France pour les chefs-d'œuvre littéraires. Comme Charles de La Traverse, qui dessina un grand nombre d'illustrations pour les livres publiés à cette époque, Paret composa des dessins, des culs-de-lampe et des titres pour le *Parnasse* de Quevedo, les *Nouvelles* de Cervantes, l'*Ancien Testament*, et d'autres ouvrages encore qu'il enrichit de sujets empruntés à ces ouvrages mêmes, de gracieuses têtes de pages et des plus délicieuses vignettes.

Paret, mis par là en goût de graver, s'est essayé une fois à manier la pointe; on a de lui une petite pièce finement traitée où il a croqué les têtes d'un Turc et de dames aux coiffures curieusement ajustées. Cette spirituelle eau-forte est assez rare.

Paret mourut à Madrid en 1799; il était membre de l'Académie de San Fernando, dont il fut longtemps le vice-secrétaire.

MADRID. — MUSÉE ROYAL. — *Prestation de serment du prince des Asturies.* — *Carrousel.*

ACADÉMIE DE SAN FERNANDO. — *Diogène et ses amis.*

ESCORIAL. — CASINO DEL REY. — *Vues de différents ports d'Espagne.*

VENTE SALAMANCA (1867). — *Vue de la Puerta del Sol et de l'église du Buen Suceso* : 2,680 fr. — *Un Magasin d'étoffes à Madrid au* XVIIIe *siècle* : 1,400 fr. — *La Promenade au parc* : 1,300 fr.

PARIS. — IMPRIMERIE POITEVIN, RUE DAMIETTE, 2 ET 4.

ÉCOLE ESPAGNOLE

LISTE DES GRAVURES

INTERCALÉES DANS LE TEXTE

NOMS DES PEINTRES	TITRES DES SUJETS	DESSINATEURS	GRAVEURS
LUIS DE VARGAS.	Son Portrait	E. Bocourt.	A. Delangle.
»	Jésus-Christ	»	L. Chapon.
»	La Nativité	»	Dupré.
L. de MORALÈS, dit el Divino.	Portrait postiche	E. Bocourt.	Sotain.
»	Vierge de douleurs	»	A. Delangle.
»	Vierge et Jésus	»	»
»	La Circoncision	»	Sotain.
»	La Vierge et le Christ mort	»	A. Delangle.
ALONSO SANCHEZ COELLO.	Son Portrait	E. Bocourt.	J. Ettling.
»	Antonio Perez?	»	»
»	Le prince Charles, fils de Philippe II	»	J. Guillaume.
»	Mariage de sainte Catherine	»	A. Delangle.
»	Isabelle, fille de Philippe II	»	L. Chapon.
JUAN DE JOANÈS.	Portrait postiche	E. Wattier.	Dujardin.
»	Jésus-Christ	A. H. Cabasson.	Dupré.
»	La Cène	»	J. Gauchard.
»	Saint Étienne au milieu des docteurs	»	J. Regnier.
»	Saint Étienne au sépulcre	Gagniet.	Piaud.
EL MUDO (Navarrete, dit).	Son Portrait	E. Bocourt.	J. Ettling.
»	Scène du Jugement dernier	»	F. Meaulle.
»	Saint Pierre, saint Paul	»	»
»	Baptême de Jésus	»	J. Guillaume.
»	Le Christ aux limbes	»	A. Delangle.
PABLO DE CESPEDÈS.	Son Portrait	E. Bocourt.	J. Ettling.
»	Le prophète Élie recevant sa nourriture d'un ange	»	»
»	Un évêque arien adjurant saint Hermenegilde marchant au supplice	»	Sotain.
»	La Cène	»	J. Guillaume.
»	Samson et le lion	»	A. Delangle.
LE GRECO (Dominico Theotocopuli, dit).	Son Portrait	E. Bocourt.	J. Ettling.
»	Saint Basile, évêque	»	Sotain.
»	La Fille du Greco	»	L. Chapon.
»	Enterrement du comte d'Orgaz	»	A. Delangle.
»	Le partage de la tunique de Jésus	»	Tremelat.
FRANCISCO RIBALTA.	Portrait postiche	E. Bocourt.	Sotain.
»	Buste d'un Chanteur	»	»

NOMS DES PEINTRES	TITRES DES SUJETS	DESSINATEURS	GRAVEURS
FRANCISCO RIBALTA.	Christ mort soutenu par deux anges	A. H. CABASSON,	L. FAGNION.
»	La sainte Vierge, Jésus et sainte Anne	METTAIS.	D. VERDEIL.
»	Saint Luc et saint Marc	A. H. CABASSON.	JAHYER.
JUAN PANTOJA DE LA CRUZ.	Portrait postiche	E. BOCOURT.	SOTAIN.
»	Portrait de Charles-Quint	»	A. DELANGLE.
»	Isabelle de Valois	»	»
JUAN DE LAS ROÉLAS.	Son Portrait	E. BOCOURT.	J. ETTLING.
»	Martyre de saint André	»	SOTAIN.
»	Mort de saint Isidore	»	A. DELANGLE.
LES CARDUCCI.	Son Portrait	E. BOCOURT.	J. GUILLAUME.
»	Saint Bruno	»	A. GUSMAN.
»	Baptême de Jésus-Christ	»	J. GUILLAME.
»	Descente de croix	»	A. DELANGLE.
»	La Source miraculeuse (Vie de saint Bruno)	»	A. GUSMAN.
LES CASTILLO.	Portrait postiche	E. BOCOURT.	L. CHAPON.
»	Vierge et Ange	»	SOTAIN.
»	Mariage de la Vierge	»	L. CHAPON.
»	Assomption de la Vierge	»	J. ROBERT.
»	Adoration des Bergers	»	SOTAIN.
LES HERRERA.	Son Portrait	E. BOCOURT.	A. GUSMAN.
»	Un Évêque en prière	»	»
»	Saint Basile dictant sa doctrine	»	J. ROBERT.
»	Triomphe de saint Hermenegilde	»	A. DELANGLE.
»	Saint François s'élevant aux cieux	»	D. VERDEIL.
FRANCISCO PACHECO.	Son Portrait	E. BOCOURT.	J. ETTLING.
»	Saint Luc	»	SOTAIN.
»	Jugement dernier	»	A. DELANGLE.
LUIS TRISTAN.	Portrait postiche	E. BOCOURT.	L. CHAPON.
»	Un Saint en prière	»	LERAY.
»	Saint Jérôme	»	DUPRÉ.
J. RIBERA, DIT L'ESPAGNOLET.	Son Portrait	MASSON.	DUJARDIN.
»	Un homme se déchirant les entrailles	»	J. FAGNION.
»	Saint Jérôme	»	»
»	Martyre de saint Sébastien	»	H. PISAN.
»	Martyre de saint Laurent	»	TIMMS.
LES RIZI.	Portrait postiche	E. BOCOURT.	SOTAIN.
»	Saint François recevant les stigmates	»	»
»	Saint Benoît célébrant la messe	»	»
FRANCISCO ZURBARAN.	Son Portrait	MASSON.	CHEVAUCHET.
»	Une Infante	PISAN.	PISAN.
»	Saint Pierre d'Alcantara	MASSON.	J. FAGNION.
»	Adoration des Mages	A. H. CABASSON.	CARBONNEAU.
»	Le Moine en prière	MASSON.	PISAN.
FRANCISCO COLLANTÈS.	Portrait postiche	E. BOCOURT.	SARGENT.
»	Vision d'Ézéchiel (fragment)	»	SOTAIN.
»	Buisson ardent	C. METTAIS.	MEAULLE.
DON DIEGO VELAZQUEZ.	Son Portrait	E. BOCOURT.	J. GUILLAUME.
»	Le Nain barbu	»	SOTAIN.
»	Le Marchand d'eau de Séville	»	MOUARD.
»	L'Infant Don Carlos Baltazar	VIVANT BEAUCÉ.	CARBONNEAU
»	Les Ivrognes (los Borrachos)	»	PISAN.
»	Une Réunion d'artistes	CH. JAQUE.	AD. LIGNY.
»	Les Fileuses	E. BOCOURT.	SOTAIN.
»	L'Infant Don Carlos	V. BEAUCÉ.	CARBONNEAU.

NOMS DES PEINTRES	TITRES DES SUJETS	DESSINATEURS	GRAVEURS
ALONSO CANO.	Son Portrait	A. PAQUIER.	TRÉMELAT.
»	Saint Joseph portant le petit Jésus.	»	CHEVAUCHET.
»	La Vierge et l'Enfant.	»	L. DEGHOUY.
»	Le Christ mort	»	E. PIERDON.
»	Saint Jean l'Évangéliste.	»	A. DELANGLE.
JUAN DE PAREJA.	Son Portrait	E. BOCOURT.	J. GUILLAUME.
»	Philippe IV.	»	A. DELANGLE.
»	Vocation de saint Mathieu	»	»
PEDRO DE MOYA.	Portrait postiche	E. BOCOURT.	L. CHAPON.
»	Sainte Thérèse	»	MEAULLE.
»	Joseph vendu par ses frères	»	SOTAIN.
D. J. CARREÑO DE MIRANDA.	Son Portrait	E. BOCOURT.	L. CHAPON.
»	Une Naine	»	SOTAIN.
»	Saint Sébastien	»	A. DELANGLE.
»	Marie-Anne d'Autriche, 2e femme de Philippe IV . . .	»	L. CHAPON.
»	Carlos II.	»	J. ROBERT.
J. BAUTISTA DEL MAZO.	Son Portrait	E. BOCOURT.	A. DELANGLE.
»	Un Capitaine	»	SOTAIN.
»	Vue de Saragosse.	»	»
B. ESTEBAN MURILLO.	Son Portrait.	MASSON.	CARBONNEAU.
»	Un Jeune Mendiant	»	PISAN.
»	La Vierge à la Ceinture	»	PIAUD.
»	Saint François en extase	A. H. CABASSON.	CARBONNEAU.
»	Conception de la Vierge	»	L. DUJARDIN.
»	Saint François de Villanueva	MASSON.	PIAUD.
»	Sainte Famille	A. H. CABASSON.	TIMMS.
J. DE SEVILLA (Romero y Escalate)	Portrait postiche.	E. BOCOURT.	L. CHAPON
»	Saint François présentant la règle de son ordre à J.-C.	»	SOTAIN.
»	La Vierge, l'enfant Jésus et saint Augustin	»	J. ETTLING
CLAUDIO COELLO.	Son Portrait.	E. BOCOURT.	J. ETTLING.
»	Vierge, Jésus-Christ et Moine.	»	SOTAIN
»	Sainte Famille, sainte Anne, saint Jean et saint Louis.	»	E. MEYER HEINE
JUAN DE VALDÈS LEAL.	Son Portrait	E. BOCOURT.	D. VERDEIL
»	Vierge glorieuse.	»	SOTAIN.
»	Les Deux Cadavres	»	A. GUSMAN
MATEO CEREZO.	Son Portrait	E. BOCOURT.	J. GUILLAUME.
»	Saint Jérôme	»	DUPRÉ.
»	Les Disciples d'Emmaüs	»	SOTAIN.
F. J. GOYA Y LUCIENTES.	Son Portrait	E. BOCOURT.	SOTAIN.
»	Et ils ne s'en vont pas !	»	»
»	Les Taureaux à l'arroyo	»	A. DELANGLE.
»	La Mort d'un picador	»	»
»	Les Malheurs de la Guerre	»	SOTAIN
»	La Trahison de Judas	»	»
»	Portrait du petit-fils de Goya	»	

TABLE ALPHABÉTIQUE

DES

MAITRES DE L'ÉCOLE ESPAGNOLE

LES PEINTRES DONT LE NOM EST PRÉCÉDÉ D'UN * SONT CEUX DONT LA BIOGRAPHIE SE TROUVE DANS L'APPENDICE PLACÉ A LA FIN DU OLUME.

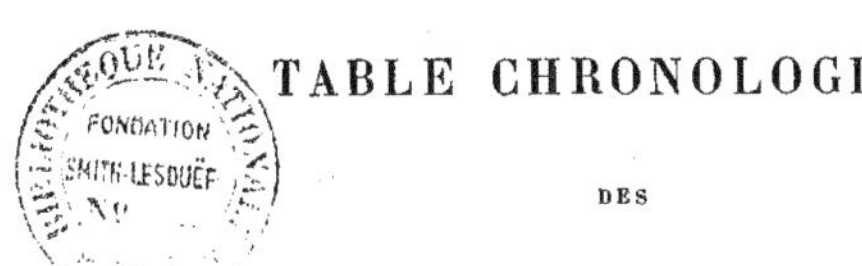

TABLE CHRONOLOGIQUE

DES

MAITRES DE L'ÉCOLE ESPAGNOLE

LES PEINTRES DONT LE NOM EST PRÉCÉDÉ D'UN * SONT CEUX DONT LA BIOGRAPHIE SE TROUVE DANS L'APPENDICE PLACÉ A LA FIN DU VOLUME

[1] Cette table indique l'ordre dans lequel doivent être rangées et reliées les Biographies dont se compose le volume.

PARIS. — IMPRIMERIE POITEVIN, RUE DAMIETTE, 2 ET 4.

www.ingramcontent.com/pod-product-compliance
Ingram Content Group UK Ltd.
Pitfield, Milton Keynes, MK11 3LW, UK
UKHW020205250726
13967UKWH00003B/1279

9 782012 862425